Kunz/Zellner/Gelhausen/Weiner

Opferentschädigungsgesetz

Opferentschädigungsgesetz

Gesetz über Entschädigung für Opfer von Gewalttaten

Kommentar

begründet von

Dr. Eduard Kunz

Leitender Ministerialrat a. D. im Bayer. Staatsministerium für
Arbeit und Sozialordnung, Familie, Frauen und Gesundheit

und

Gerhard Zellner

Oberregierungsrat a. D. im Bayer. Staatsministerium für
Arbeit und Sozialordnung, Familie, Frauen und Gesundheit

fortgeführt von

Dr. Reinhard Gelhausen

Präsident des Niedersächsischen Landesamtes für Soziales,
Jugend und Familie a. D.

und

Prof. Dr. Bernhard Weiner

Rechtsanwalt und Mediator sowie
Professor an der Polizeiakademie Niedersachsen

5. vollständig neu bearbeitete Auflage

Verlag C. H. Beck München 2010

Verlag C.H. Beck im Internet:
beck.de

ISBN 978-3-406-59565-3

© 2010 Verlag C.H. Beck oHG
Wilhelmstraße 9, 80801 München
Druck: fgb · freiburger graphische betriebe
Bebelstraße 11, 79108 Freiburg
Satz: jürgen ullrich typosatz, 86720 Nördlingen

Gedruckt auf säurefreiem, alterungsbeständigem Papier
(herstellt aus chlorfrei gebleichtem Zellstoff)

Vorwort zur 5. Auflage

Über zehn Jahre nach Erscheinen der 4. Auflage haben sich das Opferentschädigungsgesetz und die dazugehörige Rechtsprechung erheblich verändert und weiterentwickelt. Eine Neuauflage des Kommentars war daher überfällig.

Die Gesetzesänderungen seit 1999, besonders das 3. OEG-Änderungsgesetz im Jahre 2009, sind berücksichtigt. Ebenso die neue Rechtsprechung und Literatur.

Es bleibt dabei, dass ein Kommentar von Praktikern für die Praxis vorgelegt wird. Erheblich erweitert worden sind die Darstellungen der Leistungen nach dem OEG in Verbindung mit dem BVG, da sich diese aus dem reinen Gesetzestext des BVG auch für einen geübten Praktiker, der nicht tagtäglich mit dem BVG arbeitet, nur schwer erschließen lassen.

Hannover/Meppen, im Frühjahr 2010 *Die Verfasser*

Bearbeiterverzeichnis

Es haben bearbeitet:

Dr. Gelhausen: §§ 2–3, §§ 4–11 und Anhang I
Prof. Dr. Weiner: § 1, § 3a

Inhaltsverzeichnis

Inhaltsverzeichnis

Abkürzungsverzeichnis

Abkürzungen

Abkürzungen

Abkürzungen

Literaturverzeichnis

Dölling/Duttge/Rössner	Handkommentar Gesamtes Strafrecht, 2008
Erlenkämper, Arnold	Sozialrecht, Leitfaden für die Praxis, 2. Auflage 1988
Gelhausen, Reinhard	Soziales Entschädigungsrecht, 2. Auflage 1998
Heinz, Dirk	Opferentschädigungsgesetz, 2007
Kaiser, Günther	Kriminologie. 3. Auflage 1996
Krasney/Udsching	Handbuch des sozialgerichtlichen Verfahrens, 2008
Meyer/Goßner	Kommentar zur Strafprozessordnung, 52. Auflage 2009
Palandt, Otto	Bürgerliches Gesetzbuch, 68. Auflage 2009
Peters/Sautter/Wolff	Kommentar zur Sozialgerichtsbarkeit, Loseblattsammlung
Rohr/Strässer	Bundesversorgungsrecht mit Verfahrensrecht, Handkommentar, Loseblattsammlung
Schönke/Schröder	Kommentar zum Strafgesetzbuch, 27. Auflage 2006
Schoreit/Düsseldorf	Gesetz zur Entschädigung für Opfer von Gewalttaten, Kommentar, 1977
Schneider, Hans Joachim	Viktimologie, 1975
Schulz-Lüke/Wolf	Gewalttaten und Opferentschädigung, Kommentar, 1977
Weisser Ring (Hrsg.)	Kinder- u. Jugendliche als Opfer von Sexual- und Gewaltdelikten, 2008
Weiner/Ferber	Handbuch des Adhäsionsverfahrens, 2008
Wilke, Gerhard	Soziales Entschädigungsrecht, Kommentar, 7. Auflage 1992

Gesetz über die Entschädigung für Opfer von Gewalttaten (Opferentschädigungsgesetz – OEG)

In der Fassung der Bekanntmachung vom 7. Januar 1985[1]
(BGBl. I S. 1)

geänd. durch Art. 6 KOV-AnpassungsG 1990 v. 26. 6. 1990 (BGBl. I S. 1211), zuletzt geänd. durch Art. 5 KOV-AnpassungsG 1991 v. 21. 6. 1991 (BGBl. I S. 1310), zuletzt geänd. durch Art. 1 Zweites ÄndG v. 21. 7. 1993 (BGBl. I S. 1262), zuletzt geänd. durch Art. 3 G zum Opferentschädigungsübereinkommen v. 17. 7. 1996 (BGBl. II S. 1120), zuletzt geänd. durch Art. 2 G zur Änderung von Erstattungsvorschriften im sozialen Entschädigungsrecht v. 25. 7. 1996 (BGBl. I S. 1118), zuletzt geänd. durch Art. 30 Unfallversicherungs-EinordnungsG v. 7. 8. 1996 (BGBl. I S. 1254), zuletzt geänd. durch Art. 1 G zur Änd. des OpferentschädigungsG und anderer G v. 6. 12. 2000 (BGBl. I S. 1676), zuletzt geänd. durch Art. 10 Nr. 11 ZuwanderungsG v. 20. 6. 2002 (BGBl. I S. 1946, nichtig gem. Urt. des BVerfG v. 18. 12. 2002 – 2 BvF 1/02 –), zuletzt geänd. durch Art. 10 Nr. 11 ZuwanderungsG v. 30. 7. 2004 (BGBl. I S. 1950), zuletzt geänd. durch Art. 2 G zur Änd. von Vorschr. des Sozialen EntschädigungsR und des G über einen Ausgleich für Dienstbeschädigungen im Beitrittsgebiet v. 19. 6. 2006 (BGBl. I S. 1305), zuletzt geänd. durch Art. 12 G zur Änd. d. BundesversorgungsG u. and. Vorschriften d. Sozialen Entschädigungsrechts v. 13. 12. 2007 (BGBl. I S. 2904), zuletzt geänd. durch Art. 1 Drittes ÄndG v. 25. 6. 2009 (BGBl. I S. 1580)

§ 1 Anspruch auf Versorgung

(1) [1] Wer im Geltungsbereich dieses Gesetzes oder auf einem deutschen Schiff oder Luftfahrzeug infolge eines vorsätzlichen, rechtswidrigen tätlichen Angriffs gegen seine oder eine andere Person oder durch dessen rechtmäßige Abwehr eine gesundheitliche Schädigung erlitten hat, erhält wegen der gesundheitlichen und wirtschaftlichen Folgen auf Antrag Versorgung in entsprechender Anwendung der Vorschriften des Bundesversorgungsgesetzes. [2] Die Anwendung dieser Vorschrift wird nicht dadurch ausgeschlossen, daß der Angreifer in der irrtümlichen Annahme von Voraussetzungen eines Rechtfertigungsgrundes gehandelt hat.

---

[1] Neubekanntmachung des OEG v. 16. 5. 1976 (BGBl. I S. 1181) in der ab 30. 12. 1984 geltenden Fassung.

(2) Einem tätlichen Angriff im Sinne des Absatzes 1 stehen gleich

1. die vorsätzliche Beibringung von Gift,
2. die wenigstens fahrlässige Herbeiführung einer Gefahr für Leib und Leben eines anderen durch ein mit gemeingefährlichen Mitteln begangenes Verbrechen.

(3) Einer Schädigung im Sinne des Absatzes 1 stehen Schädigungen gleich, die durch einen Unfall unter den Voraussetzungen des § 1 Abs. 2 Buchstabe e oder f des Bundesversorgungsgesetzes herbeigeführt worden sind; Buchstabe e gilt auch für einen Unfall, den der Geschädigte bei der unverzüglichen Erstattung der Strafanzeige erleidet.

(4) Ausländer haben einen Anspruch auf Versorgung,

1. wenn sie Staatsangehörige eines Mitgliedstaates der Europäischen Gemeinschaften sind oder
2. soweit Rechtsvorschriften der Europäischen Gemeinschaften, die eine Gleichbehandlung mit Deutschen erforderlich machen, auf sie anwendbar sind oder
3. wenn die Gegenseitigkeit gewährleistet ist.

(5) [1]Sonstige Ausländer, die sich rechtmäßig nicht nur für einen vorübergehenden Aufenthalt von längstens sechs Monaten im Bundesgebiet aufhalten, erhalten Versorgung nach folgenden Maßgaben:

1. Leistungen wie Deutsche erhalten Ausländer, die sich seit mindestens drei Jahren ununterbrochen rechtmäßig im Bundesgebiet aufhalten;
2. ausschließlich einkommensunabhängige Leistungen erhalten Ausländer, die sich ununterbrochen rechtmäßig noch nicht drei Jahre im Bundesgebiet aufhalten.

[2]Ein rechtmäßiger Aufenthalt im Sinne dieses Gesetzes ist auch gegeben, wenn die Abschiebung aus rechtlichen oder tatsächlichen Gründen oder auf Grund erheblicher öffentlicher Interessen ausgesetzt ist. [3]Die in Anlage I Kapitel VIII Sachgebiet K Abschnitt III Nr. 18 des Einigungsvertrages vom 31. August 1990 (BGBl. 1990 II S. 885, 1069) genannten Maßgaben gelten entsprechend für Ausländer, die eine Schädigung im Beitrittsgebiet erleiden, es sei denn, sie haben ihren Wohnsitz, ihren gewöhnlichen Aufenthalt oder ständigen Aufenthalt in dem Gebiet, in dem dieses Gesetz schon vor dem Beitritt gegolten hat.

(6) Versorgung wie die in Absatz 5 Nr. 2 genannten Ausländer erhalten auch ausländische Geschädigte, die sich rechtmäßig für ei-

nen vorübergehenden Aufenthalt von längstens sechs Monaten im Bundesgebiet aufhalten,

1. wenn sie mit einem Deutschen oder einem Ausländer, der zu den in Absatz 4 oder 5 bezeichneten Personen gehört, bis zum dritten Grade verwandt sind oder in einem den Personenkreisen des Absatzes 8 entsprechenden Verhältnis zu ihm stehen oder

2. wenn sie Staatsangehörige eines Vertragsstaates des Europäischen Übereinkommens vom 24. November 1983 über die Entschädigung für Opfer von Gewalttaten sind, soweit dieser keine Vorbehalte zum Übereinkommen erklärt hat.

(7) [1] Wenn ein Ausländer, der nach Absatz 5 oder 6 anspruchsberechtigt ist,

1. ausgewiesen oder abgeschoben wird oder

2. das Bundesgebiet verlassen hat und sein Aufenthaltstitel erloschen ist oder

3. ausgereist und nicht innerhalb von sechs Monaten erlaubt wieder eingereist ist,

erhält er für jedes begonnene Jahr seines ununterbrochen rechtmäßigen Aufenthalts im Bundesgebiet eine Abfindung in Höhe des Dreifachen, insgesamt jedoch mindestens in Höhe des Zehnfachen, höchstens in Höhe des Dreißigfachen der monatlichen Grundrente. [2] Dies gilt nicht, wenn er aus einem der in den §§ 53, 54 oder 55 Abs. 2 Nr. 1 bis 4 des Aufenthaltsgesetzes genannten Gründe ausgewiesen wird. [3] Mit dem Entstehen des Anspruchs auf die Abfindung nach Satz 1 oder mit der Ausweisung nach Satz 2 erlöschen sämtliche sich aus den Absätzen 5 und 6 ergebenden weiteren Ansprüche; entsprechendes gilt für Ausländer, bei denen die Schädigung nicht zu einem rentenberechtigenden Grad der Schädigungsfolgen geführt hat. [4] Die Sätze 1 und 3 gelten auch für heimatlose Ausländer sowie für sonstige Ausländer, die im Bundesgebiet die Rechtsstellung nach dem Abkommen vom 28. Juli 1951 über die Rechtsstellung der Flüchtlinge (BGBl. 1953 II S. 559) oder nach dem Übereinkommen vom 28. September 1954 über die Rechtsstellung der Staatenlosen (BGBl. 1976 II S. 473) genießen, wenn die Tat nach dem 27. Juli 1993 begangen worden ist. [5] Die Sätze 1 bis 4 gelten entsprechend auch für Hinterbliebene, die sich nicht im Geltungsbereich dieses Gesetzes aufhalten.

(8) [1] Die Hinterbliebenen eines Geschädigten erhalten auf Antrag Versorgung in entsprechender Anwendung der Vorschriften des Bundesversorgungsgesetzes. [2] Die in den Absätzen 5 bis 7 genannten Maßgaben sowie § 10 Satz 3 sind anzuwenden. [3] Soweit dies günstiger ist, ist bei der Bemessung der Abfindung nach Absatz 7

auf den Aufenthalt der Hinterbliebenen abzustellen. [4] Partner einer eheähnlichen Gemeinschaft erhalten Leistungen in entsprechender Anwendung der §§ 40, 40 a und 41 des Bundesversorgungsgesetzes, sofern ein Partner an den Schädigungsfolgen verstorben ist und der andere unter Verzicht auf eine Erwerbstätigkeit die Betreuung eines gemeinschaftlichen Kindes ausübt; dieser Anspruch ist auf die ersten drei Lebensjahre des Kindes beschränkt.

(9) Einer Schädigung im Sinne des Absatzes 1 stehen Schädigungen gleich, die ein Berechtigter oder Leistungsempfänger nach Absatz 1 oder 8 in Verbindung mit § 10 Abs. 4 oder 5 des Bundesversorgungsgesetzes, eine Pflegeperson oder eine Begleitperson bei einer notwendigen Begleitung des Geschädigten durch einen Unfall unter den Voraussetzungen des § 8 a des Bundesversorgungsgesetzes erleidet.

(10) Einer gesundheitlichen Schädigung im Sinne des Absatzes 1 steht die Beschädigung eines am Körper getragenen Hilfsmittels, einer Brille, von Kontaktlinsen oder von Zahnersatz gleich.

(11) Dieses Gesetz ist nicht anzuwenden auf Schäden aus einem tätlichen Angriff, die von dem Angreifer durch den Gebrauch eines Kraftfahrzeuges oder eines Anhängers verursacht worden sind.

(12) [1] § 64 e des Bundesversorgungsgesetzes findet keine Anwendung. [2] § 1 Abs. 3, die §§ 64 bis 64 d, 64 f sowie 89 des Bundesversorgungsgesetzes sind mit der Maßgabe anzuwenden, daß an die Stelle der Zustimmung des Bundesministeriums für Arbeit und Soziales die Zustimmung der für die Kriegsopferversorgung zuständigen obersten Landesbehörde tritt, sofern ein Land Kostenträger ist (§ 4). [3] Dabei sind die für deutsche Staatsangehörige geltenden Vorschriften auch für von diesem Gesetz erfaßte Ausländer anzuwenden.

(13) § 20 des Bundesversorgungsgesetzes ist mit dem Maßgaben anzuwenden, daß an die Stelle der in Absatz 1 Satz 3 genannten Zahl die Zahl der rentenberechtigten Beschädigten und Hinterbliebenen nach diesem Gesetz im Vergleich zur Zahl des Vorjahres tritt, daß in Absatz 1 Satz 4 an die Stelle der dort genannten Ausgaben der Krankenkassen je Rentner die bundesweiten Ausgaben je Mitglied treten, daß Absatz 2 Satz 1 für die oberste Landesbehörde, die für die Kriegsopferversorgung zuständig ist, oder die von ihr bestimmte Stelle gilt und daß in Absatz 3 an die Stelle der in Satz 1 genannten Zahl die Zahl 1,3 tritt und die Sätze 2 bis 4 nicht gelten.

(14) Im Rahmen der Heilbehandlung sind auch heilpädagogische Behandlung, heilgymnastische und bewegungstherapeutische Übun-

gen zu gewähren, wenn diese bei der Heilbehandlung notwendig sind.

§ 2 Versagungsgründe

(1) [1] Leistungen sind zu versagen, wenn der Geschädigte die Schädigung verursacht hat oder wenn es aus sonstigen, insbesondere in dem eigenen Verhalten des Anspruchstellers liegenden Gründen unbillig wäre, Entschädigung zu gewähren. [2] Leistungen sind auch zu versagen, wenn der Geschädigte oder Antragsteller

1. an politischen Auseinandersetzungen in seinem Heimatstaat aktiv beteiligt ist oder war und die Schädigung darauf beruht oder
2. an kriegerischen Auseinandersetzungen in seinem Heimatstaat aktiv beteiligt ist oder war und Anhaltspunkte dafür vorhanden sind, daß die Schädigung hiermit in Zusammenhang steht, es sei denn, er weist nach, daß dies nicht der Fall ist oder
3. in die organisierte Kriminalität verwickelt ist oder war oder einer Organisation, die Gewalttaten begeht, angehört oder angehört hat, es sei denn, er weist nach, daß die Schädigung hiermit nicht in Zusammenhang steht.

(2) Leistungen können versagt werden, wenn der Geschädigte es unterlassen hat, das ihm Mögliche zur Aufklärung des Sachverhalts und zur Verfolgung des Täters beizutragen, insbesondere unverzüglich Anzeige bei einer für die Strafverfolgung zuständigen Behörde zu erstatten.

§ 3 Zusammentreffen von Ansprüchen

(1) Treffen Ansprüche aus diesem Gesetz mit Ansprüchen aus § 1 des Bundesversorgungsgesetzes oder aus anderen Gesetzen zusammen, die eine entsprechende Anwendung des Bundesversorgungsgesetzes vorsehen, ist unter Berücksichtigung des durch die gesamten Schädigungsfolgen bedingten Grades der Schädigungsfolgen eine einheitliche Rente festzusetzen.

(2) Die Ansprüche nach diesem Gesetz entfallen, soweit auf Grund der Schädigung Ansprüche nach dem Bundesversorgungsgesetz oder nach einem Gesetz, welches eine entsprechende Anwendung des Bundesversorgungsgesetzes vorsieht, bestehen.

(3) Trifft ein Versorgungsanspruch nach diesem Gesetz mit einem Schadensersatzanspruch auf Grund fahrlässiger Amtspflichtverletzung zusammen, so wird der Anspruch nach § 839 Abs. 1 des Bürgerlichen Gesetzbuchs nicht dadurch ausgeschlossen, daß die Voraussetzungen des § 1 vorliegen.

(4) Bei Schäden nach diesem Gesetz gilt § 4 Abs. 1 Nr. 2 des Siebten Buches Sozialgesetzbuch nicht.

§ 3 a Leistungen bei Gewalttaten im Ausland

(1) Erleiden Deutsche oder Ausländer nach § 1 Absatz 4 oder 5 Nummer 1 im Ausland infolge einer Gewalttat nach § 1 Absatz 1 oder 2 eine gesundheitliche Schädigung im Sinne von § 1 Absatz 1, erhalten sie wegen der gesundheitlichen und wirtschaftlichen Folgen auf Antrag einen Ausgleich nach Absatz 2, wenn sie

1. ihren gewöhnlichen und rechtmäßigen Aufenthalt im Geltungsbereich dieses Gesetzes haben und
2. sich zum Tatzeitpunkt für einen vorübergehenden Zeitraum von längstens sechs Monaten am Tatort aufgehalten haben.

(2) [1]Geschädigte erhalten die auf Grund der Schädigungsfolgen notwendigen Maßnahmen der Heilbehandlung und der medizinischen Rehabilitation einschließlich psychotherapeutischer Angebote. [2]Darüber hinaus erhalten Geschädigte

mit einem Grad der Schädigungsfolgen (GdS) unter 25	eine Einmalzahlung von	714 Euro,
bei einem GdS von 30 und 40	eine Einmalzahlung von	1 428 Euro,
bei einem GdS von 50 und 60	eine Einmalzahlung von	5 256 Euro,
bei einem GdS von 70 bis 90	eine Einmalzahlung von	9 192 Euro
und bei einem GdS von 100	eine Einmalzahlung von	14 976 Euro.

[3]Bei Verlust mehrerer Gliedmaßen, bei Verlust von Gliedmaßen in Kombination mit einer Schädigung von Sinnesorganen oder in Kombination mit einer Hirnschädigung, bei schweren Verbrennungen oder bei vollständiger Gebrauchsunfähigkeit von mehr als zwei Gliedmaßen beträgt die Einmalzahlung 25 632 Euro.

(3) [1]Wird eine Person, bei der die Voraussetzungen nach Absatz 1 vorliegen, bei einer Gewalttat im Ausland getötet, erhalten Hinterbliebene im Sinne von § 38 des Bundesversorgungsgesetzes mit Ausnahme der Verwandten der aufsteigenden Linie sowie Betreuungsunterhaltsberechtigte eine Einmalzahlung. [2]Diese beträgt bei Vollwaisen 2364 Euro, bei Halbwaisen 1272 Euro und ansonsten 4488 Euro. [3]Darüber hinaus haben Hinterbliebene einschließ-

lich der Eltern, deren minderjährige Kinder an den Folgen einer Gewalttat im Ausland verstorben sind, Anspruch auf die notwendigen psychotherapeutischen Maßnahmen. [4]Zu den Überführungs- und Beerdigungskosten wird ein Zuschuss bis zu 1506 Euro gewährt, soweit nicht Dritte die Kosten übernehmen.

(4) [1]Leistungsansprüche aus anderen öffentlichen oder privaten Sicherungs- oder Versorgungssystemen sind auf die Leistungen nach den Absätzen 2 und 3 anzurechnen. [2]Hierzu können auch Leistungsansprüche aus Sicherungs- oder Versorgungssystemen des Staates zählen, in dem sich die Gewalttat ereignet hat. [3]Handelt es sich bei der anzurechnenden Leistung um eine laufende Rentenzahlung, so ist der Anrechnung ein Betrag zugrunde zu legen, der der Höhe des zum Zeitpunkt der Antragstellung nach § 1 erworbenen Anspruchs auf eine Kapitalabfindung entspricht.

(5) [1]Von Ansprüchen nach Absatz 2 sind Geschädigte ausgeschlossen, die es grob fahrlässig unterlassen haben, einen nach den Umständen des Einzelfalles gebotenen Versicherungsschutz zu begründen. [2]Ansprüche nach Absatz 2 sind außerdem ausgeschlossen, wenn bei der geschädigten Person ein Versagungsgrund nach § 2 Absatz 1 Satz 1 oder Absatz 2 vorliegt.

(6) Hinterbliebene sind von Ansprüchen nach Absatz 3 ausgeschlossen, wenn ein Ausschlussgrund nach Absatz 5 in ihrer Person oder bei der getöteten Person vorliegt.

§ 4 Kostenträger

(1) [1]Zur Gewährung der Versorgung ist das Land verpflichtet, in dem die Schädigung eingetreten ist. [2]Sind hierüber Feststellungen nicht möglich, so ist das Land Kostenträger, in dem der Geschädigte zur Tatzeit seinen Wohnsitz oder gewöhnlichen Aufenthalt hatte.

(2) [1]Wenn der Geschädigte zur Tatzeit seinen Wohnsitz oder gewöhnlichen Aufenthalt nicht im Geltungsbereich dieses Gesetzes hatte, trägt der Bund die Kosten der Versorgung. [2]Das Gleiche gilt, wenn die Schädigung auf einem deutschen Schiff, einem deutschen Luftfahrzeug oder an einem Ort im Ausland eingetreten ist.

(3) [1]Der Bund trägt vierzig vom Hundert der Ausgaben, die den Ländern durch Geldleistungen nach diesem Gesetz entstehen. [2]Zu den Geldleistungen gehören nicht solche Geldbeträge, die zur Abgeltung oder an Stelle einer Sachleistung gezahlt werden. [3]Zur Vereinfachung der Abrechnung erstattet der Bund den Ländern in einem pauschalierten Verfahren jeweils 22 Prozent der ihnen nach

Absatz 1 und 2 entstandenen Ausgaben. [4]Der Bund überprüft in einem Abstand von fünf Jahren, erstmals im Jahr 2014, die Voraussetzungen für die in Satz 1 genannte Quote.

(4) In den Fällen des § 3 Abs. 1 sind die Kosten, die durch das Hinzutreten der weiteren Schädigung verursacht werden, von dem Leistungsträger zu übernehmen, der für die Versorgung wegen der weiteren Schädigung zuständig ist.

§ 5 Übergang gesetzlicher Schadensersatzansprüche

Ist ein Land Kostenträger (§ 4), so gilt § 81a des Bundesversorgungsgesetzes mit der Maßgabe, daß der gegen Dritte bestehende gesetzliche Schadensersatzanspruch auf das zur Gewährung der Leistungen nach diesem Gesetz verpflichtete Land übergeht.

§ 6 Zuständigkeit und Verfahren

(1) [1]Die Versorgung nach diesem Gesetz obliegt den für die Durchführung des Bundesversorgungsgesetzes zuständigen Behörden. [2]Ist der Bund Kostenträger, so sind zuständig

1. wenn der Geschädigte seinen Wohnsitz oder gewöhnlichen Aufenthalt in einem Land hat, die Behörden dieses Landes,
2. wenn der Geschädigte seinen Wohnsitz oder gewöhnlichen Aufenthalt außerhalb des Geltungsbereiches dieses Gesetzes hat, die Behörden des Landes, das die Versorgung von Kriegsopfern in dem Wohnsitz- oder Aufenthaltsland durchführt.

[3]Abweichend von Satz 2 sind, wenn die Schädigung auf einem deutschen Schiff oder Luftfahrzeug eingetreten ist, die Behörden des Landes zuständig, in dem das Schiff in das Schiffsregister eingetragen ist oder in dem der Halter des Luftfahrzeugs seinen Sitz oder Wohnsitz hat.

(2) Die örtliche Zuständigkeit der Behörden bestimmt die Landesregierung durch Rechtsverordnung.

(3) Das Gesetz über das Verwaltungsverfahren der Kriegsopferversorgung, mit Ausnahme der §§ 3 bis 5, sowie die Vorschriften des Sozialgerichtsgesetzes über das Vorverfahren sind anzuwenden.

(4) Absatz 3 gilt nicht, soweit die Versorgung in der Gewährung von Leistungen besteht, die den Leistungen der Kriegsopferfürsorge nach den §§ 25 bis 27h des Bundesversorgungsgesetzes entsprechen.

§ 6a Zuständigkeiten des Bundesministeriums für Arbeit und Soziales

(1) Das Bundesministerium für Arbeit und Soziales nimmt die Aufgaben der zentralen Behörde im Sinne des Artikels 12 Satz 2 des Europäischen Übereinkommens vom 24. November 1983 über die Entschädigung für Opfer von Gewalttaten (BGBl. 1996 II S. 1120) wahr.

(2) Das Bundesministerium für Arbeit und Soziales nimmt ferner die Aufgaben der Unterstützungsbehörde im Sinne des Artikels 3 Abs. 1 und der zentralen Kontaktstelle im Sinne des Artikels 16 der Richtlinie 2004/80/EG des Rates vom 29. April 2004 zur Entschädigung der Opfer von Straftaten (ABl. EU Nr. L 261 S. 15) wahr.

§ 7 Rechtsweg

(1) [1] Für öffentlich-rechtliche Streitigkeiten in Angelegenheiten dieses Gesetzes ist, mit Ausnahme der Fälle des Absatzes 2, der Rechtsweg zu den Gerichten der Sozialgerichtsbarkeit gegeben. [2] Soweit das Sozialgerichtsgesetz besondere Vorschriften für die Kriegsopferversorgung enthält, gelten diese auch für Streitigkeiten nach Satz 1.

(2) Soweit die Versorgung in der Gewährung von Leistungen besteht, die den Leistungen der Kriegsopferfürsorge nach den §§ 25 bis 27h des Bundesversorgungsgesetzes entsprechen, ist der Verwaltungsrechtsweg gegeben.

§§ 8, 9 *(nicht wiedergegebene Änderungsvorschriften)*

§ 10 Übergangsvorschriften

[1] Dieses Gesetz gilt für Ansprüche aus Taten, die nach seinem Inkrafttreten begangen worden sind. [2] Darüber hinaus gelten die §§ 1 bis 7 für Ansprüche aus Taten, die in der Zeit vom 23. Mai 1949 bis 15. Mai 1976 begangen worden sind, nach Maßgabe der §§ 10a und 10c. [3] In den Fällen des § 1 Abs. 5 und 6 findet dieses Gesetz nur Anwendung auf Taten, die nach dem 30. Juni 1990 begangen worden sind; für Taten, die vor dem 1. Juli 1990 begangen worden sind, findet § 10a unter Berücksichtigung von § 1 Abs. 7 entsprechende Anwendung.

§ 10 a Härteregelung

(1) [1]Personen, die in der Zeit vom 23. Mai 1949 bis 15. Mai 1976 geschädigt worden sind, erhalten auf Antrag Versorgung, solange sie

1. allein infolge dieser Schädigung schwerbeschädigt sind und
2. bedürftig sind und
3. im Geltungsbereich dieses Gesetzes ihren Wohnsitz oder gewöhnlichen Aufenthalt haben.

[2]§ 31 Abs. 4 Satz 2 erster Halbsatz des Bundesversorgungsgesetzes gilt.

(2) Bedürftig ist ein Anspruchsteller, wenn sein Einkommen im Sinne des § 33 des Bundesversorgungsgesetzes den Betrag, von dem an die nach der Anrechnungsverordnung (§ 33 Abs. 6 Bundesversorgungsgesetz) zu berechnenden Leistungen nicht mehr zustehen, zuzüglich des Betrages der jeweiligen Grundrente, der Schwerstbeschädigtenzulage sowie der Pflegezulage nicht übersteigt.

(3) [1]Übersteigt das Einkommen den Betrag, von dem an die vom Einkommen beeinflußten Versorgungsleistungen nicht mehr zustehen, so sind die Versorgungsbezüge in der Reihenfolge Grundrente, Schwerstbeschädigtenzulage und Pflegezulage um den übersteigenden Betrag zu mindern. [2]Bei der Berechnung des übersteigenden Betrages sind die Einkünfte aus gegenwärtiger Erwerbstätigkeit vor den übrigen Einkünften zu berücksichtigen. [3]§ 33 Abs. 4, § 33a Abs. 2 und § 33b Abs. 6 des Bundesversorgungsgesetzes gelten nicht.

(4) [1]Die Hinterbliebenen eines Geschädigten erhalten auf Antrag Versorgung in entsprechender Anwendung der §§ 38 bis 52 des Bundesversorgungsgesetzes, solange sie bedürftig sind und im Geltungsbereich dieses Gesetzes ihren Wohnsitz oder ständigen Aufenthalt haben. [2]Die Absätze 2 und 3 gelten entsprechend. [3]Unabhängig vom Zeitpunkt des Todes des Beschädigten sind für die Witwenbeihilfe die Anspruchsvoraussetzungen des § 48 Abs. 1 Satz 1, 5 und 6 des Bundesversorgungsgesetzes in der im Zeitpunkt der Antragstellung geltenden Fassung maßgebend.

(5) Die Versorgung umfaßt alle nach dem Bundesversorgungsgesetz vorgesehenen Leistungen mit Ausnahme von Berufsschadens- und Schadensausgleich.

§ 10 b Härteausgleich

[1]Soweit sich im Einzelfall aus der Anwendung des § 1 Abs. 5 und 6 eine besondere Härte ergibt, kann mit Zustimmung der obers-

ten Landesbehörde im Benehmen mit dem Bundesministerium für Arbeit und Soziales ein Härteausgleich als einmalige Leistung bis zur Höhe des Zwanzigfachen der monatlichen Grundrente entsprechend einem Grad der Schädigungsfolgen von 70, bei Hinterbliebenen bis zur Höhe des Zehnfachen der Hinterbliebenengrundrente einer Witwe gewährt werden. [2] Das gilt für einen Geschädigten nur dann, wenn er durch die Schädigung schwerbeschädigt ist.

§ 10c Übergangsregelung

[1] Neue Ansprüche, die sich auf Grund einer Änderung dieses Gesetzes ergeben, werden nur auf Antrag festgestellt. [2] Wird der Antrag binnen eines Jahres nach Verkündung des Änderungsgesetzes gestellt, so beginnt die Zahlung mit dem Zeitpunkt des Inkrafttretens, frühestens jedoch mit dem Monat, in dem die Voraussetzungen erfüllt sind.

§ 10d Übergangsvorschrift

(1) Am 1. Januar 1998 noch nicht gezahlte Erstattungen von Aufwendungen für Leistungen, die vor dem 1. Januar 1998 erbracht worden sind, werden nach den bis dahin geltenden Erstattungsregelungen abgerechnet.

(2) Für das Jahr 1998 wird der Pauschalbetrag wie folgt ermittelt: Aus der Summe der Erstattungen des Landes an die Krankenkassen nach diesem Gesetz in den Jahren 1995 bis 1997, abzüglich der Erstattungen für Leistungen bei Pflegebedürftigkeit nach § 11 Abs. 4 und § 12 Abs. 5 des Bundesversorgungsgesetzes in der bis zum 31. März 1995 geltenden Fassung und abzüglich der Erstattungen nach § 19 Abs. 4 des Bundesversorgungsgesetzes in der bis zum 31. Dezember 1993 geltenden Fassung, wird der Jahresdurchschnitt ermittelt.

§ 11 (Inkrafttreten)

Einführung

Das Gesetz über die Entschädigung für Opfer von Gewalttaten beruht auf der Erkenntnis, dass der Staat ein Monopol für die Verbrechensbekämpfung hat und deswegen für den Schutz seiner Bürger vor Schädigungen durch kriminelle Handlungen insbesondere durch Gewalttaten im Bereich seines Hoheitsgebietes und damit seiner Herrschaftsgewalt verantwortlich ist (vgl. BSG, Urt. v. 7. 11. 1979, 9 RVg 2/78). Das Gesetz über die Entschädigung für Opfer von Gewalttaten – OEG – wurde am 15. 5. 1976 im Bundesgesetzblatt (BGBl. III S. 1181) verkündet und ist am 16. 5. 1976 um 0:00 Uhr in Kraft getreten.

Opfer von Gewalttaten und deren Hinterbliebene erhalten vom Täter oft keinen oder keinen ausreichenden Schadensersatz. Der ihnen gegen den Täter nach dem Zivilrecht (§§ 823 ff. BGB) zustehende Schadensersatzanspruch bietet zwar de jure einen Ausgleich des erlittenen Schadens einschließlich des Schmerzensgeldes, lässt sich aber de facto dann kaum verwirklichen, wenn der Täter nicht ermittelt werden kann oder aber – was sehr oft eintritt – zahlungsunfähig ist. Gleiches gilt auch für das Adhäsionsverfahren nach §§ 403 ff. StPO. Danach kann der Verletzte oder sein Erbe gegen den Beschuldigten einen aus der Straftat erwachsenen vermögensrechtlichen Anspruch, der zur Zuständigkeit der ordentlichen Gerichte gehört und noch nicht anderweitig gerichtlich anhängig ist, im Strafverfahren geltend machen (vgl. Weiner/Ferber, S. 23 ff.).

Auch gesetzliche und private Versicherungen kommen nicht für alle Fälle von Gewalttaten auf und decken insbesondere auch nicht das volle Risiko ab. So ist es im Einzelnen meist nicht möglich, durch private Versicherungen das Risiko durch Straftaten geschädigt zu werden, in vollem Umfang abzudecken, da Lebens-, Kranken- und Unfallversicherungen, die im Fall von Körperverletzung und Tod eine vollständige wirtschaftliche Sicherung gewährleisten, die finanzielle Leistungsfähigkeit des Durchschnittsbürgers übersteigen (BT-Drs. 7/2506 S. 8). Diese unzureichende Entschädigung für Opfer von Gewalttaten löste in der Bundesrepublik Deutschland bereits in den späten sechziger Jahren Diskussionen aus. Meldungen über einschlägige Fälle, in denen die notwendige Entschädigung nicht gewährt werden konnte, förderten die Erkenntnis, dass eine Regelung für die staatliche Entschädigung der Opfer von Gewaltta-

Einführung

ten zu erfolgen hat (BT-Drs. 7/2506 S. 9). Opfer von Gewalttaten werden oft von einem Tag auf den anderen ohne jedes Verschulden erwerbsunfähig, hilflos oder pflegebedürftig. Solchen schwer geschädigten Menschen Hilfe zu gewähren, ist nicht nur eine soziale Aufgabe, sondern auch ein Gebot der Gerechtigkeit (Schulz-Lüke/ Wolf, Einführung). Opfer von Gewalttaten sollen aus Solidarität innerhalb der allgemeinen staatlichen Gemeinschaft entschädigt werden (v. Hippel, Zeitschrift für Rechtspolitik 1971, 5; Rüfner, Gutachten für den 49. Dt. Juristentag Bd. 1, S. E 3, 42; ders., NJW 1976, 1249; aus viktimologischer Sicht: Schneider, DriZ 1978, 141, 144; JZ 1977, 620, 629). Die Einstandspflicht der Allgemeinheit für die unschuldigen Opfer von Gewalttaten ist das Ergebnis einer allgemeinen und Wohlfahrtspolitik (Jacob, JCL 1970, 153; Huber, RIDP 1973, 324).

Bei der Durchführung des OEG hat sich jedoch gezeigt, dass die Vorstellung von dem unschuldigen Opfer nicht immer so klar vorhanden ist, wie es in den Gesetzesbegründungen beschrieben ist. Dies spielt besonders bei der Prüfung der Unbilligkeit nach § 2 OEG eine Rolle, bei der sich selten ein Schwarzweißbild einstellt. Außerdem wurde auch sehr schnell deutlich, dass gesellschaftlich nicht akzeptiertes Verhalten oder ein unangepasster Lebenswandel nicht zu einem Ausschluss der Entschädigung führen dürfen (BSG v 7. 11. 1979 = BSGE 49, 104). Um die finanziellen Auswirkungen für den Steuerzahler zu begrenzen, ließ das Gesetz keine Entschädigung für Gewalttaten vor dem Inkrafttreten des Gesetzes zu und eine Entschädigung für Ausländer konnte nur bei Gewährleistung der Gegenseitigkeit gewährt werden. Diese Einschränkungen des Gesetzes, die aus der Entstehungsgeschichte verständlich sind, haben in den über 30 Jahren des Bestehens des OEG zu drei wichtigen Änderungsgesetzen geführt:

Das OEG wurde erstmals durch das Erste Gesetz zur Änderung des Gesetzes über die Entschädigung für Opfer von Gewalttaten vom 20. 12. 1984 (BGBl. 1984 I S. 1723 ff.) erweitert. Es ist am 30. 12. 1984 in Kraft getreten. Neben der Neufassung des § 6 Abs. 1 (Zuständigkeit) wurde in § 10 ein S. 2 eingefügt. Galt bis zu diesem Zeitpunkt ohne Ausnahme, dass Gewalttaten vor In-Kraft-Treten des OEG nicht entschädigt werden konnten, so wurde jetzt auch die Entschädigung von Gewalttaten, die vor dem In-Kraft-Treten des OEG begangen worden sind, unter den Voraussetzungen des § 10 S. 2 möglich. Die Regelung wirkt bis zum Zeitpunkt, in dem die Bundesrepublik gegründet wurde, zurück. Die Ausweitung erfolgte jedoch nur in Form einer Härteregelung. Eingefügt wurden daher der § 10a und die Übergangsregelung des § 10b (heute § 10 c), die die Entschädigungsleistungen begrenzen, und in § 10 c Vorschriften über den Beginn dieser Versorgung.

Im Jahre 1993 wurde das OEG in wesentlichen Punkten durch das Zweite Gesetz zur Änderung des Gesetzes über die Entschädigung für Opfer von Gewalttaten (BGBl. 1993 I S. 1262) neu gefasst. Kernstück der Gesetzesinitiativen war die Erstreckung der Leistungen nachdem OEG auf alle Ausländer, die bei einer Gewalttat geschädigt worden sind (Behn, ZfS 1993, 289). Diese Zielsetzung hat in den §§ 1 Abs. 5, 6, 7; 2 Abs. 1 S. 2; 10 b n. F. ihren Niederschlag gefunden. Damit sind die rechtlichen Voraussetzungen geschaffen, dass alle Ausländer in die sich rechtmäßig bei uns aufhalten, Anspruch auf Opferentschädigung haben können.

Mit der Ausweisung der anspruchsberechtigten Personenkreise sind auch zusätzliche Versagungsgründe aufgenommen worden. Dadurch soll einem Missbrauch staatlicher Leistungen vorgebeugt werden. Für schädigende Auswirkungen von Konflikten zwischen Ausländern, die ihren Anlass im Heimatstaat haben, sollen keine staatlichen Entschädigungen aufgebracht werden.

Da nach dem Willen der Väter des Gesetzes Entschädigung gezahlt werden sollte, weil die staatliche Verbrechensbekämpfung versagt hatte, war eines der gründenden Prinzipien des Gesetzes das Territorialprinzip. Die Anschläge auf eine Moschee in Djerba in Tunesien, bei der auch Deutsche zu Schaden gekommen waren, haben jedoch gezeigt, dass es in der Öffentlichkeit als ungerecht empfunden wird, wenn solche Opfer nicht entschädigt werden können. Außerdem hatten Anschläge auf türkische Familien in Solingen gezeigt, dass trotz des 2. OEG-ÄndG bestimmte Ausländergruppen noch nicht geschützt waren. Der Gesetzgeber des 3. OEG-ÄndG (BGBl. I S. 1580) im Jahre 2009 hat daher weitere enge Familienangehörige, zum Beispiel Nichten und Neffen, in den Schutz des OEG einbezogen und das OEG auch auf alle Gewalttaten im Ausland ausgedehnt. Da mit dieser Ausdehnung des OEG vom Grundsatz, dass eine Entschädigung gezahlt wird, weil die staatliche Verbrechensbekämpfung versagt hat, abgewichen wird und einzig der Fürsorgegedanke Hintergrund der Entschädigung ist, ist ihre Leistungshöhe gegenüber der Entschädigung von Opfern von Gewalttaten im Innern eingeschränkt worden (§ 3 a).

Der anspruchsberechtigte Personenkreis ist nicht nur durch den Gesetzgeber erweitert worden, auch die Rechtsprechung des BSG hat die Frage, welche Personenkreise in den Schutz der Versorgung einbezogen sind, maßgeblich beeinflusst. Zu erwähnen ist hier die Einbeziehung von Schockschadensopfern (BSG, Urt. v. 7. 11. 1979 = SozR 3-3800 zu § 1 OEG Nr. 1). Auch durch die Herausarbeitung eines eigenständigen Gewaltbegriffs des OEG ist der geschützte Personenkreis ausgeweitet worden. Hingewiesen werden soll hier nur auf die Opfer von sexuellen Straftaten, die auch einbezogen sind, wenn der Täter keine Gewalt ausgeübt hat (BSG, Urt. v. 18. 10. 1995 = SozR 3-3800 zu § 1 OEG Nr. 6).

Die Leistungen an Opfer von Gewalttaten werden als soziale Entschädigung i. S. d. § 5 SGB I, entsprechend dem Leistungskatalog des Bundesversorgungsgesetzes, gewährt. Mit dieser Regelung folgte der Gesetzgeber einer Anregung des 49. Dt. Juristentages (vgl. Beschlüsse der sozialrechtlichen Arbeitsgemeinschaft des 49. Dt. Juristentages Bd. II, S. P 126 f.), die Leistungen an Gewaltopfer dem Recht der sozialen Entschädigung anzupassen. Damit wurden Überlegungen hinfällig, eine Entschädigung für Opfer von Gewalttaten im Rahmen der gesetzlichen Unfallversicherung vorzunehmen (vgl. BT-Drs. 7/2506 S. 9).

Mit den Leistungen nach dem Bundesversorgungsgesetz erhält das Opfer eine Entschädigung nach einem Leistungskatalog, der von der Heilbehandlung, dem Versorgungskrankengeld, von beruflichen Reha-Maßnahmen über die Grundrente bis zu einkommensabhängigen Leistungen wie Ausgleichsrente und Berufsschadensausgleich geht. Außerdem stehen für Witwen, Waisen und Eltern umfangreiche Leistungen zur Verfügung. Dieser Leistungskatalog des BVG, der für Soldaten und zivile Opfer der Weltkriege entwickelt worden ist, beruht auf dem Aufopferungsgedanken. Für Leistungen bei Gewalttaten im Ausland, die auf dem Fürsorgegedanken beruhen, steht ein solcher Leistungskatalog nicht zur Verfügung. Es werden hier neben der Heilbehandlung nur einmalige Geldleistungen gewährt (§ 3 a).

Kommentar

§ 1 Anspruch auf Versorgung

(1) [1] Wer im Geltungsbereich dieses Gesetzes oder auf einem deutschen Schiff oder Luftfahrzeug infolge eines vorsätzlichen, rechtswidrigen tätlichen Angriffs gegen seine oder eine andere Person oder durch dessen rechtmäßige Abwehr eine gesundheitliche Schädigung erlitten hat, erhält wegen der gesundheitlichen und wirtschaftlichen Folgen auf Antrag Versorgung in entsprechender Anwendung der Vorschriften des Bundesversorgungsgesetzes. [2] Die Anwendung dieser Vorschrift wird nicht dadurch ausgeschlossen, daß der Angreifer in der irrtümlichen Annahme von Voraussetzungen eines Rechtfertigungsgrundes gehandelt hat.

(2) Einem tätlichen Angriff im Sinne des Absatzes 1 stehen gleich

1. die vorsätzliche Beibringung von Gift,
2. die wenigstens fahrlässige Herbeiführung einer Gefahr für Leib und Leben eines anderen durch ein mit gemeingefährlichen Mitteln begangenes Verbrechen.

(3) Einer Schädigung im Sinne des Absatzes 1 stehen Schädigungen gleich, die durch einen Unfall unter den Voraussetzungen des § 1 Abs. 2 Buchstabe e oder f des Bundesversorgungsgesetzes herbeigeführt worden sind; Buchstabe e gilt auch für einen Unfall, den der Geschädigte bei der unverzüglichen Erstattung der Strafanzeige erleidet.

(4) Ausländer haben einen Anspruch auf Versorgung,

1. wenn sie Staatsangehörige eines Mitgliedstaates der Europäischen Gemeinschaften sind oder
2. soweit Rechtsvorschriften der Europäischen Gemeinschaften, die eine Gleichbehandlung mit Deutschen erforderlich machen, auf sie anwendbar sind oder
3. wenn die Gegenseitigkeit gewährleistet ist.

(5) [1] Sonstige Ausländer, die sich rechtmäßig nicht nur für einen vorübergehenden Aufenthalt von längstens sechs Monaten im Bundesgebiet aufhalten, erhalten Versorgung nach folgenden Maßgaben:

1. Leistungen wie Deutsche erhalten Ausländer, die sich seit mindestens drei Jahren ununterbrochen rechtmäßig im Bundesgebiet aufhalten;
2. ausschließlich einkommensunabhängige Leistungen erhalten Ausländer, die sich ununterbrochen rechtmäßig noch nicht drei Jahre im Bundesgebiet aufhalten.

[2] Ein rechtmäßiger Aufenthalt im Sinne dieses Gesetzes ist auch gegeben, wenn die Abschiebung aus rechtlichen oder tatsächlichen

Gründen oder auf Grund erheblicher öffentlicher Interessen ausgesetzt ist. [3] Die in Anlage I Kapitel VIII Sachgebiet K Abschnitt III Nr. 18 des Einigungsvertrages vom 31. August 1990 (BGBl. 1990 II S. 885, 1069) genannten Maßgaben gelten entsprechend für Ausländer, die eine Schädigung im Beitrittsgebiet erleiden, es sei denn, sie haben ihren Wohnsitz, ihren gewöhnlichen Aufenthalt oder ständigen Aufenthalt in dem Gebiet, in dem dieses Gesetz schon vor dem Beitritt gegolten hat.

(6) Versorgung wie die in Absatz 5 Nr. 2 genannten Ausländer erhalten auch ausländische Geschädigte, die sich rechtmäßig für einen vorübergehenden Aufenthalt von längstens sechs Monaten im Bundesgebiet aufhalten,

1. wenn sie mit einem Deutschen oder einem Ausländer, der zu den in Absatz 4 oder 5 bezeichneten Personen gehört, bis zum dritten Grade verwandt sind oder in einem den Personenkreisen des Absatzes 8 entsprechenden Verhältnis zu ihm stehen oder
2. wenn sie Staatsangehörige eines Vertragsstaates des Europäischen Übereinkommens vom 24. November 1983 über die Entschädigung für Opfer von Gewalttaten sind, soweit dieser keine Vorbehalte zum Übereinkommen erklärt hat.

(7) [1] Wenn ein Ausländer, der nach Absatz 5 oder 6 anspruchsberechtigt ist,

1. ausgewiesen oder abgeschoben wird oder
2. das Bundesgebiet verlassen hat und sein Aufenthaltstitel erloschen ist oder
3. ausgereist und nicht innerhalb von sechs Monaten erlaubt wieder eingereist ist,

erhält er für jedes begonnene Jahr seines ununterbrochen rechtmäßigen Aufenthalts im Bundesgebiet eine Abfindung in Höhe des Dreifachen, insgesamt jedoch mindestens in Höhe des Zehnfachen, höchstens in Höhe des Dreißigfachen der monatlichen Grundrente. [2] Dies gilt nicht, wenn er aus einem der in den §§ 53, 54 oder 55 Abs. 2 Nr. 1 bis 4 des Aufenthaltsgesetzes genannten Gründe ausgewiesen wird. [3] Mit dem Entstehen des Anspruchs auf die Abfindung nach Satz 1 oder mit der Ausweisung nach Satz 2 erlöschen sämtliche sich aus den Absätzen 5 und 6 ergebenden weiteren Ansprüche; entsprechendes gilt für Ausländer, bei denen die Schädigung nicht zu einem rentenberechtigenden Grad der Schädigungsfolgen geführt hat. [4] Die Sätze 1 und 3 gelten auch für heimatlose Ausländer sowie für sonstige Ausländer, die im Bundesgebiet die Rechtsstellung nach dem Abkommen vom 28. Juli 1951 über die Rechtsstellung der Flüchtlinge (BGBl. 1953 II S. 559) oder nach dem Übereinkommen vom 28. September 1954 über die Rechtsstellung der Staatenlosen (BGBl. 1976 II S. 473) genießen, wenn die Tat nach dem 27. Juli 1993 begangen worden ist. [5] Die Sätze 1 bis 4 gelten entsprechend auch für Hinterbliebene, die sich nicht im Geltungsbereich dieses Gesetzes aufhalten.

(8) [1] Die Hinterbliebenen eines Geschädigten erhalten auf Antrag Versorgung in entsprechender Anwendung der Vorschriften des Bundesversorgungsgesetzes. [2] Die in den Absätzen 5 bis 7 genannten Maßgaben sowie § 10 Satz 3 sind anzuwenden. [3] Soweit dies günstiger ist, ist bei der Bemessung der Abfindung nach Absatz 7 auf den Aufenthalt der Hinterbliebenen abzustellen. [4] Partner einer eheähnlichen Gemeinschaft erhalten Leistungen in entsprechender Anwendung der §§ 40, 40 a und 41 des Bundesversorgungsgesetzes, sofern ein Partner an den Schädigungsfolgen verstorben ist und der andere unter Verzicht auf eine Erwerbstätigkeit die Betreuung eines gemeinschaftlichen Kindes ausübt; dieser Anspruch ist auf die ersten drei Lebensjahre des Kindes beschränkt.

(9) Einer Schädigung im Sinne des Absatzes 1 stehen Schädigungen gleich, die ein Berechtigter oder Leistungsempfänger nach Absatz 1 oder 8 in Verbindung mit § 10 Abs. 4 oder 5 des Bundesversorgungsgesetzes, eine Pflegeperson oder eine Begleitperson bei einer notwendigen Begleitung des Geschädigten durch einen Unfall unter den Voraussetzungen des § 8 a des Bundesversorgungsgesetzes erleidet.

(10) Einer gesundheitlichen Schädigung im Sinne des Absatzes 1 steht die Beschädigung eines am Körper getragenen Hilfsmittels, einer Brille, von Kontaktlinsen oder von Zahnersatz gleich.

(11) Dieses Gesetz ist nicht anzuwenden auf Schäden aus einem tätlichen Angriff, die von dem Angreifer durch den Gebrauch eines Kraftfahrzeuges oder eines Anhängers verursacht worden sind.

(12) [1] § 64 e des Bundesversorgungsgesetzes findet keine Anwendung. [2] § 1 Abs. 3, die §§ 64 bis 64 d, 64 f sowie 89 des Bundesversorgungsgesetzes sind mit der Maßgabe anzuwenden, daß an die Stelle der Zustimmung des Bundesministeriums für Arbeit und Soziales die Zustimmung der für die Kriegsopferversorgung zuständigen obersten Landesbehörde tritt, sofern ein Land Kostenträger ist (§ 4). [3] Dabei sind die für deutsche Staatsangehörige geltenden Vorschriften auch für von diesem Gesetz erfaßte Ausländer anzuwenden.

(13) § 20 des Bundesversorgungsgesetzes ist mit dem Maßgaben anzuwenden, daß an die Stelle der in Absatz 1 Satz 3 genannten Zahl die Zahl der rentenberechtigten Beschädigten und Hinterbliebenen nach diesem Gesetz im Vergleich zur Zahl des Vorjahres tritt, daß in Absatz 1 Satz 4 an die Stelle der dort genannten Ausgaben der Krankenkassen je Rentner die bundesweiten Ausgaben je Mitglied treten, daß Absatz 2 Satz 1 für die oberste Landesbehörde, die für die Kriegsopferversorgung zuständig ist, oder die von ihr bestimmte Stelle gilt und daß in Absatz 3 an die Stelle der in Satz 1 genannten Zahl die Zahl 1,3 tritt und die Sätze 2 bis 4 nicht gelten.

(14) Im Rahmen der Heilbehandlung sind auch heilpädagogische Behandlung, heilgymnastische und bewegungstherapeutische Übun-

gen zu gewähren, wenn diese bei der Heilbehandlung notwendig
sind.

Übersicht

Allgemeines: Dem OEG liegt vor allem der Gedanke zugrunde, **1**
dass die Gesellschaft für die gesundheitlichen Schäden des Opfers
einer Gewalttat einzutreten hat, weil der Staat es im Einzelfall nicht
vermocht hat, den Bürger vor einem gewaltsamen Angriff zu bewahren (vgl. BR-Drs. 352/74 S. 10). Die Entschädigung der Opfer
von Straftaten resultiert aus der besonderen bzw. gesteigerten Verantwortung des Staates für die Unvollkommenheit staatlicher Verbrechensbekämpfung (vgl. BSGE 59, 40, 44). Das OEG ist vom
Fürsorgegedanken des Staates für seine Bürger bzw. für diejenigen Personen, die sich dauerhaft rechtmäßig in Deutschland aufhalten, geprägt (BT-Drs. 12/12273 S. 6). Es wird insgesamt von
dem **„Grundsatz der allgemeinen staatlichen Fürsorgepflicht"**
getragen (BT-Drs. 12/12273 S. 6). Dieser ist Teil des verfassungsrechtlich garantierten **Sozialstaatsprinzips.** Das Sozialstaatsprinzip
ist in Art. 20 und 28 GG niedergelegt. Wenn das Grundgesetz von
einem sozialen Staat ausgeht, so ist darin ein beständiger Auftrag
enthalten, soziale Verhältnisse herzustellen, zu erhalten oder zu sichern.

Als **sozialer Entschädigungsanspruch** richtet sich der An- **2**
spruch nicht gegen den verursachenden Täter, sondern gegen die
Bundesrepublik Deutschland. Damit ist der Anspruch auch kein
zivilrechtlicher Schadensersatzanspruch.

Zu Abs. 1: Personenkreis. Der Entschädigungsanspruch setzt **3**
zur Entstehung neben der Schädigung zunächst eine rechtsfähige
natürliche Person voraus. Dies folgt aus dem Gesetzeswortlaut
„Wer". Natürliche Person ist der Mensch. Nach § 1 BGB beginnt
die Rechtsfähigkeit des Menschen mit der Vollendung der Geburt,
d. h. mit dem vollständigen Austritt aus dem Mutterleib, wobei die
Lösung der Verbindung des Nabelstranges nicht erforderlich ist
(Palandt/Heinrichs, § 1 Rn. 2). Das Kind muss jedoch bei der Vollendung der Geburt leben, d. h. irgendwelche Lebenszeichen von
sich geben, mag es dann auch sofort sterben. Lebensfähigkeit wird
demnach nicht gefordert.

Ungeborenes Leben: Danach würde an sich der sog. **nascitu- 4
rus** (die gezeugte, noch ungeborene Leibesfrucht) mangels Rechtsfähigkeit noch keinen Entschädigungsanspruch haben. Ebenso wie
im BVG ist auch nach dem OEG der nasciturus als Anspruchsberechtigter anzusehen (vgl. BSGE 18, 55; 20, 41 = DVBl. 1964 S. 27).
Die Rechtsprechung zum BVG wird auf das OEG übertragen.

Die gesundheitliche Schädigung kann demnach auch bei einer
anderen als der angegriffenen Person eintreten. Nach der Rechtsprechung des BSG wird zwar auch im Recht der Gewaltopferentschä-

digung, wie im sozialen Entschädigungsrecht überhaupt, grundsätzlich nur die aufgrund unmittelbarer Schädigung, nicht aber die nur infolge mittelbarer Schädigung eingetretene Schadensfolge entschädigt. Allerdings wird der Begriff der „unmittelbaren Schädigung" weit verstanden und richtet sich letztlich nach dem Schutzzweck des Gesetzes (vgl. BSGE 89, 199). Es ist heute anerkannt, dass Handlungen im Sinne des § 1 Abs. 1 allgemein geeignet sind, bei Schädigungen ungeborenen Lebens Leistungen nach dem OEG auszulösen (ebenso Heinz, OEG, Teil C Rn. 36).

Bei der engen vorgeburtlichen Verbundenheit zwischen Mutter und Kind und der typischen Schädigung der Mutter auch für die Zukunft eines zukünftigen Kindes, und zwar auch des **„nondum conceptus"** (des noch nicht gezeugten Kindes), wird von der Möglichkeit einer unmittelbaren Schädigung auch eines noch nicht gezeugten Kindes ausgegangen (BSGE 89, 199). So hatte das BSG bereits in einer früheren Entscheidung zum BVG eine Person als anspruchsberechtigt angesehen, die erst nach dem schädigenden Ereignis, von dem die Mutter betroffen worden ist, gezeugt wurde und nur deshalb krank ist, weil die Schädigungsfolge – was der Mutter nicht bekannt war – im Mutterleib übertragen worden ist („Lues-Fall" BSGE 20, 41; vgl. Schoreit/Düsseldorf, OEG, § 1 Rn. 4). In Fortentwicklung dieser Rechtsprechung ist einem nach sexuellem Missbrauch der Mutter aus einer **Inzest**beziehung stammendem Kind ein Anspruch auf Versorgung nach dem OEG zugebilligt worden (BSGE 89, 199). Das BSG nimmt dabei eine mögliche Diskrepanz zwischen einem Anspruch nach dem OEG und deliktischen Ansprüchen nach dem Zivilrecht in Kauf. Im Rahmen der **„wrongful-life"**-Diskussionen betont das BSG nicht nur die strukturellen Unterschiede zwischen Zivilrecht und dem Recht des OEG, sondern stellt die gesundheitlichen und sozialen Belastungen des Kindes durch die Gewalttat in den Vordergrund:

> „Es wäre zynisch, dem infolge einer Gewalttat schutzbedürftigen Kind den besonderen für Gewaltopfer vorgesehenen sozialen Schutz mit der Begründung vorzuenthalten, es solle dankbar sein, dass es überhaupt lebt" (BSGE 89, 199, 201 m. w. N.).

Demzufolge ist auch für das Kind ein Anspruch gegeben, welches seinerseits HIV-infiziert zur Welt kommt, nachdem zuvor der Mutter vorsätzlich eine HIV-Infektion beigebracht wurde (ebenso Heinz, OEG, Teil C Rn. 36).

5   **Schockschaden/mittelbar Geschädigte:** Durch das OEG werden auch mittelbar Geschädigte geschützt. Das BSG hat durch seine Entscheidung vom 7. 11. 1979 (BSGE 44, 98) die bis dahin grundsätzlich umstrittene Streitfrage für das OEG geklärt. Das BSG hatte der leiblichen Mutter, die infolge der überbrachten Nachricht vom Mord an ihrer Tochter einen schweren Schock erlitten hatte, Beschädigtenversorgung zugesprochen. Die ablehnenden Meinungen hatten sich bis dahin auf das BVG gestützt, das grundsätzlich nur den unmittelbar Geschädigten Versorgung zubilligt (vgl. Gelhausen, Soziales Entschädigungsrecht, Rn. 719, der aufzeigt, dass die Unterschiede tatsächlich nicht sehr weitreichend sind). Bereits nach dem Wortlaut des § 1 Abs. 1 braucht anders als beim BVG derjenige, der Gesundheitsschäden erlitten hat, nicht identisch zu sein mit demjenigen, gegen den sich der tätliche Angriff gerichtet hat. Dies ergibt sich zum einen aus der mit umfassten aberratio ictus und zum anderen durch die Einbeziehung eines mit gemeingefährlichen Mitteln begangenen Verbrechens. Das BSG spricht bereits in der Entscheidung (BSGE 44, 98) davon, dass die geschädigte Mutter nicht **mittelbar Geschädigte**, sondern **unmittelbar Geschädigte** sei (fortgesetzt in BSGE 88, 240, wobei der 9. Senat vom Schockgeschädigten als **„Sekundäropfer"** spricht).

Im Kern geht es heute um das Problem der Begrenzung der anspruchsberechtigten Personenkreise durch Nichtberücksichtigung derjenigen, die dem unmittelbaren Tatopfer nicht so nahe standen, als dass die Reaktion auf die Nachricht nicht mehr nachvollziehbar ist. Verdeutlicht wird dies an dem konstruierten Fallbeispiel des Begehrens von OEG-Leistungen durch jemanden, der über das Fernsehen angesichts schlimmster Bilder eines Gewaltverbrechens einen Schock erleidet (vgl. Heinz, ZfS 1999, 46 ff.). Das BSG hat den Schockschaden als „zu einem datierten Zeitpunkt ausgelöster, plötzlich eintretender Beginn einer psychischen Beeinträchtigung" definiert (BSG, Beschl. v. 17. 12. 1997, 9 BVg 5/97 = juris KSRE 025180519).

Das BMA hat die bisher gültigen Rundschreiben zu der Thematik vom 6. 8. 1996 (VI 1 – 52093/3) und vom 26. 11. 2002 (IV c – 62093/3) aufgehoben und vertritt derzeit (RdSchr. v. 20. 1. 2006, IVc 2 – 47035/3) folgenden Standpunkt:

„Erforderlich für eine Anerkennung nach dem OEG ist zunächst immer, dass der eingetretene Schock bei einem Dritten, also einer nicht unmittelbar tätlich angegriffenen Person, eine nicht nur vorübergehende psychische Störung von Krankheitswert ausgelöst hat. Als solche Störung kommt insbesondere, aber nicht nur, eine posttraumatische Belastungsstörung in Betracht. Wird ein Dritter Tatzeuge einer schweren vorsätzlichen Gewalttat, wie z. B. Mord, Totschlag, schwere Körperverletzung, und erleidet durch dieses persönliche Miterleben einen Schockschaden, kann Versorgung nach dem OEG unabhängig von der Beziehung zwischen unmittelbarem Opfer und Drittem gewährt werden.

Bei Dritten, die nicht Tatzeuge der Gewalttat waren, aber durch das Auffinden des – getöteten oder verletzten – Opfers oder durch die Übertragung der Nachricht vom Tode oder der Verletzung des Opfers einen Schockschaden erleiden, kann Versorgung nach dem OEG gewährt werden, wenn zwischen unmittelbarem Opfer und Drittem eine besondere emotionale Beziehung besteht. Dies kann regelmäßig bei bestehenden intakten Ehen, bei nichtehelichen Lebensgemeinschaften und Lebenspartnerschaften sowie bei Eltern-/Kindverhältnissen angenommen werden.

Die Überbringung der Todesnachricht kann nur bei einer im Geltungsbereich des OEG begangenen Gewalttat zu Versorgungsleistungen führen, da ansonsten eine unzulässige Umgehung des dem OEG zugrunde liegenden Territorialprinzips gegeben wäre."

Die Reduzierung des BMAS auf Fälle der „dritterlebten" schweren Delikte wie Mord, Totschlag etc. hat im Gesetz keine Stütze. Obwohl die Rechtsprechung zwar anhand derartiger Delikte entwickelt wurde, kann auch anderes gewaltsames Erleben heftiger Auseinandersetzungen entsprechende Gesundheitsstörungen hervorrufen und einen Anspruch auf Beschädigtenversorgung begründen. Befürwortet wird daher z. B. ein Entschädigungsanspruch in Fällen heftigster Auseinandersetzungen zwischen Eltern im Elternhaus im Beisein der Kinder, wenn eine Gesundheitsstörung i. S. d. Definition hervorgerufen wird (Heinz, OEG, Teil C Rn. 50).

Das BMAS wird in Zukunft auch den aufgrund des 3. OEG-ÄndG am 1. 7. 2009 in Kraft getretenen § 3a zu berücksichtigen haben. Dieser Sonderfall bedarf einer differenzierten Regelung. Für die Anerkennung eines Schockschadens ist dabei nach wie vor an den Ort der Schädigung anzuknüpfen, d. h. an den Ort, an dem die Schädigung des Primäropfers eingetreten ist. Das **Territorialitätsprinzip** wird zwar durch das **Personalitätsprinzip** ergänzt (vgl. Rn. 6), vorrangig sind allerdings zunächst die Ansprüche und die Versorgung des **Primäropfers**. Ein etwaiger Schockschaden „hängt" zwangsläufig an der Primärschädigung und teilt demzufolge deren Schicksal. Wäre dies nicht so, hätte dies zur Folge, dass bei einer Tat im Ausland und einem Schockschaden im Inland Leistungen für das Primäropfer nach § 3a und für den Schockgeschädigten die umfangreichere Versorgung nach § 1 Abs. 1 erfolgen müssten. Dies wäre nicht nur ein Wertungswiderspruch, sondern widerspräche auch der gesetzgeberischen Intention des limitierten Zugangs zu OEG-Leistungen bei **Auslandstaten**.

6   **Räumlicher Geltungsbereich:** Das OEG basiert auf dem **Territorialitätsprinzip.** Dem liegt der Gedanke zugrunde, dass der

Staat für die durch einen tätlichen Angriff ausgelöste Gesundheitsschädigung und die dadurch bedingten wirtschaftlichen Nachteile eintritt, da er es auf seinem Territorium nicht vermocht hat, mit seinen Sicherheitskräften den Betroffenen vor einer Gewalttat zu bewahren. Der einzelne Bürger verfügt über einen Anspruch, den er unabhängig von seinen möglichen Ansprüchen gegen den Verursacher gegen die Bundesrepublik Deutschland geltend machen kann.

„Gewaltopfern steht daher ein Aufopferungsanspruch gegenüber dem Staat zu" (vgl. BT-Drs. 16/12273 S. 5).

Dem **Territorialitätsprinzip** folgend bestand bis zum Inkrafttreten des 3. OEG-ÄndG zum 1. 7. 2009 (BGBl. I S. 1580) kein Anspruch nach dem OEG, wenn die **Straftat im Ausland** begangen wurde, weil der Staat außerhalb seines Territoriums an sich keine Möglichkeit hat, den Schutz der Betroffenen sicherzustellen. So mangelt es an Polizeibefugnissen, um im Ausland Straftaten im Vorfeld zu verhindern. Die Beschränkung des Geltungsbereichs des OEG auf im Inland verübte Taten war damit folgerichtige Konsequenz, basierend auf dem Grundgedanken des OEG. Dieser Grundsatz wurde auch vom BSG mehrfach bestätigt (vgl. BSG, Urt. v. 10. 12. 2002, B 9 VG 7/01 R). Diese Regelung verstieß auch nicht gegen Art. 8 und 14 EMRK (EGMR, v. 28. 8. 2007 = SozR 4-3800, § 1 Rn. 13).

Durch die Schaffung des § 3 a, wonach auch bei **Auslandstaten** Ansprüche nach dem OEG begründet sein können, wurde das Territorialitätsprinzip durchbrochen und um das **Personalitätsprinzip** (ebenso Bock, ZRP 2009, 149) für im Ausland begangene Taten ergänzt. Diese Ausweitung des Kreises der Berechtigten reiht sich in eine von einem gesellschaftlichen Konsens getragene Rechtsentwicklung ein, die den besonderen Opferinteressen Rechnung trägt. Der Gesetzgeber hat nach seiner ihm obliegenden Entscheidungsprärogative den Kreis der Berechtigten erweitert, gleichzeitig dem erweiterten Personenkreis allerdings grundsätzlich nur einen eingeschränkten Leistungsumfang zugebilligt. Da es Ziel des OEG ist, den Opfern bei der Bewältigung der Tatfolgen zu helfen, entspricht die neue Regelung auch dem **Sozialstaatsprinzip**.

Infolge der Differenzierung zwischen **Inlandstaten** und **Auslandstaten** sind die bisher geltenden **Kriterien** zum **räumlichen Geltungsbereich** weiterhin **gültig**. Dies gilt auch für bislang strittige Auslegungsfragen, wobei diese allerdings aufgrund der Durchbrechung des Territorialprinzips in einem anderen Lichte zu sehen sind. Die Rechtsprechung ging bislang davon aus, dass die Tat auf

dem Territorium der Bundesrepublik Deutschland geschehen sein
musste, da aufgrund der grundsätzlichen Bewertung des Gesetzgebers Ausnahmen unzulässig seien (BSGE 49, 98; 52, 281; 56, 90,
92). Daraus wurde bislang gefolgert, soweit Tatort und Schädi-
gungsort auseinanderfallen, dass gesundheitliche Schädigung und
tätlicher Angriff im Territorium der Bundesrepublik Deutschland
zusammenfallen müssen. Vorzugswürdig ist dagegen die bislang von
der Literatur vertretene Auffassung, wonach es bei der Frage des
territorialen Geltungsbereichs auf den **Erfolgs-**, und nicht auf den
Handlungsort ankommt (so bisher bereits Gelhausen, Soziales Entschädigungsrecht, Rn. 723; i. E. ebenso Schoreit/Düsseldorf, OEG,
§ 1 Abs. 1, Rn. 26, 28). Die Begründung dafür folgte bislang aus
dem Umstand, dass das Gesetz seine Rechtsfolgen an eine erlittene
Schädigung anknüpft und es daher nicht auf den Ort, wo der Schädiger gehandelt hat, sondern auf den Ort, wo der Erfolg eingetreten ist,
ankommt (Gelhausen, Soziales Entschädigungsrecht, Rn. 723). Diese Ansicht wird nunmehr durch den am 1. 7. 2009 in Kraft getretenen § 3 a gesetzlich gestützt, da das Territorialprinzip durchbrochen wurde. Das Personalitätsprinzip wurde zusätzlich eingeführt,
eine Entschädigung erfolgt bei gesundheitlichen Schäden vom
Grundsatz her nunmehr tatortunabhängig. Der Tatort ist an sich
nur noch für das Leistungsspektrum maßgeblich. Ein Auseinanderfallen von Erfolgs- und Handlungsort führt daher nicht mehr zum
Versagen von Beschädigtenversorgung. Entgegen der dargestellten
Ansicht in der Literatur hatte bislang das BSG noch anders entschieden: Einer Mutter, deren Kinder im Ausland ermordet wurden und die, nachdem sie die Todesnachricht erhielt, eine gesundheitliche Schädigung erlitt, wurde Beschädigtenversorgung versagt
(BSGE 90, 190).

Wenn das Gesetz nunmehr Beschädigtenversorgung für Taten
tatortunabhängig ermöglicht, kann eine territoriale Einheit von Er-
folgs- und Tatort nicht mehr verlangt werden. Damit wird auch den
tatsächlichen Gegebenheiten der Lebenswirklichkeit Rechnung getragen. So heißt es in der Gesetzesbegründung zum 3. OEG-
ÄndG:

> „Angesichts dessen, dass heutzutage ausländische Reiseziele – ob aus be-
> ruflichen oder privaten Gründen – ebenso häufig und selbstverständlich an-
> gesteuert werden wie Reiseziele im Inland, stellt die derzeitige Rechtslage
> eine unbillige Härte für die Betroffenen dar. Es erscheint daher angemessen,
> den Anwendungsbereich des OEG auf Auslandstaten zu erweitern" (BT-
> Drs. 16/12273).

Insgesamt wird aber auch zu berücksichtigen sein, dass sich viel-
fach bestimmte Taten gerade gegen bestimmte Nationalitäten rich-

ten und einerseits Deutsche im Ausland gerade wegen ihrer Nationalität betroffen sind; andererseits waren und sind im Inland auch gerade Angehörige bestimmter Nationalitäten Opfer von Straftaten geworden. Auch diese Personengruppen benötigen den Schutz des OEG.

In diesem Sinne ist auch die Erweiterung des Personenkreises der ausländischen Anspruchsberechtigten durch das 3. OEG-ÄndG in § 1 Abs. 6 Nr. 1 erfolgt. Bei den Anschlägen in Solingen und Mölln kamen auch zwei türkische Mädchen, die damals als Nichten bei den jeweiligen Opferfamilien zu Besuch waren, zu Tode. Diese Personengruppen waren bislang auf die Härtefallregelung des § 10 a angewiesen.

Da sich der Gesetzgeber nur für eine teilweise Durchbrechung **7** des Territorialprinzips und eine Ergänzung durch das Personalitätsprinzip entschieden hat, kommt es wegen der unterschiedlichen Ausgestaltung der Voraussetzungen sowie des Umfangs des Leistungsspektrums und der Beschädigtenversorgung nach wie vor auf die genaue Ermittlung des Tatorts an. Die bisherigen Kriterien gelten daher weiter. Unter dem **räumlichen Geltungsbereich** des OEG wird das Hoheitsgebiet der Bundesrepublik Deutschland verstanden (BVerfG NJW 1973, 1590). Dazu gehören auch die jeweiligen Küsten- und Eigengewässer sowie der Luftraum. Zur Einbeziehung des deutschen Festlandsockels vgl. die Gesetze vom 24. 7. 1964 (BGBl. I S. 497) und 25. 6. 1969 (BGBl. I S. 581). Bei Brücken reicht die Staatshoheit bis zur Mitte (RGSt 9, 378), bei Grenzflüssen, soweit nicht anders geregelt, bis zur Flussbettmitte. Der Bodensee ist nicht Kondominat der Anrainerstaaten, sondern durch die Mittellinie räumlich getrennt. Auch ausländische Schiffe im deutschen Küstenmeer oder in deutschen Häfen sind als Inland anzusehen (Mettgenberg, DJ 1940, 642). Gleiches gilt für ausländische Luftfahrzeuge und Kraftfahrzeuge, sofern sie sich im Hoheitsgebiet der Bundesrepublik Deutschland aufhalten. Eine Schädigung in einer ausländischen konsularischen oder diplomatischen Vertretung ist trotz der Exterritorialität im Geltungsbereich des OEG begangen, denn die völkerrechtliche Exterritorialität macht die Vertretungen nicht zum Ausland, sondern stellt eine Privilegierung dar (RGSt 69, 55; OLG Köln NJW 1982, 2740). Nicht unter den Anwendungsbereich des § 1 Abs. 1, sondern nur den des § 3 a, fallen Schädigungen, die in einer deutschen konsularischen oder diplomatischen Vertretung im Ausland eingetreten sind.

Die Begriffe „deutsches Schiff" und „deutsches Luftfahrzeug" **8** sind in dem Sinne gebraucht, wie § 4 StGB sie umschreibt. Danach gelten solche Schiffe und Luftfahrzeuge als deutsch, die berechtigt sind, die Bundesflagge oder das Staatsangehörigkeitszeichen der Bundesrepublik Deutschland zu führen. Diese Berechtigung ergibt sich für Schiffe aus dem FlaggenrechtsG und für Luftfahrzeuge aus dem LuftVG. Gleichgültig ist es, ob es sich bei dem Schiff um ein See- oder Binnenschiff handelt. Das OEG findet auch Anwendung für Wracks, Rettungsbote und Flöße deutscher Schiffe (vgl. Rietzsch, DJ 1940, 565, Schönke/Schröder/Eser, StGB, § 4 Rn. 4).

Zu den Luftfahrzeugen zählen neben Flugzeugen, Luftschiffen und Ballonen aller Art auch Raumfahrzeuge. Für die Anwendung des OEG ist es unerheblich, ob das Schiff die hohe See befährt, sich in fremden Küstengewässern oder Häfen, also in fremdem Hoheitsgebiet befindet, oder ob das Luftfahrzeug fremdes Gebiet überfliegt bzw. auf einem ausländischen Flughafen gelandet oder abgestellt ist (Schönke/Schröder/Eser, StGB, § 4 Rn. 6).

9 **Zeitlicher Geltungsbereich:** Das OEG trat am 16. 5. 1976 in Kraft. Mit dem 1. OEG-ÄndG vom 20. 12. 1984 wurde dann die Regelung in § 10 S. 2 OEG aufgenommen, nach der unter Härtefallgesichtspunkten eine Entschädigung für Gewalttaten, begangen vor dem Inkrafttreten des OEG, möglich wurde. Das OEG gilt in den neuen Bundesländern für Gewalttaten nach dem 2. 10. 1990. Bei der Anwendung sind die Maßgaben des Einigungsvertrages (BGBl. II 1990 S. 1069) zu beachten. Durch Art. 2 des 2. OEG-ÄndG wurden auch diese Maßgaben in Anlage I Kapitel VIII Sachgebiet K Abschnitt III Nr. 18 des Einigungsvertrages geändert. Es ist die ursprünglich bestehende Versorgungslücke für Gewalttaten in der Zeit zwischen dem 3. 10. 1990 und 31. 12. 1990 geschlossen worden. Nach den Maßgaben des Einigungsvertrages ist bei Personen, die in der Zeit vom 7. 10. 1949 bis 2. 10. 1990 geschädigt wurden, § 10 a entsprechend anzuwenden. Diese Beschränkung ist verfassungsgemäß (BSGE 78, 274). In der ehemaligen DDR galt für Schadensersatzansprüche aus Straftaten das Gesetz über eine staatliche Vorauszahlung an durch Straftaten geschädigte Bürger (SchadensersatzvorauszahlungsG v. 14. 12. 1988). Es galt für Ansprüche aus Straftaten, die nach dem 1. 1. 1985 begangen worden sind. Soweit ein Antrag auf staatliche Leistungen bis zum 2. 10. 1990 gestellt worden war, ist das SchadensvorauszahlungsG der ehemaligen DDR über den 3. 10. 1990 hinaus anzuwenden (Einigungsvertrag Anlage II Kapitel III Sachgebiet C Abschnitt III Nr. 1). Die Fortgeltung des Gesetzes kann sich auf Versorgungsleistungen nach dem OEG auswirken. Kongruente Leistungen werden bei Ansprüchen nach dem OEG angerechnet, wenn die Leistungen auf derselben Ursache beruhen und für Zeiträume nach dem 2. 10. 1990 gewährt werden.

Bei **Auslandstaten** ist § 10 Abs. 1 zu berücksichtigen, wonach das Gesetz für Ansprüche aus Taten gilt, die nach seinem Inkrafttreten begangen wurden. Nach der gesetzgeberischen Intention sind damit alle künftigen Taten erfasst, die nach dem Inkrafttreten des 3. OEG-ÄndG, also dem 1. 7. 2009 als dem Tag seiner Verkündung, begangen wurden. Die Gesetzesänderung ist zwar unter Berufung auf in der Vergangenheit geschehene Terroranschläge erfolgt; aus den Materialien zur Gesetzgebung ergibt sich jedoch, dass der Wille des Gesetzgebers auf die Entschädigung künftiger Taten gerichtet war. So heißt es in der Begründung zu § 3 a:

„Die neue Vorschrift schafft einen Anspruch auf Leistungen nach dem OEG für Fälle, in denen Deutsche und ihnen gleichgestellte Ausländer Opfer von Gewalttaten im Ausland werden" (vgl. BT-Drs. 16/12273 S. 6).

Dies gilt auch für Taten die zwischen dem 23. 5. 1949 und dem 15. 5. 1976 geschehen sind. Zwar hat der Gesetzgeber bei der Neuregelung § 3 a nicht aus dem Anwendungsbereich des § 10 S. 2 OEG herausgenommen; dem Sinn der Neuregelung und der Übergangsregelung entsprechend ist letztere auch auf Ansprüche nach § 1 Abs. 1 OEG zu reduzieren.

Tätlicher Angriff: Das zentrale Tatbestandsmerkmal des tätlichen Angriffs wurde durch eine Vielzahl von Entscheidungen des BSG konturiert. Es gilt ein eigener, vom Strafrecht unabhängiger Begriff. In der Rechtspraxis sind die Einzelheiten nach wie vor oftmals umstritten. Der Gesetzgeber hatte sich bei Schaffung des OEG nicht für eine Aufzählung von Straftatbeständen des StGB, bei denen ein Anspruch nach dem OEG begründet wäre, entschieden. Stattdessen wurde als Anspruchsvoraussetzung der vorsätzliche, tätliche Angriff, der zu einer gesundheitlichen Schädigung beim Opfer selbst oder einer anderen Person geführt hat, gewählt (BT-Drs. 7/2506 S. 10). Der Begriff wurde den §§ 113 Abs. 1 und 121 Abs. 1 Nr. 1 StGB entnommen. In Anlehnung an die Rechtsprechung des Reichsgerichts in Strafsachen wurde der tätliche Angriff als „eine in feindlicher Willensrichtung unmittelbar auf den Körper eines anderen zielenden Einwirkung verstanden" (BT-Drs. 7/2506 S. 13). Hinzuweisen ist aber darauf, dass nach der Rechtsprechung des Reichsgerichts der tätliche Angriff auch durch denjenigen vollendet verwirklicht wird, der mit der Absicht, auf den ihm gegenüberstehenden Beamten zu schlagen, mit dem Arm ausholte, gleichgültig ob das Treffen des Körpers durch das Zwischentreten eines Dritten abgewendet wurde (RGSt 7, 301 f.). Der Angriff kann auch auf eine Freiheitsberaubung abzielen, wobei die Berührung des Körpers nicht beabsichtigt zu sein braucht (RGSt 43, 181). Auch in der Verfolgung eines Flüchtenden mit der Absicht, ihn zu verletzen, wurde ein tätlicher Angriff gesehen (RGSt 59, 265 f.).

11 Nach der ständ. Rspr. des BSG ist als ein tätlicher Angriff grundsätzlich eine in feindseliger Willensrichtung unmittelbar auf den Körper eines anderen zielende gewaltsame Einwirkung zu sehen (BSG, Urt. v. 10. 9. 1997, 9 RVg 1/96 = BSGE 81, 42, 43 = SozR 3-3800 § 1 Nr. 11 S. 38; BSG, Urt. v. 4. 2. 1998, B 9 VG 5/96 R = BSGE 81, 288, 289 = SozR 3-3800 § 1 Nr. 12 S. 42 f. jeweils m. w. N.; BSG, Urt. v. 10. 12. 2003, B 9 VG 3/02 R = SozR 4-3800 § 1 Nr. 5 Rn. 6; BSG, Urt. v. 2. 10. 2008, B 9 VG 2/07 R = RegNr. 28486 BSG-intern). In aller Regel werde die Angriffshandlung den Tatbestand einer versuchten oder vollendeten vorsätzlichen Straftat gegen das Leben i. S. d. §§ 211 ff. StGB oder gegen die körperliche Unversehrtheit i. S. d. §§ 223 ff. StGB erfüllen. Deshalb sei für den inneren Tatbestand (Vorsatz) in der Regel auch das Wissen und Wollen des strafrechtlich relevanten Erfolges (Verletzung oder Tötung) von Belang (so BSG, Urt. v. 2. 10. 2008, B 9 VG 2/07 R = RegNr. 28486 BSG-intern). Daneben sind aber auch Begehungsweisen denkbar, bei denen kein derartiger Erfolg angestrebt wird. Es ist nicht einmal die körperliche Berührung oder auch nur ein darauf zielender Vorsatz des Täters erforderlich (BSG, Urt. v. 2. 10. 2008, B 9 VG 2/07 R = RegNr. 28486 BSG-intern; BSG, Urt. v. 24. 7. 2002, B 9 VG 4/01 R = BSGE 90, 6, 9 = SozR 3-3800 § 1 Nr. 22 S. 103 m. w. N.; BSG, Urt. v. 24. 9. 1992, ZfS 1993, 17).

12 Das Tatbestandsmerkmal des **Angriffs** enthält keine rechtliche Würdigung, sondern dient der Abgrenzung von gezielt gegen Personen gerichteten gewaltsamen Einwirkungen einerseits, und von nicht entschädigungspflichtigen Handlungen andererseits (LSG Niedersachsen-Bremen, Urt. v. 18. 10. 2006, L 5 VG 6/05 = Nds Rpfl 1/2007, 25), wie z. B. Neckereien, unbewusst ausgeführten Handlungen, sozialadäquaten körperlichen Kontakten auf Volksfesten (BSG, Urt. v. 23. 10. 1995 = SozR 3-3800 § 1 Nr. 6) oder Rangeleien unter spielenden Kindern im Vorschulalter (LSG Niedersachsen-Bremen, Urt. v. 19. 7. 2006, L 5 VG 9/04; vgl. auch Rn. 57).

13 **Sexueller Missbrauch:** Mit der Rechtsprechung des BSG zur Entschädigung von Kindern nach **sexuellem Missbrauch** hat der Begriff des tätlichen Angriffs eine erweiterte Auslegung erfahren

(BSGE 77, 1 = SozR 3-3800 § 1 Nr. 4; BSGE 77, 7 = SozR 3-3800 § 1 Nr. 6; BSGE 77, 11 = NJW 1996, 1620 = SozR 3-3800 § 1 Nr. 7; BSGE 77, 18 = SozR 3-3800 § 1 Nr. 8). Bis dahin hatte sich das BSG (BSGE 59, 46) bei der Auslegung des Begriffs tätlicher Angriff auf die §§ 113, 121 StGB bezogen. Mit den Entscheidungen BSGE 77, 7 und BSGE 77, 11 hat das BSG die strenge Anknüpfung an das Strafrecht aufgegeben. Eine strenge Bindung an die strafrechtliche Bedeutung des tätlichen Angriffs wäre nur dann vertretbar, wenn das OEG ausdrücklich hierauf verwiesen hätte. Es bestehe kein Anlass, bei gewaltloser Begehungsweise des § 176 StGB das OEG nicht anzuwenden (BSGE 77, 7). Der Gesetzgeber habe es bewusst der sozialgerichtlichen und nicht der strafgerichtlichen Rechtsprechung überlassen, den Begriff des tätlichen Angriffs im OEG mit Inhalt zu füllen (BSGE 77, 11). Für den tätlichen Angriff im OEG sei auch nicht Voraussetzung, dass der Täter dem Opfer gegenüber feindlich gesinnt ist. Entscheidend ist die **Rechtsfeindlichkeit** (BSGE 77, 11). Was feindselig ist, sagt das StGB (BSGE 77, 7). Im konkret zu entscheidenden Fall waren es die in § 176 StGB geschilderten Begehungsweisen ohne Rücksicht darauf, welche innere Einstellung der Täter zum Opfer hatte und wie es das Opfer empfunden hatte. Für die Bewertung einer sexuellen Handlung als sexueller Missbrauch spielt es keine Rolle, wie das Opfer selbst die Tat empfunden oder wahrgenommen hat oder ob das minderjährige Opfer in diese Handlungen eingewilligt hat (BSGE 77, 7 = SozR 3-3800 § 1 Nr. 6). Auch die innere Einstellung des Täters ist ohne Bedeutung; im Rahmen des § 176 StGB ist eine vom Täter geltend gemachte freundschaftliche Einstellung zu dem Opfer zwar möglicherweise für die Strafhöhe, nicht aber für die Strafbarkeit als solche entscheidend (BSGE 77, 7 = SozR 3-3800 § 1 Nr. 6). Der als **„feindselige"** Einwirkung auf den Körper eines anderen definierte tätliche Angriff erfordert nicht die Fähigkeit des Täters, seine Handlung moralisch zu bewerten. Es ist nicht einmal eine körperliche Berührung oder auch nur ein darauf zielender Vorsatz des Täters erforderlich (BSG, Urt. v. 10. 12. 2003, B 9 VG 3/02 R). **Feindselig** handelt danach bereits, wer objektiv gegen das Strafgesetz verstößt, indem er den Körper eines anderen verletzt (BSG, Urt. v. 4. 2. 1998, B 9 VG 5/96 R = BSGE 81, 288 = SozR 3-3800 § 1 Nr. 12; BSG, Urt. v. 8. 11. 2007, B 9/9a VG 2/06). Die Unfähigkeit, das Unrecht der Tat einzusehen (also eine fehlende Einsichtsfähigkeit) betrifft die Schuldfähigkeit des Täters, auf die es im Rahmen des § 1 OEG nicht ankommt (BSG, Urt. v. 8. 11. 2007, B 9/9a VG 2/06 R). Die mangelnde Fähigkeit zur oder der Verlust der Impulskontrolle macht den Täter zwar möglicherweise schuldunfähig, schließt aber ein Handeln mit natürlichem Vorsatz nicht aus (BSG, Urt. v. 8. 11. 2007, B 9/9 a VG 2/06 R unter Hinweis auf BGH NStZ 2004, 324). Bei der Beurteilung, ob eine Handlung „feindselig" ist, kommt es lediglich auf den natürlichen Willen, und nicht auf die rechtliche Bewertung an (LSG Niedersachsen-Bremen, Urt. v. 18. 10. 2006, L 5 VG 6/05 = Nds Rpfl 2007, 25).

14   Diese Grundsätze sind bei **ähnlich gelagerten Fällen** mit minderjährigen oder erwachsenen Opfern ebenfalls heranzuziehen. Ähnlich gelagert sind Fälle, in denen das Opfer mangels Hilflosigkeit, unabhängig davon, ob dieses vom Täter herbeigeführt wurde, keinen Widerstand leistet oder von vornherein aufgrund der deutlichen Überlegenheit des Täter darauf verzichtet oder der Täter im Rahmen eines besonderen Vertrauens- oder Abhängigkeitsverhältnisses diese Umstände zur Tat ausnutzt (ebenso Gelhausen, Soziales Entschädigungsrecht, Rn. 737 m. w. N.).

15   Die einem sexuellen Missbrauch zeitlich nachfolgende Vorführung eines von den sexuellen Handlungen heimlich gefertigten **Videofilms** (Straftat nach §§ 184, 185 StGB) stellt keinen tätlichen Angriff dar, sofern bei der Vorführung des Films keine unmittelbar auf den Körper der Geschädigten abzielende Einwirkung erfolgte (LSG Niedersachsen-Bremen, Urt. v. 6. 4. 2005, L 5 VG 8/03 = BeckRS 2005, 41163). Nur wenn Ehrverletzungsdelikte mittels einer tätlichen Beleidigung durch eine unmittelbare körperliche Einwirkung auf einen Anderen erfolgen und zusätzlich eine Kundgabe der Nichtachtung/Missachtung vorliegt, kann ein tätlicher Angriff vorliegen (LSG Niedersachsen-Bremen, Urt. v. 6. 4. 2005, L 5 VG 8/03 = BeckRS 2005, 41163).

16   **Weitere Einzelfälle:** Die Rechtswirklichkeit zeigt weitere, bislang allerdings obergerichtlich noch nicht entschiedene, Fallgestaltungen auf, die im Einzelfall als tätlicher Angriff zu qualifizieren sind. Auch der **Exhibitionismus** kann im Einzelfall einen tätlichen Angriff i. S. d. § 1 Abs. 1 darstellen: ein Täter befriedigt sich in seinem Auto an öffentlicher Stelle selbst, wobei er es bewusst darauf anlegt, von Frauen oder Mädchen wahrgenommen zu werden. Eine vorbeikommende 13-jährige wird, wie vom Täter erhofft, aufmerksam und bleibt kurze Zeit stehen; infolge des Gesehenen erleidet sie nachweisbar eine psychische Schädigung. Die Staatsanwaltschaft hatte den Täter wegen sexuellen Missbrauchs nach § 176 Abs. 4 Nr. 1 StGB angeklagt; verurteilt wurde er wegen exhibitionistischer Handlungen gem. § 183 StGB. Da geschütztes Rechtsgut des § 183 StGB die psychische und körperliche Integrität vor ungewollten sexuellen Eindrücken ist (vgl. HK-GS/Laue, StGB, § 183, Rn. 1 m. w. N.), ist das Geschehen rechtsfeindlich. Wenn eine gezielte Einwirkung auf den Körper des Kindes angenommen werden kann, sind eine tätliche Beleidigung und damit eine körperliche Einwirkung gegeben.

Nicht als tätlicher Angriff sind nach Ansicht des BSG solche **17** Einwirkungen anzusehen, die nicht unmittelbar und gewaltsam den Körper eines anderen treffen (BSG, Urt. v. 2. 10. 2008, B 9 VG 2/07 R = RegNr. 28486 BSG-intern). Unter welchen Voraussetzungen eine **Bedrohung** oder eine Bedrohung mit Gewalt für sich allein bereits als tätlicher Angriff zu werten sind, hat das BSG bislang nicht abschließend entschieden (BSG, Urt. v. 2. 10. 2008, B 9 VG 2/07 R = RegNr. 28486 BSG-intern m. w. N.), wobei es jedoch hat genügen lassen, dass eine erhebliche Drohung gegenüber dem Opfer mit einer unmittelbaren Gewaltanwendung gegen eine Sache einherging, die als einziges Hindernis dem unmittelbaren körperlichen Zugriff auf das Opfer durch die Täter im Wege stand, so dass der Sachverhalt nicht allein auf Drohungen beschränkt war (BSG, Urt. v. 10. 9. 1997, 9 RVg 1/96 = BSGE 81, 42, 43 f. = SozR 3-3800 § 1 Nr. 11 S. 38 f.). Als tätlichen Angriff hat es das BSG allerdings angesehen, wenn der Täter das Opfer vorsätzlich mit einer scharf geladenen und entsicherten **Schusswaffe bedroht** hat, auch wenn ein Tötungs- oder Verletzungsvorsatz noch gefehlt hat; dabei hat es für die Bewertung, dass die Grenze zwischen der bloßen Bedrohung und dem tätlichen Angriff überschritten war, maßgeblich auf die objektiv hohe Gefährdung des Opfers abgestellt (BSG, Urt. v. 24. 7. 2002, B 9 VG 4/01 R = BSGE 90, 6 = SozR 3-3800 § 1 Nr. 22 = NJW 2003, 164).

Das BSG geht weiterhin davon aus, dass angesichts der Vielgestaltigkeit der Lebenssachverhalte eine feste Grenzziehung zwischen bloßer Drohung mit Gewalt und ihrer Anwendung kaum möglich sein wird (BSG, Urt. v. 2. 10. 2008, B 9 VG 2/07 R = RegNr. 28486 BSG-intern m. w. N.). Ein tätlicher Angriff wird indes umso eher zu bejahen sein, je größer die objektive Gefahr für Leib oder Leben des Bedrohten war (BSG, Urt. v. 2. 10. 2008, B 9 VG 2/07 R = RegNr. 28486 BSG-intern m. w. N.).

Auch die **Freiheitsberaubung** kann einen tätlichen Angriff dar- **18** stellen. Der „opferentschädigungsrechtliche Kern" liegt in den Fällen der Freiheitsberaubung dann vor, wenn bis dahin verübte (leichte) Tätlichkeiten zeigten, dass die Freiheitsberaubung als Dauerdelikt mit körperlicher Gewalt durchgesetzt werden soll (BSG, Urt. v. 30. 11. 2006, B 9a VG 4/05 R = SozR 4-3800 § 1 Nr. 10 Rn. 13). Das durch den tätlichen Angriff in Gang gesetzte schädigende Ereignis endet nicht mit der Vollendung der Freiheitsberaubung, sondern schließt grundsätzlich die Flucht und den Sturz ein (BSG, Urt. v. 30. 11. 2006, B 9 a VG 4/05 R). Nach dieser Entscheidung kommt es entschädigungsrechtlich darauf an, ob jemand nach seinem individuellen Zustand geschützt sei, nicht darauf, ob die Ereignisse „objektiv geeignet" seien, die Entstehung eines derart starken Angstzustandes nachvollziehbar erscheinen zu lassen. Offen geblieben ist in der Rechtsprechung bislang die Frage, ob Fälle von Freiheitsberaubung ohne aggressives Einwirken auf das Opfer, etwa durch Einsperren in einen umschlossenen Raum oder durch bloßes Blockieren von Ausgängen oder durch List umfasst sind (BSG, Urt. v. 2. 10. 2008, B 9 VG 2/07 R = RegNr. 28486 BSG-intern m. w. N.). Die Grenze zur Gewalttat nach § 1 Abs. 1 OEG ist nach Auffassung des BSG jedenfalls dann überschritten, wenn eine Person durch Mittel körperlicher Gewalt ihrer Freiheit beraubt und/oder dieser Zustand durch Tätlichkeiten aufrechterhalten wird (BSG, Urt. v. 2. 10. 2008, B 9 VG 2/07 R = RegNr. 28486 BSG-intern m. w. N.).

19 **Stalking bzw. Nachstellung** kann tätlicher Angriff im Sinne des OEG sein. Als Straftatbestand des Strafgesetzbuchs wurde die Vorschrift des § 238 StGB durch das 40. StÄG vom 22. 3. 2007 in den 18. Abschnitt des StGB eingeführt. Sie dient, orientiert an dieser systematischen Einordnung, insbesondere dem Schutz der Handlungs- und Entschließungsfreiheit; Ziel ist gleichzeitig aber auch ein umfassender Gesundheitsschutz durch Vermeidung von äußeren Einwirkung auf das seelische Wohlbefinden (HK-GS/Rössner/ Krupna, StGB, § 238 Rn. 1 m. w. N.). Schwere Belästigung oder Nachstellung (Stalking) kann in seiner Gesamtheit einen tätlichen Angriff darstellen (LSG Niedersachsen-Bremen, Urt. v. 22. 6. 2006, L 13 VG 7/05). Dies sei jedenfalls dann der Fall, wenn es auch zu direkten körperlichen Übergriffen kommt (LSG Niedersachsen-Bremen, Urt. v. 22. 6. 2006, L 13 VG 7/05). Das Gericht führt dazu aus, dass anders als beim Mobbing beim Stalking in aller Regel die Schwelle zum kriminellen Unrecht deutlich überschritten wird. Dies gelte insbesondere für das „schwere Stalking", unter welches Beschimpfungen, Beleidigungen, Bedrohungen von Opfern selbst oder Dritter, tatsächliche körperliche Angriffe oder sexuelle Belästigungen fallen. Es wäre – unabhängig von der strafrechtlichen Dogmatik – nicht sachgerecht, jedes einzelne Element für sich zu betrachten und nur die isoliert auf einzelne Tathandlungen zurückzuführenden Gesundheitsstörungen zu entschädigen. Es handele sich jedenfalls nach der gesellschaftlichen Wahrnehmung um ein einheitliches Phänomen.

Mit der Frage, ob **Mobbing** einen tätlichen Angriff darstellen 20 kann, hat sich das BSG im Urt. v. 14. 2. 2001 beschäftigt (BSG, Urt. v. 14. 2. 2001, B 9 VG 4/00 R = ZfS 2001, 166 ff.). Das Gericht definiert einen Mobbing-Geschehensablauf folgendermaßen: „einen über längere Zeit sich hinziehenden Konflikt zwischen dem Opfer und Personen seines gesellschaftlichen Umfeldes, in deren Verlauf das Opfer verbal attackiert, in seinen Kommunikationsmöglichkeiten eingeschränkt, in seinen sozialen Beziehungen angegriffen und in seinem Ansehen herabgesetzt wird". Das Gericht geht davon aus, dass nur in Extremfällen die Grenze des Strafbaren überschritten sei. Zumeist würden derartige Verhaltensweisen gesellschaftlich lediglich als verwerflich eingestuft.

Bei Betrachtung der langjährigen Rechtsprechung des BSG und 21 der LSG liegt ein **tätlicher Angriff** nach § 1 Abs. 1 OEG zumindest **immer dann** vor, wenn eine oder mehrere nach dem Strafgesetzbuch strafbare und damit rechtsfeindliche Handlungen eine auf den Körper zielende Einwirkung entfalten.

Das BSG verlangt insoweit **lediglich zwei Voraussetzungen** für einen tätlichen Angriff, zum einen eine strafbare Handlung, zum anderen die der „auf den Körper zielenden Einwirkung" (ebenso Heinz, OEG, Teil C Rn. 86 m. w. N.).

Das BSG hat dabei mehrfach klargestellt, dass die Gewaltopferentschädigung nicht an das Vorliegen von Gewalt im strafrechtlichen Sinne anknüpft, sondern dass es der Gesetzgeber bewusst nicht der strafgerichtlichen, sondern der sozialgerichtlichen Rechtsprechung überlassen hat, den Begriff des tätlichen Angriffs näher zu definieren (z. B. BSG, Urt. v. 18. 10. 1995, 9 RVg 7/93).

Die Rechtsprechung zum tätlichen Angriff ist nicht abschließend. Sie lässt insgesamt Raum für einen noch weiteren Anwendungsbereich des OEG (Heinz, OEG, Teil C Rn. 87 m. w. N.). In der Literatur wird dies zum einen wie folgt thematisiert:

„Wird jemand Opfer ständigen Psychoterrors bspw. in Form von ständigen Störanrufen, so kann der Tatbestand der Körperverletzung (§ 223 StGB) erfüllt sein, wenn durch diese körperliche Misshandlung zugleich eine nicht unerhebliche Beeinträchtigung des psychischen Wohlbefindens erreicht wird" (Heinz, OEG, Teil C Rn. 87 m. w. N.).

Nach der bisherigen Rechtsprechung bleibt auch Raum für die 22 bislang ungeklärte Frage, ob die **Vernachlässigung von Schutzbefohlenen** dem OEG unterfällt.

Da das BSG einen eigenständigen, vom Strafrecht unabhängigen Begriff des tätlichen Angriffs befördert, liegt die in der Literatur vertretene Überlegung nahe, dass nicht nur Verbotsnormen des StGB

die für das OEG geforderte Rechtsfeindlichkeit bedingen, sondern
möglicherweise auch andere Verbotsnormen zu berücksichtigen
sind. Zu denken ist dabei insbesondere an die Fallgestaltungen der
Vernachlässigung von Kindern, aber auch die von Pflegebedürftigen, insbesondere der von alten Menschen. In Anlehnung an die
Rechtsprechung des BSG zum sexuellen Missbrauch, in der für die
nach der besonders schutzwürdige Gruppe der Kinder die Kriterien
für die Annahme eines tätlichen Angriffs erweitert wurden, soll ein
gegen die Rechtsordnung bzw. die subjektiven Rechte eines Kindes gerichtetes, also ein rechtsfeindliches Verhalten, ausreichend
sein (vgl. Doering-Striening in Weisser Ring, Kinder und Jugendliche als Opfer von Sexual- und Gewaltdelikten, S. 175 ff.). Danach
können als Verbotsnormen § 1631 Abs. 2 S. 2 BGB, wonach körperliche Bestrafungen, seelische Verletzungen und andere entwürdigende Maßnahmen unzulässig sind, Art. 2 Abs. 2 GG, der die
körperliche Unversehrtheit schützt sowie die seitens Deutschlands
1992 ratifizierte UN-Kinderrechtekonvention, die Kindern das
Recht auf Schutz vor Gewalt, Grausamkeit, Vernachlässigung und
Missbrauch und einen Anspruch auf Hilfe in Katastrophen und in
Notlagen zuerkennt, angesehen werden (Doering-Striening in
Weisser Ring, Kinder und Jugendliche als Opfer von Sexual- und
Gewaltdelikten, S. 175, 177). Ein von Schreien, Einsperren, Isolie-
ren, wüsten Beschimpfungen und Androhung von Schlägen ge-
prägtes Verhalten, das auf die betroffenen Kinder körperlich ein-
wirkt, begründe einen tätlichen Angriff (so Doering-Striening in
Weisser Ring, Kinder und Jugendliche als Opfer von Sexual- und
Gewaltdelikten, S. 175, 177).

Das BSG hat es bislang in seiner Rechtsprechung zwar offen gelassen, ob ein Unterlassen, das beispielsweise zu einer Körperverletzung geführt hat, einen tätlichen Angriff darstellt und damit
anspruchsbegründend sein kann. Fraglich ist daher, wie das BSG
die Fallgestaltung der „emotionalen oder psychischen Vernachlässigung", das nicht durch körperliche Übergriffe, sondern durch ex-
treme Vernachlässigung und eindeutig falsches Erziehungsverhalten
geprägt ist, entscheiden wird.

Das SG Ulm hatte in einem zu entscheidenden Fall, allerdings
bei Annahme des § 225 StGB, wie folgt ausgeführt:

„Nach dem OEG werden nicht nur Handgreiflichkeiten abgegolten. Der
familiäre Bereich ist nicht komplett aus dem Anwendungsbereich des OEG
auszuklammern und man darf auch nicht sklavisch am Begriff des tätlichen
Angriffs festhalten. Auch extremes Fehlverhalten der Personensorgeberech-
tigten bei der Pflege und Erziehung eines Kindes, das nicht durch körperliche Übergriffe, sondern durch eine außerordentliche Vernachlässigung und

eindeutig falsches Erziehungsverhalten gekennzeichnet ist, darf nicht aus dem Anwendungsbereich des OEG herausfallen" (SG Ulm, Urt. v. 27. 1. 2000, S. 9 VG 1086/99 = ZfS 2000, 357).

Anders dagegen das LSG Bayern. Danach ist nicht jede gewaltlose risikobehaftete feindselige Handlung im Erziehungsbereich, die zu einer Verletzung der körperlichen Integrität führe, ein tätlicher Angriff und damit nach dem OEG zu entschädigen (LSG Bayern, Urt. v. 26. 4. 2007, L 15 VG 15/06). Das Gericht verlangt eine strafbare Vernachlässigung nach § 225 StGB, weil im konkreten Fall weder die Tatmodalität des Quälens noch die einer „böswilligen Vernachlässigung der Fürsorgepflicht" erfüllt sei. In Anlehnung an die Rechtsprechung des BSG zum sexuellen Missbrauch wird eine weitere Erweiterung auf Fälle der Vernachlässigung abgelehnt, obwohl die festgestellten psychischen Störungen mit an Sicherheit grenzender Wahrscheinlichkeit Folge des mütterlichen Erziehungsverhaltens waren, das geprägt war durch mangelnde Empathie den Kindern gegenüber, Vernachlässigung, fehlende Fürsorge und teils drastische, traumatisch wirkende Strafen (LSG Bayern, Urt. v. 26. 4. 2007, L 15 VG 15/06). Problematisch an der Entscheidung ist jedoch, dass Böswilligkeit ein subjektives Kriterium ist, was dem OEG als solchem an sich fremd ist (Doering-Striening in Weisser Ring, Kinder und Jugendliche als Opfer von Sexual- und Gewaltdelikten, S. 175, 176).

Zur Lösung des Problems bietet sich folgende **Differenzierung** an:

Sofern die Tathandlung als Körperverletzungsdelikt, auch in der Begehungsform des Unterlassens, zu qualifizieren ist, ist ein tätlicher Angriff gegeben. Entsprechendes gilt bei Vorliegen des Straftatbestandes der Misshandlung von Schutzbefohlenen nach § 225 StGB.

Obwohl der tätliche Angriff grundsätzlich bereits vom Wortlaut 22 her ein Tätigwerden erfordert, kann grundsätzlich für das Erfüllen des Tatbestands ein **Unterlassen** ausreichen (Zech, BehindR 1976, 49; Schulz-Lüke/Wolf, OEG, § 1 Rn. 89; a. A. Schoreit/Düsseldorf, OEG, § 1 Rn. 65); dies gilt auch in den Fällen der Vernachlässigung durch ein **Unterlassen.** Voraussetzung ist hierfür jedoch, dass dem Täter gegenüber dem Opfer eine Garantenstellung obliegt und der Täter die physisch reale Möglichkeit zur Verhinderung des Erfolges hat **(unechtes Unterlassungsdelikt).** Eine Garantenstellung kann sich aus Gesetz, aus der tatsächlichen Übernahme der Gewähr für das Rechtsgut, aus einem besonderen Vertrauensverhältnis, aus der Sachherrschaft oder aus dem tatsächlichen Herbeiführen einer Gefahrenlage (sog. Ingerenz) ergeben (vgl. hierzu die umfangreiche strafrechtliche Rechtsprechung und Literatur bei Schönke/Schröder/Lenckner/Eisele, StGB, Vor § 13 Rn. 134 ff.). Keinen Entschädigungstatbestand löst die Verletzung der sog. **echten Unterlassungsdelikte** aus (z. B. unterlassene Hilfeleistung nach § 323 c StGB, Nichtanzeige geplanter Straftaten nach § 138 StGB, Vereitelung von Feststellungen nach einem Unfall im Straßenverkehr nach § 142 Abs. 2 und 3 StGB), da die Strafbarkeit bei diesen Delikten auf der Verletzung einer Pflicht gegenüber der Allgemeinheit und nicht gegenüber einer einzelnen Person beruht (BSG, Urt. v. 10. 11. 1993, 9 RVg 2/93; so auch Schulz-Lüke/Wolf, OEG, § 1 Rn. 89).

Da sich strafrechtlich relevante Verhaltensweisen auch aus einer Kette von Handlungen ergeben können, die sich z. B. entweder tateinheitlich oder tatmehrheitlich als Körperverletzung oder als Nachstellung im Sinne des § 238 StGB insgesamt als rechtsfeindliche Handlungen darstellen, sind diese entschädigungsrechtlich auch als tätlicher Angriff zu bewerten (vgl. Rn. 19 f.). Sofern die emotionale oder psychische Beeinträchtigung zu körperlichen Auswirkungen führt (vgl. BGHSt 48, 34, 36 f.: pathologisch, somatisch, objektivierbarer Zustand erforderlich), ist neben dem Tatbestand der Körperverletzung im Sinne des § 223 StGB regelmäßig auch ein tätlicher Angriff gegeben.

Im Einzelfall wird eine gründliche und genaue Sachverhaltsermittlung die meisten entschädigungsrelevanten Fälle erfassen können.

23   Einer Anerkennung nach dem OEG steht allerdings nicht entgegen, dass Vernachlässigungen häufig im **häuslichen** bzw. **familiären Bereich** passieren (BSGE 77, 7 = SozR 3-3800 § 1 Nr. 6). Auch dieser Bereich ist **geschützt** (LSG Niedersachsen-Bremen, Urt. v. 27. 4. 2006, L 13 VG 4/04).

24   Der tätliche Angriff im Sinne des OEG endet nicht mit der Vollendung der Straftat, sondern **dauert** darüber bis zu dem **Zeitpunkt** an, bis zu dem sich das **Opfer in Sicherheit** befindet (so bereits Gelhausen, Soziales Entschädigungsrecht, Rn. 729; BSG, Urt. v. 30. 11. 2006, B 9 a VG 4/05 R). Andererseits liegt (noch) kein tätlicher Angriff vor, wenn das „Opfer" einen Angriff lediglich vermutet und auf der so ergriffenen Flucht zu Schaden kommt (Gelhausen, Soziales Entschädigungsrecht, Rn. 729). Bleibt der Täter in einem solchen Fall unbekannt, müssen wenigstens äußere Umstände überzeugende Hinweise auf den erforderlichen subjektiven Tatbestand geben (Gelhausen, Soziales Entschädigungsrecht, Rn. 729 m. w. N.).

25   Ein tätlicher Angriff scheidet dagegen aus, wenn sich das Geschehen im Rahmen des **sozial Üblichen** hält (BSG, Urt. v. 23. 10. 1985, SozR 3-3800 Nr. 6 § 1 OEG).

Vorsatz: Der rechtswidrige tätliche Angriff muss vorsätzlich er- 26
folgt sein. Damit sollen Fahrlässigkeitstaten von den gesetzlichen
Leistungen ausgeschlossen werden (BT-Drs. 7/2506). Allerdings
verzichtet das OEG in dem Fall, dass der Angreifer in der irrtümlichen Annahme von Voraussetzungen eines Rechtfertigungsgrundes
gehandelt hat, auf einen Vorsatz im strafrechtlichen Sinne (§ 1
Abs. 1 S. 2 OEG). Der Vorsatzbegriff ist dabei nach strafrechtlichen
und nicht nach zivilrechtlichen Gesichtspunkten zu bestimmen
(Gelhausen, Soziales Entschädigungsrecht, Rn. 741; Heinz, OEG,
Teil C Rn. 122 m. w. N.). Obwohl weder das OEG noch die Begründung zum Gesetzentwurf hierzu Hinweise enthalten, ist aus
dem Gesamtaufbau des OEG, seinen zahlreichen Anknüpfungs-
punkten und nicht zuletzt aus der Regelung über die Behandlung
der Putativnotwehr in Abs. 1 S. 2 zu entnehmen, dass der Gesetzgeber den Vorsatzbegriffs im strafrechtlichen Sinn verstanden wissen wollte (LSG Baden-Württemberg SGb 1988, 240; BSG SGb
1984, 593 = SozR 3-3800 § 1 Nr. 1). Dies bedeutet jedoch nicht,
dass die Versorgungsverwaltung in jedem Fall auf die Feststellungen
im Tenor des Strafurteils zurückgreifen darf (Rathmann, ZfS 1984,
33; Böhm, VersBea 1981, 86; vgl. auch zur Beweislast und -füh-
rung Rn. 50 ff.).

Das **OEG gebietet** eine vom Straf- und Zivilverfahren **unab-** 26a
hängige Beweiswürdigung (BSG, Urt. v. 24. 4. 1991 = Breithaupt 1992, 56). Gleichwohl kommt dem Ergebnis der polizeilichen
und staatsanwaltschaftlichen Ermittlungen sowie den Strafurteilen
indizielle Bedeutung für die Frage zu, ob die Voraussetzungen des
§ 1 erfüllt sind. Strafrechtliche und strafprozessuale Besonderheiten
müssen jedoch beachtet und berücksichtigt werden. Wird dem Täter vorsätzliches Handeln vorgeworfen oder wurde er wegen einer
vorsätzlichen Tat verurteilt, kann i. d. R. davon ausgegangen werden, dass auch ein vorsätzlich tätlicher Angriff gegeben ist. Lauten
Anklage oder Urteil auf Fahrlässigkeit, so lässt dies keinesfalls den
Schluss zu, ein vorsätzlich tätlicher Angriff liege nicht vor (Rathmann, ZfS 1984, 33 ff.). Bei Tateinheit, wenn eine (dieselbe) Handlung mehrere Strafgesetze verletzt, wird nur eine Strafe verhängt
(§ 52 Abs. 1 StGB); diese richtet sich nach dem Gesetz, das die
schwerste Strafe androht (§ 52 Abs. 2 StGB). Tateinheit (Idealkon-
kurrenz) kann auch zwischen vorsätzlichen und fahrlässigen Taten
bestehen. Es kommt hinzu, dass das Gericht, auch schon die Staatsanwaltschaft, unter den Voraussetzungen des § 154 a StPO die Verfolgung und Ahndung auf bestimmte Gesetzesverletzungen beschränken kann (Rathmann, ZfS 1984, 33 ff.). Derartige, oftmals
unter Aspekten der Prozessökonomie getroffene Beschränkungen

des Prozessstoffes sind sozialrechtlich eigenständig zu ermitteln und dann zu würdigen. Dies gilt auch insbesondere in den Fällen einer Verfahrensabsprache (sog. Deal) nach § 257 c StPO. Das am 28. 5. 2009 verabschiedete „Gesetz zur Regelung der Verständigung im Strafverfahren" (BT-Drs. 16/11736; 16/12310; 16/13095) ermöglicht eine Vereinbarung des Gerichts mit den Verfahrensbeteiligten. Diese Regelung ist mit dem Grundsatz der Aufklärungspflicht, der das Gericht zur Erforschung der Wahrheit verpflichtet, nur schwer vereinbar (Meyer-Goßner, StPO, § 257 c Rn. 3 Ergänzungsheft).

Die Versorgungsverwaltung hat daher den gesamten Sachverhalt so wie er ermittelt wurde zu würdigen und festzustellen, ob Vorsatz vorliegt oder nicht (vgl. auch Böhm, VersBea 1981, 86). Lediglich die Auslegung des Begriffs Vorsatz selbst erfolgt im strafrechtlichen Sinn.

Im allgemeinen wird im Strafrecht der Vorsatz als Wissen und Wollen der zum gesetzlichen Tatbestand objektiven Merkmale definiert (RGSt 58, 247; 70, 257, Schönke/Schröder/Sternberg-Lieben, StGB, § 15 Rn. 9 m. w. N.). Der Vorsatzbegriff enthält somit ein intellektuelles (Wissen) und ein voluntatives (Wollen) Element. Das intellektuelle Moment erfordert die Kenntnis der den Unrechtstypus der Tat konstituierenden Merkmale, während das voluntative Element eine Willensentscheidung des Täters voraussetzt. Der in Bezug genommene „gesetzliche Tatbestand" umfasst die Summe aller objektiven Tatbestandsvoraussetzungen, bestehend aus dem gesetzlich bestimmten Kreis von Angriffsobjekten (Mensch, Sache) und ihrer evtl. abgestuften Verletzungsintensität (Körperverletzung, Tod, Gefahr einer Gesundheitsschädigung), ggf. den besonderen Anforderungen an das Handlungssubjekt (Amtsträger oder Zeuge), an Tatort und Tatzeit, z. B. Inbrandsetzen einer dem Aufenthalt von Menschen dienenden Räumlichkeit innerhalb der typischen Aufenthaltszeit, § 306 a Abs. 1 S. 3 StGB, sowie an näher umgrenzte Weisen des Rechtsgutsangriffs, z. B. Drohung mit einem empfindlichen Übel, Gewaltanwendung, Tatmodalitäten wie grausam, heimtückisch, hinterlistiger Überfall (HK-GS/Duttge, StGB, § 15 Rn. 5); aber auch das Merkmal böswillig i. S. d. § 225 StGB (vgl. auch Rn. 22 a. E.). Der zum schädlichen Erfolg führende Kausalverlauf muss jedoch, da bei Tathandlung in der Zukunft liegend, nur in den wesentlichen Zügen antizipiert werden, so dass der Vorsatz erst bei wesentlicher Abweichung des tatsächlichen vom vorgestellten Kausalverlauf entfällt (HK-GS/Duttge, StGB, § 15 Rn. 5). Das Handeln des Täters muss kausal für den Erfolg sein. Weicht der tatsächliche Kausalverlauf von dem, den sich der Täter vorgestellt hat, erheblich ab, so liegt kein Vorsatz vor (RGSt 51, 311). Ein Sonderfall des Abweichens des Kausalverlaufs ist die sog. **aberratio ictus:** A schießt mit Tötungsabsicht auf B, trifft jedoch C, der in die Schusslinie gekommen ist. Hier liegt strafrechtlich versuchte vorsätzliche Tötung des B vor, daneben kann nach den Umständen auch fahrlässige Tötung des C gegeben sein (RGSt 58, 28).

Entschädigungsrechtlich liegt aber ein vorsätzlicher Angriff vor. Durch die Formulierung im Gesetz „... infolge eines vorsätzlichen rechtswidrigen Angriffs gegen seine oder eine andere Person ..." ist diese Fallgestaltung in die Entschädigungsregelung mit einbezogen.

Von der aberratio ictus zu unterscheiden ist der Fall des sog. error in persona vel objecto: A schießt auf C, den er für B hält. Hier handelt es sich vorsätzliche Tötung (RGSt 18, 338; 19, 179).

Eine infolge eines **Identitätsirrtums** gegen die falsche Person gerichtete gewaltsame polizeiliche Festnahme erfolgt in feindlicher Willensrichtung und stellt einen tätlichen Angriff i. S. d. OEG dar; der Irrtum über die Identität des Festgenommenen ist als error in persona bzw. als Erlaubnistatbestandsirrtum unbeachtlich (LSG Niedersachsen-Bremen Nds Rpfl 2007, 25 unter Hinweis auf § 1 Abs. 1 S. 2 OEG). Dies gilt allerdings nur, wenn das vorgestellt Objekt und der Verletzte gleichwertig sind; ansonsten liegt ein erhebliches Abweichen vom gewollten Kausalverlauf vor. Dieses erhebliche Abweichen der Vorstellung vom tatsächlichen Geschehensablauf schließt Vorsatz aus. Neben dem Kennen der Tatumstände muss der Täter die Tat auch in seinen Willen aufnehmen und sich für sie entscheiden.

Unerheblich für die Anwendung des OEG ist es jedoch, ob der Täter mit direktem oder bedingtem Vorsatz handelte, da beide nur verschiedene Arten von Vorsatz darstellen. Ausdrücklich bestätigt diese Auffassung das BSG in NJW 1999, 236. Beim direkten Vorsatz (dolus directus) weiß der Täter, dass sein Tun einen Straftatbestand erfüllt; er hat sicheres Wissen davon, dass die Handlung eine Rechtsgutverletzung darstellt. Beim bedingten Vorsatz (dolus eventualis) hält der Täter die Verwirklichung eines Straftatbestandes für möglich und nimmt den Eintritt des Erfolges in Kauf (BSGE 81, 288; Schönke/Schröder/Sternberg-Lieben, StGB, § 15 Rn. 72 ff.). Auf den bedingten Vorsatz des Täters kann auch aus äußeren Umständen geschlossen werden. Dabei ist bei typischen Geschehensabläufen eine Beweiswürdigung nach den Grundsätzen des sog. **Anscheinsbeweises** nicht ausgeschlossen (BSGE 99, 236). Vom **Vorsatz** erfasst sein muss nur die **Verletzungshandlung** (Angriff); er braucht **nicht** auf die **gesundheitliche Schädigung** gerichtet gewesen zu sein. Dies ergibt sich bereits aus dem Wortlaut des

Abs. 1 S. 1 (BSG Breithaupt 1992, 56; Geschwinder, ZfS 1988, 168; Rathmann, ZfS 1984, 33; Schlamelcher, ZfS 1984, 363; Böhm, Versbea 1981, 86; Geschwinder, ZfS 1982, 161; vgl. auch unten Rn. 40).

28 **Schuldhaft** braucht der Täter **nicht** gehandelt zu haben. Auf seine Schuldfähigkeit oder sein Unrechtsbewusstsein kommt es nicht an; auch ein im strafrechtlichen Sinne schuldunfähiges, aber handlungsfähiges **Kind** kann einen vorsätzlichen rechtswidrigen tätlichen Angriff begehen (BSG, Urt. v. 3. 2. 1999, B 9 VG 7/97 R). Täter kann insoweit auch ein erst $4^1/_2$-jähriges Kind sein; das OEG kennt insoweit keine starre Altersgrenze (BSG, Urt. v. 8. 11. 2007, B 9/9a VG 2/06 R = RegNr. 28168 BSG intern). Erforderlich ist, dass ein Kind in diesem Alter durchaus in der Lage ist, bei einfachen Handlungsabläufen die unmittelbaren Folgen ungefähr vorherzusehen (BSG, Urt. v. 8. 11. 2007, B 9/9a VG 2/06 R = RegNr. 28168 BSG intern). Die Unfähigkeit, das Unrecht der Tat einzusehen (also eine fehlende Einsichtsfähigkeit) betrifft die Schuldfähigkeit des Täters, auf die es im Rahmen des § 1 OEG nicht ankommt (BSG, Urt. v. 8. 11. 2007, B 9/9a VG 2/06 R = RegNr. 28168 BSG intern).

29 Durch die Beschränkung auf vorsätzliche, rechtswidrige tätliche Angriffe wird eine Entschädigung für **fahrlässige Taten** grundsätzlich ausgeschlossen. Dies gilt auch für die grobe Fahrlässigkeit (BSG SozR 3-3800 § 1 Nr. 6; LSG Baden-Württemberg Breithaupt 1988, 491 = SGb 1988, 240). Dies führt dazu, dass überall dort, wo der Vorsatz infolge Irrtums nach § 16 Abs. 1 StGB ausgeschlossen ist, eine Entschädigung nach dem OEG nicht gewährt werden kann. Auch der Irrtum über die Umstände eines anerkannten Rechtfertigungsgrundes schließt nach der Rechtsprechung (BGHSt 2, 236; 17, 91) den Vorsatz aus. In dieser Fallgestaltung kann sich eine Entschädigung nach § 1 Abs. 1 S. 2 OEG trotzdem ergeben.

30 **Rechtswidrigkeit:** Der tätliche Angriff muss rechtswidrig gewesen sein. Ein Angriff, der den Tatbestand einer strafbaren Handlung erfüllt, ist grundsätzlich rechtswidrig. Die Tatbestandsmäßigkeit indiziert die Rechtswidrigkeit. Davon ist auszugehen, soweit nicht ein Rechtfertigungsgrund gegeben ist (vgl. BSGE 59, 46 ff.).

31 Als **Rechtfertigungsgründe** kommen in Betracht: **Einwilligung des Verletzten**. Sie stellt sich als ein durch das Selbstbestimmungsrecht legitimierter Verzicht auf Rechtsschutz dar (BGHSt 17, 360). Voraussetzung für eine rechtfertigende Einwilligung ist, dass der Einwilligende Inhaber des verletzten Rechtsguts ist und die Dispositionsbefugnis sowie die Einwilligungsfähigkeit besitzt. Eine rechtlich wirksame Einwilligung liegt nicht vor, wenn der Täter dem Opfer die Einwilligung durch Täuschung entlockt oder es dem Opfer aus sonstigen Gründen an der Fähigkeit mangelt, Bedeutung und Tragweite der Einwilligung zu erkennen. Von besonderer Bedeutung ist, dass es nach der Rechtsprechung des BSG bei Straftaten gegen die sexuelle Selbstbestimmung (§§ 174 ff. StGB) bei Kindern an der Einwilligungsfähigkeit fehlt, solange sie nicht strafmündig sind (BSGE 77, 11). Die Einwilligung muss nach außen kundbar gemacht werden. Niemand kann sich auf eine Einwilligung berufen, wenn der Einwilligende seine Einwilligung dem Handelnden nicht unmissverständlich gegenüber zum Ausdruck bringt. Die Einwilligung muss ferner vor der Tat erklärt sein und zum Zeitpunkt der Tatausführung noch bestehen; eine nachträgliche Genehmigung ist unbeachtlich (BGHSt 7, 295; 17, 359). Ferner darf die Einwilligung nicht gegen die guten Sitten verstoßen. Dies gilt besonders für die Einwilligung zu einer Körperverletzung, § 228 StGB. Der Begriff der **Sittenwidrigkeit** ist schwer zu bestimmen. Nach der Rechtsprechung liegt ein Verstoß gegen die guten Sitten vor, wenn die Tat nach dem Anstandsgefühl aller billig und gerecht Denkenden zweifellos kriminell strafwürdiges Unrecht darstellt (BGHSt 4, 24, 32). Ein Verstoß gegen die Wertvorstellungen einzelner gesellschaftlicher Gruppen oder des mit der Tat befassten Strafgerichts genügt nicht. Nach neuerer Rechtsprechung sind in erster Linie Art und Umfang der Körperverletzungen und der Grad der mit der Tat verbundenen Leibes- oder Lebensgefahr maßgeblich (BGHSt 49, 34, 42; 49, 166, 171 f.). Danach liegt Sittenwidrigkeit vor allem dann bei Handlungen vor, die in ihrem Gewicht an die in § 226 StGB geregelten erheblichen Beeinträchtigungen heranreichen oder wenn das Opfer in konkrete Todesgefahr gebracht wird. Nach BGH begründet die Verabreichung illegaler Drogen als solche keine Sittenwidrigkeit (BGHSt 49, 34, 42 ff.), ebenso nicht sado-masochistische Praktiken (BGHSt 49, 166); dagegen liegt Sittenwidrigkeit vor beim gesundheitsschädlichen Zusammenschlagen als Aufnahmeritual einer Gang (BayOblG NJW 1999, 372) und beim sog. Autosurfen – Autofahren mit auf dem Dach liegenden Personen – (OLG Düsseldorf NStZ-RR 1997, 325). Nach der strafrechtlichen Literatur liegt Sittenwidrigkeit bei einer Verletzung der Menschwürde vor (Duttge, NJW 2005, 260, 261). Die Wirksamkeit einer Einwilligung in die mit einem **ärztlichen Heileingriff** verbundene Körperverletzung setzt voraus, dass der Arzt den Patienten über die Bedeutung und Tragweite des Eingriffs aufklärt, sofern der Patient hierüber nicht ohnehin im Bilde ist. Die Aufklärung muss sich auf den Befund, die Art der vorgesehenen Maßnahme sowie ihre Chancen, Folgen und Risiken erstrecken sowie sich auf alle Umstände beziehen, die ein verständiger Patient in der konkreten Situation unter Berücksichtigung seiner körperlichen Beschaffenheit und seiner sonstigen Situation für die Entscheidung über die Einwilligung in die Behandlung als bedeutsam ansehen würde (HK-GS/Dölling, StGB, § 228 Rn. 17 ff.). Ein Anspruch auf Opferentschädigung wegen der in Folge einer **Schönheitsoperation** erlittenen gesundheitlichen Schädigung kommt dann in Betracht, wenn in Kenntnis einer durch vorsätzlich unzureichende und falschen Aufklärung **erschlichenen Einwilligung** operiert wurde (LSG Nordrhein-Westfalen, Urt. v. 21. 5. 2008, L 10 VG 6/07).

Umstritten ist die Frage, wann **Sportverletzungen** durch Einwilligung gerechtfertigt sind. Auch dann, wenn sie nicht nur durch regelgerechtes Verhalten, sondern auch durch leicht fahrlässige Regelverstöße zugefügt wurden (BayOblG NJW 1961, 2072, 2073; Schönke/Schröder/Stree, StGB, § 228 Rn. 16); nach aA aber bereits Ausschluss der Tatbestandsmäßigkeit, da regelwidrig begangene Körperverletzungen sozialadäquat sein können, wenn sie nicht die Gefahr erheblicher Körperverletzungen begründen und die Verletzung nicht Absichtlich zugefügt wurde (HK-GS/Dölling, StGB, § 228 Rn. 26 m.w.N.).

32   **Mutmaßliche Einwilligung:** Kann eine Einwilligung nicht rechtzeitig eingeholt werden, kommt die mutmaßliche Einwilligung in Betracht. Voraussetzung ist, dass eine Einwilligung des Betroffenen zu erwarten gewesen wäre, wenn er sich hätte äußern können. Für die Ermittlung des mutmaßlichen Willens kommt es in erster Linie auf die persönlichen Umstände des Betroffenen und seine individuellen Interessen, Wünsche, Bedürfnisse und Wertvorstellungen an (BGHSt 45, 219, 221). Nicht entscheidend ist daher die objektive Vernünftigkeit der Tat. Eine mutmaßliche Einwilligung kann sich daraus ergeben, dass die Tat im Interesse des Betroffenen liegt (z.B. Operation eines Bewusstlosen) oder dass es an einem der Tat entgegenstehenden Interesse des Betroffenen mangelt (HK-GS/Dölling, StGB, § 228 Rn. 10 m.w.N.).

33   **Handeln aufgrund von Amtsrechten und Dienstpflichten**, so bei Vollstreckungshandlungen von Polizeibeamten; aber auch bei Handlungen gegenüber Strafgefangenen (LG Ulm NStZ 1991, 83) ist mitunter tatbestandlich relevant (vgl. §§ 223, 239, 240 StGB) und dann gerechtfertigt, wenn der an sich strafrechtliche Tatbestand in Ausübung rechtmäßigen hoheitlichen Handelns geschieht. Der Rechtsguteingriff ist damit im strafrechtlichen und somit auch im entschädigungsrechtlichen Kontext rechtmäßig. Die Voraussetzungen für ein rechtmäßiges hoheitliches Handeln ergeben sich aus den einzelnen Ermächtigungsgesetzen, vgl. für den Schusswaffengebrauch §§ 10 ff. UZwG, §§ 100, 178 StVollzG, §§ 76 ff. NSOG sowie die jeweiligen Vorschriften der anderen Landesjustizvollzugs und Landespolizeigesetze. Zu beachten ist das sog. „Irrtumsprivileg des Staates", wonach die hoheitliche Maßnahme auch dann rechtmäßig ist, wenn sie wegen fehlender materieller Eingriffsvoraussetzungen angefochten werden könnte, sofern der Amtsträger nur von deren Vorliegen in tatsächlicher Hinsicht ausgehen durfte (HK-GS/Duttge, StGB, Vor §§ 32–35 Rn. 27).

Die **Festnahmerechte** nach § 127 Abs. 1 StPO („Jedermann- **34** Festnahmerecht") und § 127 Abs. 2 StPO (für Staatsanwaltschaft und Polizeibeamte) regeln die Voraussetzungen einer gerechtfertigten Festnahme für natürliche Personen; in Abs. 2 nur für die Staatsanwaltschaft und die Polizei. Der Grundsatz der Verhältnismäßigkeit ist dabei besonders zu beachten; vgl. auch Rn. 27.

Notwehr ist Rechtfertigungsgrund nach § 32 StGB. Nach der **35** Legaldefinition des § 32 Abs. 2 StGB ist Notwehr die Verteidigung, die erforderlich ist, um einen gegenwärtigen rechtswidrigen Angriff von sich (Notwehr) oder von einem anderen (Nothilfe) abzuwenden. Der Gesetzgeber des OEG hat diesen Rechtfertigungsgrund für besonders wichtig gehalten und ihn in den Gesetzeswortlaut aufgenommen („oder durch dessen rechtmäßige Abwehr"). Der Abwehrtatbestand in Abs. 1 knüpft insoweit an § 32 StGB an (BSG, Urt. v. 25. 3. 1999, B 9 VG 1/98 R). Daraus folgt, dass Leistungen nach § 2 Abs. 1 OEG nicht versagt werden können, weil das Opfer einem rechtswidrigen Angriff in Notwehr begegnet ist und sein Handeln mit zu der Schädigung geführt hat (BSGE 52, 281 = SozR 3-3800 § 3 Nr. 3 = NJW 1982, 596).

Die Notwehr oder **Nothilfe** muss erforderlich sein (BSG, Urt. v. 25. 3. 199, B 9 VG 1/98 R). Erforderlich ist die Notwehrhandlung, wenn und soweit sie einerseits zur Abwehr des Angriffes geeignet ist und andererseits das relativ mildeste Gegenmittel darstellt. Stärke und Gefährlichkeit des Angriffs bestimmen dabei Art und Maß der Abwehr (RGSt 72, 58). Wer einem rechtswidrigen Angriff ausgesetzt ist, darf sich effektiv zur Wehr setzen und eine Verteidigung wählen, die eine sofortige und endgültige Beseitigung der Gefährdungslage verspricht (HK-GS/Duttge, StGB, § 32 Rn. 19). Der Angegriffene braucht sich nicht auf eine Auseinandersetzung mit unsicherem Ausgang einzulassen (str. vgl. BGH NStZ 1982, 285; NStZ 2003, 425, 427); die Gegenwehr ist aber nur soweit und solange erlaubt, wie sie sich auf dasjenige beschränkt, was für den

Angegriffenen unerlässlich ist, um seine Not „zu wenden" (HK-GS/
Duttge, StGB, § 32 Rn. 19 m. w. N.). Auch die Verteidigung mit
einer Stichwaffe kann Notwehr sein (BSG, Urt. v. 25. 3. 1999, B 9
VG 1/98 R). Notwehr kann geübt werden zur Verteidigung des
berechtigten Besitzes, der Freiheit verkehrsgemäßer Fortbewegung
im Straßenverkehr, des Hausrechts, der Intimsphäre, des Rechts am
eigenen Bild, des Rechts am eigenen Wort; kein notwehrwehrfä-
higes Rechtsgut ist allerdings betroffen, wenn der Ehepartner „un-
treu" zu werden droht (str.), bei Forderungen oder sonstigen ver-
traglichen Ansprüchen, Tierquälerei (HK-GS/Duttge, StGB, § 32
Rn. 8 m. w. N.). Gegenüber Angriffen von Kindern, Geisteskran-
ken, Betrunkenen oder sonst schuldlos Handelnden ist die Notwehr
zwar nicht ausgeschlossen, aber eingeschränkt, da das Rechtsbe-
währungsprinzip gegenüber den Angriffen solcher Personen erheblich an Bedeutung verliert; dies gilt auch bei Personen mit besonders engen persönlichen Beziehungen (vgl. dazu und den weiteren
Detailproblemen HK-GS/Duttge, StGB, § 32 Rn. 2 ff.; Schönke/
Schröder/Perron, § 32 Rn. 53 mit ausführlichen Beispielen und
Rechtsprechung).

   Hat der Angegriffene den Angriff durch sein Verhalten ausgelöst,
um den Angreifer dann unter Ausnützung der Notwehrsituation
verletzen zu können (Absichtsprovokation), so ist keine Notwehrlage gegeben. Ist die Notwehrlage vom Angegriffenen schuldhaft
herbeigeführt worden, so ist die Berufung auf sie nur beschränkt
zulässig (BGHSt 26, 143). Geringe Beeinträchtigungen oder Verletzungen hat er hinzunehmen. Vor allem hat er einem Angriff nach
Möglichkeit auszuweichen. Ist dies nicht möglich, so darf ihm das
Notwehrrecht nicht versagt werden (vgl. HK-GS/Duttge, StGB,
§ 32 Rn. 2 ff.; Schönke/Schröder/Perron, StGB, § 32 Rn. 50 mit
ausführlichen Beispielen und Rechtsprechung). Wird der Provokateur durch den von ihm verursachten Angriff verletzt, so können Ansprüche nach dem OEG gemäß § 2 ausscheiden (vgl. § 2
Rn. 22).

36   Vergleichbar mit der Notwehr sind die Fälle der **Besitzwehr**
und **Besitzkehr** nach § 859 BGB, sowie die **Selbsthilferechte**
nach §§ 229, 561 BGB. Auch diese stellen Rechtfertigungsgründe
dar.

37   **Rechtfertigender Notstand:** Wer in einer gegenwärtigen, nicht
anders abwendbaren Gefahr für Leben, Leib, Freiheit, Ehre, Eigentum oder ein anderes Rechtsgut eine Tat begeht, um die Gefahr
von sich oder einem anderen abzuwenden, handelt nach § 34 StGB
dann nicht rechtswidrig, wenn bei Abwägung der widerstreitenden

Interessen, namentlich der betroffenen Rechtsgüter und des Grades der ihnen drohenden Gefahren, das geschützte das beeinträchtigte wesentlich überwiegt. Dies gilt jedoch nur, soweit die Tat ein angemessenes Mittel ist, die Gefahr abzuwenden. Als subjektives Rechtfertigungselement muss der Täter im Bewusstsein der Gefahrensituation gehandelt haben und wissen, dass sein Handeln das einzige Mittel zum Schutz des bedrohten Rechtsgutes ist. Ein rechtfertigender Notstand wird grundsätzlich nicht dadurch ausgeschlossen, dass der Täter die Notstandslage verschuldet hat, führt aber zur Minderung seines schutzwürdigen Interesses (vgl. BGH NJW 1989, 2479, 2481); bei gezielter Herbeiführung der Notstandlage (Absichtsprovokation) greift der Rechtfertigungsgrund nicht durch (HK-GS/Duttge, StGB, § 34 Rn. 17 ff. m. w. N.).

Nicht gerechtfertigt werden durch den Notstand Tötungshandlungen. Dies gilt auch dann, wenn durch den Einsatz eines Menschenlebens mehrere Menschen gerettet werden könnten, da jedes Leben für das Recht einen absoluten Höchstwert darstellt und ein quantitativer Notstand insoweit nicht anzuerkennen ist (vgl. BGHSt 35, 347, 350).

Die **Pflichtenkollision** stellt einen weiteren selbstständigen **38** Rechtfertigungsgrund dar. Sie liegt dann vor, wenn den Täter mehrere Handlungspflichten treffen, er aber nur die eine oder andere erfüllen kann. Ein Arzt wird gleichzeitig zu mehreren Patienten gerufen, er kann aber nur einen behandeln.

Züchtigungsrecht: Körperliche Züchtigungen von Kindern **39** durch ihre Eltern wurden früher von der Rechtsprechung (BGHSt 6, 263, 264) als durch das elterliche Erziehungsrecht gerechtfertigt angesehen, sofern sie maßvoll und angemessen waren. § 1631 Abs. 2 BGB bestimmt aber nun, dass Kinder ein Recht auf gewaltfreie Erziehung haben und dass körperliche Bestrafungen, seelische Verletzungen und andere entwürdigende Maßnahmen unzulässig sind. Fraglich ist, ob damit die familienrechtliche Züchtigungsbefugnis entfallen ist (so Fischer, StGB, § 224 Rn. 18, 18 a) oder ob die angemessene und vom Erziehungsgedanken getragene Züchtigung als nicht tatbestandsmäßig angesehen oder eine Rechtfertigung aufgrund des familienrechtlichen Erziehungsrechts angenommen werden kann soweit es sich nicht um entwürdigende Maßnahmen handelt (HK-GS/Dölling, StGB, § 224 Rn. 10 m. w. N.); sowie vorzugswürdig HK-GS/Duttge (StGB, Vor §§ 32–35 Rn. 24 m. w. N.), der darauf hinweist, dass ausnahmsweise und bei triftigem Anlass Situationen vorstellbar sind, in welchen die Ausübung der „natürlichen" Erziehungspflicht (vgl. Art. 6 Abs. 2 S. 1

GG) u. U. eine (nicht substanzverletzende) Ohrfeige oder einen Schlag aufs Gesäß unvermeidlich macht.

40   **Gesundheitliche Schädigung:** Die durch den vorsätzlichen rechtswidrigen tätlichen Angriff eingetretene Schädigung muss gesundheitlicher Art sein. Dabei ist zu unterscheiden zwischen dem schädigenden Vorgang i. S. d. Abs. 1 (Angriff), der durch diesen hervorgerufenen gesundheitlichen Schädigung und den **gesundheitlichen und wirtschaftlichen Folgen** der Schädigung: X wird durch einen Schuss (vorsätzlicher, rechtswidriger tätlicher Angriff) am Ellbogen verletzt (gesundheitliche Schädigung) und behält als Folge der Schädigung eine Versteifung des Armgelenks zurück (Gesundheitsstörung). Schädigung ist nicht der schädigende Vorgang, sondern die Folge dieses Vorgangs. Insoweit geht das OEG von den gleichen Voraussetzungen aus wie das BVG. Auch dort ist zu unterscheiden zwischen dem schädigenden Vorgang im Sinne des § 1 BVG, der durch diesen hervorgerufenen gesundheitlichen Schädigung und den gesundheitlichen und wirtschaftlichen Folgen der Schädigung, der Gesundheitsstörung. Zu beachten ist, dass der in Abs. 1 geforderte Vorsatz die gesundheitliche Schädigung nicht zu erfassen braucht. Nach dem Wortlaut des Gesetzes muss der Vorsatz nur den rechtswidrigen tätlichen Angriff umfassen; dies hat auch das BSG klargestellt (BSG, Urt. v. 24. 4. 1991, SozR 3-3800 § 1 OEG Nr. 1).

Zu den **Einzelheiten** und Einzelfragen der **Feststellung der haftungsausfüllenden (medizinischen) Kausalität**, vgl. Anhang I 3., Rn. 24–26.

41   **Kausalität:** Ebenso wie auch sonst im Bereich des Sozialen Entschädigungsrechts gilt auch im OEG die Kausalitätstheorie der wesentlichen Bedingung. Dies gilt sowohl für die haftungsbegründende als auch für die haftungsausfüllende (medizinische) Kausalität, wobei für letztere gem. § 1 Abs. 12 OEG i. V. m. § 1 Abs. 3 BVG die Wahrscheinlichkeit des ursächlichen Zusammenhangs ausreicht (Gelhausen, Soziales Entschädigungsrecht, Rn. 771)

Um die Ursachenzusammenhänge auf medizinischem Gebiet mit der ausreichenden Sicherheit bestimmen zu können, sind einheitliche Maßstäbe erforderlich, die eine Gleichbehandlung der Antragsteller sicherstellen. Die Feststellung des Ausmaßes erfolgte bislang nach den „Anhaltspunkten für die ärztliche Gutachtertätigkeit im sozialen Entschädigungsrecht und nach dem Schwerbehindertenrecht (AHP)", die das Bundesministerium für Arbeit und Soziales (BMAS) regelmäßig herausgab (vgl. Ausgabe 2008, www.bmasbund. de). Materiell-rechtliche Grundlage ist § 30 Abs. 1 BVG. Mit dem

1. 1. 2009 sind die AHP nahezu vollständig abgelöst worden. Seither ist diese Materie vornehmlich in der Anlage „Versorgungsmedizinische Grundsätze" zu § 2 Versorgungsmedizin-Verordnung (VO zur Durchführung des § 1 Abs. 1 und 3, des § 30 Abs. 1 und des § 35 Abs. 1 BVG vom 10. 12. 2008, BGBl. I 2008 S. 2412) und Anlageband zu Ausgabe Nr. 57 vom 15. 12. 2008 – VersMedV – erfasst. Allerdings werden die AHP in § 2 VersMedV unter neuem Namen als Versorgungsmedizinische Grundsätze nahezu wortgleich und in ihren wesentlichen Teilen vollständig übernommen. Eine systematische Neubearbeitung ihres Inhaltes bleibt abzuwarten (Empfehlung der BR-Ausschüsse AS und G v. 17. 11. 2008, BR-Drs. 767/08 S. 3). Problematisch ist, dass die Nr. 53–143 AHP 2008 (Kausalitätsbeurteilung bei den einzelnen Krankheitszuständen) nicht in die Versorgungsmedizinischen Grundsätze übernommen wurden. In den Beratungen des Bundesrates ist zu Recht empfohlen worden, diese Grundsätze aufzunehmen (Empfehlung der BR-Ausschüsse AS und G v. 17. 11. 2008, BR-Drs. 767/08 S. 4). Opferschutzverbände, insbesondere der Weisse Ring, befürchten eine unnötige Belastung der Opfer, weil vermutlich mehr Gutachten eingeholt werden müssten als nach der Rechtsprechung des BSG notwendig wären. Das ist unterblieben, obwohl nach der Rechtsprechung z.B. die Aussagen über einen Ursachenzusammenhang zwischen psychischen Traumata und Störungen der Psyche in Nr. 71 AHP an der normähnlichen Wirkung der AHP teilhaben (vgl. BSG, Urt. v. 12. 6. 2003, B 9 VG 1/02 R). Der Verordnungsgeber hat diese Unterlassung damit begründet, dass die AHP auch nach Inkrafttreten der VersMedV als antizipierte Sachverständigengutachten gültig blieben (so BR-Drs. 767/08 S. 3f.).

Zu den **Einzelheiten** und Einzelfragen der **Feststellung der haftungsausfüllenden (medizinischen) Kausalität** vgl. Anhang I 3., Rn. 24 ff.

Antrag: Die Leistungen werden nur auf Antrag gewährt, § 16 **42** SGB I. Der Antrag selbst ist nicht an eine Form gebunden. Die im BVG geltenden Grundsätze für die Antragstellung als Grundlage der Anerkennung von Schädigungsfolgen und Leistungsgewährung gelten uneingeschränkt auch im Opferentschädigungsrecht, das insoweit auf die Regelungen des BVG verweist (§ 1 Abs. 1 OEG) und das dem Antrag auf Versorgung die gleiche Bedeutung für Entstehung und Leistungsbeginn zuweist.

Der Antrag auf Sozialleistungen ist eine sozialrechtliche Willenserklärung. Er kann entsprechend § 133 BGB ausgelegt werden. Er enthält wesentlich ein Willenselement und ist auf den Leistungsbereich beschränkt, aus dem etwas angestrebt wird. Der Antrag kann mündlich oder schriftlich gestellt werden. Wird er mündlich gestellt, so ist eine Niederschrift anzufertigen, § 6 VwVfG-KOV.

Grundsätzlich sind gem. § 16 SGB I Anträge auf Leistungen beim zuständigen Leistungsträger zu stellen. Sie werden aber auch von allen anderen Leistungsträgern, von allen Gemeinden und bei Personen, die sich im Ausland befinden, auch von den amtlichen Vertretungen der Bundesrepublik Deutschland im Ausland entgegengenommen. § 16 Abs. 2 SGB I stellt sicher, dass diese Anträge unverzüglich an den zuständigen Leistungsträger weitergeleitet werden. Gem. § 16 Abs. 2 S. 2 SGB I gilt in einem solchen Fall der Antrag als zu dem Zeitpunkt gestellt, in dem er bei einer der unzuständigen Stellen eingegangen ist. Im Übrigen sind die Leistungsträger nach § 16 Abs. 3 SGB I verpflichtet, darauf hinzuwirken, dass unverzüglich klare und sachdienliche Anträge gestellt und unvollständige Angaben ergänzt werden. Dies ergibt sich auch aus der Beratungspflicht des § 14 SGB I.

43   In **grenzüberschreitenden Fällen** bzw. bei **Auslandstaten** (Land des Wohnsitzes und des Tatortes sind nicht identisch) besteht ein Recht auf Antragstellung im Land des Wohnsitzes, die jeweiligen Länder benennen eine zuständige Unterstützungsbehörde für das Verwaltungsverfahren und die Unterstützung der Antragsteller. Dies ergibt sich aus der Richtlinie 2004/80/EG des Rates vom 20. 4. 2004 zur Entschädigung der Opfer von Straftaten (ABl. EU Nr. 261/15). Gem. § 6 Abs. 2 OEG ist das Bundesministerium für Arbeit und Soziales für die Bundesrepublik Deutschland die zuständige Unterstützungsbehörde. Nach Art. 5 Abs. 1 der Richtlinie stellt die Unterstützungsbehörde auch die erforderlichen Antragsformulare zur Verfügung.

44   Nach § 36 Abs. 1 SGB I kann jeder, der das 15. Lebensjahr vollendet hat, Antrag auf Leistungen nach dem OEG stellen **(sozialrechtliche Handlungsfähigkeit)**. Auch die Krankenkasse ist berechtigt, den Anspruch des Geschädigten nach dem OEG im eigenen Namen geltend zu machen, weil der Entscheidung über den Anspruch auf Opferentschädigung Tatbestandswirkung für den Ersatzanspruch nach § 19 BVG zukommt (vgl. BSG SozR 3-3800 Nr. 3; BSG SGb 1988, 338).

45   Nach VV Nr. 1 S. 2 zu § 1 BVG ist der Antrag als auf alle nach Lage des Falles in Betracht kommenden Leistungen gerichtet anzusehen, es sei denn, dass er auf bestimmte Leistungen ausdrücklich beschränkt wird (vgl. auch BSG SGb 1970, 383). Im **Klageverfahren** vor den SG ist der **Antrag** allerdings spätestens zu **konkretisieren**, weil die verschiedenen Leistungen (z. B. Heilbehandlung,

Beschädigtenrente, Pflegezulage, Bestattungsgeld) von unterschiedlichen Voraussetzungen abhängen.

Für den **Leistungsbeginn** ist der Antrag maßgeblich, vgl. § 60 **46** Abs. 1 und 2 BVG. Danach beginnt die Versorgung grundsätzlich frühestens mit dem Antragsmonat; gem. § 60 Abs. 1 S. 2 BVG ist die Versorgung aber auch für die Zeiträume vor der Antragstellung zu gewähren, wenn der Antrag innerhalb eines Jahres nach der Schädigung gestellt wird. Im Hinblick auf § 3a OEG ist § 10c OEG zu beachten. Danach werden neue Ansprüche nur auf Antrag festgestellt und sofern der Antrag binnen eines Jahres nach Verkündung des Änderungsgesetzes gestellt wird, so beginnt die Zahlung mit dem Zeitpunkt des Inkrafttretens, frühestens jedoch mit dem Monat, in dem die Voraussetzungen erfüllt sind. Das 3. OEG-ÄndG ist am 1. 7. 2009 in Kraft getreten (BGBl. I S. 1580). Berücksichtigt werden muss, dass für die in § 3a Abs. 2 vorgesehenen pauschalierten Einmalzahlungen gilt, dass diese Leistungen ab dem Vorliegen aller Voraussetzungen zu gewähren sind. Dagegen gilt für Heilbehandlungen die sonstige Regelung, da die Heilbehandlung regelmäßig eine auf Dauer angelegte Versorgungsleistung ist.

War der Geschädigte **ohne** sein **Verschulden** an der Antragstel- **47** lung verhindert, so verlängert sich diese Frist um den Zeitraum der Verhinderung, § 60 Abs. 1 S. 3 BVG. Diese Vorschrift kommt insbesondere auch bei Kindern und Jugendlichen zur Anwendung, wenn im Falle eines sexuellen Missbrauchs die Antragstellung durch die Sorgeberechtigten unterlassen wurde, was an sich grundsätzlich den Kindern zuzurechnen wäre. Nach der Rechtsprechung des BSG ist bei der Beurteilung des möglichen Verschuldens ein subjektiver, auf die konkrete Person abgestellter Maßstab anzulegen, wobei insbesondere der Geisteszustand, das Alter, der Bildungsgrad und die Geschäftsgewandtheit des Antragstellers zu berücksichtigen ist (BSG, Urt. v. 15. 8. 2000, SozR 3-3100 § 60 Nr. 3). So kann nach längerem **sexuellen Missbrauch** innerhalb der Familie eine **verspätete Antragstellung** nach dem OEG selbst dann unverschuldet sein, wenn zu früheren Zeitpunkten ein Strafantrag und ein Antrag auf Feststellung der Schwerbehinderten-Eigenschaft gestellt worden ist (LSG Niedersachen-Bremen, Urt. v. 27. 1. 2005, L 13 VG 5/03). Dem minderjährigen Gewaltopfer ist das Verschulden seines gesetzlichen Vertreters, der aus tat- und täterbestimmten eigenen Interessen keinen Antrag auf Beschädigtenrente stellt, nicht zuzurechnen (BSG, Urt. v. 28. 4. 2005, B 9 a/9 VG 1/04 R = BSGE 94, 282 = NJW 2005, 2574). Ein minderjähriges Opfer sexueller Gewalt selbst ist nach Eintritt **sozialrechtlicher Handlungsfähigkeit** regelmäßig ohne Verschulden gehindert, Versorgung nach dem OEG zu beantragen (BSG, Urt. v. 28. 4. 2005, B 9 a/9 VG 1/04 R = BSGE 94, 282 = NJW 2005, 2574; vgl. auch BSG, Urt. v. 11. 12. 2008, B 9/9 a VG 1/07 R = NVwZ-RR 2009, 28 für den Fall dass neben den Eltern auch das Jugendamt gesetzlicher Vertreter war).

Darüber hinaus ist der Antrag für den Beginn der **Verzinsung** maßgeblich, vgl. § 44 Abs. 2 SGB I.

48 Der Antrag auf Gewährung von Versorgung nach dem OEG kann auch zurückgenommen werden, jedoch nur bis zur Erteilung eines Bescheides. Danach ist, im Falle der Anerkennung, nur der **Verzicht** auf den Versorgungsanspruch gem. § 46 Abs. 1 SGB I durch schriftliche Erklärung möglich. Der Verzicht umfasst den **Sozialleistungsanspruch** nur insoweit, als dieser zur Verfügung des Einzelnen steht. Zur Verfügung des Einzelnen und damit verzichtbar ist der Sozialleistungsanspruch nur hinsichtlich der Einzelansprüche auf Leistungsgewährung. Dagegen steht das Stammrecht – das ist der Anspruch dem Grunde nach (der Gesamtanspruch) grundsätzlich nicht in der Verfügungsmacht des Einzelnen, weil es im Allgemeinen aufgrund objektiver Gegebenheiten entsteht, ohne dass er einer Mitwirkung des Berechtigten bedarf; deshalb ist auch nicht verzichtbar (vgl. Malkewitz, DRV 1963, 310 ff.; Hanisch, DRV 1967, 23 ff.).

Der Verzicht kann sich sowohl auf bereits fällige als auch auf zukünftige bestimmbare Einzelansprüche beziehen. Bei den in der Vergangenheit liegenden Einzelansprüchen ist er aber nur möglich, soweit diese noch nicht erfüllt sind und deshalb in der Gegenwart noch als fällige Ansprüche weiterbestehen (z. B. Rentennachzahlungsbeträge). Der Verzicht kann nicht nur bis zum Eintritt der Bindungswirkung des Leistungsbescheides, sondern auch danach erklärt werden. Die Wirkungen sind dieselben.

Der Verzicht kann nach § 46 Abs. 1 S. 2 SGB I jederzeit, allerdings nur für die Zukunft, durch Widerruf beseitigt werden. Wie die Verzichtserklärung selbst hat auch der Widerruf schriftlich zu erfolgen. Er wirkt vom Ablauf des Monats, in welchem er erklärt wird. Beim Widerruf eines Rentenverzichts ist deshalb die Rentenzahlung vom Ablauf des Monats wiederaufzunehmen, in welchem der Verzicht widerrufen wurde. Die Rente ist in der Höhe auszuzahlen, wie sie ohne den Verzicht inzwischen zu zahlen wäre. Etwaige Rentenanpassungen oder sonstige Veränderungen – z. B. Wegfall des Anspruchs auf Kinderzuschuss – sind zu berücksichtigen.

49 **Verjährung:** Nach § 45 SGB I verjähren Ansprüche auf Leistungen nach dem OEG in vier Jahren nach dem Ablauf des Kalenderjahres, in dem sie entstanden sind. Die Verjährung muss von der Versorgungsbehörde einredeweise geltend gemacht werden. Innerhalb des Leistungsverfahrens geschieht dies im Allgemeinen durch Erklärung im Leistungsbescheid, im sozialgerichtlichen Verfahren durch entsprechende Erklärung gegenüber dem Gericht.

Der Ablauf der Verjährungsfrist wird im sozialgerichtlichen Verfahren nicht von Amts wegen berücksichtigt. Es ist aber zulässig, dass die Einrede der Verjährung noch bis zur letzten mündlichen Tatsachenverhandlung erhoben wird. In der Revisionsinstanz kann die Einrede der Verjährung nicht erstmals mit Erfolg eingeführt werden (BSGE 6, 283).

Für die Geltendmachung der Einrede der Verjährung reicht der bloße Zeitablauf aus. Andere Gründe brauchen nicht hinzuzutreten.

Beweislast: Ebenso wie sonst im Sozialrecht müssen auch für **50** eine Leistung nach dem OEG alle anspruchsbegründenden Tatsachen zur Überzeugung der entscheidenden Stelle erwiesen sein (BSG br 1989, 18 = ZfS 1988, 271; BSGE 30, 278; vgl. auch Wachholz, br 1992, 145). Grundsätzlich bedarf es hinsichtlich der Anspruchsvoraussetzungen des **Vollbeweises,** womit aber nicht eine absolute Gewissheit hinsichtlich der festzustellenden Tatsache gemeint ist. Vielmehr reicht ein Wahrscheinlichkeitsgrad, der so hoch ist, dass hinsichtlich der Tatsache kein vernünftiger Zweifel mehr besteht. Fehlt es daran, geht dies zu Lasten des Antragstellers **(objektive Beweis- oder Feststellungslast).**

Der Inhalt der Straf- oder Zivilgerichtsakten, insbesondere die Zeugenaussagen sind **Grundlage der Überzeugungsbildung** (Geschwinder, ZfS 1988, 168; Behn, VersBea 1987, 40 ff.). Die entsprechenden Akten können dabei im Wege des Amtshilfeersuchens beigezogen werden (BSG ZfS 1986, 335 f.; Behn, VersBea 1987, 40 ff.). Die Unterlagen können dabei als Urkundenbeweis gewürdigt werden (BSGE 50, 95 = ZfS 1981, 80).

Die **Entscheidung** über einen Versorgungsanspruch nach dem OEG ist allerdings **nicht** an die rechtskräftig gewordene **Beurteilung des Strafgerichts** gebunden (BSG Zfs 1986, 335 f.; Geschwinder, ZfS 1988, 168 f.), denn das OEG setzt nicht die Verurteilung des Angreifers wegen einer Straftat voraus.

Ausgehend von dieser Betrachtungsweise sollte somit der Inhalt der Straf- oder Zivilgerichtsakten nicht unkritisch übernommen werden (vgl. dazu auch Rn. 26). Dies folgt auch aus dem **Amtsermittlungsgrundsatz.** Die beigezogenen Unterlagen müssen vielmehr sehr sorgfältig daraufhin gesichtet werden, ob sie überhaupt relevante oder ausreichende Feststellungen für die Anspruchsvoraussetzungen nach dem OEG enthalten (Geschwinder, ZfS 1988, 168 ff.). Zu eigenen weitergehenden Ermittlungen sind die Versorgungsverwaltung und die Sozialgerichte dann verpflichtet, wenn sich der entschädigungsrechtlich bedeutsame Sachverhalt aus den Feststellungen des Strafurteils nicht vollständig ergibt (vgl. BSG, Urt. v. 18. 12. 1996, 9 RVg 9/94 = SozR 3-3800 § 2 Nr. 6 = NStZ-RR 1997, 188), oder wenn neue erfolgversprechende Anhaltspunkte auftauchen oder der Sachverhalt unter anderen rechtlichen Kriterien zu prüfen ist als im strafrechtlichen Ermittlungsverfahren (BSG br 1989, 18 = ZfS 1988, 271; BSG SozR 3-3800 § 2 Nr. 4 S. 30).

51   **Begleitung durch eine Vertrauensperson:** Im Falle einer **Begutachtung** im Entschädigungsverfahren durch gerichtlich bestellte Sachverständige gebieten der Grundsatz des fairen Verfahrens und der Parteiöffentlichkeit nach §§ 202 SGG, 357 Abs. 1 ZPO, dass auf Wunsch des Antragstellers dieser durch eine **Person seines Vertrauens begleitet** werden darf (LSG Rheinland-Pfalz NJW 2006, 1547). Dies gilt auch für sonstige Beweiserhebungen bei denen das Opfer unmittelbar beteiligt ist, z. B. Befragungen oder Vernehmungen.

52   **Beweisführung und -schwierigkeiten:** Das soziale Entschädigungsrecht kennt drei Beweismaßstäbe. Es sind hinsichtlich der Höhe ihrer Anforderungen der Reihenfolge entsprechend der Vollbeweis, die Wahrscheinlichkeit und die Glaubhaftmachung (BSG, Beschl. v. 8. 8. 2001, B 9 V 23/01 B = SozR 3-3900 § 15 Nr. 4 = Breithaupt 2001, 967).

53   **Vollbeweis:** Grundsätzlich bedürfen beweispflichtige Tatsachen des **Vollbeweises** (vgl. Rn. 50). Den Beweisschwierigkeiten, die typischerweise im sozialen Entschädigungsrecht vorkommen, hat der Gesetzgeber bereits durch begrenzte Regelungen zugunsten der Geschädigten entsprochen. Vor allem braucht der ursächliche Zusammenhang zwischen einer Gesundheitsschädigung und einer bleibenden Gesundheitsstörung, die einen Entschädigungsanspruch begründet, nur **wahrscheinlich** zu sein (§ 1 Abs. 12 OEG i. V. m. § 1 Abs. 3 S. 1 BVG).

54   **Wahrscheinlichkeit** in diesem Sinn ist dann gegeben, wenn nach der geltenden ärztlichen wissenschaftlichen Lehrmeinung mehr für als gegen einen ursächlichen Zusammenhang spricht (BSG, Beschl. v. 8. 8. 2001, B 9 V 23/01 B = SozR 3-3900 § 15 Nr. 4 = Breithaupt 2001, 967).

Eine weitere Hilfe bei der Beweisführung bietet § 15 des Gesetzes über das Verwaltungsverfahren der Kriegsopferversorgung (VwVfG-KOV). Dieser lautet:

> „Die Angaben des Antragstellers, die sich auf die mit der Schädigung im Zusammenhang stehenden Tatsachen beziehen, sind, wenn Unterlagen nicht vorhanden oder nicht zu beschaffen oder ohne Verschulden des Antragstellers oder seiner Hinterbliebenen verloren gegangen sind, in der Entscheidung zugrunde zu legen, soweit sie nach den Umständen des Falles **glaubhaft** erscheinen."

Diese Norm, die über § 6 Abs. 3 OEG im Opferentschädigungsrecht anwendbar wird, ist im gesamten Verfahren der Anerkennung nach dem OEG (sowohl Verwaltungs- als auch gerichtliche Verfahren) anzuwenden, weil es sich um materielles Beweisrecht handelt (BSG, Urt. v. 31. 5. 1979, 9 RVg 3/89 = BSGE 65, 123 ff.; BSG, Beschl. v. 28. 7. 1999, B 9 VG 6/99 B).

Glaubhaftmachung bedeutet das Dartun überwiegender Wahr- **55** scheinlichkeit, d. h. der guten Möglichkeit, dass der Vorgang sich so zugetragen hat, wobei durchaus gewisse Zweifel bestehen bleiben können (BSG, Beschl. v. 8. 8. 2001, B 9 V 23/01 B = SozR 3-3900 § 15 Nr. 4 = Breithaupt 2001, 967 m. w. N.).

Zwar wollte § 15 VwVfG-KOV ursprünglich nur der Beweisnot Rechnung tragen, in der sich Antragsteller befanden, weil sie durch Kriegsereignisse (wie Flucht, Vertreibung oder Bombenangriffen usw.) die über sie geführten Krankengeschichten, Befundberichte, Urkunden pp. nicht mehr erlangen konnten. Der Gesetzgeber des OEG hat mit der Verweisung in § 6 Abs. 3 OEG auf § 15 VwVfG-KOV der **Beweisnot** derjenigen Verbrechensopfer Rechnung tragen wollen, bei denen die Tat ohne Zeugen geschehen ist und bei denen sich der Täter einer Feststellung entzogen hat, mithin andere Beweismittel als die eigenen Angaben des Zeugen nicht zur Verfügung stehen (LSG Niedersachsen-Bremen, Urt. v. 5. 6. 2008, L 13 VG 1/05). Mindestvoraussetzung ist grundsätzlich, dass der Antragsteller überhaupt Angaben zum Geschehen an sich macht. Dabei können, wenn der Tod als Schädigungsfolge geltend gemacht wird und zusätzlich bestimmte Fälle extremer Beweisnot vorliegen, sogar Angaben des Antragstellers aus eigenem Wissen entbehrlich sein (BSGE 83, 279 = SozR 3-3900 § 15 Nr. 2; BSG, Beschl. v. 8. 8. 2001, B 9 V 23/01 B = SozR 3-3900 § 15 Nr. 4 = Breithaupt 2001, 967 m. w. N.). Die Beweiserleichterung nach § 6 Abs. 3 OEG i. V. m. § 15 VwfG-KOV (eigene Angaben der Antragstellerin) kommt erst dann zum Zuge, wenn andere Beweismittel objektiv nicht vorhanden sind (LSG Niedersachsen-Bremen, Urt. v. 5. 6.

2008, L 13 VG 1/05). Die Unannehmlichkeiten einer Aussage für
Zeugen und Opfer im OEG-Verfahren mit dem Hintergrund des
sexuellen Missbrauchs eines Kindes durch Angehörige rechtfertigen es in der Regel nicht, von ihrer Vernehmung abzusehen (LSG
Niedersachsen-Bremen, Urt. v. 5. 6. 2008, L 13 VG 1/05).

56   **Glaubhaftigkeitsgutachten:** Probleme in der Anerkennungs-
praxis stellen sich oftmals in den Fällen **sexuellen Missbrauchs,** die
entweder lange Zeit zurückliegen und/oder in denen es im Rahmen
einer **Therapie** zur „Erweckung von Erinnerungen" an sexuellen
Missbrauch oder Vergewaltigung gekommen ist. In diesem Zusammenhang stellen sich regelmäßig die Fragen der **Glaubhaftigkeit**
der Angaben des Opfers und die daran zu stellenden Anforderungen.
In der Gerichtspraxis wird vermehrt mit psychologischen **Glaubhaftigkeitsgutachten** gearbeitet. Richtigerweise wird der Glaubhaftigkeit der Angaben zunächst auf im Rahmen des Strafverfahrens
erstellte Glaubhaftigkeitsgutachten zurückgegriffen. Hinsichtlich des
Merkmals der Glaubhaftigkeit macht es keinen Unterschied, ob
diese im Rahmen einer Zeugenvernehmung im Strafverfahren oder
im Rahmen eines Verfahrens zur Gewährung von Leistungen nach
dem sozialen Entschädigungsrecht bewertet wird. In beiden Fällen
sind die Fragen, die sich bei der Beurteilung der Glaubhaftigkeit von
Angaben stellen, psychologisch gleich (LSG Niedersachsen-Bremen, Urt. v. 5. 6. 2008, L 13 VG 1/05). Von besonderer Bedeutung ist die Grundsatzentscheidung des BGH zu den wissenschaftlichen Anforderungen an Glaubhaftigkeitsgutachten (BGH, Urt. v.
30. 7. 1999 = BGHSt 45, 164 = NJW 1999, 2746 = NStZ 2000,
100). Nach dem richterlichen Selbstverständnis hat zwar nach h.M.
das Gericht eigene Sachkunde in der Frage der Beurteilung der
Glaubhaftigkeit einer Zeugenaussage bzw. der Glaubwürdigkeit eines Zeugen, wobei es sich nach richterlichem Selbstverständnis um
die „ureigenste Aufgabe" des Gerichts handelt (str. seit BGHSt 8,
130, zuletzt BGH v. 15. 6. 2005, 1 StR 499/04), obgleich weder
die Berufsrichter noch die Schöffen eine gezielte Ausbildung erhalten und die „empirischen Befunde zum Personalbeweis ernüch-
ternd" sind (vgl. insoweit HK-GS/Neuhaus, StPO, § 73 Rn. 5
m. w. N.). Wegen der „besonderen Sachkunde" werden im Strafprozess zwar nur in besonders gelagerten Fällen Glaubhaftigkeitsgutachten herangezogen. Diese betreffen dann allerdings oftmals die
schwierigen Fälle sexuellen Missbrauchs an Kindern oder Fälle, in
denen eine psychische Beeinträchtigung des Zeugen vorlag oder
vorliegt. Das besondere an der Glaubhaftigkeitsbegutachtung ist,
dass es nicht um die Frage einer allgemeinen Glaubwürdigkeit des

Zeugen geht, sondern um die Beurteilung, ob das Geschilderte einem tatsächlichen Erleben der untersuchten Person entspricht. Das methodische Grundprinzip besteht darin, einen zu überprüfenden Sachverhalt so lange zu negieren, bis diese Negation mit den gesammelten Fakten nicht mehr vereinbar ist. Der Sachverständige nimmt daher bei der Begutachtung zunächst an, die Aussage sei unwahr (sog. Nullhypothese). Zur Prüfung dieser Annahme hat er weitere Hypothesen zu bilden. Ergibt seine Prüfstrategie, dass die Unwahrhypothese mit den erhobenen Fakten nicht mehr in Übereinstimmung stehen kann, wird sie verworfen, und es gilt dann die Alternativhypothese, dass es sich um eine wahre Aussage handelt (BGH, Urt. v. 30. 7. 1999 = BGHSt 45, 164 = NJW 1999, 2746 = NStZ 2000, 100). Zu prüfen sind des Weiteren im Wesentlichen die inhaltliche Konsistenz, also die Plausibilität der Aussage in sich; die Konstanzanalyse, die das gesamte Aussageverhalten des Zeugen über mehrere Aussagestationen zum selben Sachverhalt unter Berücksichtigung von Realkennzeichen betrachtet, bis hin zur Aussagegenese (Aussageentstehung), Kompetenzanalyse des Zeugen (sprachliches und persönliches Aussagevermögen) und einer Motivationsanalyse (vgl. z. B. Greuel/Offe/A. Fabian/Wetzels/T. Fabian/Offe/Stadler, Glaubhaftigkeit der Zeugenaussage, 1998; Kröber/Steller, Psychologische Begutachtung im Strafverfahren, 2005).

Grundsätzlich unbedenklich ist es, wenn auch die **Sozialgerichte** im Rahmen der Prüfung des Klagevorbringens auf derartige, den neuesten wissenschaftlichen Standards entsprechende Gutachten **zurückgreifen** oder diese in Auftrag geben. Grundsätzlich unbedenklich ist es auch, wenn für die Prüfung der Glaubhaftmachung des Klagevorbringens und für die Beurteilung von Zeugenaussagen die wissenschaftlichen Kriterien der Glaubhaftigkeitsbeurteilung und die dazu insgesamt ergangene Literatur herangezogen wird (so SG Braunschweig, Urt. v. 10. 12. 2008, L 38 VG 40/04). Ob allerdings ein Glaubhaftigkeitsgutachten bereits dann entbehrlich ist, wenn sich bereits aus dem Inhalt der Akten im Hinblick auf die Konstanz und die Genese der Aussage erhebliche Zweifel hinsichtlich der Richtigkeit der Angaben der Antragstellerin ergeben, ist zweifelhaft (so SG Braunschweig, Urt. v. 10. 12. 2008, L 38 VG 40/04). Leitlinie muss immer eine genaue Prüfung des Einzelfalles unter Berücksichtigung aller Umstände bleiben. Abzulehnen sind allerdings gelegentlich anzutreffende Versuche in Versorgungsbehörden, allein anhand der Aktenlage eine eigene Glaubhaftigkeitsprüfung nach den Kriterien des BGH durchzuführen. Voraussetzung einer aussagepsychologischen Exploration sind aber immer Angaben des Antragstellers, wobei die Aussicht bestehen muss, dass mit der aussagepsychologischen Methodik eine Substantiierung des Erlebnisgehalts des behaupteten Geschehens möglich wird (vgl. LSG Berlin-Brandenburg, Urt. v. 9. 9. 2008, L 11 VG 33/08). Bei der **„Erweckung vermeintlicher Erinnerungen"** mit therapeutischer Hilfe ist eine besonders sorgfältige Prüfung erforderlich, ob es sich um suggestiv produzierte Vorstellungen ohne Bezug zur Wirklichkeit handelt (SG Braunschweig, Urt. v. 10. 12. 2008, L 38 VG 40/04). Bei Vorliegen einer **dissoziativen Identitätsstörung** können unvollständige und sog. verzögerte Erinnerungen häufig angetroffen werden, ohne dass eine solche Verzögerung als Indiz für fehlende Glaubwürdigkeit angesehen werden kann; die Anwendung des § 15 VwVfG-KOV wird dadurch nicht ausgeschlossen (LSG Niedersachsen-Bremen, Urt. v. 27. 4. 2006, L 13 VG 4/04; SG Fulda, Urt. v. 30. 6. 2008, S 6 VG 16/06).

57   **Anscheinsbeweis:** Ein besonderes Problem stellen die Fälle dar, in denen selbst bei Anwendung von Beweiserleichterungen zu Lasten des Antragstellers die **objektive Beweislast durchgreift** und der Antrag abgelehnt wird. Das gilt insbesondere für die Fallkonstellationen, in denen ein **Vorsatz nicht nachzuweisen** ist. Zu denken ist z. B. an Distanzdelikte: es kommt zu einer Schussverletzung, bei deren straf- und entschädigungsrechtlicher Beurteilung offen bleibt, ob die auch fahrlässig begehbare Handlung vorsätzlich begangen wurde (vgl. dazu BSGE 63, 270). Vereinzelt haben LSG zur Vermeidung einer den Antrag ablehnenden Beweislastentscheidung auf den **Anscheinsbeweis** (prima-facie-Beweis) zurückgegriffen. Das ist grundsätzlich zulässig. Bei typischen Geschehensabläufen ist eine Beweiswürdigung nach den Grundsätzen des sog. **Anscheinsbeweises** nicht ausgeschlossen (BSGE 99, 236). Die Grundsätze des Anscheinsbeweises ermöglichen bei sog. typischen Geschehensabläufen, von einer festgestellten Ursache auf einen bestimmten Erfolg oder von einem bestimmten Erfolg auf eine bestimmte Ursache zu schließen. Der Anscheinsbeweis beruht auf dem Erfahrungswissen, muss also einen Hergang zugrunde legen, der erfahrungsgemäß in einem bestimmten Sinn abläuft. Im Rahmen der Prüfung, ob ein **Einbruchsdiebstahl** einen tätlichen Angriff darstellt (verneint), hat das LSG Thüringen die Grundsätze des Anscheinsbeweises herangezogen, einen Anspruch aber dennoch abgelehnt (vgl. LSG Thüringen, Urt. v. 12. 5. 1998, L 5 V 292/98; vgl. LSG Rheinland-Pfalz, Urt. v. 23. 2. 2002, L 4 VG 5/01, im Falle eines Gullydeckels auf der Fahrbahn, aufgehoben d. BSG Urt. v. 10. 12. 2003, B 9 VG 3/02 R = SozR 4-3800 § 1 Nr. 5 = Breithaupt 2004, 435). Sind mehrere Geschehensabläufe oder Vorgänge

denkbar, dann ist diese Beweisregel ausgeschlossen, mag auch eine von mehreren Möglichkeiten, die für den beweisbelasteten Bürger günstiger wäre, wahrscheinlicher sein als eine andere (BSG Urt. v. 10. 12. 2003, Az B 9 VG 3/02 R = SozR 4-3800 § 1 Nr. 5 = Breithaupt 2004, 435 m. w. N.).

Festzustellen ist, dass selbst bei sachgerechter Beweisermittlung u. -würdigung unter Berücksichtigung eines weiten Verständnisses des tätlichen Angriffs sowie der Anwendung von Beweiserleichterungen Fälle verbleiben, in denen Beschädigtenversorgung versagt werden muss. Folgerichtig fordert zur Lösung dieser und ähnlicher Beweisnotfälle (z. B. das Opfer hat keine Erinnerung an den Vorfall) die Opferschutzeinrichtung Weisser Ring seit langem eine Umkehr der Beweislast (Mainzer Schriften, Bd. 1, Risikoverteilung zwischen Bürger und Staat, 1989, S. 118; krit. dazu Heinz, OEG, Teil C Rn. 159, 166 ff. m. w. N.). Tatsächlich unabdingbar ist in allen Fällen aber zunächst eine gründliche Beweisermittlung und -ausschöpfung, woran es oft mangelt. Erst dann stellt sich die Frage der Beweiserleichterung. Im Falle, dass alle vorhandenen Beweismittel noch nicht ausgeschöpft worden sind, ersetzt allein die hohe Wahrscheinlichkeit, dass nach medizinischer Erkenntnis zwischen einem sexuellen Missbrauch und vorhandenen psychischen Erkrankungen ein kausaler Zusammenhang bestehen dürfte, nicht die gebotene Feststellung, ob ein Missbrauch im Sinne eines Angriffs vorlag (LSG Niedersachsen-Bremen, Urt. v. 5. 6. 2008, L 13 VG 1/05).

Zu Abs. 2: In § 1 Abs. 2 werden allgemein als Gewalttaten angesehene Straftaten dem tätlichen Angriff i. S. v. § 1 Abs. 1 gleichgestellt, weil die möglichen schweren Folgen die Tat in die Nähe der Gewaltkriminalität rücken (BT-Drs. 7/2506 S. 14). § 1 Abs. 2 Nr. 1 OEG stellt einem tätlichen Angriff die vorsätzliche Beibringung von Gift gleich. Die Strafbarkeit der vorsätzlichen Beibringung von **Gift** war früher eigenständig in § 229 StGB a. F. geregelt, heute ist sie es als Körperverletzungsdelikt in § 224 Abs. 1 Nr. 1 StGB. § 224 Abs. 1 Nr. 1 StGB erfasst neben Gift auch andere gesundheitsschädliche Stoffe, so dass sich frühere Abgrenzungsfragen, was dem Begriff Gift unterfällt, heute nicht mehr stellen. Die Gleichstellung in Abs. 2 Nr. 1 OEG ist heute ohne besondere Bedeutung. Der erfasste Tatbestand wäre ohnehin als tätlicher Angriff i. S. v. Abs. 1 zu bewerten. Unter Gift ist jeder organische oder anorganische Stoff zu verstehen, der unter bestimmten Bedingungen durch chemische oder chemisch-physikalische Wirkung zur Gesundheitsschädigung geeignet ist, z. B. Arsen, Blausäure oder Dioxine (Fischer, StGB, § 224 Rn. 3). Beibringen liegt vor, wenn das

Mittel in das Körperinnere gelangt. Gift i. S. v. Abs. 2 Nr. 1 kann
das im Rahmen einer **ärztlichen Heilbehandlung** verschriebene
Medikament als Heilmittel in vorsätzlich falscher Dosierung sein
(LSG Nordrhein-Westfalen, Urt. v. 15. 12. 2004, L 10 VG 22/04).
Das BSG hat es offen gelassen, ob die Beibringung von **Aids** als
Giftbeibringung zu werten ist; jedenfalls stellt es einen tätlichen
Angriff nach Abs. 1 dar (BSG, Urt. v. 18. 10. 1995, 9 Rvg 5/95 =
BSGE 77,18 = NJW 1996, 1619).

59 **Eigenständige Bedeutung** hat nach wie vor die Gleichstellung
in § 1 Abs.2 Nr. 2. Dadurch wird die wenigstens fahrlässige Herbeiführung einer Gefahr für Leib oder Leben eines anderen durch
ein mit gemeingefährlichen Mitteln begangenes Verbrechen einem
tätlichen Angriff i. S. v. Abs. 1 gleichgestellt. Brandstiftung, Überschwemmung und Sprengstoffanschläge können Personenschäden
anrichten, ohne dass die Tat gegen eine Person gerichtet sein muss.
Im Interesse einer einfachen und überschaubaren Regelung werden
die in Betracht kommenden Tatbestände nicht einzeln aufgezählt,
sondern allgemein bezeichnet (BT-Drs. 7/2506 S. 14). Nach der
Legaldefinition in § 12 Abs. 1 StGB sind Verbrechen rechtswidrige
Taten, die im Mindestmaß mit Freiheitsstrafe von einem Jahr oder
darüber bedroht sind. Unbeachtlich für die Feststellung, ob ein Verbrechen vorliegt, sind nach § 12 Abs. 3 StGB jedoch Schärfungen
oder Milderungen, die nach den Vorschriften des Allgemeinen Teils
des StGB oder für besonders schwere oder minderschwere Fälle
vorgesehen sind. Das Verbrechen muss mit **gemeingefährlichen
Mitteln** begangen worden sein. Hierunter fallen nicht nur die gemeingefährlichen Straftaten nach §§ 306 ff. StGB, sondern jedes
Verbrechen, sofern es mit gemeingefährlichen Mitteln begangen
worden ist. Gemeingefährliche Mittel sind nach der Rechtsprechung zu dem gleichlautenden Tatbestandsmerkmal in § 211 StGB
solche, die nach ihrer Beschaffenheit und nach der Art ihrer Anwendung für eine unbestimmte Anzahl anderer Personen die konkrete Möglichkeit der Gefährdung von Leib oder Leben geschaffen
haben, ohne dass der Täter die Wirkung der von ihm entfesselten
Kräfte bestimmen und abgrenzen kann (vgl. BGH NStZ 2006, 167;
HK-GS/Rössner/Wenkel, StGB, § 211 Nr. 6 m. w. N.). Darunter
fallen nicht das Schießen oder Hantieren mit einem Revolver, auch
eines größeren Kalibers (LSG Baden-Württemberg Breithaupt 1988,
491 f. = SGB 1988, 240). Anders ist die Situation jedoch zu beurteilen, wenn eine Maschinenpistole eingesetzt wird (Gelhausen, Soziales Entschädigungsrecht, Rn. 760).
  Im 28. Abschnitt des Strafgesetzbuches sind die gemeingefährlichen Straftaten aufgeführt. Für die Anwendung von Abs. 2 Nr. 2

sind jedoch nur solche Taten von praktischer Bedeutung, die nicht bereits nach Abs. 1 einen rechtswidrigen Angriff darstellen.

Folgende Verbrechen können für die Anwendung von Abs. 2 Nr. 2 von Bedeutung sein:

- Brandstiftung §§ 306–306 f StGB
- Herbeiführung einer Explosion durch Kernenergie § 307 StGB
- Herbeiführung einer Sprengstoffexplosion § 308 StGB
- Missbrauch ionisierender Strahlen § 309 StGB
- Herbeiführung einer Überschwemmung § 313 StGB
- Gemeingefährliche Vergiftung § 314 StGB
- Gefährliche Eingriffe in Bahn-, Schiffs- und Luftverkehr §§ 315 ff. StGB
- Gefährliche Eingriffe in den Straßenverkehr § 315 b StGB
- Räuberische Angriffe auf Kraftfahrer § 316 a StGB
- Angriffe auf den Luft- u. Seeverkehr § 316 c StGB
- Beschädigung wichtiger Anlagen § 318 StGB.

Erforderlich ist weiterhin, dass der Täter **Leib oder Leben eines Menschen** – des Verletzten oder eines Dritten – wenigstens fahrlässig gefährdet hat. Dadurch wird sichergestellt, dass auch im Bereich der gemeingefährlichen Taten nur solche berücksichtigt werden, die die Gefahr von Personenschäden begründen; doch braucht die geschädigte Person nicht mit der vom Täter gefährdeten Person identisch zu sein. Obwohl der Gesetzgeber auf ein „begangenes Verbrechen" abgestellt hat, ist es ebenso wie in Abs. 1 vom Gesetzgeber nicht gewollt, dass eine rechtswidrige und schuldhaft begangene Tat vorliegen muss, ausreichend ist die vorsätzliche rechtswidrige Tat (Gelhausen, Soziales Entschädigungsrecht, Rn. 765 m. w. w. N.). Das Verbrechen mit gemeingefährlichen Mitteln muss vorsätzlich begangen werden; für die Herbeiführung einer Gefahr für Leib oder Leben eines anderen reicht jedoch Fahrlässigkeit aus (Gelhausen, Soziales Entschädigungsrecht, Rn. 764). Diese Vorsatz/Fahrlässigkeitskombination entspricht der Regelung des § 11 Abs. 2 StGB. Fahrlässig handelt der Täter, wenn sein Wille zwar nicht auf die Beeinträchtigung des fremden Rechtsguts gerichtet war, sondern es versäumt hat, seinem „guten Willen" hinreichende Durchschlagskraft zu verleihen, obwohl ihm die Schadensvermeidung ohne weiteres möglich und zumutbar gewesen wäre – „Vermeidepflichtverletzung" (HK-GS/Duttge, StGB, § 15 Rn. 26 ff. ausführlich und m. w. w. N. zum „komplexen" Fahrlässigkeitsbegriff).

Das Abheben und Liegenlassen eines Gullydeckels ist nicht ein mit gemeingefährlichen Mitteln begangenes Verbrechen, wenn der Täter zwar einen gefährlichen Eingriff in den Straßenverkehr (§ 315

StGB) begangen hat, es aber an den besonderen Tatumständen des absichtlichen Herbeiführens eines Unglücksfalles oder einer schweren Gesundheitsschädigung mangelt (BSG, Urt. v. 10. 12. 2003, B 9 VG 3/02 R = SozR 4-3800 § 1 Nr. 5 = Breithaupt 2004, 435).

60   **Zu Abs. 3:** § 1 Abs. 2 Buchst. e und f BVG bestimmen, dass einer Schädigung i. S. v. § 1 Abs. 1 BVG Unfälle gleichstehen, die der Beschädigte bei der Durchführung einer Maßnahme der Heilbehandlung, einer Badekur, von Versehrtenleibesübungen als Gruppenbehandlung oder von arbeits- und berufsfördernden Maßnahmen nach § 26 BVG erlitten hat, ferner Unfälle auf einem Hinu. Rückweg, der notwendig ist zur Durchführung dieser Maßnahmen oder um zur Aufklärung des Sachverhalts zu erscheinen, sofern das Erscheinen angeordnet war. Dieser Unfallschutz muss auch Opfern von Straftaten zugute kommen (vgl. BT-Drs. 7/2506).

Darüber hinaus werden **Unfälle** einbezogen, die Geschädigte bei der unverzüglichen Erstattung der Strafanzeige erleiden. Das Opfer einer Gewalttat ist nach § 2 Abs. 2 OEG gehalten, unverzüglich **Anzeige** bei einer für die Strafverfolgung zuständigen Behörde zu erstatten. Dies gilt auch dann, wenn zu diesem Zeitpunkt der tätliche Angriff selbst noch zu keinem Körperschaden geführt hat (die bisherige gegenteilige Auffassung in der 4. Aufl. § 1 Rn. 94 wird nicht mehr aufrechterhalten; a. A. unter Bezug darauf Gelhausen, Soziales Entschädigungsrecht, Rn. 780; Rüfner, NJW 1976, 1249). Nicht alle Körperschäden sind sofort sichtbar oder feststellbar. Es ist gerade für bestimmte Krankheitsbilder typisch, dass diese erst verzögert auftreten, so z. B. die posttraumatische Belastungsstörung. Der Gesundheitsschaden ist insoweit bereits im Zeitpunkt des Unfalls „angelegt"; eine Besserstellung gegenüber anderen Bürgern, die bei der Verfolgung von Straftaten mitwirken, ist insbesondere auch in Hinblick auf die grundsätzlich Mitwirkungspflicht nach § 2 Abs. 2 OEG erforderlich. **Zeugen** sind im Übrigen auch nach § 2 Abs. 1 Nr. 13 SGB VII geschützt.

61   **Zu Abs. 4:** Nach dem Wortlaut des Abs. 1 („Wer") wird für den Leistungsbereich des OEG nicht zwischen In- u. Ausländern unterschieden. Die besonderen Bestimmungen für Ausländer in Abs. 4 bis 7 regeln keine Einschränkungen des persönlichen Anwendungsbereichs, sondern enthalten u. a. ergänzend weitere besondere Leistungsvoraussetzungen für diesen Personenkreis, die zusätzlich zu erfüllen sind (BSG, Urt. v. 8. 11. 2007, B 9/9a VG 3/05 R = SozR 4-3800 § 1 Nr. 12 = Breithaupt 2008, 507).

62   Die **deutsche Staatsangehörigkeit** als Voraussetzung des OEG-Anspruchs muss nicht im Zeitpunkt der Schädigung vorliegen. Es

genügt, wenn diese Voraussetzung erst später hinzukommt. Allerdings ist dann der OEG-Anspruch erst mit dem Zeitpunkt des Erwerbs der deutschen Staatsangehörigkeit begründet, weil erst dann alle Anspruchsvoraussetzungen erfüllt sind. Ebenso wie bei Ausländern ein späterer Wegfall oder eine Begründung der Gegenseitigkeit als Neufeststellungsgrund i. S. v. § 48 SGB X beachtlich ist, weil sich die rechtlichen Voraussetzungen geändert haben, ist bei Ausländern auch der Erwerb der deutschen Staatsangehörigkeit ein Neufeststellungsgrund mit der Folge, dass dann ab diesem Zeitpunkt die Anwendung des Abs. 4 entfällt. Umgekehrt kann bei Verlust der deutschen und Erwerb einer ausländischen Staatsangehörigkeit ab dem Zeitpunkt der geänderten Sach- u. Rechtslage der Versorgungsanspruch nach § 48 SGB X zurückgenommen werden.

Anlass für die Ausweitung des berechtigten Personenkreises durch das 2. OEG-ÄndG (BGBl. I 1993 S. 1262) war das erschreckende Anwachsen von Gewalttaten gegen Ausländer. Die Anschläge richteten sich sowohl gegen länger hier lebende Ausländer als auch gegen ausländische Flüchtlinge und Asylbewerber. Die Absicht des Gesetzgebers ist es gewesen, allen Opfern solidarischen Beistand durch die Schaffung von Ansprüchen auf Entschädigungsleistungen zu schaffen (vgl. Held-Wältermann, Sozialrecht und Praxis 1993, 607).

Staatsangehörige eines Mitgliedstaates der Europäischen **63** **Gemeinschaft (Abs. 4 Nr. 1)** haben einen Anspruch auf Versorgung nach dem OEG. Diese Regelung ist Ausdruck des in Art. 18 AEUV festgelegten Diskriminierungsverbotes. Art. 18 verbietet in seinem Anwendungsbereich jede Diskriminierung aus Gründen der Staatsangehörigkeit. Der EuGH legte in der Rechtssache Cowan das Diskriminierungsverbot dahingehend aus, dass die Mitgliedstaaten diejenigen Personen, die kraft Gemeinschaftsrecht Freizügigkeit i. S. v. Art. 21 AEUV genießen, bei der Opferentschädigung gegenüber ihren eigenen Staatsangehörigen nicht diskriminieren dürfen. Die Garantie der Freizügigkeit erschöpft sich nicht in der Abwehr staatlicher Eingriffe. Das Recht auf Einreise und Aufenthalt geht notwendig damit einher, dass die körperliche Integrität im Gastland ebenso geschützt wird wie die von dessen eigenen Staatsangehörigen (EuGH v. 2. 2. 1989, Slg. 1989-2, 195,196 f. = NJW 1989, 2183).

Mitgliedstaaten der Europäischen Gemeinschaft sind neben der Bundesrepublik Deutschland, Belgien, Bulgarien, Dänemark, Estland, Finnland, Frankreich, Griechenland, Großbritannien, Irland, Italien, Lettland, Litauen, Luxemburg, Malta, Niederlande, Österreich, Polen, Portugal, Rumänien, Schweden, Slowakei, Slowenien, Spanien, Tschechien, Ungarn und Zypern.

Für Angehörige dieser Staaten besteht ein Anspruch auf Versorgung nach dem OEG. Es spielt keine Rolle, ob es sich um Beschädigten- oder Hinterbliebenenversorgung handelt.

64   Nach **Abs. 4 Nr. 2** haben Ausländer einen Anspruch, soweit Rechtsvorschriften der EU, die eine Gleichstellung mit Deutschen erforderlich machen, auf sie anwendbar sind. Rechtsvorschrift i. d. S. ist das Abkommen über den Europäischen Wirtschaftsraum v. 2. 5. 1992 – EWR-Abkommen – (BGBl. II 1993 S. 266). Angehörige der Mitgliedstaaten dieses Abkommens haben einen Anspruch auf Versorgung nach dem OEG. Die Gleichbehandlungspflicht ergibt sich aus Art. 4 EWR-Abkommen (Verbot der Diskriminierung wegen der Staatsangehörigkeit). Dieses Abkommen ist am 1. 1. 1994 in Kraft getreten. Die Versorgung nach dem OEG kann frühestens mit diesem Datum beginnen. Vor dem 1. 1. 1994 können Angehörige dieser Staaten einen Anspruch auf Versorgung haben, wenn die Gegenseitigkeit nach Abs. 4 Nr. 3 besteht. Das EWR-Abkommen hat tatsächlich nur Bedeutung für Angehörige der Staaten Island und Liechtenstein; für Angehörige der übrigen Mitgliedstaaten ergibt sich die Anspruchsberechtigung entweder aus Abs. 4 Nr. 1 oder Nr. 3.

Bei Gewalttaten gegen Person i. S. d. Art. 1 Nato-Truppenstatuts (BGBl. II 1961 S. 1183) findet das OEG Anwendung. Art. 13 des Zusatzabkommens steht dem nicht entgegen (BMA RdSchr. v. 27. 8. 1980, VI a 2 – 52039/1). Ein Anspruch ist daher nur dann gegeben, wenn Gegenseitigkeit gewährleistet ist.

Etwas anderes gilt nur dann, wenn die Gewalttat zwischen Truppenangehörigen (Soldaten, ziviles Gefolge, Angehörige) innerhalb des Truppenstützpunktes erfolgt. Zwar sind die Liegenschaften der NATO-Stationierungstruppen nicht exterritorial, so dass das OEG grundsätzlich Anwendung findet, jedoch kann eine Entschädigung nach § 2 Abs. 1 als unbillig versagt werden (BMA RdSchr. v. 27. 12. 1982, VI a 2 – 52039/1).

Dem OEG liegt vor allem der Gedanke zugrunde, dass die Gesellschaft für die gesundheitlichen Schäden des Opfers einer Gewalttat einzutreten hat, weil der Staat es im Einzelfall nicht vermocht hat, den Bürger vor einem gewaltsamen Angriff zu bewahren (vgl. BR-Drs. 352/74 S. 10 sowie Rn. 1 f., 6 f.). Diese gesteigerte Verantwortung des Staates ist jedoch nur dort gegeben, wo die Polizeigewalt durch die deutschen Behörden ausgeübt wird. Gem. Art. 3 Abs. 10 a des Truppenstatuts haben ordnungsgemäß aufgestellte militärische Einheiten oder Verbände einer Truppe in all ihren Liegenschaften die Polizeigewalt. Zwar wird in Art. 53 Abs. 3 und 4 des Zusatzabkommens zum Nato-Truppenstatut von alliierter Seite der deutschen Polizei das Recht zugestanden, in Liegenschaften der alliierten Streitkräfte Aufgaben im Zusammenhang mit der öffentlichen Sicherheit und Ordnung wahrzunehmen. Dies ist in der Regel jedoch beschränkt auf die Verfolgung flüchtiger Personen, die Verhinderung eines Verbrechens oder die Ermittlung nach Straftaten. Es handelt sich hierbei also nicht um allgemein-präventive, sondern um einzelfallbezogene Maßnahmen der deutschen Polizei. Damit obliegt es grundsätzlich den Sicherheitskräften der Streitkräfte, Gewalttaten innerhalb der Liegenschaften zu verhindern.

Personen, die weder Mitglieder der Nato-Stationierungsstreitkräfte oder ihres zivilen Gefolges noch Angehörige von Mitgliedern der Truppe oder ihres zivilen Gefolges im Sinne des Art. 1 des Nato-Truppenstatuts sind, sind – vorbehaltlich des Abs. 4 – voll in den Schutz des OEG einbezogen. Dies gilt auch für Gewalttaten innerhalb des Kasernenbereichs der Nato-Stationierungsstreitkräfte (BMA RdSchr. v. 30. 8. 1988, VI a 1 – 52039/1).

Zur Frage der Entschädigung von Truppenangehörigen der ehemaligen GUS-Staaten innerhalb ihrer ehemaligen Liegenschaften in den neuen Bundesländern gilt, dass dort ebenfalls keine Verantwortung der deutschen Polizei gegeben war. Diese oblag den ehemals sowjetischen Truppen. Leistungen sind daher ebenfalls nach § 2 Abs. 1 S. 1 OEG zu versagen, denn es ist unbillig, Versorgungsleistungen nach dem OEG zu erbringen, obwohl der deutsche Staat keine Möglichkeit hatte, die Gewalttat zu verhindern.

Die Frage, ob Gegenseitigkeit **(Abs. 4 Nr. 3)** vorliegt oder nicht, **65** ist eine Rechtsfrage und von der zuständigen Behörde von Amts wegen zu prüfen. Der Antragsteller braucht, wenn er Ausländer ist, nicht darzulegen, dass die Gegenseitigkeit gewährleistet ist (Schoreit/Düsseldorf, OEG, § 1 Rn. 179). Die Entscheidung der Behörde ist richterlich voll nachprüfbar. Die Gegenseitigkeitsregelung ist verfassungsgemäß (BSG SGb 1997, 186). Ob Gegenseitigkeit vorliegt, kann im Einzelfall nur durch Erforschung des ausländischen Rechts erfolgen. Folgende Voraussetzungen sind kumulativ zu erfüllen:

1. Es muss ein staatliches Entschädigungssystem vorhanden sein, das Leistungen für Deutsche enthält.
2. Dieses Entschädigungssystem muss Gewalttaten umfassen, die dem Merkmal des OEG „vorsätzlicher, rechtswidriger tätlicher Angriff gegen eine Person) in etwa entsprechen.
3. Die Entschädigungsleistungen müssen den Leistungen des OEG zumindest annähernd vergleichbar sein.

Das Bundesministerium für Arbeit und Soziales (BMAS) stellt den Verwaltungsbehörden (Versorgungsämtern) dazu eine regelmäßig auf dem neuesten Stand gehaltene Übersicht zur Verfügung. Gegenseitigkeit ist derzeit weltweit lediglich gewährleistet mit:

- Kanada – Provinz British Columbia und Provinz Ontario
- Norwegen
- Vereinigte Staaten von Nordamerika – Bundesstaaten Maryland und Ohio –

(vgl. zu ausführlichen Länderübersichten die Vorauflage, Anhang 1, S. 217 ff.; Heinz, OEG Teil C Rn. 192 ff.; sowie die aktuellen Rundschreiben Soziale Entschädigung des BMAS unter http://www.bmas.de).

66   **Zu Abs. 5:** Abs. 5 gilt für sonstige Ausländer, die nicht schon nach Abs. 4 einen Anspruch auf Versorgung haben. Abs. 5 ist subsidiär zur Regelung des Abs. 4. Für den Beginn der Versorgung ist § 10 S. 3 maßgeblich, wonach diese ausländischen Staatsangehörigen nur für Taten entschädigt werden, die nach dem 30. 6. 1990 begangen worden sind. Diese Stichtagsregelung in § 10 S. 3 ist im Wege verfassungskonformer Auslegung um eine Härteregelung bei ausländischen Gewaltopfern zu ergänzen, die vor dem 1. 7. 1990 geschädigt worden sind, da sonst ein Verstoß gegen Art. 3 Abs. 1 GG vorliegt (BSG SGb 1997, 186). Eine Gesetzesänderung stellt klar, dass in Fällen des Abs. 5 und 6 bei Taten, die vor dem 1. 7. 1990 begangen wurden, die Härteregelung des § 10a OEG gilt (Art. 1 Nr. 4 des Gesetzes zur Änderung des Opferentschädigungsgesetzes und anderer Gesetze v. 6. 12. 2000, BGBl. I S. 1676).

67   **Ausländer** im Sinne des Ausländerrechts und des OEG ist jeder, der nicht Deutscher im Sinne des Art. 116 Abs. 1 GG ist, § 2 Abs. 1 AufenthG. Maßgeblich sind die ausländerrechtlichen Bestimmungen, wobei § 4 Abs. 1 AufenthG bestimmt, dass für die Einreise und den Aufenthalt in das Bundesgebiet grundsätzlich ein Aufenthaltstitel erforderlich ist. Aufenthaltstitel sind:

- Visum § 6 AufenthG,
- Aufenthaltserlaubnis § 7 AufenthG,
- Niederlassungserlaubnis § 9 AufenthG oder
- Erlaubnis zum Daueraufenthalt-EG § 9a AufenthG.

Rechtmäßigkeit i. S. d. **Abs. 5 S. 1** bedeutet, dass das Hiersein legal sein muss. Die Verpflichtung eines Ausländers zur Ausreise nach ausländerrechtlichen Bestimmungen steht der Rechtmäßigkeit eines Aufenthalts in der Strafhaft im Sinne des OEG nicht entgegen (BSGE 88, 103 = SozR 3-3800 § 1 Nr. 19 = Breithaupt 2001, 729). Für einen rechtmäßigen Aufenthalt im Sinne des OEG genügt der aus öffentlichem Interesse angeordnete Aufenthalt in der JVA (BSGE 98, 178 = SozR 4-3800 § 2 Nr. 2 = Breithaupt 2008, 346).

Die Rechtmäßigkeit braucht sich nicht auf eine bestimmte Zeitdauer zu erstrecken. Aus diesem Grund ist die Rechtmäßigkeit in Abs. 5 S. 1 nicht auf einen nicht nur für einen vorübergehenden Aufenthalt zu beziehen. Das Kriterium des rechtmäßigen Aufenthalts für einen Anspruch auf Versorgung lässt sich leichter fassen, wenn man es negativ abgrenzt. Alle „sonstigen Ausländer", die sich illegal im Bundesgebiet aufhalten, können keinen Anspruch auf Versorgung haben. Wandelt sich der Aufenthalt von einem unrechtmäßigen zu einem rechtmäßigen Aufenthalt, kann – auch nachträglich – ein Anspruch auf Versorgung entstehen. Sobald eine der besonderen Leistungsvoraussetzungen nach § 1 Abs. 4 bis 6 gegeben ist und die Voraussetzungen nach § 1 Abs. 1 erfüllt sind, besteht ein Anspruch auf Beschädigtenversorgung; gem. § 40 SGB I entstehen Ansprüche auf Sozialleistungen, sobald ihre im Gesetz oder aufgrund eines Gesetzes bestimmten Voraussetzungen vorliegen (BSG, Urt. v. 8. 11. 2007, B9/9a VG 3/05 R = SozR 4-3800 § 1 Nr. 12 = Breithaupt 2008, 507).

Der „sonstige Ausländer" muss sich nicht nur vorübergehend im Bundesgebiet aufhalten. Als vorübergehend gilt ein Zeitraum von längstens sechs Monaten. Abs. 5 S. 1 stellt nicht auf eine bestimmte tatsächliche Aufenthaltsdauer ab, sondern auf die beabsichtigte Aufenthaltsdauer. Dies kann aus dem Gesetz unmittelbar durch die Formulierung „für einen Aufenthalt" entnommen werden; das Wort „für" spricht dafür, den Willen des Ausländers genügen zu lassen. Diese Auslegung ist auch aus sachlichen Erwägungen gerechtfertigt. Das OEG entschädigt Opfer von Gewalttaten vorrangig deshalb, weil der Staat seiner Schutzfunktion nicht nachgekommen ist. Dieser Schutz gilt für alle, die sich im Bundesgebiet rechtmäßig aufhalten. Das OEG entschädigt aber nicht, weil sich das Opfer eine bestimmte Zeit bei uns aufgehalten hat; der Versorgungsanspruch muss nicht durch einen tatsächlichen Aufenthalt „verdient" werden.

Aus diesen Überlegungen heraus ist auch bei **Asylbewerbern** ein rechtmäßiger, nicht nur vorübergehender Aufenthalt i. S. d. Abs. 5 anzunehmen. Einem Ausländer, der um Asyl nachsucht, ist zur Durchführung des Asylverfahrens der Aufenthalt im Bundesgebiet gestattet (§ 55 Abs. 1 S. 1 AsylVfG). Das AsylVfG gibt dem Asylsuchenden ein Aufenthaltsrecht; dieses Recht wird nicht durch eine Verwaltungsentscheidung verliehen. Erst mit der rechtsgültigen Ablehnung des Asylantrags endet das Bleiberecht des Asylbewerbers im Bundesgebiet. Der Asylsuchende hält sich nach Ablehnung seines Antrages nicht mehr rechtmäßig in Deutschland auf.

68   Nach **Abs. 5 Nr. 1** erhalten „sonstige Ausländer" Leistungen wie Deutsche, wenn sie sich mindestens seit drei Jahren ununterbrochen rechtmäßig im Bundesgebiet aufhalten. Mit der Anknüpfung an die Aufenthaltsdauer wollte der Gesetzgeber dem Ausmaß der Integration des Ausländers in der Bundesrepublik Deutschland Rechnung tragen. Die Dreijahresfrist ist dabei nicht willkürlich gewählt worden, sondern orientiert sich an den von der Bundesrepublik Deutschland ratifizierten Übereinkommen über die Rechtsstellung der Flüchtlinge v. 28. 7. 1951 (BGBl. II 1953 S. 55) sowie der Rechtsstellung von Staatenlosen vom 28. 9. 1954 (BGBl. 1976 II S. 473). Diese Übereinkommen bestimmen, dass den betroffenen Personen nach drei Jahren Aufenthalt ein Gegenseitigkeitserfordernis nicht mehr entgegengehalten werden darf. Integration bedeutet die Eingliederung eines Ausländers in die kulturellen, sozialen und wirtschaftlichen Verhältnisse in der Bundesrepublik Deutschland. Personen, die sich illegal im Bundesgebiet aufhalten, können nicht integriert werden. Der dreijährige ununterbrochene Aufenthalt kann sich deshalb nur auf die Rechtmäßigkeit beziehen. Nicht entscheidend ist, ob sich der Ausländer tatsächlich ununterbrochen drei Jahre im Bundesgebiet aufhält. Dies gilt schon deshalb, weil ein Ausländer, der sich rechtmäßig im Bundesgebiet aufhält, das Recht der freien Entfaltung seiner Person (Art. 2 Abs. 1 GG) ebenso für sich in Anspruch nehmen kann wie ein Deutscher. Für das OEG gilt im Gegensatz zu den ausländerrechtlichen Bestimmungen die Besonderheit, dass Ansprüche auf Versorgung erlöschen, wenn der Ausländer ausreist und nicht innerhalb von sechs Monaten erlaubt wieder einreist, § 1 Abs. 7 S. 1 Nr. 3 OEG.

Leistungen wie ein Deutscher bedeutet, dass der geschädigte Ausländer einen Anspruch auf alle einkommensabhängigen und einkommensunabhängigen Leistungen des BVG haben kann. Das Leistungssystem gilt uneingeschränkt.

69   „Sonstige Ausländer", die sich noch nicht ununterbrochen rechtmäßig drei Jahre im Bundesgebiet aufhalten, erhalten nur die einkommensunabhängigen Leistungen des BVG **(Abs. 5 S. 1 Nr. 2)**. Diese sind:

- Heil- und Krankenbehandlung §§ 10–24 a BVG,
- Grundrente § 31 BVG, Schwerbeschädigtenzulage § 31 BVG, Kinderzuschlag § 33 b BVG, Pflegezulage § 35 BVG, Bestattungs- und Sterbegeld §§ 36, 37 BVG,

• Hinterbliebenengrundrente § 40 BVG, Pflegeausgleich § 40b
  BVG, Waisengrundrente § 46 BVG,
• Bestattungsgeld beim Tod von Hinterbliebenen.

Nach **Abs. 5 S.** 2 ist ein aus **humanitären** Gründen oder aus   **70**
erheblichem öffentlichem Interesse geduldeter Aufenthalt als
rechtmäßig anzusehen. Die humanitären Gründe (vgl. Asylverfah-
ren: BSG, Urt. v. 8. 11. 2007, B9/9a VG 3/05 R = SozR 4-3800
§ 1 Nr. 12 = Breithaupt 2008, 507) können auch persönlicher Art
sein, z. B. Schwangerschaft oder Krankheit. Ein erhebliches öffent-
liches Interesse ist gegeben, wenn das Opfer in einem Strafprozess
dringend als Zeuge benötigt wird.

Abs. 5 S. 3 stellt sicher, dass ausländische Gewaltopfer in den   **71**
neuen Bundesländern Leistungen in gleicher Höhe erhalten wie
Deutsche, es sei denn, sie haben ihren Wohnsitz, ihren gewöhnlichen oder ständigen Aufenthalt in den alten Bundesländern.

Zu Abs. 6: Abs. 6 erfasst Ausländer, die sich nur vorüberge-   **72**
hend rechtmäßig in der Bundesrepublik Deutschland aufhalten und
z. B. anlässlich eines vorübergehenden Besuchs Opfer einer Gewalttat werden. Voraussetzung ist, dass der Mindestaufenthalt von
sechs Monaten nicht erreicht wird. In diesem Rahmen ist die Be-
freiung vom Erfordernis eines Aufenthaltstitels für Kurzaufenthalte
nach § 15 AufenthG zu beachten.

Das 3. OEG-ÄndG hat mit Wirkung vom 1. 7. 2009 (BGBl. I
S. 1580) den Kreis der Anspruchsberechtigten auf Verwandte bis
zum dritten Grad erweitert. Dazu zählen insbesondere Geschwister,
Nichten und Neffen sowie Onkel und Tanten. Es sollen insbeson-
dere die Fälle erfasst werden, in denen Verwandte dritten Grades
ihre dauerhaft in Deutschland lebenden Verwandten besuchen und
hier Opfer einer Gewalttat werden. Bislang konnte dieser Perso-
nenkreis lediglich einen Härteausgleich nach § 10b OEG erhalten.
Auch die Personen, die zu einem Deutschen und privilegierten
Ausländer in einem den Personenkreisen des Abs. 8 entsprechenden
Verhältnis stehen, sollen künftig vom OEG erfasst sein, wobei der
Verweis auf Abs. 8 sicherstellt, dass Geschädigte bei der Versorgung
gegenüber Hinterbliebenen nicht schlechter gestellt werden (BT-
Drs. 16/12273 S. 6). Es sollten künftig Situationen wie nach den
Anschlägen in Mölln und Solingen vermieden werden, bei denen –
neben anderen Opfern – türkische Mädchen zu Tode kamen, die
damals als Nichten bei den jeweiligen Opferfamilien zu Besuch waren und nicht entschädigt werden konnten (BT-Drs. 16/12273
S. 5). Über den Verweis auf Abs. 8 sind auch eheähnliche Lebensgemeinschaften einbezogen.

Da Berechtigte nach Abs. 6 sich nur für kurze Zeit im Bundesgebiet aufhalten bzw. aufhalten wollen, ist es systemkonform, sie mit Berechtigten nach Abs. 5 S. 1 Nr. 2 gleichzustellen und ihnen ausschließlich einkommensunabhängige Leistungen zu geben.

73   **Zu Abs. 7:** Abs. 7 knüpft inhaltlich an die Regelungen in den Abs. 5 und 6 an. Stellen diese Vorschriften an die Integration des „sonstigen Ausländers" in die Verhältnisse der Bundesrepublik Deutschland ab, ist es konsequent, dass der Gesetzgeber die laufende Versorgung beendet, wenn der Ausländer die Bundesrepublik Deutschland verlässt oder verlassen muss und seine Integration aufhört. Auch ist die Entwicklung der gesundheitlichen Folgen und das Ausmaß der wirtschaftlichen Nachteile des Geschädigten und somit die Grundlage für die Leistungsbemessung im Ausland nur sehr schwer nachvollziehbar.

Anstelle eines Leistungsexportes ins Ausland wird dem berechtigen Ausländer eine **Abfindung** gezahlt. Die Abfindung wird gezahlt, wenn der „sonstige" Ausländer i. S. v. Abs. 5 oder 6 ausgewiesen (§ 54 AufenthG) oder abgeschoben (§ 58 AufenthG) wird. Die Zahlung endet auch im Falle des Verlassens der Bundesrepublik Deutschland, bei Erlöschen der Aufenthaltsgenehmigung, sowie bei Ausreise und fehlender Wiedereinreise innerhalb von sechs Monaten. Kraft Gesetzes erlischt der Anspruch auf Versorgung, wenn ein Ausländer ausreist und nicht binnen sechs Monaten wieder einreist. Sämtliche Ansprüche des Stammrechts erlöschen. Selbst bei einer Wiedereinreise nach sechs Monaten entstehen keine neuen Ansprüche mehr, es bleibt nur noch der Anspruch auf die einmalige Abfindung.

Die Höhe der Abfindung orientiert sich an der Aufenthaltsdauer des Geschädigten im Bundesgebiet. Die Abfindungssumme ist nach unten auf das zehnfache der monatlichen Grundrente und nach oben auf das dreißigfache der Grundrente begrenzt. In diesem Rahmen wird für jedes begonnene Jahr des ununterbrochenen rechtmäßigen Aufenthalts das dreifache der monatlichen Grundrente gezahlt. Abfindungsberechtigt sind Ausländer, bei denen mindestens ein GdS (bis 31. 12. 2007: MdE) von 25 v.H. festzustellen ist. Nicht notwendig ist, dass der Ausländer Rentenleistungen nach einem Mindest-GdS von 25 v. H. erhält. Der Entscheidung über eine Abfindung muss nicht zwingend eine Entscheidung über laufende Leistungen vorangehen. Das ausländische Gewaltopfer kann die Abfindung auch beantragen, ohne vorher einen Antrag auf Anerkennung der Schädigungsfolgen oder des GdS gestellt zu haben.

Die Verwaltung muss dann in dem Verfahren über die Abfindung die Höhe des GdS feststellen.

Nicht abfindungsberechtigt sind Ausländer, welche die freiheitlich demokratische Grundordnung oder die Sicherheit der Bundesrepublik Deutschland gefährden, sich an politisch motivierten Gewalttätigkeiten beteiligen oder zur Gewaltanwendung aufrufen oder hiermit gedroht haben (§ 1 Abs. 7 S. 2 OEG i. V. m. §§ 53–55 AufenthG). Eine Abfindung ist ebenfalls ausgeschlossen, wenn der Ausländer erheblich gegen Rechtsvorschriften, gerichtliche oder behördliche Entscheidungen verstoßen hat, oder bei Begehung von Straftaten außerhalb des Bundesgebietes (§ 1 Abs. 7 S. 2 OEG i. V. m. §§ 53–54, 55 Abs. 2 AufenthG). Nach § 1 Abs. 7 S. 2 OEG i. V. m. stellen auch der Verstoß gegen eine für die Ausübung der Gewerbsunzucht geltenden Rechts- oder Verwaltungsvorschrift sowie Drogenkonsum einen Ausschlussgrund dar.

Sobald der Anspruch auf die Abfindung entstanden ist, erlischt der Anspruch auf Versorgung nach den Abs. 5 und 6 (Abs. 7 S. 3). Dies gilt auch, wenn mangels laufender Rentenansprüche ein Anspruch auf eine Abfindung nicht besteht.

Abs. 7 S. 5 räumt den Hinterbliebenen eines verstorbenen Geschädigten einen Anspruch auf eine Abfindung auch ein, wenn sie sich nicht in Deutschland aufhalten. Hintergrund dieser Regelung ist die Annahme, dass der Unterhalt der Hinterbliebenen – zumindest auch – durch den Geschädigten sichergestellt werde. Wenn mit dem Tod des Geschädigten diese Unterhaltssicherung wegfällt, sollen die Hinterbliebenen, die mangels Aufenthalt in Deutschland keine Leistungen erhalten können, wenigstens durch eine Abfindung entschädigt werden (Held/Wältermann, BVBl. 1993, Heft 7, 8 u. 9 S. 3).

Eltern von ermordeten Ausländern können keine Abfindung bei der Ausreise erhalten, weil § 1 Abs. 7 auf den Bezug einer Grundrente abstellt. Die Elternrente nach den Vorschriften des BVG stellt aber gerade keine Grundrente dar. Dieser Ausschluss von Eltern, die sich u. U. lange und rechtmäßig in Deutschland aufgehalten haben, erscheint auch zweifelhaft, da andererseits Eltern von getöteten ausländischen Touristen und Besuchern nach § 10b OEG eine einmalige Abfindung ins Ausland erhalten können. Der Ausschluss von einer Abfindung per se und auch der Vergleich mit Berechtigten nach Abs. 6 fordert eine gesetzliche Korrektur dieser Lücke im OEG.

Zu Abs. 8: Über Abs. 8 finden die §§ 38 ff. BVG Anwendung.　**74**
Nach § 38 BVG haben die Witwe, die Waisen und die Verwand-

ten der aufsteigenden Linien Anspruch (abgeleiteter Anspruch). Sie
haben nur dann einen Anspruch, wenn der Verstorbene den Schädigungstatbestand erfüllt.

Bei Straftaten zwischen in **häuslicher Gemeinschaft** lebenden
Angehörigen ist die Zahlung von Waisenrente grundsätzlich nicht
wegen Unbilligkeit zu versagen. Eine Versagung einer OEG-Wai-
senrente nach § 2 ist nur dann in Betracht zu ziehen, wenn die
Leistung an die Waise in Wirklichkeit dem Täter einen finanziellen
Vorteil verschaffte. Vor einer Versagung der Leistung als ultima ra-
tio hat das Versorgungsamt zu prüfen, ob durch geeignete Maßnahmen ein Missbrauch der Leistung ausgeschlossen werden kann.
In Frage kommen: Einrichtung eines Sonderkontos für die Waise,
Eintragung eines Sperrvermerks bei der Bank, Bestellung eines Be-
treuers zur Verwaltung der OEG-Leistung.

Hinterbliebene i. S. d. Abs. 8 sind:
- die Witwe sowie der hinterbliebene Lebenspartner,
- der Witwer, welcher über § 43 BVG dieselben Leistungen wie
  die Witwe erlangt,
- die frühere Ehefrau; nach § 42 BVG steht im Falle der Scheidung,
  Aufhebung oder Nichtigerklärung der Ehe die frühere Ehefrau des
  Verstorbenen einer Witwe gleich, wenn der Verstorbene zur
  Zeit des Todes Unterhalt nach den ehe- oder familienrechtlichen
  Vorschriften oder aus sonstigen Gründen zu leisten hat oder im
  letzten Jahr vor seinem Tode geleistet hat. Entsprechendes gilt,
  wenn beim Tode des Beschädigten die eheliche Gemeinschaft
  aufgehoben war,
- die Waisen; sie erhalten nach § 45 BVG Rente bis zur Vollendung des 18. Lebensjahres. Nach Vollendung des 18. Lebensjahres wird Rente nur unter den Voraussetzungen des § 45 Abs. 3
  BVG gewährt. Wer Waise ist, ergibt sich aus § 45 Abs. 2 BVG,
- die Eltern und Großeltern des Geschädigten nach §§ 38 Abs. 1,
  49, 50, 51 BVG.

Andere Personen als die aufgezählten gelten grundsätzlich nicht
als Hinterbliebene. Dies gilt auch für die Braut. Anders als im
Kriegsopferrecht kann Brautversorgung als Härteausgleich im Opferentschädigungsrecht nicht gewährt werden. Wer zur Zeit des
Todes noch nicht mit dem Opfer verheiratet war, kann nur unter
bestimmten gesetzlichen Voraussetzungen versorgungsrechtlich der
Witwe über den Härteausgleich gleichgestellt werden. Nur dann,
wenn der Staat außer dem Tod den Umstand, der eine frühere Eheschließung verhinderte, zu vertreten hat, kann er für die Folge, das
Ausbleiben eines ehelichen Unterhaltsanspruches, einstehen müssen
(BSG Breithaupt 1992, 131).

Für die Versorgung der Hinterbliebenen gelten die Maßgaben der Abs. 5 bis 7. Wenn es für die Höhe der Abfindung günstiger ist, kann an Stelle des Aufenthalts des Beschädigten im Bundesgebiet die Aufenthaltsdauer der Hinterbliebenen herangezogen werden (§ 8 S. 3). Auch Geschwister des Beschädigten haben keinen Anspruch auf Hinterbliebenenrente.

Partner einer eheähnlichen Lebensgemeinschaft erhalten unter den Voraussetzungen von S. 4 Halbs. 2 Leistungen nach den §§ 40, 40a, 41 BVG, wenn nach dem Tod des Partners die Betreuung des gemeinsamen Kindes übernommen wird. Dieser Anspruch ist allerdings auf die ersten drei Lebensjahre beschränkt.

Zu Abs. 9: Absatz 9 regelt den **Unfallversorgungsschutz** für **75**
Berechtigte und Leistungsempfänger nach Abs. 1 oder 5 i. V. m. § 10 Abs. 4 oder 5 BVG, für Pflegepersonen und für Begleitpersonen des Geschädigten. Zu den geschützten Personen nach Abs. 1 werden auch die von Abs. 4 erfassten Personengruppen zu zählen sein. Unfallversorgungsschutz besteht demnach für folgende Personen:

- § 10 Abs. 4a BVG: der **Berechtigte** ist der Schwerbeschädigte (Gds mindestens 50 v. H., **Leistungsempfänger** sind seine Familienangehörigen,
- § 10 Abs. 4b BVG: der Berechtigte ist der Pflegezulageempfänger (§ 35 BVG), Leistungsempfänger ist seine Pflegeperson,
- § 10 Abs. 4c BVG: die Berechtigten sind die Witwen, Waisen und versorgungsberechtigten Eltern,
- § 10 Abs. 5a BVG: der Berechtigte ist ein Geschädigter mit einem Gds unter 50 v. H., Leistungsempfänger sind die in § 10 Abs. 4a BVG genannten Personen,
- § 10 Abs. 5b BVG: die Berechtigten sind die Witwen, Leistungsempfänger sind die in § 10 Abs. 4a genannten Personen.

Pflegeperson können der Ehegatte, die Eltern oder andere unentgeltlich tätige Pflege von Pflegezulageempfängern sein (BT-Drs. 11/58311).

Begleitpersonen genießen Unfallversorgungsschutz, wenn sie nicht Mitglied in der gesetzlichen Unfallversicherung sind, d. h. zwischen dem Geschädigten und der Begleitperson kein Arbeits- oder Dienstvertrag besteht, aufgrund dessen Unfallversicherungsschutz nach § 2 Abs. 1 Nr. 1 SGB VII besteht (Wilke/Fehl, BVG, § 8 Rn. 14); gleiches gilt, wenn die Begleitperson im Gesundheitswesen oder im Bereich der Wohlfahrtspflege tätig ist und in dieser Funktion den Geschädigten begleitet (§ 2 Abs. 1 Nr. 9 SGB VII). Die Begleitung muss wegen der Schädigungsfolgen notwendig sein und die

Begleitperson muss geeignet sein, die Begleitung tatsächlich übernehmen zu können.

Sachliche Voraussetzungen sind: Der Berechtigte oder der Leistungsempfänger muss einen Unfall bei einer Krankenhausbehandlung (§§ 12 Abs. 1 S. 1, 11 Abs. 1 Nr. 5 BVG, 39 SGB V) oder einer stationären Behandlung in einer Reha-Einrichtung (§§ 12 Abs. 1, 11 Abs. 1 Nr. 6 BVG, 40 Abs. 2 SGB V) bzw. bei einer Maßnahme der beruflichen Rehabilitation (§ 26 BVG) erleiden. Geschützt ist der Berechtigte oder der Leistungsempfänger auch bei einem Unfall während der Vorsorgekur (§ 23 Abs. 4 SGB V). Die **Pflegeperson** ist geschützt, wenn sie einen Unfall bei einer Badekur nach § 12 Abs. 3 BVG erleidet.

Die **Begleitperson** ist versorgungsrechtlich geschützt auf dem Hin- u. Rückweg zu einer wegen Schädigungsfolgen notwendigen stationären Maßnahme der Heilbehandlung (§ 11 Abs. 1 S. 1 Nr. 5, 6 BVG), einer Badekur (§ 11 Abs. 2 BVG), einer Maßnahme der beruflichen Rehabilitation (§ 26 BVG) und dem Verlangen zum persönlichen Erscheinen bei einem Leistungsträger, einer Behörde oder einem Gericht. Versorgungsschutz besteht ebenso bei der Durchführung der vorgenannten Maßnahmen (Rohr/Strässer, BVG, § 8 A Anm. 4).

Zu beachten ist die Ausschlussregelung des § 10 Abs. 7 BVG.

76   **Zu Abs. 10:** Ein Anspruch auf Ersatz oder Instandsetzung des Hilfsmittels, der Brille, von Kontaktlinsen oder von Zahnersatz setzt voraus, dass diese Sachen durch die anspruchsauslösende Gewalttat beschädigt oder zerstört wurden und dies sich unmittelbar auf eine schon vorhandene Gesundheitsstörung oder Behinderung negativ auswirkt. Der in Abs. 10 normierte Versorgungsanspruch bezieht sich ausschließlich auf die Beschädigung von Hilfsmitteln, die schädigungsunabhängig getragen werden und nicht aufgrund eines Anspruchs nach dem OEG/BVG gewährt werden (Wilke/Fehl, BVG, 8 b Rn. 5).

77   **Zu Abs. 11:** Schäden, die durch den Gebrauch eines **Kraftfahrzeuges** oder **Anhängers** verursacht worden sind, nimmt das Gesetz aus. Das OEG findet Anwendung, wenn das Kraftfahrzeug als Werkzeug für einen vorsätzlichen tätlichen Angriff verwendet wird. Unerheblich ist, ob sich der Fahrer während der Tatausführung im Fahrzeug aufgehalten hat; es genügt, wenn er das Fahrzeug (z.B. durch Anschieben) auf das spätere Opfer oder eine Sache hinbewegt hat, wodurch (auch) das Opfer einen Schaden im Sinne dieser Gesetzes erlitten hat (Schulz-Lüke/Wolf, OEG, § 1 Rn. 253).

Kraftfahrzeuge sind nach § 1 Abs. 2 StVG Landfahrzeuge, die durch Maschinenkraft bewegt werden, ohne an Bahngleise gebunden zu sein. Anhänger sind nach § 18 Abs. 1 StVZO hinter Kraftfahrzeugen mitgeführte Fahrzeuge, mit Ausnahme von betriebsunfähigen Fahrzeugen, die abgeschleppt werden, und von Abschleppachsen.

Zu Abs. 12: Ein **Härteausgleich** kann auch zur Gewaltopfer- **78** entschädigung gewährt werden, weil Abs. 12 S. 2 auf § 89 BVG verweist. Doch tritt an die Stelle der Zustimmung des Bundesministers für Arbeit und Sozialordnung diejenige der für die Kriegsopferversorgung zuständigen obersten Landesbehörde, sofern nach § 4 ein Land Kostenträger ist. Dieselbe Ersetzung des Zustimmungsberechtigten ist für die Fälle des Härteausgleichs nach § 89 BVG erforderlich (BT-Drs. 7/2506 S. 14). Hierbei genügt, dass sich die Härte unmittelbar aus dem OEG ergibt (Wilke, OEG, § 1 Rn. 24). Dies war z. B. dann der Fall, wenn eine Gewalttat an Bord eines ausländischen Flugzeugs im Luftkorridor Bundesrepublik Deutschland-Berlin über dem Gebiet der damaligen DDR begangen wurde (Wilke, OEG, § 1 Rn. 24).

Soweit Berechtigte ihren Wohnsitz oder gewöhnlichen Aufenthalt außerhalb des Geltungsbereiches des Grundgesetzes haben, sind nach Abs. 12 die besonderen Vorschriften der §§ 65 bis 64 d, 64 f BVG mit der Maßgabe anzuwenden, dass an die Stelle der Zustimmung des Bundesministeriums für Arbeit und Soziales diejenige der für die Kriegsopferversorgung zuständigen obersten Landesbehörde, sofern nach § 4 ein Land Kostenträger ist, tritt. § 64 e findet keine Anwendung, da es sich bei dieser Vorschrift um eine Regelung für Kriegsopfer handelt. Das in den vorgenannten Vorschriften des BVG eingeräumte Ermessen ist, soweit es vom BMAS (vorher BMA) ausgeübt wird, in den Regelungen für die Versorgung von Kriegsopfern und gleichgestellten Personen im Ausland (Richtlinien West 1980) vom 5. 12. 1980 (Beilage zum BVBl. 12/980 ber. BVBl. 11–12/1981 S. 3) i. d. F. des RdSchr. BMA v. 28. 11. 1988 – VI a 4 – S. 3313 – 3/2 (BArbBl. 1989 S. 115) sowie die Regelung für die Versorgung von Kriegsopfern in Ost- u. Südosteuropa (Richtlinien Ost 1990 v. 7. 12. 1990, Beilage zum BVBl. 1–2/1991 S. 8) i. d. F. des RdSchr. des BMA v. 5. 12. 1988 – VI a 4 – 53340 – 4/5 (BArbBl. 1989) ausgefüllt. Der damalige BMA hat mit Rd-Schr. v. 23. 6. 1977 (BVBl. 8–9/1977) empfohlen (für die Vorläufer der genannten Richtlinien), diese Regelungen auch auf die der Zustimmung der Länder unterliegenden Fälle nach dem OEG anzuwenden und sich den hierin erteilten bzw. bekanntgewordenen Zustimmungen des BMA zu Art, Höhe und Dauer der Versorgung

im Einzelfall anzuschließen. Damit ist unter gleichzeitiger Berücksichtigung der Verhältnisse des jeweiligen Wohnsitz- oder Aufent-
haltsstaates eine einheitliche Versorgung gewährleistet. Einer Zustimmung nach § 8 BVG bedarf es nach dem OEG nicht.

Hiervon unberührt bleibt die Anwendung des Vertrages vom
7. 5. 1963 zwischen der Bundesrepublik Deutschland und der Republik Österreich über Kriegsopferversorgung und Beschäftigung
Schwerbehinderter sowie des Zusatzvertrages hierzu v. 7. 2. 1969
auf nach dem OEG anspruchsberechtigte deutsche Staatsangehörige
mit Wohnsitz oder gewöhnlichem Aufenthalt in der Republik
Österreich.

§ 1 Abs. 12 S. 2 findet nicht auf Fälle Anwendung, die vom
Einigungsvertrag erfasst werden, da der Vertrag die bei sog. Alt-
fällen typischen Härten gesehen und erfasst hat (vgl. BSGE 78,
274).

79   **Zu Abs. 13:** Nach Abs. 13 ist § 20 BVG mit verschiedenen
Maßgaben zu berücksichtigen. § 20 Abs. 1 S. 1 BVG bestimmt, dass
die Erstattungsansprüche der Krankenkassen, die wegen des konkur-
rierenden Anspruchs auf Übernahme der Heilbehandlungskosten
nach dem OEG i. V. m. dem BVG gem. § 19 BVG entstehen, pauschal abgegolten werden. § 20 BVG ist mit der Maßgabe anzuwenden, dass an die Stelle der in § 20 Abs. 1 S. 3 BVG genannten Zahl
die Zahl der rentenberechtigten Beschädigten und Hinterbliebenen
nach dem OEG tritt, da es um eine Pauschalierung für OEG-Be-
rechtigte geht. Daneben ist geregelt, dass in Abs. 1 S. 4 an die Stelle
der dort genannten Ausgaben der Krankenkassen je Rentner die anderweitigen Ausgaben je Mitglied treten. Schließlich soll in Abs. 3
an die Stelle der in S. 1 genannten Zahl die Zahl 1,3 treten und die
S. 2 bis 4 sollen nicht zu Anwendung kommen.

80   **Zu Abs. 14:** Abs. 14 gewährt über das herkömmliche an Kriegsopfern ausgerichtete Leistungsspektrum hinaus notwendige heilpädagogische Behandlungen sowie heilgymnastische und bewegungstherapeutische Übungen.

Insbesondere das Anwachsen anspruchsberechtigter Kinder führte zur Einfügung des Abs. 14 – der im Übrigen der Vorschrift des
§ 62 IfSG für impfgeschädigte Kinder entspricht – durch das „Gesetz zur Änderung des Opferentschädigungsgesetzes und anderer
Vorschriften", verkündet am 14. 12. 2000 (BGBl. I S. 1676; vgl.
Wältermann, NJW 2001, 733).

Bis zur Einfügung dieses Absatzes waren die in Abs. 14 aufgeführten Behandlungen nur mittels eines Härteausgleiches nach § 1
Abs. 12 i. V. m. § 89 BVG möglich.

§ 2 Versagungsgründe

(1) [1]Leistungen sind zu versagen, wenn der Geschädigte die Schädigung verursacht hat oder wenn es aus sonstigen, insbesondere in dem eigenen Verhalten des Anspruchstellers liegenden Gründen unbillig wäre, Entschädigung zu gewähren. [2]Leistungen sind auch zu versagen, wenn der Geschädigte oder Antragsteller

1. an politischen Auseinandersetzungen in seinem Heimatstaat aktiv beteiligt ist oder war und die Schädigung darauf beruht oder
2. an kriegerischen Auseinandersetzungen in seinem Heimatstaat aktiv beteiligt ist oder war und Anhaltspunkte dafür vorhanden sind, daß die Schädigung hiermit in Zusammenhang steht, es sei denn, er weist nach, daß dies nicht der Fall ist oder
3. in die organisierte Kriminalität verwickelt ist oder war oder einer Organisation, die Gewalttaten begeht, angehört oder angehört hat, es sei denn, er weist nach, daß die Schädigung hiermit nicht in Zusammenhang steht.

(2) Leistungen können versagt werden, wenn der Geschädigte es unterlassen hat, das ihm Mögliche zur Aufklärung des Sachverhalts und zur Verfolgung des Täters beizutragen, insbesondere unverzüglich Anzeige bei einer für die Strafverfolgung zuständigen Behörde zu erstatten.

Übersicht

Allgemeines: Die lange Entstehungsgeschichte des Opferent- **1** schädigungsgesetzes zeigt, wie schwer sich der Gesetzgeber getan hat, den normativen Zweck des Gesetzes festzulegen (vgl. Schoreit/Düsseldorf, OEG, Einl. S. 10f.) Der **normative Zweck** ist ebenso unbestimmt geblieben wie die gesetzliche Grundlage selbst (vgl. Braum, SGb 1997, 438). Das Opferentschädigungsgesetz geht hinsichtlich des Opferbegriffs von einem idealen Opfer aus. Ideal ist das Opfer, das von der Gewalttat wie ein Blitz aus heiterem Him-

mel getroffen wird. Aus der **Kriminologie** wissen wir jedoch, dass
diese Situation sehr selten dem Opfer-Täter-Verhältnis zugrunde
liegt. Eine Korrektur hat der Gesetzgeber deshalb durch die Einführung des § 2 OEG für notwendig erachtet. Leistungen sind zu
versagen, wenn der Geschädigte die Schädigung verursacht hat
oder wenn es aus sonstigen, insbesondere in dem eigenen Verhalten
des Anspruchstellers liegenden Gründen unbillig wäre, Entschädigung zu gewähren. Diese vagen Formulierungen des Gesetzes sind
immer Anlass zur Kritik am Gesetzgeber gewesen (vgl. Braum, SGb
1997, 438). Man muss dabei jedoch beachten, dass die Formulierung des Gesetzes ein **Kompromiss** zu den unterschiedlichen Vorstellungen war, wie ein Gesetz zur Entschädigung der Opfer von
Gewalttaten auszusehen hätte. Dass die Formulierungen des § 2
OEG Einfallstore für **moralisierende Alltagstheorien** sein können, liegt auf der Hand (Braum, SGb 1997, 438). Solchen Versuchen hat die Rechtsprechung stets widerstanden (vgl. BSG, Urt. v.
7. 11. 1979, BSGE 49, 104 oder v. 15. 8. 1996, NJW 1996, 965
und v. 29. 3. 2007, BSGE 88, 103 f.).

2   Soll die staatliche Gemeinschaft zu Ausgleichsleistungen herangezogen werden, weil die staatlichen Sicherheitsvorkehrungen versagt haben und der Bürger nicht hat geschützt werden können, so
werden solche Leistungen eine Akzeptanz nur erlangen können,
wenn sie nach den besonderen Umständen des Einzelfalls der grund-
legenden **Wertung des OEG** nicht widersprechen (vgl. BSG v.
17. 11. 1981, SozR 3-3800 § 2 OEG Nr. 3). Es sind also Fälle
denkbar, in denen das Verhalten des Geschädigten einer Entschädigungsleistung durch den Staat entgegen steht. Solche Versagungsgründe sind, bis auf Leistungen bei Gewalttaten im Ausland, in § 2
abschließend geregelt (vgl. dazu Doering-Striening Europ. Hoch-
schulschriften, Bd. 657, 1988; Geschwinder, ZfS 1988, 168 ff.;
Trender-Schleifenbaum, NJW 1988, 1766 ff.; Barth, SGb 1985,
314 ff.; Wuttke, ZfS H/SGB 1985, 491 ff.; Behn, Sgb 1985, 363 ff.;
Dannecker, Sgb 2002, 469 ff.; Heinz, br 2005, 188 ff.). § 3 a Abs. 5
enthält eine eigenständige Regelung der Ausschlussgründe bei Gewalttaten im Ausland (vgl. dazu § 3 a Rn. 21–23).

3   In § 2 wird zwischen zwei Gruppen von Versagungsgründen unterschieden und zwar in Abs. 1 zwischen den zwingenden und in
Abs. 2 zwischen den ins Ermessen gestellten Versagungsgründen.

Die in Abs. 1 geregelten Versagungsgründe sind Fälle der **versorgungsrechtlichen Kausalitätslehre** (BSGE 52, 281 seither
ständ. Rspr. BSG v. 7. 11. 2001, BSGE 89, 75; Schoreit/Düssel-
dorf, OEG, § 2 Rn. 1). Ob der Geschädigte die Schädigung i. S. d.
Abs. 1 erste Alternative verursacht hat, bestimmt sich wie die Fra-

ge, ob der tätliche Angriff die Schädigung verursacht hat, nach der Kausalitätstheorie der **wesentlichen Bedingung** (BSG v. 7. 11. 1979, BSGE 49, 104). Die Kausalitätsnorm der wesentlichen Bedingung gilt auch im Recht der Opferentschädigung (Schoreit/Düsseldorf, OEG, § 2 Rn. 1 und 4; Schulz-Lüke/Wolf, OEG, § 2 Rn. 1 und 2; Gelhausen, Soziales Entschädigungsrecht, Rn. 30 f.). Dies folgt schon daraus, dass Leistungen nach dem OEG, ebenso wie Leistungen nach dem BVG, Soziale Entschädigung i. S. d. § 5 SGB I darstellen. Nach Art. 2 § 1 Nr. 11 SGB I gelten das BVG und, soweit andere Gesetze die **entsprechende Anwendung** der Leistungsvorschriften des BVG vorsehen, auch diese als besondere Teile des Sozialgesetzbuches. Das OEG ist daher durch die Fassung seines § 1 Abs. 1 S. 1 **Bestandteil des Sozialgesetzbuches** geworden (vgl. BSG, Urt. v. 7. 11. 1979, 9 Rvg 2/78; Rüfner, NJW 1976, 1249).

Der entschädigungsrechtliche Kausalitätsmaßstab dient auf den **4** verschiedenen Gebieten des Sozialrechts unterschiedlichen Zwecken mit unterschiedlichen Folgen (vgl. Heinz, br 2005, 188). Er trägt jedoch immer zur Eingrenzung des geschützten Risikobereichs bei. Das BSG (Urt. v. 6. 12. 1989, BSGE 66, 115) hat dazu ausgeführt, dass er in der gesetzlichen Unfallversicherung und auch in der Soldatenversorgung zur Abgrenzung des geschützten Risikos mit der Folge diene, dass nur ein gegenüber den betrieblichen bzw. der diensteigentümlichen Gefahren **deutlich überwiegendes selbst geschaffenes Risiko** den Versicherungsschutz bzw. die Versorgung ausschließt. Auf dem Gebiet des OEG führt hingegen bereits eine etwa **gleichwertige Mitverursachung** zur Versagung der Entschädigung. Dies sei eine auffällige Abweichung, die aber gerechtfertigt sei, weil angesichts des vorsätzlichen und rechtswidrigen Handelns des Angreifers ein deutlich überwiegendes Selbstverschulden des Opfers kaum zu begründen wäre. An dieser Rechtsprechung hat das BSG festgehalten (vgl. zuletzt BSG, Urt. v. 29. 3. 2007, SGb 2007, 352).

Der Zweck des **Abs. 2** besteht darin, den Verletzten zur **Auf-** **5** **klärung des Sachverhalts** im OEG und im Strafverfahren anzuhalten. Außerdem soll die Realisierung der nach § 5 Abs. 1 übergegangenen Ansprüche gesichert werden.

Hinterbliebene haben einen vom Geschädigten abgeleiteten **6** Anspruch. Liegt in der Person des Verletzten ein Grund zur Versagung der Leistungen des OEG nach § 2 vor, so können seine Hinterbliebenen nach § 1 Abs. 1 i. V. m. § 38 und § 1 BVG ebenfalls keine Versorgung erhalten. Sie müssen sich **das Verhalten des unmittelbar Geschädigten** anrechnen lassen (BSGE 49, 104; vgl.

auch BSGE 89, 75–79) und dies, obwohl bei einem an der Verursachung völlig unschuldigen Hinterbliebenen durchaus ein sozialpolitisches Bedürfnis nach Sicherung durch Versorgung nach dem
OEG bestehen kann (Kunze, die Versorgungsverwaltung 1995,
S. 37 ff.).

7   Ist der Hinterbliebene gleichzeitig **Sekundäropfer,** weil er z. B.
einen Schockschaden erlitten hat, ist er insoweit unmittelbar geschädigt, müssen Versagungsgründe unmittelbar in seiner Person
vorliegen (BSGE 89, 75 f.). Dies gilt auch für geschädigte Tatzeugen und andere beim Abirren eines Angriffs zu Schaden Gekommene, die dann auch unmittelbar geschädigt sind (so auch Hansen,
Opferschutz für Dritte ZfS 2006, 68, 71; BSGE 89, 75–79). Näheres vgl. unter § 1 Rn. 26–27. Insoweit stimmt die Rechtsprechung
des BSG mit der **Zivilrechtsprechung** des BGH (BGHZ 56, 163,
169) überein, danach sind Leistungen nur zu versagen, wenn die
Geschädigten zu dem Tatgeschehen beigetragen haben. Nach dieser Rechtsprechung des BGH muss sich jedoch der Geschädigte
ein Mitverschulden seines Angehörigen entgegenhalten lassen. Der
Grund für diese Zurechnung besteht darin, dass ein **Schockschaden** erst aufgrund der persönlichen Beziehung zwischen dem
Schockgeschädigten und dem zunächst Verletzten entsteht, die ihren
Ursprung in der Sphäre des Anspruchstellers hat (vgl. Palandt/Sprau,
§ 823 Rn. 4 und Palandt/Grüneberg, Vor § 249 Rn. 71). Dies ist
Ausfluss der im Zivilrecht anwendbaren **Adäquanztheorie**, um
den Kreis möglicher Schockschadensopfer einzuschränken. Im Sozialrecht wird unter Anwendung der Theorie der wesentlichen Bedingung Versorgung geleistet, weil sich im Einzelfall der tätliche
Angriff auf das Opfer als wesentliche Bedingung für die Verletzung
der Gesundheit des Schockgeschädigten erweist (BSGE 89, 75–79).
War die **Haupttat** nicht rechtswidrig, weil sie z. B. durch **Notwehr** gerechtfertigt war, liegt ein Tatbestandsmerkmal des § 1
Abs. 1 nicht vor. Es fehlt an einem vorsätzlichen, rechtswidrigen,
tätlichen Angriff. Eine Gewaltopferentschädigung steht dem Sekundäropfer dann nicht zu (vgl. Hansen, Opferschutz für Dritte,
ZfS 2006, 68, 71).

8   **Zu Abs. 1:** Nach Abs. 1 S. 1 sind Leistungen zu versagen, wenn
der Geschädigte die Schädigung verursacht hat oder wenn es aus
sonstigen Gründen, insbesondere in dem eigenen Verhalten des
Anspruchstellers liegenden Gründen, **unbillig** wäre, Entschädigung
zu gewähren (vgl. dazu Kunze, Die Versorgungsverwaltung 1995,
S. 37 ff.). Ferner erfasst Abs. 1 die Fälle, in denen zwar der Geschädigte keine wesentliche Bedingung für das Eintreten der Schädi-

gung gesetzt hat, in denen es aber gleichwohl dem Gesetzgeber nicht gerechtfertigt erscheint, soziale Entschädigungsleistungen zu bewilligen. Eine soziale Entschädigung zu leisten wäre dann unbillig, wenn sie dem **Zweck des OEG**, unschuldigen Opfern von Gewalttaten (vgl. dazu oben Rn. 2) zu helfen, widerspräche. Darüber hinaus sind Leistungen nach Abs. 1 auch zu versagen, wenn sie wirtschaftlich dem Täter zugute kämen. Die Ablehnungsgründe des Abs. 1 sind zwingendes Recht. Ausnahmen sind nicht vorgesehen und können daher auch nicht zugelassen werden.

Das Vorliegen des Abs. 1 S. 1 Alt. 1 **(wesentliche Mitverursa-**   **9** **chung)** ist stets vor Abs. 1 S. 1 Alt. 2 **(Unbilligkeit)** zu prüfen (BSGE 50, 95; BSG, Urt. v. 1. 9. 1999, SGb 1999, 625 und BSG, Urt. v. 29. 3. 2007, SGb 2007, 352). Die Mitverursachung stellt gegenüber dem Ausschlussgrund der Unbilligkeit einen **Sonderfall** dar. Die wesentliche Mitverursachung passt sich eher in das System der sozialen Entschädigung ein als eine Unbilligkeit (so auch Barth, SGb 1985, 315). Zum Bereich der Mitursächlichkeit gehören alle unmittelbaren, nach natürlicher Betrachtungsweise mit dem eigentlichen schädigenden Tatgeschehen, insbesondere auch zeitlich, eng verbundenen Umstände, während alle nicht unmittelbaren, lediglich erfolgsfördernden Umstände, d. h. typischerweise **die Vorgeschichte** der eigentlichen Gewalttat, im Rahmen der Unbilligkeit zu prüfen sind (BSG v. 21. 10. 1998, BSGE 83, 62, 65).

Mitverursachung: Der Geschädigte hat die Schädigung dann   **10** verursacht, wenn sein Verhalten als wesentliche Bedingung für den Schadenseintritt anzusehen ist. Eine Mitverursachung i. S. v. § 2 Abs. 1 S. 1 OEG kann also nur angenommen werden, wenn das Verhalten des Opfers eine annähernd gleichwertige Bedingung neben dem Tatbeitrag des **rechtswidrig handelnden Angreifers** darstellt. Zum Bereich der unmittelbaren Tatbeteiligung gehören alle unmittelbaren, nach natürlicher Betrachtungsweise dem eigentlichen schädigenden Tatgeschehen insbesondere auch zeitlich eng verbundene Umstände. Ein Leistungsausschluss ist daher insbesondere dann gerechtfertigt, wenn das Opfer in der konkreten Situation in ähnlich schwerer Weise wie der Täter **gegen die Rechtsordnung** verstoßen hat (BSGE 84, 54). Der Geschädigte hat die Schädigung stets dann verursacht, wenn er Täter oder Teilnehmer der Straftat war und ihn ein Schuldvorwurf trifft (vgl. von Hippe, ZRG 1971, 6). Gleiches gilt auch dann, wenn das Opfer in die Tat **einwilligt** (vgl. §§ 216, 228 StGB). Für die Vergleichbarkeit der Tatbeiträge von Opfer und Angreifer ist nach der Rechtsprechung (BSGE 83, 62, 65; 84, 54, 60; 88, 103 f.) insbesondere deren strafrechtliche Einordnung von Bedeutung. Die Tatbeiträge sind vergleichbar, wenn sie jeweils eine strafbare Handlung darstellen und die Strafandrohungen etwa **gleich** sind.

11 Die Mitverursachung kann auch in einer vorsätzlichen oder grob fahrlässigen **Selbstgefährdung** des Opfers, wenn es etwa den Täter durch schwerwiegendes, vorwerfbares Verhalten provoziert, zu sehen sein (BSG v. 1. 9. 1999, SGb 1999, 625). Zur Mitverursachung im Bereich des sexuellen Missbrauchs vgl. Wachholz, br 1993, 149 ff. Ein Selbstverschulden i. S. d. vorhersehbaren Handelns ist für die Mitverursachung nicht bedeutsam. Es schließt im Allgemeinen sozialrechtliche Leistungen nicht aus (BSGE 49, 104; Gitter in Tomandel-Kg, Sozialversicherung: Grenzen der Leistungspflicht 1975, S. 27 ff.). Der Geschädigte kann den Schadenseintritt sowohl durch aktives Tun als auch durch Unterlassen verursacht haben. Ein Unterlassen ist nach § 13 StGB nur dann erheblich, wenn der Geschädigte die Möglichkeit zum Handeln gehabt hätte. Wer sich freiwillig auf ungeschützten Geschlechtsverkehr mit einer Zufallsbekanntschaft einlässt, hat eine dabei erworbene Infektion wesentlich mitverursacht und deshalb keinen Anspruch auf Versorgung nach dem OEG (BSG Breithaupt 1996, 665).

12 Ein tatförderndes Verhalten ist nicht schlechthin in jedem Falle leistungsausschließend, sondern nur, wenn es schwerwiegt und **vorwerfbar** ist. Gewaltopferentschädigung ist nicht zu versagen, wenn das Opfer auf riskante Weise, aber mit friedlichen Mitteln vergeblich versucht, den Angreifer von seinem Vorhaben abzubringen (BSGE 66, 115; br 1999, 117). Wer den Rechtsfrieden oder die Rechtsordnung wahren oder verteidigen will, darf auch bewusst ein Risiko für sich eingehen. Der staatlichen Gemeinschaft ist dabei vorrangig an **gewaltfreier Austragung** von Konflikten gelegen. Sie verlangt aber nicht, sich unter allen Umständen der Anwendung von Gewalt zu enthalten und rechtswidriger Gewaltanwendung auszuweichen.

13 Als zur Mitverursachung geeignet kommen nur solche Handlungen in Betracht, die ebenso wie der rechtswidrige tätliche Angriff des Schädigers von der Rechtsordnung missbilligt werden. Handeln beide am Geschehensablauf Beteiligte rechtswidrig, schließt die Rechtswidrigkeit des vom Opfer geleisteten Tatbeitrages den Entschädigungsanspruch nach dem OEG nicht schlechthin aus. Es ist vielmehr in diesen Fällen abzuwägen, ob der **Tatbeitrag des Opfers** als wesentlich anzusehen ist. Für diese Beurteilung gelten subjektive Gesichtspunkte (vgl. BSG v. 7. 11. 2001, BSGE 89, 75 ff.). Entscheidend ist insoweit, ob das Opfer seinerseits in **rechtsfeindlicher** Absicht gehandelt hat. Sprechen die Umstände der am Opfer

begangenen Gewalttat nicht gegen ein wenigstens subjektiv rechts-
treues, den strafrechtlichen Vorsatz ausschließendes Verhalten des
Opfers bei der Mitverursachung der Gewalttat, so ist zu seinen
Gunsten davon auszugehen, dass das Opfer die Gewalttat und somit
die Schädigung nicht wesentlich mitverursacht hat.

Die Tatsache, dass sich die Schädigung während einer Strafhaft des   **14**
Opfers ereignet hat, führt grundsätzlich nicht zum Ausschluss der
Opferentschädigung wegen Mitverursachung (BSGE 88, 103; vgl.
auch Dannecker/Biermann, Das Opferentschädigungsrecht im
Spannungsfeld der Rechtsgebiete; SGb 2002, 469 ff.). Für die Ver-
gleichbarkeit der Tatbeiträge von Opfer und Angreifer ist deren
strafrechtliche Einordnung von Bedeutung (BSGE 88, 103 ff.).
Eine vom Kläger begangene haftbewehrte Straftat erreicht für sich
allein nicht das Gewicht einer Verursachung i. S. d. Alt. 1 des § 2
Abs. 1 S. 1. Zwar kann die Verurteilung zu einer Freiheitsstrafe als
Kausalkettenglied nicht hinweggedacht werden, ohne dass der Erfolg entfiele. Für die Freiheitsstrafe, bei der die staatliche Gewalt die
Bedingungen der individuellen Lebensführung weitgehend bestimmt, schließt es jedoch die damit verbundene Verantwortung aus,
im Strafvollzug eingetretene Gewalttaten von jeder Opferentschädigung freizustellen (BSG v. 29. 3. 2007, SGb 2007, 352 ff.).

Eine verursachte Schädigung liegt aber dann vor, wenn sie zwar   **15**
ohne Mitwirkung des Geschädigten eingetreten ist, der sie aber nicht
verhindert hat, obwohl ihm dies nach den Gesamtumständen des
Hergangs möglich und zumutbar gewesen wäre (Schulz-Lüke/
Wolf, OEG, § 2 Rn. 2). Bei der Frage ob und inwieweit das Opfer
ursächlich gehandelt hat, sind alle Umstände heranzuziehen, die
objektiv tatfördernd gewirkt haben oder subjektiv tatfördernd gewirkt haben können (Wahrscheinlichkeit). Insbesondere in Fällen
selbstgeschaffener Gefahrenlagen und überall dann, wenn der Tat
eine **Provokation** vorausgegangen ist, wird sich die Sachaufklärung
nicht auf die tatsächlichen Vorgänge beschränken können, sondern
auch die subjektiv psychologischen Beweggründe miterfassen müssen (Barth, SGb 1985, 314 ff.; Thüringer LSG, Urt. v. 2. 6. 2005,
L 5 VG 700/01).

Das Setzen der wesentlichen Bedingungen für die Schädigung   **16**
muss schuldhaft sein (BSG, Urt. v. 1. 9. 1999, SGb 1999, 625; SGb
1985, 365; Heinz, Zur Anwendung der Versagungstatbestände des
§ 2 Abs. 1 OEG vgl. br 2005, 188 ff.). **Eine Provokation des Täters durch das Opfer** schließt eine Entschädigung dann aus, wenn
das Opfer die Schädigung bewusst angestrebt oder in Kauf genommen oder sich zumindest leichtfertig in die Gefahr einer solchen
Schädigung begeben hat (BSG, Urt. v. 1. 9. 1999, SGb 1999, 625).

Mit dem Urteil der **Schuld** wird dem Geschädigten vorgeworfen, dass er sich für das Unrecht entschieden hat, obwohl er sich rechtmäßig verhalten, sich also für das Recht hätte entscheiden können (vgl. BGHSt 2, 200 zit. bei Schulz-Lüke/Wolf, OEG, § 2 Rn. 3). Der Schuldvorwurf richtet sich demnach gegen die im Handlungsentschluss sich aktualisierende **wertwidrige** Entscheidung. Dies ist qualitativ verschieden, je nachdem ob Vorsatz oder Fahrlässigkeit vorliegt. Der Vorsatz wird missbilligt, weil sich der Geschädigte bewusst gegen das Recht aufgelehnt hat. Das tragende Element des Vorsatzes ist also das Unrechtsbewusstsein. Bei Fahrlässigkeit trifft den Geschädigten deshalb ein Vorwurf, weil er **hätte bedenken können** und sollen, dass er Unrecht tat (vgl. Schröder, MDR 1950, 647; BSG, Urt. v. 1. 9. 1999, SGb 1999, 625).

17 Die Begründung zum Gesetz (BT-Drs. 7/2506) verweist hinsichtlich der Mitverursachung auf die Fälle, in denen der Geschädigte den Angriff schuldhaft herausgefordert hat oder er das Opfer einer **Schlägerei** geworden ist, in die er nicht ohne eigenes Verschulden hineingezogen worden war. Es wird also davon ausgegangen, dass das Herbeiführen der wesentlichen Bedingung für die Schädigung schuldhaft erfolgt sein muss. Dazu müssen Vorsatz oder Fahrlässigkeit vorliegen. Der Geschädigte hat die Schädigung stets dann verursacht, wenn er Täter oder Teilnehmer einer Straftat war und ihn ein Schuldvorwurf trifft. Dies trifft insbesondere in Fällen der Provokation zu. Jedoch kann nicht jede **anfängliche Provokation** die Entschädigung ausschließen, wenn sie für den Provokateur und später Geschädigten unvorhersehbar in einen ungewöhnlichen Geschehensablauf einmündet (Schoreit/Düsseldorf, OEG, § 2 Rn. 15 und BSG v. 15. 8. 1996, NJW 1996, 965; Thüringer LSG, v. 2. 6. 2005, L 5 VG 700/01; BSG v. 1. 9. 1999, SGb 1999, 625). In dem letztgenannten Urteil hat das BSG noch einmal deutlich gemacht, dass der Anspruch auf Entschädigung nach dem OEG davon abhängt, ob der Angriff nach Art und Schwere der Provokation **objektiv verhältnismäßig** ist. Brauchte das Opfer subjektiv mit einer so schweren Gewalttat des Provozierten nicht rechnen, so hat es seinen Tod nicht wesentlich mitverursacht und kann von einer Versorgung nicht ausgeschlossen werden.

18 Das BSG hat in verschiedenen Urteilen (v. 7. 11. 1979, BSGE 49, 104; v. 26. 6. 1985, SozR 3800 § 2 OEG Nr. 6; v. 15. 8. 1996, NJW 1996, 965) klargestellt, dass allgemein sozial abweichendes Verhalten nicht automatisch kriminell ist und damit nicht ohne weiteres eine Mitverursachung i. S. d. Abs. 1 Alt. 1 nachsichzieht. Es liegt auf der Hand, dass die Grenzziehung eine Gratwanderung ist (vgl. Hoffmann, SGb 2007, 114).

Schuldausschließungsgründe: Neben Vorsatz oder Fahrlässig- **19**
keit ist Voraussetzung für ein schuldhaftes Handeln, dass der Geschädigte auch die Fähigkeit hatte, die Gebote des Rechts zu erkennen. Das schuldhafte Handeln kann daher ausgeschlossen sein,
wenn der Geschädigte **schuldunfähig** i. S. d. §§ 19, 20 StGB ist.
Da auch hier ein subjektiver Maßstab anzulegen ist, ist zu prüfen,
ob bei zur Tatzeit festgestelltem Alkoholkonsum das Opfer in der
Lage war, die durch sein Verhalten und die weiteren Umstände ge-
gebene Selbstgefährdung zu erkennen und entsprechend der Erkenntnis zu handeln (BSG v. 1. 9. 1999, SGb 1999, 625).

Es gibt auch Fallgestaltungen, in denen im Zustand der Hand- **20**
lungsfähigkeit eine Mitverursachung in Gang gesetzt worden ist,
während zum Zeitpunkt der Tat **Handlungsunfähigkeit** vorlag
(vgl. BSG, Urt. v. 15. 8. 1996, NJW 1996, 965, in dem das Opfer
kurz vor der Tat den Täter durch eine schwere Provokation gereizt
hatte, zum Zeitpunkt der Tat aber schlief). Hier hat das BSG unter
Berufung auf die Rechtsfigur der actio libera in causa Entschädigung nach dem OEG verwehrt. Dem ist zuzustimmen, da es sich
bei der Sanktion der Verweigerung der Entschädigung nicht um
Strafe i. S. d. Strafgesetzbuches handelt. Zur Problematik der actio
libera in causa im Strafrecht vgl. Dannecker, SGb 1998, 179. Auch
wenn sich der Angreifer in einem sog. **Erlaubnistatbestandsirrtum** befindet, kommt bei dem sich wehrenden und sich dabei ver-
letzenden Opfer eine Entschädigung nach dem OEG in Betracht.
§ 1 Abs. 1 S. 2 OEG führt dazu, dass trotz des erlaubten Tatbe-
standsirrtums und einer daraus resultierenden fehlenden strafrechtlichen Verantwortlichkeit des Angreifenden eine Entschädigung des
Opfers zu erfolgen hat. Zur Frage der Putativnotwehr vgl. auch
BSG, Urt. v. 18. 6. 1996 (BSGE 78, 270, 273). Handeln danach
beide am **Geschehensablauf** Beteiligten rechtswidrig, so schließt
die Rechtswidrigkeit des vom Opfer geleisteten Tatbeitrags einen
Entschädigungsanspruch nach dem OEG nicht schlechthin aus. Es
ist abzuwägen, ob der Tatbeitrag des Opfers als wesentlich anzusehen ist. Für die Beurteilung dieser Frage verbleiben in der Regel
nur subjektive Gesichtspunkte. Entscheidend ist dann, ob das Opfer
in **rechtsfeindlicher Absicht** (vorsätzlich) gehandelt hat (vgl. oben
Rn. 13).

Das LSG Niedersachsen-Bremen hat mit Urt. v. 18. 10. 2006 **21**
(Breithaupt 2007, 244 ff.) einen Fall entschieden, in dem der Antragsteller nach dem OEG irrtümlicherweise von der Polizei für
einen mit Haftbefehl gesuchten Straftäter gehalten wurde. Die Beamten stellten sich irrtümlich einen Sachverhalt vor, in dem ihre
Festnahmehandlung durch den gemäß § 114 StPO erlassenen Haft-

befehl gerechtfertigt gewesen wäre. Sie befanden sich in einem sog.
Erlaubnistatbestandsirrtum. Dieser führt nach der eingeschränkten Schuldtheorie dazu, dass in direkter oder analoger Anwendung
des § 16 StGB der Vorsatz entfällt und eine Strafbarkeit wegen fahrlässiger Begehung in Betracht kommt. Allerdings löst sich das Opferentschädigungsrecht (§ 1 Abs. 1 S. 2 OEG) von der strafrechtlichen
Dogmatik und verzichtet im Falle des Erlaubnistatbestandsirrtums
auf einen Vorsatz im strafrechtlichen Sinne (vgl. BSG, Urt. v. 25. 3.
1999, BSGE 84, 54). Hierdurch werden Opfer einer sog. Putativnotwehr in den Kreis der entschädigungsberechtigten Personen einbezogen, obwohl der Täter strafrechtlich nicht verantwortlich ist. Ist
die Verletzung des Opfers nur wegen des **Widerstandes gegen
seine Festnahme** eingetreten, kann dieser Widerstand, der in
Notwehr erfolgte, dem Opfer nicht als Mitverursachung vorgeworfen werden. Die Notwehrlage setzt weder eine Vorsätzlichkeit
noch eine Schuldhaftigkeit des Angriffs voraus. Eine wesentliche
Mitverursachung liegt besonders dann nicht vor, wenn der Betroffene die Beamten nicht gezielt angegriffen, sondern sich lediglich
seiner Festnahme widersetzt hat (LSG Nds v. 18. 10. 2006; Breith.
2004, 244 ff.).

22   Ist ein provozierendes Verhalten nicht rechtswidrig, indem man
z. B. trotz der Aufforderung eines bekannten Schlägers nicht die
Straßenseite wechselt, so ist die Tatsache, dass eventuell sogar eine
bewusste Provokation vorliegt, für das später verletzte Opfer unbeachtlich. Unsere Rechtsordnung verlangt von dem **Provozieren-
den**, dass er sich gewaltfrei verhält. Dem Angegriffenen steht daher
das volle Notwehrrecht zu. Wird er verletzt, liegt kein Versagungsgrund nach § 2 Abs. 1 Alt. 1 vor (vgl. Dannecker, SGb 1998, 182).

23   **Beweislast:** Die objektive Beweislast für das Vorliegen einer Mitverursachung des Geschädigten trägt die zuständige Verwaltungsbehörde. Dieser Grundsatz gilt auch für die übrigen Fälle des Vorliegens einer Unbilligkeit (BSG v. 18. 4. 2001, BSGE 88, 103 ff.). Das
BSG hat dies mit Urt. v. 7. 12. 1983 (SozR 3800 § 2 OEG Nr. 4)
auf einen Fall angewandt, in dem der Geschädigte nach einer Ohrfeige eine Augenverletzung erlitt, die zur Erblindung des Auges
führte. Das Strafgericht hatte dabei zu **Gunsten des Angeklagten**
als richtig unterstellt, dass der Geschädigte ihn einen Lügner genannt
hatte. Es verurteilte den Schädiger daher (nur) gemäß § 233 StGB
wegen wechselseitig begangener Straftaten. Diese Verurteilung kann
jedoch im Verfahren nach dem OEG nicht automatisch zu einem
Ausschluss der Versagung wegen Mitverursachung führen, weil der
Strafmilderungsgrund des § 233 StGB nach der Rechtsprechung

auch dann gegeben ist, wenn das Vorliegen einer Gegenbeleidigung nicht bewiesen sondern nur unwiderlegt ist (Schönke/Schröder/Eisele, StGB, § 233 Rn. 3). Die **Nichtfeststellbarkeit** einer Tatsache geht jedoch zu Lasten desjenigen, der aus ihrem Vorliegen einen rechtlichen Nutzen ziehen will. Kann die zuständige Behörde nicht nachweisen, dass der Geschädigte den Schädiger einen Lügner genannt hat, geht dies zu ihren Lasten und schließt eine Versagung nach der 1. Alternative des § 2 Abs. 1 aus. Die Beweislast dafür, dass das Opfer trotz einer Blutalkoholkonzentration von über zwei Promille noch die Gefährlichkeit seines Tuns richtig einschätzen und dementsprechend auch grob fahrlässig verkennen kann, trägt die zuständige Verwaltungsbehörde (Hessisches LSG v. 15. 2. 2006, L 4 VG 14/04).

Die Versorgung muss **insgesamt** versagt werden, wenn das Opfer die Schädigung mitverursacht hat. Im sozialen Entschädigungsrecht wird durch die Anwendung der Theorie der wesentlichen Bedingung Versorgung entweder gewährt oder insgesamt versagt. Versuche des Bundesrates, statt einer solchen Regelung Mitverschuldensgrundsätze in Anlehnung an **§ 254 BGB** zur Anwendung zu bringen, sind im Vermittlungsausschuss gescheitert (Schoreit/Düsseldorf, OEG, § 2 Rn. 8). **24**

Sonstige Unbilligkeit: Der Begriff „unbillig" ist ein unbestimmter Rechtsbegriff, der richterlich voll nachprüfbar ist. Er ist nach durchschnittlicher, sozialer, wirtschaftlicher oder technischer Anschauung mit einem hinreichend bestimmten Rechtsgehalt zu füllen und ihm ist damit der dem Willen des Gesetzgebers entsprechende Inhalt zu geben (BVerwGE 2, 313). Es müssen und können die besonderen Umstände des Einzelfalls berücksichtigt werden, die bei strenger Auslegung einer **abstrakt und allgemein** festgelegten Rechtsnorm nicht genügend gewürdigt werden; insoweit wird ein generalisierender Rechtssatz ergänzt. Dabei bleibt die grundlegende Wertung des Gesetzes zu beachten (BVerfGE 48, 102, 116). **25**

Unter welchen Voraussetzungen eine Unbilligkeit anzunehmen ist, beantwortet sich nach dem Schutzzweck des Gesetzes. Leistungen sind zu versagen, wenn es aus sonstigen, insbesondere in dem eigenen **Verhalten des Anspruchstellers** liegenden Gründen unbillig wäre, Entschädigung zu gewähren. Dieser in Abs. 1 als Alt. 2 geregelte Fall betrifft ausdrücklich das Verhalten des Anspruchstellers als Sonderfall („insbesondere"). Der Gesetzgeber hat dabei vor allem an solche **rechtsfeindlichen Betätigungen** als Versagungsgrund gedacht, bei denen ein Beteiligter typischerweise Opfer einer Gewalttat werden kann. Wer sich allgemein rechtsfeindlich verhält, **26** insbesondere innerhalb und mit einer kriminellen Gruppe ständig die Rechtsordnung untergräbt, ohne einer für ein solches Gruppenleben kennzeichnenden Gefahr zu erliegen, kann die staatliche Schutz- und Risikogemeinschaft rechtstreuer Bürger verlassen haben. Er kann deshalb von ihr als einer **Schadensausgleichsgemeinschaft** im Allgemeinen keine Entschädigung beanspruchen. Eine solche würde im Ergebnis das frühere rechtsfeindliche Verhalten belohnen oder mindestens als billigenswert anerkennen (vgl. BT-Drs. 7/2506).

27   Zur sonstigen Unbilligkeit gehören **alle nicht unmittelbaren,** sondern lediglich den Erfolg fördernden Umstände der Gewalttat, z.B. die Vorgeschichte der Tat, insbesondere auch die lediglich mittelbaren Umstände (BSG, Urt. v. 29. 3. 2007, SGb 2007, 352 ff.). Umstände, die i.S.d. Alt. 1 nicht zum Leistungsausschluss führen, können auch nicht allein, sondern nur unter Hinzuziehung sonstiger Gründe zur Annahme einer Unbilligkeit führen (BSGE 66, 115 ff.). Mithin kann ein Tatbeitrag des Gewaltopfers, der unter der Schwelle versorgungsausschließender Mitverursachung bleibt, zusammen mit anderen Ursachen die Gewährung von Leistungen als unbillig erscheinen lassen. Gefordert ist dann, dass die sonstigen Umstände zusammen mit dem **für sich genommen** nicht ausreichenden Beitrag dem in der 1. Alternative genannten Grund der Mitverursachung an Bedeutung annähernd gleichkommen (BSGE 49, 104 ff.; BSG v. 6. 12. 1999, BSGE 66, 115 ff. und BSG v. 29. 3. 2007, SGb 2007, 352 ff.).

28   Zur Auslegung des unbestimmten Rechtsbegriffs der Unbilligkeit i.S.d. Alt. 2 des § 2 Abs. 1 S. 1 OEG hat das BSG in ständiger Rechtsprechung vier Fallgruppen gebildet (BSGE 83, 62, 66; 89, 75, 78; BSG v. 6. 7. 2006, SGb 2007, 111 ff.; BSG v. 29. 3. 2007, SGb 352, 353):

1. eine im Vorfeld der Tat liegende rechtsfeindliche Betätigung, mit der sich das spätere Opfer außerhalb der staatlichen Gemeinschaft stellt;
2. die sozialwidrige, mit speziellen Gefahren verbundene Zugehörigkeit zum Kreis der Alkohol- und Drogenkonsumenten, wenn die Tat aus diesem Milieu entstanden ist;
3. das bewusste oder leichtfertige Eingehen einer Gefahr, der sich das Opfer ohne weiteres hätte entziehen können, es sei denn, für dieses Verhalten läge ein rechtfertigender Grund vor;
4. eine durch die Versagung entstehende Begünstigung des Täters.

29   Unter Aufgabe von BSG v. 18. 4. 2001, BSGE 88, 103 ff. hat das BSG mit Urt. v. 29. 3. 2007, SGb 2007, 352 ff. entschieden, dass ein Anspruch auf Gewaltopferentschädigung nicht bereits dann wegen Unbilligkeit i. S. d. § 2 Abs. 1 OEG ausgeschlossen ist, wenn sich in dem tätlichen Angriff eines Häftlings gegen einen anderen eine dem „Gefängnis eigentümliche Gefahr des Strafvollzugs" verwirklicht hat (vgl. oben Rn. 14). Damit ist das BSG der Kritik in der Literatur (vgl. Dannecker/Burmann, SGb 2002, 469 ff.) gefolgt und hat besonders das Gebot der Resozialisierung in den Vordergrund gestellt. Der **Resozialisierungsgrundsatz** verpflichtet den Staat, schädlichen Auswirkungen des Freiheitsentzugs auf die Inhaftierten im Rahmen des Möglichen zu begegnen. Die damit verbundene Verantwortung schließe es aus, im Strafvollzug, also im staatlichen Einwirkungsbereich, eingetretene Gewalttaten von jeder Opferentschädigung freizustellen. Das BSG ist auch der Wertung des Berufungsgerichts beigetreten, dass bauliche oder personelle Mängel, z. B. bei der Beaufsichtigung, an dieser staatlichen Verpflichtung grundsätzlich nichts ändern.

Weiterhin offen ist die Frage, ob die Zugehörigkeit zu einem **30** **Kreis von Alkohol- und Drogenkonsumenten** bereits zur Unbilligkeit i. S. d. Alt. 2. führt. Das BSG hat mit Urt. v. 6. 7. 2006 (SGb 2007, 111) in einem Fall, in dem Tatbeiträge des Opfers vorlagen, die für sich allein genommen nicht zur Versagung von Leistungen wegen Mitverursachung nach Alt. 1. geführt hatten, diese in die Unbilligkeitsbetrachtung miteinbezogen. Die sonstigen Gründe, hier die Zugehörigkeit zum Kreis der Alkohol- und Drogenkonsumenten, führte i. S. d. Unbilligkeit zum **Ausschluss** von Versorgungsleistungen. Es brauchte daher die oben genannte Frage nicht zu beantworten. Hoffmann (SGb 2007, 111 f.) vertritt die Auffassung, dass allein die Milieuzugehörigkeit und das Erwachsen der Straftat aus dem Milieu heraus im Hinblick auf die Gleichwertigkeit mit dem Versagungsgrund der Verursachung nicht zur Unbilligkeit einer Entschädigung führen. Dieser Auffassung ist dann zuzustimmen, wenn die Zugehörigkeit zum Milieu noch kein strafbares Verhalten nach sich gezogen hat. Steigt das Opfer später aus dem Milieu aus, so muss es sich nach Verlassen des Milieus zugefügte milieubedingte Schädigungen mit der Folge zurechnen lassen, dass eine Entschädigung wegen Unbilligkeit versagt wird (BSGE 72, 136 f.). Kritisch dazu äußern sich Dannecker/Biermann, SGb 2002, 469 f.

Die Frage, ob bei sog. Sekundäropfern die Unbilligkeitsvoraus- **31** setzungen des § 2 Abs. 1 OEG allein in der Person des Sekundäropfers liegen müssen oder ob man auch in der Person des **Sekundäropfers** nicht auch Unbilligkeitssachverhalte in der Person des **Primäropfers** zurechnen lassen muss, stellt sich wegen der besonderen Nähe des Sekundäropfers zum Primäropfer. Die zivilrechtliche Rechtsprechung, wonach sich der Schockgeschädigte in Fällen, in denen der Schock durch die Verletzung eines Angehörigen hervorgerufen wurde, ein **Mitverschulden seines Angehörigen** an der Verletzung entgegen halten lassen muss (BGHZ 56, 103, 170; KG VersR 1997, 504), könnte auf das soziale Entschädigungsrecht entsprechend angewendet werden. Ausgangspunkt der zivilrechtlichen Rechtsprechung ist die entsprechende Anwendung des § 254 BGB, der als spezifische Ausprägung des § 242 BGB anzusehen ist. Der Grund für die Zurechnung wird darin gesehen, dass ein Schockschaden erst aufgrund der persönlichen Beziehung zwischen dem Schockgeschädigten und dem zunächst Verletzten entsteht, die ihren Ursprung in der Sphäre des Anspruchstellers hat. Das BSG hat mit Urt. v. 7. 11. 2001 (BSGE 89, 75 ff.) entschieden, dass dieses Argument sich auf das Opferentschädigungsrecht nicht übertragen lässt. Das Zivilrecht grenze den unüberschaubaren Kreis möglicher Schockschadensopfer dadurch ein, dass es eine personale **Nahbeziehung** zwischen Primär- und Sekundäropfer fordert. In allen anderen Fällen, in denen Geschädigter und Schockgeschädigter nicht persönlich verbunden sind, soll eine Gesundheitsschädigung des Schockgeschädigten nicht vorhersehbar und dem Schädiger die Schädigung deshalb auch nicht zurechenbar sein. Das OEG betrachte die Ursachenbeziehung nicht ex ante, generell und abstrakt nach der Adäquanztheorie, sondern ex post speziell und konkret nach der Lehre der wesentlichen Bedingungen. Der Staat habe danach die Folgen der gesundheitlichen Schädigung eines **Schockgeschädigten** nicht deshalb auszugleichen, weil allgemein damit zu rechnen ist, dass solch ein Schaden bei nahen Angehörigen eintritt. Versorgung werde geleistet, weil sich im Einzelfall der tätliche Angriff auf das Opfer als wesentliche Bedingung auch für die Verletzung der psychischen Gesundheit des Schockgeschädigten erweise. Dieser brauche sich eine Mitverursachung durch das ihm persönlich eng verbundene Opfer nicht zurechnen zu lassen, weil die Entschädigungspflicht des Staates nach der Kausalitätslehre der wesentlichen Bedingungen unabhängig von einer solchen Nahbeziehung ist. Dem ist zuzustimmen, weil nur so der Zweck des OEG erreicht werden kann.

32   Die Gründe, die die Unbilligkeit begründen, müssen von einem solchen Gewicht sein, dass sie dem in der Alt. 1. des § 2 Abs. 1 OEG genannten Fall der **Mitverursachung** an Bedeutung annähernd gleichkommen. Dies folgt aus der engen Verbindung der 1. Alternative (Mitverursachung) zu den sonstigen Umständen der 2. Alternative. Das bedeutet, dass nach dem Grundsatz der Verhältnismäßigkeit (vgl. Kolb, VersBea 1977, 50 ff.) ein Abwägen von Umständen, die die Gewalttat betreffen, gegenüber dem Entschädigungszweck

(BSGE 49, 104). Der Versagungsgrund der Unbilligkeit ist vor allem deshalb in das Gesetz eingefügt worden, weil nach den Grundsätzen des Rechts der sozialen Entschädigung ein den Erfolg förderndes – **wenn auch nicht den Erfolg bedingendes** – Verhalten nicht ebenso berücksichtigt werden kann wie ein **Mitverschulden** gemäß § 254 BGB (Römel, JA 1977, 39, 43; für den Bereich der KOV BSGE 16, 216, 220 ff.). Im OEG läuft die Ausschlussklausel immer auf eine Abwägung des „Alles" gegenüber dem „Nichts" hinaus (BSGE 50, 96; Behn, SGb 1985, 364).

Für eine **nicht eheliche Lebensgemeinschaft** hat das BSG jedoch mit Urteil vom 3. 10. 1984 (BSGE 57, 167) entschieden, dass eine Unbilligkeit aus sonstigen Gründen vorliegen kann, wenn die Geschädigte einer ständigen Gefahr zum Opfer gefallen ist, aus der sie sich mit einem Mindestmaß von Selbstverantwortung selbst hätte befreien können. Das Opfer war von dem **Lebenspartner** so schwer körperlich misshandelt worden, dass es an den Folgen der Verletzungen starb. Es wurde von dem Liebhaber fast täglich geschlagen und häufig schwer misshandelt und gewürgt. Durch das Ausharren in der Lebensgemeinschaft hatte es sich leichtfertig einer **ständigen Gefährdung** ausgesetzt, die es durch verantwortungsbewusstes Handeln hätte vermeiden können, indem es den leicht reizbaren, gefährlichen Freund verließ. **33**

Diese Entscheidung des BSG ist nicht überzeugend, weil von der Getöteten ein Verhalten gefordert wird, das sie schwerlich erbringen kann. Da sich die Entscheidung des BSG auf einen bestimmten Einzelfall bezieht, ist eine Generalisierung unangebracht. Wenn das BSG für das Vorliegen der Unbilligkeit verlangt, dass das Opfer **„ein Mindestmaß an Verantwortung"** hätte aufbringen können, so muss man davon ausgehen, dass Unbilligkeit nicht vorliegt, wenn das Opfer zu diesem Maß an Selbstverantwortung aus psychischen oder **physischen Einschränkungen** heraus nicht in der Lage ist (so auch LSG Berlin-Brandenburg v. 26. 2. 2009, L11 VG 38/08 und SG Dortmund v. 24. 9. 2002, S 43 VG 329/99). **34**

Zu der vom BSG aufgeführten 4. Fallgruppe gehört insbesondere die Fallgestaltung, in der dem Schädiger die an das Opfer gezahlte Entschädigung letztlich zugute kommt. Eine solche Fallgestaltung kann gerade bei **Straftaten zwischen Angehörigen** vorliegen, wenn sie auch nach der Tat in häuslicher Gemeinschaft leben. Ist ein von seinen Eltern misshandeltes Kind anspruchsberechtigt nach dem OEG und würde die gezahlte Rente letztlich wirtschaftlich den Eltern zugute kommen, so ist die Versorgung zu versagen, solange dieser Zustand besteht. Der BMA hat in seinem Erlass v. 28. 2. 1977 (BVBl. 1977, 39) eine Einschränkung dahingehend ge- **35** macht, dass Unbilligkeit nur vorliegt, sofern der Ersatzanspruch gegenüber dem Täter (§ 5 Abs. 1 OEG i. V. m. § 81 a BVG) nicht zu realisieren ist. Im Übrigen lässt sich durch Anordnung einer **Vermögenspflegschaft** für das geschädigte Kind sicherstellen, dass die Leistungen nach dem OEG nur ihm zugute kommen. Wird die häusliche Gemeinschaft aufgelöst und fließt die Rente dem Kind direkt zu, weil z. B. das Kind aus dem Elternhaus auszieht, so ist dies in Bezug auf die Unbilligkeit als wesentliche Änderung anzusehen, die nach § 48 SGB X berücksichtigt werden muss.

36   Unbilligkeit i. S. d. Alt. 2. liegt ebenfalls vor, wenn einem Kind, dessen einer Elternteil durch den anderen Elternteil getötet worden ist, Halbwaisenversorgung zugesprochen werden soll, obwohl der lebende Elternteil (Schädiger) seiner **familienrechtlichen** Sorgepflicht und insbesondere seiner vollen Unterhaltsverpflichtung gegenüber dem Kind (Halbwaise) nachkommt (BSG v. 23. 10. 1985 BSGE 59, 40). Das BSG hat dazu klargestellt, dass es Zweckbestimmung des BVG ist, durch die Waisenrente nicht nur die durch den Wegfall des Unterhaltspflichtigen erlittene wirtschaftliche Einbuße zu ersetzen, sondern dass als zusätzlicher Anknüpfungspunkt auch die **im Einzelnen nicht abwägbaren Belastungen** im menschlichen und persönlichen Bereich hinzukommen. Abweichend davon ist der Versorgung nach dem OEG allein **Unterhaltscharakter** zuzumessen. Wenn der Schädiger der Unterhaltsverpflichtung gegenüber dem Kind in vollem Umfang nachkommt, ist dem Gesetz Genüge getan. Dem Urteil hat ein Fall zugrunde gelegen, in dem der Schädiger (Tötung der Ehefrau) vor seiner Inhaftierung seinem Kind den vollen Unterhalt geleistet hat. Er hat nach der Tat bis zur Entdeckung seiner Täterschaft weit über ein Jahr mit der Halbwaise in häuslicher Gemeinschaft gelebt und den vollen Unterhalt sichergestellt.

37   Leben Opfer und Täter in häuslicher Gemeinschaft (vgl. dazu Behn, SGb 1985, 363) zusammen, so führen solche engen Beziehungen im sog. **familiären Nahraum** nicht allgemein und schlechthin zur Versagung einer Entschädigung (vgl. Schoreit/Düsseldorf, OEG, § 2 Rn. 29–37 und Schoreit, Entschädigungen der Verbrechensopfer, S. 60, 91). Das BSG hat in BSGE 49, 104 dies bereits aus der Entstehungsgeschichte des OEG gefolgert. So sah der CDU/CSU-Entwurf als weiteren Versagungsgrund eine familienhafte Beziehung (Verlöbnis, Ehe, Verwandtschaft oder Schwägerschaft) zum Täter oder Teilnehmer der Straftat und eine häusliche Gemeinschaft mit diesem vor. Dieser wurde jedoch nicht vom Gesetzgeber angenommen. Daraus folgt, dass der Gesetzgeber Leistungen nicht schlechthin versagen wollte, wenn sich Opfer und Täter im familiären Nahraum befinden. Außerdem kann das Ausbleiben einer **familiären Selbstkontrolle** die sonst allgemein Kriminalität eindämmt (Schneider, Viktimologie, S. 1 ff., 7, 31), nicht als ein Umstand gewertet werden, der generell eine Entschädigung ausschließt (BSGE 49, 104).

Die Frage der Unbilligkeit kann sich aber auch dann stellen, wenn **38** der Schädiger nicht in häuslicher Gemeinschaft mit dem Kind lebt, weil er sich z.B. in **Strafhaft** befindet und/oder das Kind anderweitig untergebracht worden ist (z.B. Heimaufenthalt, Pflegeeltern). In diesen Fällen richtet sich die Frage, ob der Schädiger den durch die Schädigung ausgefallenen Unterhalt des anderen (getöteten) Elternteils voll übernimmt, nach den wirtschaftlichen Verhältnissen vor der Schädigung. Als Grundsatz ist dabei festzuhalten, dass eine Versorgung nach dem OEG nur bis zum Umfang des durch die Tat ausgefallenen Unterhaltsanspruchs gegen den getöteten Elternteil geleistet werden kann. Wenn der Täter trotz Strafhaft in der Lage ist, z.B. durch Erträge aus eigenem Vermögen den **Unterhaltsbedarf der Waise** ganz oder teilweise zu decken, so kommt eine vollständige bzw. teilweise Versagung der Leistungen wegen Unbilligkeit in Betracht.

Eine Unbilligkeit gemäß § 2 Abs. 1 S. 1 Alt. 2 kann aber auch **39** dann erst eintreten, wenn bereits laufende Leistungen gezahlt werden. Dies wäre zum Beispiel der Fall, wenn eine von ihrem Ehemann/Lebenspartner geschädigte Frau, die laufende Leistungen erhält, nach einer gewissen Zeit wieder mit dem Schädiger zusammenlebt und mit diesem auch eine gemeinsame **Wohnung** bezieht. In diesem Fall ist grundsätzlich davon auszugehen, dass dem Schädiger die Leistungen an die Geschädigte zugute kommen. Die Entziehung laufender Leistungen ist in einem solchen Fall wegen Änderung der tatsächlichen Verhältnisse i.S.v. § 48 SGB X nach einer Anhörung auszusprechen. § 2 OEG setzt voraus, dass eine Unbilligkeit des Leistungsbezuges während der **gesamten Bezugsdauer** nicht vorliegt. Ist diese Bedingung nicht mehr gegeben, müssen in die Leistungen entzogen werden.

Besondere Fallgruppen: In Abs. 1 S. 2 wird die Unbilligkeit **40** für bestimmte Fallgruppen konkretisiert. Danach sind Leistungen auch dann zu versagen, wenn der Geschädigte oder Antragsteller:

1. an politischen Auseinandersetzungen in seinem Heimatstaat aktiv beteiligt ist oder war und die Schädigung darauf beruht oder
2. an kriegerischen Auseinandersetzungen in seinem Heimatstaat aktiv beteiligt ist oder war und Anhaltspunkte dafür vorhanden sind,

dass die Schädigung hiermit im Zusammenhang steht, es sei
denn, er weist nach, dass dies nicht der Fall ist oder

3. in die organisierte Kriminalität verwickelt ist oder war oder einer
   Organisation, die Gewalttaten begeht, angehört oder angehört
   hat, es sei denn, er weist nach, dass die Schädigung hiermit nicht
   im Zusammenhang steht.

41 Durch die Erweiterung des **persönlichen Geltungsbereichs** auf
bestimmte Ausländergruppen ergeben sich Versagungssachverhalte,
die mit der allgemeinen Unbilligkeitsklausel nur schwer einheitlich
zu entscheiden gewesen wären. Es sollte außerdem verhindert
werden, dass **Opfer politischer Verfolgung**, die in Deutschland
erneut Opfer von Gewalttaten werden, zusätzlich durch einen Leistungsausschluss betroffen sind. Es kommt auf die Rechtsfeindlichkeit der Handlungen des Opfers an. Daher können dem Opfer keine
Handlungen entgegengehalten werden, die mit unseren **Verfas-
sungsgrundsätzen** im Einklang stehen (z. B. oppositionelle, par-
teipolitische oder schriftstellerische Betätigung). Das gilt gerade
auch für die Betätigung im Heimatland. Der Gesetzgeber hat mit
dem 2. OEG-ÄndG beispielhaft zur Erleichterung des Verwal-
tungsvollzugs die oben dargestellten Alternativen aufgenommen.
Die aufgeführten Fälle hätten daher auch schon vor der gesetzlichen Änderung zu einer Versagung des Anspruchs nach dem OEG
führen müssen. Auf jeden Fall oder gar hauptsächlich wurde die
politische Akzeptanz der Öffnung des OEG für Ausländer durch
die Normierung der Fallkonstellationen wesentlich erhöht.

Hinsichtlich der Leistungen bei Gewalttaten im Ausland (§ 3a) ist
in dessen Abs. 5 auf die Versagungsgründe des § 2 Abs. 1 S. 1 und
Abs. 2 verwiesen, **jedoch nicht auf Abs. 1 S. 2.** Bei der Nichtberücksichtigung des Abs. 1 S. 2 hat der Gesetzgeber gesehen, dass die
Versagungsgründe des § 2 OEG durch eine Ausdehnung der Opferentschädigung auf Auslandstaten nicht mehr ausreichend gefasst gewesen wären, da es bei Kausalität zwischen einer Schädigung und
den in § 2 Abs. 1 S. 2 Nr. 1 und 2 genannten Aktivitäten des Geschädigten nicht zu einem grundsätzlichen Leistungsausschluss gekommen wäre. Eine Beschränkung des Ausschlussgrundes auf politische bzw. kriegerische Auseinandersetzungen im „Heimatstaat" ist
nach der Erweiterung des Anwendungsbereichs des OEG auf Gewalttaten im Ausland nicht sinnvoll, da dadurch Fälle, in denen ein
nach § 3a Abs. 1 leistungsberechtigter Ausländer, der in Deutschland
an politischen oder kriegerischen Auseinandersetzungen beteiligt
gewesen ist, nicht unter den Ausschlussgrund fallen würde. Aus politischen Gründen wollte der Gesetzgeber die Formulierung „in seinem Heimatstaat" nicht aus dem Gesetz streichen. Die unterlassene

Verweisung auf § 2 Abs. 1 S. 2 führt jedoch nicht dazu, dass die dort enthaltenen Versagungsgründe unberücksichtigt bleiben müssten, sondern wie oben dargestellt handelt es sich bei diesen Ausschlussgründen lediglich um eine Präzisierung der sonst von S. 1 erfassten Versagungsgründe.

Nr. 1: Mit der sprachlichen Fassung der Nr. 1 hat der Gesetz-   **42**
geber – insoweit weitergehend als der Gesetzentwurf der Bundesregierung – klargestellt, dass die Teilnahme an politischen Auseinandersetzungen **im Heimatstaat** nicht ausreicht, um eine Unbilligkeit der Leistungserbringung anzunehmen. Es muss sich erstens um eine aktive Beteiligung gehandelt haben und außerdem muss die Schädigung auf der Teilnahme beruhen. Hier wird an die Rechtsprechung des BSG angeknüpft, die verlangt, dass die sonstigen Ausschlussgründe in ihrer Tragweite an eine **Mitverursachung** heranreichen.

Als Auslegungshilfe für das Merkmal politische Auseinanderset-   **43**
zung kann § 47 AufenthaltsG herangezogen werden. Diese Bestimmung behandelt das Recht eines Ausländers auf politische Betätigung im Bundesgebiet. Politische Betätigung bedeutet jedes Tun und Handeln, das auf die Erringung, Änderung oder Bewahrung von Macht und Einfluss auf die Gestaltung staatlicher oder gesellschaftlicher **Einrichtungen und Daseinsformen** gerichtet ist (BVerwGE 57, 29). Die politische Betätigung kann in politischen Diskussionen und Streitgesprächen bestehen, aber auch in gewaltsamen Auseinandersetzungen und Angriffen mit politischer Zielsetzung (OVG NRWE 66, 316).

Politische Betätigung schließt auch die politische Auseinander-   **44**
setzung ein, wobei letztere eine spezielle Form der politischen Betätigung ist. Eine **politische Auseinandersetzung** kann angenommen werden, wenn durch sie das friedliche Zusammenleben gestört wird. Als stärkstes Mittel dazu dient der Einsatz von Gewalt, auch Agitation kann bereits genügen. Allgemein wird man formulieren können, dass der Bereich der politischen Betätigung verlassen wird, wenn die Handlung von unserem Verständnis der **Grundrechte** auf freie Entfaltung der Persönlichkeit, Meinungs-, Demonstrations- und Koalitionsfreiheit nicht mehr getragen wird. Wer sich außerhalb des **Schutzbereichs dieser Grundrechte** politisch betätigt, verliert seinen Anspruch auf Versorgung nach dem OEG wegen der Versagung nach Nr. 1.

Die politische Auseinandersetzung i. S. d. Nr. 1 muss im Heimat-   **45**
land des Ausländers stattfinden, gleichwohl ist es gerechtfertigt, bei der Beurteilung, ob Leistungen zu versagen sind, unser Verständnis

der grundgesetzlich geschützten **Freiheitsrechte** zugrunde zu legen. Ansonsten könnte eine politische Auseinandersetzung auch deshalb zur Versagung führen, weil der fremde Staat jegliche kritische oder oppositionelle politische Betätigung verurteilt, verfolgt und deshalb nach dem Verständnis des fremden Staates eine politische Auseinandersetzung gegeben wäre.

Nur die **aktive Beteiligung** an einer politischen Auseinandersetzung führt zu einer Versagung. Von einer Versorgung nach dem OEG sind Geschädigte nicht auszuschließen, wenn sie beispielsweise als Journalisten über politische Auseinandersetzungen im Heimatland berichten. Auch Anhänger einer an der politischen Auseinandersetzung beteiligten Gruppe sind von den Leistungen nicht von vornherein ausgeschlossen. Die Zugehörigkeit zu einer politischen Gruppe ist noch unschädlich.

Die Schädigung muss auf der politischen Auseinandersetzung im Heimatland beruhen. Es genügt, wenn der Grund für die politische Auseinandersetzung oder die Beteiligung daran **Anlass** für die Gewalttat ist.

46   **Nr. 2:** War oder ist ein Gewaltopfer an einer kriegerischen Auseinandersetzung in seinem Heimatstaat aktiv beteiligt und sind Anhaltspunkte dafür vorhanden, dass die Schädigung hiermit im Zusammenhang steht, ist die Versorgung zu versagen. Dies gilt auch für die **Hinterbliebenen** des Geschädigten.

Als kriegerische Auseinandersetzung stellen sich solche Handlungen dar, die geeignet sind, das **friedliche Zusammenleben der Völker** zu stören und die gerade in dieser Absicht vorgenommen wurden (Kommentar zum Bonner Grundgesetz, Art. 26 Anm. 3). Die Absicht der Störung wird durch den Einsatz von Waffengewalt erreicht. Das friedliche Zusammenleben der Völker kann sowohl von Staatsorganen als auch von Einzelpersonen gestört werden. Es ist nicht notwendig, dass die Auseinandersetzung von zwei oder mehreren Staaten geführt wird. Auch ein Bürgerkrieg oder ein gewaltsamer Kampf innerhalb eines Staates zwischen verschiedenen Volksgruppen ist als kriegerische Auseinandersetzung anzusehen.

47   Auch in der Alt. 2 genügt die bloße Teilnahme an kriegerischen Auseinandersetzungen im Heimatstaat nicht, um Leistungen wegen Unbilligkeit zu versagen. Auch hier ist eine aktive Beteiligung erforderlich, damit nicht auch **wehrlosen Bürgerkriegsopfern** Leistungen versagt werden. Es reicht bei dieser schwerwiegenden Fallgestaltung jedoch aus, wenn Anhaltspunkte für einen Zusammenhang mit der Betätigung vorliegen. Es liegt dann an dem Betroffenen, den **Gegenbeweis** zu führen.

Nr. 3: Einem Gewaltopfer, das in die organisierte Kriminalität **48** verwickelt ist oder war oder einer Organisation, die Gewalttaten begeht, angehört oder angehört hat, sind grundsätzlich die Versorgungsansprüche zu versagen. Dies gilt auch für die Hinterbliebenen des Geschädigten. In der Kriminologie und in der Kriminalistik bestehen verschiedene Ansätze für die Definition der organisierten Kriminalität. Letztendlich besteht aber wegen der verschiedenen Erscheinungsformen und der jeweiligen Besonderheiten keine Einigkeit über eine klare und wissenschaftlich befriedigende Definition. Auch das Gesetz zur Bekämpfung des illegalen Rauschgifthandels und anderer Erscheinungsformen der organisierten Kriminalität (OrgKG), BGBl. I 1992 S. 1302, brachte diesbezüglich keine vollständige Klarheit. Die **gemeinsamen Richtlinien** der Justizminister/-senatoren und der Innenminister/-senatoren der Länder über die Zusammenarbeit von Staatsanwaltschaft und Polizei bei der Verfolgung der organisierten Kriminalität gehen von folgenden Definitionen aus: Organisierte Kriminalität ist die von Gewinn- oder Machtstreben bestimmte planmäßige Begehung von Straftaten, die einzeln oder in ihrer **Gesamtheit** von erheblicher Bedeutung sind, wenn mehr als zwei Beteiligte auf längere oder unbestimmte Dauer arbeitsteilig unter Verwendung gewerblicher oder geschäftsähnlicher Strukturen unter Anwendung von Gewalt oder anderer zur Einschüchterung geeigneter Mittel oder unter Einfluss auf Politik, Medien, öffentliche Verwaltung, Justiz oder Wirtschaft zusammenwirken. Der Begriff umfasst nicht Straftaten wie „**Terrorismus**" (abgedruckt in Kleinknecht-Meyer, StPO, 40. Aufl., S. 2066).

Das organisierte Verbrechen unterscheidet sich von traditionellen **49** Formen der **Bandenkriminalität** oder des Terrorismus dadurch, dass nicht mehr der Täter sondern der Kunde die Tat bestimmt, dass die persönlichen Beziehungen keine große Rolle spielen (Kaiser, Kriminologie, 8. Aufl., S. 215). Für die Versagung im OEG spielt diese **Unterscheidung** keine Rolle, weil auch bei Gewaltopfern, die Mitglied einer Bande oder einer terroristischen Vereinigung sind, die Versorgung versagt werden muss.

Insgesamt erleichtert der S. 2 in Abs. 1 die Gesetzesanwendung, **50** weil die doch **sehr weit gefasste Generalklausel** des Abs. 1 S. 1 auch durch die langjährige Rechtsprechung des BSG noch nicht hinreichend konkretisiert werden konnte. Die vorliegende Aufzählung präzisiert für die genannten Anwendungsfälle zusätzlich noch die Beweislastverteilung und verhindert damit, dass solche Fragen erst zeitaufwendig durch die **Gerichte** geklärt werden müssen. Abs.1 führt die Fallkonstellationen auf, in denen Leistungen zu versagen „sind". Es handelt sich dabei um Fälle eines besonders schwerwiegenden Fehlverhaltens des Geschädigten oder des Antragstellers, in denen eine Entschädigung unbillig wäre, weil sie dem Zweck des OEG, nämlich der **solidarischen Hilfeleistung** für unschuldige Opfer einer Gewalttat, widerspräche. Konsequenterweise ist daher in diesen Fällen eine vollständige Versagung von Leistungen zwingend vorgeschrieben.

51   **Zu Abs. 2:** Leistungen können versagt werden, wenn der Geschädigte es unterlassen hat, das ihm mögliche zur **Aufklärung des Sachverhalts** und zur **Verfolgung des Täters** beizutragen. Im Gegensatz zu den Versagungsgründen nach Abs. 1 ist eine Versagung von Leistungen nach Abs. 2 in das pflichtgemäße Ermessen („kann") der mit der Ausführung des OEG befassten Behörden gestellt. Dies darf jedoch nicht dahin verstanden werden, dass die Behörde nach Willkür oder auch nur nach Belieben handeln dürfte. Die Behörde hat ihre Entscheidung für die eine oder andere Rechtsfolge nach Recht und Billigkeit, d. h. nach sachlichen Gesichtspunkten unter gerechter und billiger Abwägung des **öffentlichen Interesses** und dem des auftragstellenden Opfers zu treffen. Sie hat die gesetzlichen Grenzen des Ermessens einzuhalten und von dem Ermessen in einer dem Zweck der Ermächtigung entsprechenden Weise Gebrauch zu machen. Die Einräumung von Ermessen berechtigt zu **Zweckmäßigkeitserwägungen** im Rahmen der gesetzlichen Bestimmungen. Bei der Ermessensabwägung dürfen nur Verhaltensweisen des Geschädigten einbezogen werden, die ihm vorwerfbar sind. Andere Umstände, die er nicht beeinflussen kann oder zu vertreten hat, müssen außer Betracht bleiben. Hierzu zählen insbesondere finanzielle oder fiskalische Erwägungen, die mit der Gewalttat selbst in keinerlei Zusammenhang stehen. Die Frage, ob der Geschädigte bei der Versagung nach dem OEG **Sozialhilfe** beanspruchen wird, ist kein sachgerechtes Kriterium. Die **Ermessenserwägungen** hat die Behörde in ihren Entscheidungen ersichtlich zu machen. Nur dann ist eine gerichtliche Prüfung, ob von dem Ermessen i. S. d. OEG Gebrauch gemacht wurde, möglich (BVerfG DVBl. 1962, 562).

52   Diese Orientierung am Einzelfall erlaubt es, auch nur **einzelne Leistungen** zu versagen, um eine flexible Handhabung des Abs. 2 unter Beachtung allgemeiner und individueller Gerechtigkeitsgesichtspunkte zu erreichen. Eine Versagung einzelner Leistungen kommt vor allem dann in Betracht, wenn das Vorliegen einer Gewalttat als Ursache der gesundheitlichen Schädigung zweifelsfrei ist, der Geschädigte aber aus rechtlich evtl. unbeachtlichen, jedoch menschlich nachvollziehbaren Gründen nicht in dem erforderlichen

Umfang an der **vollständigen Aufklärung des Sachverhalts** und/
oder der Verfolgung des Täters mitgewirkt hat. Durch die Gewährung zumindest einiger Leistungen (z. B. Heilbehandlung und
Grundrente) kann in solchen Fällen dem Opfer deutlich werden,
dass es in seiner bedauernswerten Lage nicht allein gelassen wird,
sondern sich als unschuldiges Opfer einer Gewalttat auf den Beistand des Staates verlassen kann.

Mit dem Anspruch auf Versorgung nach § 1 OEG wird einem   53
Gewaltopfer vom Gesetzgeber eine Versorgung nach den Grundsätzen des sozialen Entschädigungsrechts zugestanden, die deshalb
eingreift, weil die staatliche Verbrechensbekämpfung versagt hat.
Die Kriminalitätsbekämpfung kann jedoch nur funktionieren, wenn
sich der Staat der Mithilfe seiner Bürger sicher sein kann. Dies bezieht sich ganz besonders auf diejenigen, die Leistungen von der
staatlichen Gemeinschaft in Anspruch nehmen wollen. Unter
Einhaltung des Grundsatzes der Verhältnismäßigkeit wird von dem
Geschädigten verlangt, dass ihm Mögliche zur Aufklärung des Sachverhalts beizutragen. Die Mitwirkung bezieht sich auf die **strafrechtliche Ermittlung des Täters.** Auf die von den Strafverfolgungsbehörden ermittelten Tatsachen muss die Verwaltungsbehörde
in einem erheblichen Umfang zurückgreifen, z. B. auch dazu, um
gegen den Schädiger Regressansprüche durchzusetzen. Da der Geschädigte bei Zahlung von Leistungen nach dem OEG von der
Durchsetzung seines Schadensersatzanspruchs gegen den Schädiger
befreit wird, weil der gegen Dritte bestehende gesetzliche Schadensersatzanspruch auf das zuständige Land übergeht, kann die staatliche
Gemeinschaft, die die Leistungen erbringt, erwarten, dass der Geschädigte wenigstens so viel **Mühe** aufbringt wie er aufzuwenden
hätte, wenn er seine Ansprüche selbst verwirklichen müsste.

Diese Verhaltenspflicht des Geschädigten ist eine echte Rechts-   54
pflicht und nicht nur eine **Obliegenheit** (wie Schoreit/Düsseldorf,
OEG, § 2 Rn. 42). Was dem Geschädigten möglich ist, richtet sich
nach seinen persönlichen Verhältnissen, Kenntnissen und Fähigkeiten (Wilke/Sailer, OEG, § 2 Rn. 9). Das Mögliche muss nicht immer das Zumutbare sein, weil dieser Begriff weiter geht als die **Zumutbarkeit.** Versagt der Geschädigte seine Mithilfe nur in einer
der beiden Richtungen, schützt er z. B. den Täter, leistet aber seinen Beitrag zur Aufklärung der Tat, so liegt bereits ein Versagungsgrund vor. Das „und" in Abs. 2 ist als „oder" zu verstehen. Die in
Abs. 2 genannten Tatbestandsmerkmale müssen nicht nebeneinander vorliegen, sondern es genügt, dass der Geschädigte das ihm
Mögliche zur Aufklärung des Sachverhalts oder das zur Verfolgung
des Täters Mögliche unterlassen hat. Dies folgt daraus, dass Abs. 2

nicht nur die Aufklärung des Sachverhalts und damit schließlich die Ermittlung über Art, Hergang und Umfang der Schädigung errei- chen will, sondern auch die Realisierung der nach § 5 übergegan- genen Ansprüche sicherstellen will.

55   Eine Mitwirkung des Geschädigten kann dann unzumutbar sein, wenn dieser sich selbst oder ihm nahe stehende Personen (vgl. § 383 Abs. 1 Nr. 1–3 ZPO) der **Gefahr strafrechtlicher Verfol- gung** oder eines Verfahrens nach dem Gesetz über Ordnungswid- rigkeiten aussetzen würde (Schulz-Lüke/Wolff, OEG, § 2 Rn. 18). Trotzdem sind den Anforderungen an das Opfer Grenzen gesetzt. In den Fällen des sexuellen **Missbrauchs von Kindern** können ebenfalls Situationen eintreten, die eine Strafanzeige unzumutbar machen, auch wenn es sich nicht um Personen der oben genannten Art handelt. Der Geschädigte hat zur Aufklärung des Sachverhalts alle ihm bekannten Tatsachen anzugeben. Dies bezieht sich insbe- sondere auf den Tathergang und die Beschreibung des Täters. Ebenso auf die Fragen des Fluchtweges, möglicher Gehilfen und Mittäter und auf vermutete Aufenthaltsorte (Schulz-Lüke/Wolff, OEG, § 2 Rn. 16). Bei der Verfolgung des Täters ist es dem Ge- schädigten zuzumuten, den Täter selbstständig zu verfolgen und evtl. dingfest zu machen, wenn ihm dies möglich und zumutbar ist. Die Verpflichtung zu **aktivem Tun** ergibt sich aus der Formulie- rung des Abs. 2, die die unverzügliche Strafanzeige nur als eine Form der Mitwirkung bei der Verfolgung des Täters ansieht.

56   Bei fehlender Mitwirkung kann die Verwaltungsbehörde Leis- tungen ganz oder teilweise versagen. Dies setzt jedoch voraus, dass der Sachverhalt wegen der mangelnden Mitwirkung des Geschädig- ten nicht oder nicht vollständig aufgeklärt werden konnte. Ist die Straftat trotz fehlender Mitwirkung aufgeklärt, liegt ein Ermessens- fehler vor, wenn die Leistungen trotzdem versagt werden (Wilke/ Sailer, OEG, § 2 Rn. 8, 10). Die Versagung sämtlicher Leistungen kommt nur in Betracht, wenn eine schwere Verletzung der Mitwir- kungspflicht vorliegt, die auf eine **tatsächliche Vereitlung** der Aufklärung des Sachverhalts hinausläuft.

57   Strafanzeigen können nach § 158 StPO bei der Staatsanwaltschaft, den Behörden oder Beamten des Polizeidienstes oder den Amtsge- richten gestellt werden. Letztere sind zwar keine Strafverfolgungsbe- hörden, i. S. d. § 2 Abs. 2 OEG genügt es jedoch, wenn der Geschä- digte dort seine Anzeige aufgegeben hat. Unverzüglich bedeutet, dass eine Anzeige in den **unmittelbaren Zeitraum** nach dem tät- lichen Angriff fällt. Es wird jedoch Fälle geben, in denen dem Ge- schädigten eine **Überlegungsfrist** eingeräumt werden muss. Dies ist z. B. denkbar, wenn eine Ehefrau eine an ihr begangene Straftat ihres Ehemannes zunächst hinnimmt, ohne Strafanzeige zu erstatten (vgl. Schulz-Lüke/Wolff, OEG, § 2 Rn. 34). Liegt eine Verletzung vor, die eine ärztliche Behandlung dringend erforderlich macht, wird der Geschädigte sich zuerst in diese begeben dürfen, bevor er Strafanzeige erstattet. Findet eine Person nach **sexuellem Missbrauch** erst nach einiger Zeit die psychische Kraft, sich zu offenbaren, wird man ihr dies nicht zum Nachteil gereichen lassen können.

Auch wird man in der Regel dem Verletzten nicht ansinnen können, **58** die Strafverfolgung im Wege der **Privatklage** selbst zu betreiben. Wenn die Staatsanwaltschaft im Rahmen ihres Ermessens in Fällen der Körperverletzung (§ 223 StGB) und der gefährlichen Körperverletzung (§ 224 StGB; kein Antragsdelikt) das Ermittlungsverfahren einstellt und den Verletzten auf den Privatklageweg verweist, so kann der Verletzte es dabei bewenden lassen. Mit der Anzeige und ggf. einem Strafantrag hat er zur Verfolgung des Täters beigetragen. Die Aufwendungen und das Risiko eines **Privatklageverfahrens** (vgl. §§ 379–379 a StPO) sowie im Falle der Körperverletzung des nach § 380 StPO erforderlichen Sühneversuchs muss er nicht übernehmen.

Versagt die zuständige Verwaltungsbehörde einem Gewaltopfer **59** wegen mangelnder Mitwirkung bei der Verfolgung des Täters die Leistungen nach dem OEG, wird dadurch der Erstattungsanspruch der **vorleistenden Krankenkasse** nicht berührt (BSG, Urt. v. 24. 4. 1991, NJW 1992, 781). Dies gilt jedoch nicht für Versagungen nach Abs. 1 (BSG, Urt. v. 11. 3. 1998, SozR 3-3800 § 20 OEG Nr. 8).

§ 3 Zusammentreffen von Ansprüchen

(1) Treffen Ansprüche aus diesem Gesetz mit Ansprüchen aus § 1 des Bundesversorgungsgesetzes oder aus anderen Gesetzen zusammen, die eine entsprechende Anwendung des Bundesversorgungsgesetzes vorsehen, ist unter Berücksichtigung des durch die gesamten Schädigungsfolgen bedingten Grades der Schädigungsfolgen eine einheitliche Rente festzusetzen.

(2) Die Ansprüche nach diesem Gesetz entfallen, soweit auf Grund der Schädigung Ansprüche nach dem Bundesversorgungsgesetz oder nach einem Gesetz, welches eine entsprechende Anwendung des Bundesversorgungsgesetzes vorsieht, bestehen.

(3) Trifft ein Versorgungsanspruch nach diesem Gesetz mit einem Schadensersatzanspruch auf Grund fahrlässiger Amtspflichtverletzung zusammen, so wird der Anspruch nach § 839 Abs. 1 des Bürgerlichen Gesetzbuchs nicht dadurch ausgeschlossen, daß die Voraussetzungen des § 1 vorliegen.

(4) Bei Schäden nach diesem Gesetz gilt § 4 Abs. 1 Nr. 2 des Siebten Buches Sozialgesetzbuch nicht.

Übersicht

Allgemeines: § 3 dient der auf den Einzelfall zugeschnittenen 1 Ausgestaltung der Versorgungsleistungen. Die Regelungen in § 3 gleichen im Wesentlichen den entsprechenden Vorschriften in den §§ 63 Abs. 1 **Infektionsschutzgesetz** und § 84 Abs. 3 **Soldatenversorgungsgesetz.**

Zu Abs. 1: Treffen im Einzelfall Ansprüche nach dem OEG 2 mit Ansprüchen aus einer Schädigung i. S. d. § 1 BVG oder nach anderen Gesetzen, die auf das BVG verweisen, zusammen, so ist eine einheitliche Rente zu bilden. Um eine auf den **Einzelfall** bezogene Lösung zu ermöglichen, bestimmt § 3 Abs. 1 OEG für den Fall des Zusammentreffens von Ansprüchen nach dem OEG mit Ansprüchen aus einer Schädigung i. S. d. § 1 BVG oder nach anderen Gesetzen, die das BVG für anwendbar erklären, dass unter Berücksichtigung des durch die gesamten Schädigungsfolgen bedingten GdS eine einheitliche Rente festzusetzen ist.

103

3   Gesetze, die das BVG für entsprechend anwendbar erklären, sind in Art. 2 § 1 Nr. 11 SGB I aufgeführt. Es handelt sich um folgende Gesetze:

- § 80 Soldatenversorgungsgesetz,
- § 59 Abs. 1 Bundesgrenzschutzgesetz,
- § 47 Zivildienstgesetz,
- § 60 Abs. 1 Infektionsschutzgesetz,
- §§ 4 und 5 Häftlingshilfegesetz,
- § 21 Strafrechtliches Rehabilitierungsgesetz,
- § 3 Verwaltungsrechtliches Rehabilitierungsgesetz.

4   Unter einheitlicher Rente sind Geldleistungen zu verstehen, die sich aus Ansprüchen ergeben, denen der Gesamtgrad des GdS bzw. die Auswirkungen aus allen Schädigungsfolgen zugrunde liegen (Schulz-Lüke/Wolf, OEG, § 3 Rn. 3). Bestimmend für die **Höhe der Rentenleistung** ist der Grad der Schädigungsfolgen (GdS). Bei der Ermittlung des Gesamtgrades der Schädigungsfolgen sind die nachstehenden Arbeitsschritte zu beachten:

- zunächst sind die Einzel-GdS-Grade zu ermitteln,
- bei der Ermittlung des Gesamt-GdS dürfen jedoch die einzelnen GdS Werte nicht addiert werden, sondern maßgebend sind die Auswirkungen der einzelnen Schädigungen in ihrer Gesamtheit unter Berücksichtigung ihrer wechselseitigen Beziehungen zueinander.

5   Dabei ist zu beachten, inwieweit die Auswirkungen der einzelnen Schädigungen voneinander unabhängig sind und damit ganz verschiedene Bereiche im Ablauf des täglichen Lebens betreffen, ob sich eine Behinderung auf eine andere besonders nachteilig auswirkt (z.B. bei paarigen Organen), wie weit sich die Auswirkungen der Schädigungen überschneiden und ob das Ausmaß der Schädigung durch hinzutretende Gesundheitsstörungen verstärkt wird (**Versorgungsmedizinverordnung** Teil A 3.). Es dürfen also bei der Feststellung des Gesamt-GdS die einzelnen GdS-Werte **nicht addiert** werden. Maßgebend sind die Auswirkungen der einzelnen Schädigungsfolgen in ihrer Gesamtheit. Der Gesamt-GdS kann danach wesentlich höher sein als bei einer Addition der Einzel-GdS. Hat jemand das rechte Auge verloren, so ergibt dies als Schädigung, z.B. nach dem BVG, einen GdS von 30, verliert er nun durch die Schädigung nach dem OEG das linke Auge, so ist die Gesamtschädigung Blindheit. Der Gesamt-GdS beträgt dann 100 und nicht 60, was einer Addition der Einzel-GdS entsprechen würde.

     Der niedrigste rentenberechtigte Grad der Schädigung beträgt 30 (§ 31 BVG). Nach § 31 Abs. 2 BVG stellen die GdS-Sätze **Durchschnittssätze** dar, die einen um fünf geringeren Grad der Schädigung mit umfassen. Eine Rentenberechtigung wird daher erzielt, wenn der GdS mindestens 25 beträgt.

Zu Abs. 1: § 3 Abs. 1 enthält keine Aussage darüber, welcher **6** Leistungsträger den Gesamt-GdS festzusetzen hat, wenn die **Passivlegitimation** auseinander fällt. Dies wäre z.B. der Fall, wenn der BVG-Anspruch in Bayern festgesetzt worden wäre, ein hinzukommender OEG Anspruch sich jedoch gegen das Land Hessen richtet. Für einen solchen Fall ist in § 4 Abs. 4 geregelt, dass die Kosten, die durch das Hinzutreten der **weiteren** Schädigung verursacht werden, von dem Leistungsträger zu übernehmen sind, der für die Versorgung wegen der weiteren Schädigung zuständig ist. Eine Aussage über die Zuständigkeit zur Festsetzung des Gesamt-GdS enthält er jedoch nicht. Konsequenterweise ergibt sich aus der Zuständigkeit, über den OEG-Antrag zu entscheiden, auch die Zuständigkeit für die Festsetzung des Gesamt-GdS. In der Praxis entscheiden daher die nach dem OEG verpflichteten Behörden über die Anerkennung und die Feststellung der Schädigungsfolgen und legen dabei den bisher für den **Erstschaden** festgestellten GdS und die übrigen bisher getroffenen Entscheidungen ohne erneute Prüfung ihrer Beurteilung zugrunde.

Abs. 1 erfasst auch nicht den Fall, in dem Ansprüche aufgrund verschiedener **Schaden stiftender Ereignisse** i.S.d. OEG zusammentreffen (Schoreit/Düsseldorf, OEG, § 3 Rn. 2), also wenn jemand mehrmals Opfer einer Gewalttat wird. Für den Fall, dass die Ansprüche sich nicht gegen dasselbe Land oder gegen den Bund richten, ist eine analoge Anwendung des Abs. 1 geboten (Schoreit/ Düsseldorf, OEG, § 3 Rn. 2, Wilke/Sailer, OEG, § 3 Rn. 1).

Zu Abs. 2: Nach Abs. 2 entfällt ein Anspruch nach dem OEG, **7** soweit aufgrund der Schädigung Ansprüche nach dem Bundesversorgungsgesetz oder einem Gesetz, welches das BVG für anwendbar erklärt, bestehen. Das bedeutet, dass z.B. bei einem Soldaten, der während der Ausübung des Wachdienstes von Dritten angegriffen und damit Opfer einer Gewalttat wird, der Anspruch nach § 81 Abs. 2 Buchst. b SVG dem des § 1 Abs. 1 vorgeht (vgl. auch die Beispiele bei Schoreit/Düsseldorf, OEG, § 3 Rn. 7; Schlüsche, ZfF 1976, 151).

Abs. 2 verdeutlicht den subsidiären Charakter der Leistungen nach dem OEG. Er regelt die **Anspruchskonkurrenz** und stellt sicher, dass ein i.S.d. OEG eingetretener Schaden keine Mehrfachversorgung auslösen kann. Soweit ein Anspruch nach dem BVG oder anderen Gesetzen, die das BVG für anwendbar erklären, besteht, geht dieser dem OEG als lex specialis vor. Keiner Regelung des Vorrangs bedarf es dagegen, wenn ein Beamter während der Ausübung seines Dienstes Opfer einer Gewalttat wird. In diesen Fällen greift die Ruhensvorschrift des § 65 BVG ein. Sie räumt der **beamtenrechtlichen Unfallfürsorge** nach §§ 134 ff. BBG den Vorrang ein (BT-Drs. 7/2506 S. 16; Schoreit/Düsseldorf, OEG, § 3 Rn. 11 und § 1 Rn. 142, 144, Schulz-Lüke/Wolf, OEG, § 3 Rn. 7). Nach § 65 BVG tritt ein **Ruhen des Anspruchs** nach dem OEG ferner dann ein, wenn das Opfer wegen desselben Schaden stiftenden Ereignisses einen Anspruch aus der gesetzlichen Unfallversicherung nach dem SGB VII hat.

8   In beiden Fällen tritt ein Ruhen des Anspruchs nach § 65 BVG jedoch nur in dem Umfang ein, in dem die Leistungen aus der beamtenrechtlichen Unfallfürsorge bzw. der gesetzlichen Unfallversicherung den Leistungen nach dem OEG entsprechen oder sie übersteigen. Sind jedoch die Leistungen nach dem OEG höher als die Leistungen aus der beamtenrechtlichen Unfallfürsorge oder der **gesetzlichen Unfallversicherung**, so sind sie in dem Umfang zu gewähren, in dem sie die anderen Leistungen **übersteigen**. Das Opfer einer Gewalttat, das Ansprüche aus der beamtenrechtlichen Unfallfürsorge oder gesetzlichen Unfallversicherung hat, soll nicht schlechter gestellt werden als das Opfer, das keine Ansprüche aus der beamtenrechtlichen Unfallfürsorge oder der gesetzlichen Unfallversicherung besitzt.

Die Versorgung nach § 65 BVG kann nur zu einem Bruchteil ruhen, wenn die Leistungen aus der Unfallversicherung und diejenige nach dem Versorgungsrecht nur teilweise auf derselben Ursache beruhen (vgl. Dahm, ZfS 1995, 185 ff.). Das BSG hat mit Urt. v. 29. 8. 1990 (Breithaupt 1991, 417) diesen Grundsatz bestätigt.

Durch das Ruhen erlischt der Anspruch auf Versorgung nicht. Daraus folgt, dass auf den Personenkreis, der unter § 65 BVG fällt, einen **Anspruch** darauf hat, als Opfer einer Gewalttat nach § 1 anerkannt zu werden. Die zuständige Behörde kann somit ein entsprechendes Verfahren nicht mit der Begründung ablehnen, dass der Ruhenstatbestand des § 65 BVG vorliege.

Einer Entschädigung nach dem OEG steht nicht entgegen, dass der Geschädigte durch Leistungen aus einer **privaten Unfallversicherung** hinreichend geschützt ist (BSG v. 12. 6. 2003, BSGE 91, 124, 128; 52, 281). Dies gilt jedoch nicht für Leistungen nach **§ 3 a** wegen Gewalttaten im Ausland. Dort bestimmt Abs. 4 S. 1, dass auch Leistungen aus privaten Sicherungssystemen anzurechnen sind.

9   Auch die Ansprüche der Hinterbliebenen eines als Unternehmer freiwillig unfallversicherten Gewaltopfers auf Versorgungsbezüge ru-

hen in Höhe der Bezüge aus der gesetzlichen Unfallversicherung, sofern die Ansprüche aus beiden Leistungssystemen auf **derselben** Ursache beruhen. Nur wenn und soweit die primär von der ausschließlich beitragsgestützten gesetzlichen Unfallversicherung zu tragenden Leistungen hinter dem Anspruch nach Versorgungsrecht zurückbleiben, sind aus diesem rein steuerfinanzierten System zusätzliche Leistungen zu erbringen (BSG v. 12. 6. 2003, a. a. O.; Trenk-Hinterberger, FS für Otto Krasney, 1997, S. 663 ff.). Diese Grundsätze gelten auch bei einer freiwilligen Versicherung in der gesetzlichen Unfallversicherung. Das BSG v. 12. 6. 2003, a. a. O.) hat betont, dass die Besonderheiten der **Unternehmerversicherung** nicht von entscheidender Bedeutung sind. Sie wirken sich nicht auf die Vorschriften über die tätigkeitsbezogene Versicherungsfreiheit im Recht der gesetzlichen Unfallversicherung aus, die unabhängig vom unterschiedlichen Charakter der zu erbringenden Leistungen einheitlich für pflichtversicherte Arbeitnehmer und freiwillig versicherte Unternehmer gelten.

Andererseits ist jedoch zu beachten, dass Mehrleistungen, die dem Nothelfer aufgrund gesetzlicher Ermächtigung aus der gesetzlichen Unfallversicherung gewährt werden, die Versorgungsleistungen, die aus dem gleichen Grund gewährt werden, nicht zum Ruhen bringen (BSG v. 15. 8. 1996, ZfS 1997, 141 ff.; SozR 3-3100 § 65 Nr. 3). Hier besteht keine Zweckidentität. Ansprüche aus der gesetzlichen Krankenversicherung lassen ebenfalls den Anspruch nach dem Opferentschädigungsgesetz nicht entfallen (BSGE 52, 281 ff.; NJW 1982, 596 ff.; SozR 3-3800 § 2 Nr. 3; Breithaupt 1982, 510).

Zu Abs. 3: Diese Vorschrift gewährleistet, dass dem Opfer ne- **10** ben dem Anspruch nach diesem Gesetz auch der **Regress** wegen Haftung bei Amtspflichtverletzung gegen den Beamten (§ 839 Abs. 1 BGB) bzw. seinen Dienstherrn (Art. 34 GG) verbleibt. § 839 Abs. 1 S. 2 BGB sieht zwar vor, dass der schadensersatzpflichtige Beamte bei fahrlässigem Handeln nur in Anspruch genommen werden kann, wenn der Verletzte nicht auf andere Weise Ersatz zu erlangen vermag. Diese **Haftungsbeschränkung für den Beamten** wird für das OEG durch § 3 Abs. 3 aufgehoben; insoweit ist diese Regelung lex specialis zu § 839 Abs. 1 S. 2 BGB. Allerdings ist bei der Geltendmachung von Schadensersatzansprüchen wegen schuldhafter Amtspflichtverletzung zu berücksichtigen, dass nach § 5 Abs. 1 i. V. m. § 81 a BVG ein **Forderungsübergang** stattfinden kann. Die aufgezeigten Regelungen haben zur Folge, dass dem Geschädigten ein Schmerzensgeld nach § 847 BGB wegen der Leistungen nach dem OEG nicht vorenthalten bleibt. Soweit die Leistungen nach dem BVG nicht deckungsgleich mit dem Schadensersatz nach § 839 Abs. 1 S. 2 BGB sind – z.B. **Schmerzensgeld nach § 253 Abs. 2 BGB** – kann der Geschädigte daher Schadensersatz verlangen. Hat die für die Durchführung des OEG zuständige Behörde deckungsgleiche Leistungen erbracht, gehen – sofern der Dienstherr ein Dritter i.S.v. § 81a BVG ist – Ansprüche wegen **Amtspflichtverletzung** nach § 81a BVG auf den Bund bzw. nach § 5 i.V.m. § 81a BVG auf das die Kosten tragende Land über (BT-Drs. 7/2506 S. 16). Ist ein Kostenträger i.S.d. § 4 Abs.1 zugleich auch aus § 839 Abs. 1 S. 2 BGB schadensersatzpflichtig, so ist der Anspruch nach dem OEG im Rahmen des **Vorteilsausgleichs** bei der Bemessung des Schadensersatzes zu berücksichtigen (Schoreit/Düsseldorf, OEG, § 3 Rn. 13). Durch diese Regelung ist eine doppelte Entschädigung ausgeschlossen.

11   Der Inhalt der Amtspflicht bestimmt sich bei Landesbeamten nach Landesrecht, bei Bundesbeamten nach Bundesrecht. In Betracht kommen nicht nur Gesetze, sondern auch allgemeine Dienst- und Verwaltungsvorschriften (Palandt/Sprau, § 839 Rn. 32). Die Amtspflicht muss dem Geschädigten gegenüber obliegen, nicht nur der Allgemeinheit oder der Behörde (Palandt/Sprau, § 839 Rn. 32). Ferner muss die Amtspflichtverletzung nach § 839 Abs. 1 S. 2 BGB fahrlässig begangen sein. **Fahrlässigkeit** ist gegeben, wenn der Beamte bei der Beachtung der für einen Beamten erforderlichen Sorgfalt hätte vorhersehen können müssen, dass er seiner Amtspflicht zuwiderhandelt. Ein **entschuldbarer Irrtum** schließt die Fahrlässigkeit jedoch aus (BGH WPM 1969, 535). Nicht notwendig ist allerdings, dass sich die Fahrlässigkeit auch auf die Vorhersehbarkeit des Schadens bezieht (BGH NJW 1965, 964). Die Ersatzpflicht tritt jedoch nur dann ein, wenn der Geschädigte nicht auf andere Weise Ersatz zu erlangen vermag, wobei es gleichgültig ist, ob ein anderer Ersatzpflichtiger nicht vorhanden oder ob aus **tatsächlichen Gründen** die Inanspruchnahme eines anderen nicht zum Ziel führt (BGH MDR 1959, 107).

12   Durch Abs. 3 wird das **Rückgriffsrecht** des Dienstherrn nach § 75 BBG bzw. den entsprechenden Ländergesetzen nicht berührt. Liegen die Voraussetzungen eines Rückgriffs vor, kann der Dienstherr von Beamten Ersatz seiner Aufwendungen verlangen. Wenn jemand in Ausübung eines öffentlichen Amtes gehandelt hat und dabei schuldhaft einen Dritten verletzt, tritt die Haftung des Staates nach Art. 34 GG i.V.m. § 839 BGB ein. Zur Entwicklung und den Voraussetzungen der Staatshaftung vgl. Palandt/Sprau, § 839 BGB Rn. 2ff.

Zu Abs. 4: Ist die Schädigung nach dem OEG gleichzeitig ein **13**
Arbeitsunfall (vgl. insoweit den vom BSG entschiedenen Fall des
durch Schüsse aus einer Maschinenpistole schwer verletzten Geldbo-
ten, Urt. v. 17. 11. 1981, BSGE 52, 281), so ruhen in aller Regel die
niedrigen Bezüge nach dem OEG, soweit gleichartige Leistungen
gewährt werden. Da nach § 4 Abs. 1 Nr. 2 SGB VII i. V. m. § 1 OEG
nur bei mittelbaren Schädigungsfolgen die Leistungen aus der gesetzlichen Unfallversicherung nicht ausgeschlossen sind, würde dies
wegen der höheren Leistungen aus der Unfallversicherung für den
Geschädigten nachteilige Wirkung haben. Nach § 4 Abs. 1 Nr. 2
Halbs. 1 SGB VII ist der oben genannte Beschädigte versicherungs-
frei, soweit für ihn das Bundesversorgungsgesetz oder Gesetze, die
eine entsprechende Anwendung des Bundesversorgungsgesetzes
vorsehen, gelten. Da Leistungen der gesetzlichen Unfallversicherung
nur für **versicherte Personen** erbracht werden, wird das OEG-
Opfer damit von den Leistungen der Unfallversicherung abgeschnit-
ten und hat lediglich Ansprüche auf Leistungen nach dem sozialen
Entschädigungsrecht. Diese Folge verhindert Abs. 4, nach dem § 4
Abs. 1 Nr. 2 des SGB VII nicht gilt. Eine gleiche Regelung gilt nach
§ 63 Abs. 3 Infektionsschutzgesetz. Insgesamt ist aber beachtlich, dass
die Rechtsfolge **des Ausschlusses von Leistungen** nach der Unfallversicherung nur aufgehoben ist, wenn in den Gesetzen, die das
Bundesversorgungsgesetz für anwendbar erklären, ausdrücklich die
Anwendung des § 4 Abs. 1 Nr. 2 SGB VII ausgeschlossen ist (vgl.
dazu Trenk-Hinterberger, FS für Otto Krasney, 1997, S. 663, 673).

Aufgrund des Abs. 4 stehen somit bei Arbeitsunfällen Ansprüche
aus der gesetzlichen Unfallversicherung und dem OEG nebeneinander, wenn der Schaden Anspruchtatbestand sowohl der gesetzlichen Unfallversicherung als auch nach dem OEG ist. Allerdings
ruht der Anspruch aus dem OEG, wie eben unter Abs. 2 bereits
dargestellt, nach § 65 BVG, soweit er nicht höher ist als der Anspruch aus der gesetzlichen Unfallversicherung (vgl. BSG v. 12. 6.
2003, BSGE 91, 124 ff. = SozR 4-3100 § 65 Nr. 1).

§ 3a Leistungen bei Gewalttaten im Ausland

(1) Erleiden Deutsche oder Ausländer nach § 1 Absatz 4 oder 5 Nummer 1 im Ausland infolge einer Gewalttat nach § 1 Absatz 1 oder 2 eine gesundheitliche Schädigung im Sinne von § 1 Absatz 1, erhalten sie wegen der gesundheitlichen und wirtschaftlichen Folgen auf Antrag einen Ausgleich nach Absatz 2, wenn sie

1. ihren gewöhnlichen und rechtmäßigen Aufenthalt im Geltungsbereich dieses Gesetzes haben und
2. sich zum Tatzeitpunkt für einen vorübergehenden Zeitraum von längstens sechs Monaten am Tatort aufgehalten haben.

(2) [1]Geschädigte erhalten die auf Grund der Schädigungsfolgen notwendigen Maßnahmen der Heilbehandlung und der medizinischen Rehabilitation einschließlich psychotherapeutischer Angebote. [2]Darüber hinaus erhalten Geschädigte

mit einem Grad der Schädigungsfolgen (GdS)		
unter 25	eine Einmalzahlung von	714 Euro,
bei einem GdS von 30 und 40	eine Einmalzahlung von	1 428 Euro,
bei einem GdS von 50 und 60	eine Einmalzahlung von	5 256 Euro,
bei einem GdS von 70 bis 90	eine Einmalzahlung von	9 192 Euro
und bei einem GdS von 100	eine Einmalzahlung von	14 976 Euro.

[3]Bei Verlust mehrerer Gliedmaßen, bei Verlust von Gliedmaßen in Kombination mit einer Schädigung von Sinnesorganen oder in Kombination mit einer Hirnschädigung, bei schweren Verbrennungen oder bei vollständiger Gebrauchsunfähigkeit von mehr als zwei Gliedmaßen beträgt die Einmalzahlung 25 632 Euro.

(3) [1]Wird eine Person, bei der die Voraussetzungen nach Absatz 1 vorliegen, bei einer Gewalttat im Ausland getötet, erhalten Hinterbliebene im Sinne von § 38 des Bundesversorgungsgesetzes mit Ausnahme der Verwandten der aufsteigenden Linie sowie Betreuungsunterhaltsberechtigte eine Einmalzahlung. [2]Diese beträgt bei Vollwaisen 2364 Euro, bei Halbwaisen 1272 Euro und ansonsten 4488 Euro. [3]Darüber hinaus haben Hinterbliebene einschließlich der Eltern, deren minderjährige Kinder an den Folgen einer Gewalttat im Ausland verstorben sind, Anspruch auf die notwendigen psychotherapeutischen Maßnahmen. [4]Zu den Überführungs- und Beerdigungskosten wird ein Zuschuss bis zu 1506 Euro gewährt, soweit nicht Dritte die Kosten übernehmen.

(4) [1]Leistungsansprüche aus anderen öffentlichen oder privaten Sicherungs- oder Versorgungssystemen sind auf die Leistungen nach

den Absätzen 2 und 3 anzurechnen. [2] Hierzu können auch Leistungsansprüche aus Sicherungs- oder Versorgungssystemen des Staates zählen, in dem sich die Gewalttat ereignet hat. [3] Handelt es sich bei der anzurechnenden Leistung um eine laufende Rentenzahlung, so ist der Anrechnung ein Betrag zugrunde zu legen, der der Höhe des zum Zeitpunkt der Antragstellung nach § 1 erworbenen Anspruchs auf eine Kapitalabfindung entspricht.

(5) [1] Von Ansprüchen nach Absatz 2 sind Geschädigte ausgeschlossen, die es grob fahrlässig unterlassen haben, einen nach den Umständen des Einzelfalles gebotenen Versicherungsschutz zu begründen. [2] Ansprüche nach Absatz 2 sind außerdem ausgeschlossen, wenn bei der geschädigten Person ein Versagungsgrund nach § 2 Absatz 1 Satz 1 oder Absatz 2 vorliegt.

(6) Hinterbliebene sind von Ansprüchen nach Absatz 3 ausgeschlossen, wenn ein Ausschlussgrund nach Absatz 5 in ihrer Person oder bei der getöteten Person vorliegt.

Übersicht

1   **Allgemeines:** Durch das 3. OEG-ÄndG wurden mit Inkrafttreten zum 1. 7. 2009 (BGBl. I S. 1580) erstmals Entschädigungsmöglichkeiten bei Gewalttaten im Ausland geschaffen. Deutsche und berechtigt in Deutschland lebende Ausländer werden weitgehend gleichgestellt. Bei der Ausdehnung des internationalen Anwendungsbereichs handelt es sich nicht nur um eine langjährige Forderung des Weissen Rings, sondern auch verschiedener fraktionsübergreifender Initiativen im Deutschen Bundestag seit dem Jahre 2003 (vgl. Bock, ZRP 2009, 148 m. w. N.).

2   In teilweiser Abkehr von der bisherigen Dogmatik und Herleitung von Ansprüchen nach dem OEG wurde das **Territorialitätsprinzip** durchbrochen und durch das **Personalitätsprinzip** ergänzt (vgl. § 1 Rn. 1 f., 6 f. sowie zum **Schockschaden** § 1 Rn. 5 f.). Die Art der Entschädigungsleistung hängt davon ab, ob es sich um eine Inlands- oder Auslandstat handelt. Im letzteren Fall wird weitgehend pauschaliert entschädigt, wobei allerdings im Gegensatz zu Inlandstaten bereits Leistungen unterhalb eines GdS von 25 v. H. möglich sind. Das unterschiedliche Regelungssystem basiert auf einem anderen Rechtsgrund als bisher. Neben der bisherigen Herleitung der Ansprüche aus der besonderen Verantwortung des Staates für seine Bürger, die für den nicht gewährleisteten Schutz durch den Staat, der die Straftat nicht zu verhindern mochte (Aufopferungstatbestand), einen Ausgleichanspruch nach dem OEG erhalten – wobei der Staat im Prinzip aus einer Mitverantwortung heraus leistet – tritt nunmehr das **Sozialstaatsprinzip** in der Ausprägung staatlicher Fürsorge als Rechtsgrund zusätzlich daneben (vgl. § 1 Rn. 1 f., 6 f. sowie zum Schockschaden § 1 Rn. 5 f.). Das OEG ist vom Fürsorgegedanken des Staates für seine Bürger bzw. für diejenigen Personen, die sich dauerhaft rechtmäßig in Deutschland aufhalten, geprägt (BT-Drs. 12/12273 S. 6). Auch die Ergänzung wird von dem „**Grundsatz der allgemeinen staatlichen Fürsorgepflicht**" getragen (BT-Drs. 12/12273 S. 6). Da bei Auslandstaten grundsätzlich nicht der ursprüngliche Rechtsgrund der Aufopferung bzw. der Mitverantwortung des Staates gegeben ist, wird mit diesem Unterschied und der Betonung der Fürsorgepflicht bei Auslandstaten ein unterschiedliches Leistungsspektrum mit einer Nachrangigkeit gegenüber anderen öffentlichen oder privaten Sicherungs- oder Versorgungssystemen begründet und eingeführt (BT-Drs. 16/12273 S. 6; krit. dazu Bock, ZRP 2009, 148, 149 f. m. w. N. unter Hinweis auf nicht abstufende Regelungen in Österreich und Frankreich). Bei Betrachtung des Gesetzgebungsverfahrens und der parlamentarischen Bemühungen seit dem Jahre 2003 handelt es sich bei der gewählten Regelungssystematik um eine Kompromissregelung, bei der fiskalische Erwägungen für die Differenzierung ausschlaggebend gewesen sein dürften, zumal es bislang kein gesichertes Zahlenmaterial der relevanten Fälle gibt (vgl. BT-Drs. 16/12273 S. 2).

Die **örtliche Zuständigkeit** richtet sich, ebenso wie bei der **3** Entschädigung, nach § 1 Abs. 1 nach § 6.

Zu Abs. 1: Abs. 1 umschreibt die **Voraussetzungen,** unter de- **4** nen Deutsche und ihnen gleichgestellte Personen bei einer Gewalttat im Ausland Leistungen erhalten. Dabei werden die in § 1 Abs. 1 genannten Anspruchsvoraussetzungen – **tätlicher rechtswidriger Angriff, gesundheitliche Schädigung** – und deren gesundheitliche Folgen unter Hinweis auf § 1 Abs. 1 oder 2 ausdrücklich in Bezug genommen. Die Vorschriften in § 1 Abs. 3, 9 und 10 OEG finden ebenfalls Anwendung, werden aber nicht ausdrücklich genannt, da sie auf Abs. 1 S. 1 verweisen (BT-Drs. 16/12273 S. 6). Die Leistungen werden auf **Antrag** gewährt (vgl zum Antrag § 1 Rn. 42 ff.). Die Formulierung in Abs. 1 Nr. 2 entspricht der Definition des vorübergehenden Aufenthalts in § 1 Abs. 5 und 6 OEG.

5   **Ausländer** nach § 1 Abs. 4 oder 5 Nr. 1 sind Deutschen gleichgestellt.

6   Wegen des Verweises auf § 1 Abs. 1 und 2 OEG gelten für den Nachweis des schädigenden Ereignisses dieselben Regelungen wie dort (vgl. § 1 Rn. 50 ff.).

7   Der in Abs. 1 Nr. 2 aufgeführte Begriff „am **Tatort**" ist weit auszulegen. Nach Sinn und Zweck des Gesetzes ist jede Gewalttat außerhalb des Geltungsbereiches des OEG einzubeziehen, wobei sich der Geschädigte innerhalb der Sechsmonatsfrist in verschiedenen Ländern aufgehalten hat und in einem davon geschädigt worden ist.

Ansprüche hat auch ein **Ausländer** bei **Taten** in seinem **Heimatland.** Unter „Ausland" sind alle Länder außerhalb des Bundesgebietes zu verstehen; eine andere Auslegung würde ansonsten zu einem unterschiedlichen Verständnis des Anwendungsbereiches führen und der angestrebten Gleichbehandlung von Ausländern und Deutschen zuwiderlaufen.

§ 3 a gilt auch für Gewalttaten auf **Schiffen** und **Luftfahrzeugen** ohne deutsche Flagge oder Hoheitszeichen. Während § 1 Abs. 1 OEG eine ausdrückliche Regelung zu Schiffen und Luftfahrzeugen enthält und der ebenfalls neu geschaffene § 4 Abs. 2 S. 2 OEG ausdrücklich zwischen Schiffen bzw. Luftfahrzeugen und einem Ort im Ausland differenziert, fehlt eine entsprechende Regelung in § 3 a. Dies rechtfertigt aber nicht den Schluss, dass diese Orte ausgenommen werden sollten. Der Gesetzgeber wollte alle Orte außerhalb Deutschlands erfassen (vgl. BT-Drs. 16/12273 S. 1 ff.). Der Begriff „Ausland" ist weit zu verstehen.

8   **Zu Abs. 2:** Abs. 2 regelt die Ansprüche für Geschädigte. Dabei orientieren sich die medizinischen Maßnahmen an der individuellen Notwendigkeit und die Höhe der Einmalzahlung ist nach dem GdS gestaffelt. Die Höhe der jeweiligen Einmalzahlungen entspricht bei einem GdS von 30 und 40 v. H. einem Jahresbetrag der bei Inlandstaten bei gleichem Schädigungsgrad gezahlten Grundrente; ab einem Betrag des GdS von 50 v. H. handelt es sich um den doppelten Jahresbetrag. Der für die Einmalzahlung angesetzte Höchstbetrag ergibt sich aus dem doppelten Jahresbetrag der Summe der bei Erwerbsunfähigkeit zu zahlenden Grundrente und der höchsten Stufe der Schwerbeschädigtenzulage (BT-Drs. 16/12273 S. 7).

9   Zu beachten ist, dass nach § 3 a Abs. 2 S. 1 Halbs. 1 bereits bei einem **GdS von unter 25 v. H.** eine **Zahlung** erfolgt, wobei für die pauschale Leistung ein Halbjahresbetrag der niedrigsten Grundrente bei Inlandstaten angesetzt wird. Nach dem Wortlaut des Gesetzes bestünde zwar an sich ein Anspruch schon bei einem GdS von 0.

Weder aus dem Gesetzeszweck noch aus den Gesetzesmaterialien ergeben sich allerdings dafür Hinweise. Diese Besserstellung gegenüber Opfern von Inlandstaten, die erst bei einem GdS ab 25 v. H. Geldleistungen erhalten, rechtfertigt sich allenfalls mit den zusätzlichen Erschwernissen, die mit einer Auslandstat einhergehen. Zu denken ist an besondere psychische Belastungen durch sprachliche Verständigungsschwierigkeiten. Diese und andere Belastungen werden einmal pauschal abgegolten. Wegen der engen systematischen Verknüpfung des OEG mit dem BVG ist aber ein GdS von mindestens 10 v. H. zu fordern. Anderenfalls würde jede Tat entschädigt, auch wenn sie nicht zu einer gesundheitlichen Schädigung geführt hat. Dies wäre systemwidrig. Die Grenze von 10 v. H. ist in Anlehnung an § 30 Abs. 1 S. 2 BVG zu wählen; danach ist der GdS in Zehnergraden von 10–100 zu bemessen, wobei ein bis zu fünf Grad geringerer Grad der Schädigungsfolgen vom höheren Schädigungsgrad mit umfasst wird.

Sachleistungen nach § 3a Abs. 2 S. 1 sind die notwendigen **10** Maßnahmen der Heilbehandlung und der medizinischen Rehabilitation einschließlich **psychotherapeutischer Angebote**. Dies ist ein eigener Anspruch **dem Grunde nach**, durch den mangels Verweis auf das BVG eine Abgrenzung zum herkömmlichen Leistungssystem erfolgt. Dies rechtfertigt sich aus dem sozialstaatlichen Fürsorgeprinzip, da der Aufopferungsgedanke hier nicht greift. Für die **Durchführung** sind dann die §§ 10 ff. BVG entsprechend heranzuziehen, es sei denn, dass die Anrechnungs- und Ausschlusstatbestände des § 3a Abs. 4 und Abs. 5 OEG als lex specialis § 10 Abs. 7 BVG vorgehen.

Im Gegensatz zur sonst üblichen Formulierung der **„psychotherapeutischen Maßnahmen"** des SGB V, spricht § 3a Abs 2 OEG von „psychotherapeutischen Angeboten". Dabei handelt es sich offensichtlich um ein redaktionelles Versehen, was sich bereits aus der Formulierung in Abs. 3 S. 2 im Zusammenhang mit der Hinterbliebenenversorgung ergibt; dort ist auch von „psychotherapeutischen Maßnahmen" die Rede. Sowohl in Abs. 2 als auch in Abs. 3 geht es um psychotherapeutische Leistungen. Im Regelfall dürfte es sich um Leistungen handeln, die im Einzelfall noch im Ausland zur Krisenintervention oder einer ersten psychologischen Beratung angeboten werden.

Die Zahlung nach § 3a Abs. 2 ist anders als eine Zahlung nach **11** § 1 Abs. 1 i. V. m. dem BVG keine dauernde Leistung, sondern eine **Einmalzahlung**. Daher kann der **maßgebliche Zeitpunkt** für die **Festlegung** nur der Zeitpunkt der letzten Entscheidung sein. Nach dem Verständnis einer Einmalzahlung sind die Ansprüche des

Opfers damit abgefunden mit der Folge, dass spätere Verschlimmerungen grundsätzlich außer Betracht bleiben. Allerdings ist unter Berücksichtigung der Begründung der neuen Regelung aus dem Sozialstaatsprinzip heraus zunächst seitens der Versorgungsverwaltung sicherzustellen, dass eine größtmögliche medizinische Prognosesicherheit besteht, Zukunftsschäden oder Schadensvertiefungen zum Zeitpunkt der Festsetzung des GdS ausschließbar sind. Es wird bei der Bewilligung von Einmalzahlungen aber auch immer die Situation geben, dass eine Verbesserung oder Verschlimmerung der Schädigungsfolgen eintreten kann. Fehleinschätzungen der künftigen Entwicklung gehören zwar grundsätzlich zu den mit einer Einmalzahlung verbundenen Risiken (vgl. BGH NJW 1991, 1535; OLG Koblenz NJW 2004, 782). Dies ist das „normale" Risiko, dass beide Parteien tragen müssen. Wenn beide Beteiligte aber beispielsweise von irrigen Vorstellungen über den Schadensumfang ausgegangen sind oder sich ein krasses Missverhältnis zwischen der Einmalzahlung und dem Schaden im Nachhinein ergibt, ist die Einmalzahlung entsprechend § 313 BGB nach der Lehre über den **Wegfall der Geschäftsgrundlage** anzupassen. Es kann dabei auf die in Literatur und Rechtsprechung anerkannten Fallgruppen zurückgegriffen werden. Im Falle der Einmalzahlung ist vor allem die Fallgruppe der **Abfindungsvereinbarungen** über Schadensersatzansprüche heranziehbar (vgl. dazu Palandt/Grüneberg, § 313 BGB Rn. 44 ff.). Anerkannt ist, dass bei irrigen Vorstellungen über den Schadensumfang zum Zeitpunkt einer Abfindungsvereinbarung der Geschädigte eine Anpassung verlangen kann (vgl. BGH NJW-RR 1992, 715). Wenn sich bei unvorhersehbaren Folgen ein krasses Missverhältnis zwischen Abfindungssumme und Schaden ergibt, ist ebenfalls eine Anpassung geboten (vgl. OLG Oldenburg VersR 2004, 64; OlG Koblenz NJW 2004, 782).

Im Übrigen sind die allgemeinen Grundsätze zur Bildung des GdS zu beachten. Vorübergehende Gesundheitsbeeinträchtigungen, die nicht länger als sechs Monate andauern, bleiben unberücksichtigt.

12   § 3a Abs. 2 S. 3 regelt den Anspruch auf einen finanziellen Ausgleich im Falle des **Verlustes von Gliedmaßen** oder anderen **schwersten Schädigungen.** Nach dem Wortlaut des Gesetzes ist die aufgeführte Aufzählung abschließend. Bei einer Auslegung nach dem Wortlaut bedeutet dies, dass z.B. schwerste innere Verletzungen mit Dauerverlusten von Organen nicht entschädigt werden könnten. Die Gesetzesmaterialien erlauben keinen Rückschluss darauf, ob eine solche abschließende Regelung gewollt war (vgl. BT-Drs. 16/12273). Bei einer teleologischen Auslegung des Gesetzes sowie unter Berücksichtigung des dem Gesetz zugrunde liegenden Rechtsgrunds der Fürsorgeverpflichtung des Staates und dem gesetzgeberischen Ziel, Härten auszugleichen, sind allerdings solche schweren Verletzungen von ihren Auswirkungen auf den Betroffenen den in S. 3 aufgeführten gleichzusetzen und zu entschädigen.

Zu Abs. 3: Abs. 3 regelt die Leistungen für Hinterbliebene. **13** Damit ist grundsätzlich der Personenkreis nach § 38 BVG gemeint, Beschränkungen ergeben sich direkt aus dem Gesetz.

Der Wortlaut des Gesetzes „*bei* **einer Gewalttat** im Ausland **14** getötet" ist nach Sinn und Zweck des OEG so zu verstehen, dass der **Tod** „*durch* **eine Gewalttat**" eingetreten sein muss. Allerdings muss ein unmittelbarer Zusammenhang zwischen der Tat und dem Tod bestehen. Ein unmittelbarer Zusammenhang ist auch dann noch gegeben, wenn der Geschädigte innerhalb eines Zeitraums von bis zu sechs Monaten nach der Tat und infolge derselben verstirbt. Dieses weite Verständnis rechtfertigt sich aus der Wertung von § 2 VersMedV, Anlage Nr A, 2 g.

Nach S. 1 erhalten Hinterbliebene i. S. v. § 38 BVG, mit Aus- **15** nahme der Verwandten der aufsteigenden Linie sowie Betreuungsunterhaltsberechtigten eine Einmalzahlung. Die jeweilige Höhe ergibt sich aus S. 2. Die Regelungen zum **Betreuungsunterhalt** sind im Zuge der Reformen des Familienrechts seit Beginn des Jahres 2008 grundlegend neu geregelt worden. Die genauen Voraussetzungen ergeben sich aus § 1570 BGB. Der BGH hat sich erstmals mit den Rechtsfragen der am 1. 1. 2008 geänderten Regelung auf nachehelichen Betreuungsunterhalt in einer Entscheidung vom 18. 3. 2009 befasst (vgl. BGH NJW 2009, 1876).

Ein Anspruch sollte entweder durch das zuständige Jugendamt oder eine notarielle Vereinbarung nachgewiesen werden.

Ebenso wie bei der Leistungsberechtigung für Zahlungen unter- **16** halb eines GdS von 25 v. H. hat der Gesetzgeber beabsichtigt, den besonderen psychischen Belastungen der Angehörigen Rechnung zu tragen, die sich gerade aus dem Umstand der **Auslandstat** ergeben, indem – im Gegensatz zu Hinterbliebenen bei Inlandstaten – Hinterbliebene einschließlich der Eltern, deren minderjährige Kinder an den Folgen einer Gewalttat im Ausland verstorben sind, einen Anspruch auf notwendige **psychotherapeutische Maßnahmen** haben. Bei Inlandstaten besteht dagegen ein Anspruch nur bei einem selbst erlittenen Schockschäden (vgl. § 1 Rn. 5 ff.).

S. 4 regelt die Zuschüsse für **Überführungs-** u. **Beerdigungs- 17 kosten**, soweit nicht Dritte die Kosten übernehmen.

18   **Zu Abs. 4:** Abs. 4 enthält Regelungen zur Nachrangigkeit der Ansprüche nach den Abs. 2 und 3 gegenüber anderen öffentlichen oder privaten Sicherungs- oder Versorgungssystemen sowie die Modalitäten zur Anrechnung von Rentenleistungen. Der Gesetzgeber stellt damit Leistungen nach § 3a OEG **subsidiär** gegenüber anderen öffentlichen oder privaten Leistungen. Dies entspricht der gesetzlichen Intention staatlicher Fürsorge in Härtefällen.

     Vorrangig gegenüber den Ansprüchen nach den Abs. 2 und 3 sind sowohl Leistungen, die Geschädigten oder Hinterbliebenen aufgrund der Richtlinie 2004/80/EG des Rates vom 20. 4. 2004 zur Entschädigung der Opfer von Straftaten (ABl. EU Nr 261/15) in dem Land zustehen, in dem sich die Gewalttat ereignet hat (BT-Drs. 16/12273), als auch öffentliche Leistungen aus der Unfallversicherung oder Sozialhilfe sowie private Leistungen, z.B. aus Berufsunfähigkeits-/Lebensversicherungen oder Schutzbriefen von Automobilverbänden/Fahrzeugherstellern oder Kreditkartenunternehmen. Dies gilt allerdings nur, soweit sich die Ansprüche entsprechen. Im Falle von Piraterie sind auch ggf. eingedeckte Versicherungen des Reeders für Mannschaft und Schiff vorrangig.

19   **Schadensersatzansprüche** des Opfers gegen den Täter fallen aber **nicht** unter die Regelung des Abs. 4.

20   In Fällen, in denen der Geschädigte einen Leistungsanspruch gegen verschiedene Leistungsträger haben könnte, empfiehlt es sich zur Erreichung des Zieles schneller und effektiver Hilfe für die Geschädigten, dass die Versorgungsbehörde eine **Leistung unter Vorbehalt** nach **§ 22 Abs. 4 VwVfG-KOV** bewilligt. Im Falle nachträglicher Leistungen bestünde dann die Möglichkeit der Rückforderung.

21   **Zu Abs. 5 u. 6:** Staatliche Fürsorge auf Entschädigung ist dann zu begrenzen oder zu versagen, wenn eine Entschädigung unbillig wäre, weil der an sich Anspruchsberechtigte die Tat oder die Folgen mitverursacht oder es unterlassen hat, zumutbare und jedem einleuchtende Vorsorge zu treffen. Für Ansprüche nach § 1 Abs. 1 bestimmt sich dies nach § 2 OEG. Für die Ansprüche nach § 3a Abs. 2 und 3 regeln die Abs. 5 und 6, wann Ansprüche ausgeschlossen sind. Dabei wird auch teilweise § 2 in Bezug genommen.

22   Nach S. 1 sind von Ansprüchen nach Abs. 2 anspruchsberechtigte Geschädigte ausgeschlossen, sofern sie es **grob fahrlässig** unterlassen haben, einen **nach den Umständen gebotenen Versicherungsschutz** zu begründen.

     Der unbestimmte Rechtsbegriff der groben Fahrlässigkeit ist nach zivilrechtlichen Maßstäben zu beurteilen. Grobe Fahrlässigkeit liegt vor, wenn die verkehrserforderliche Sorgfalt in besonders schwerem Maße verletzt wurde, und schon einfachste, ganz naheliegende Überlegungen nicht angestellt werden und das nicht beachtet wurde, was im gegebenen Fall jedem einleuchten musste (Palandt/Heinrichs, § 277 BGB Rn. 2 m. w. N.). Allerdings gilt im Gegensatz zum bürgerlichen Recht nicht der objektive Sorgfaltsmaßstab nach § 276 BGB, sondern ein individueller, der auf die persönlichen Eigenschaften des Antragstellers abstellt (BSG, Urt. v. 18. 4. 2001, B 9 VG 3/00 R = BSGE 88, 96 = NJW 2002, 1069). Kriterien für die jeweilige Einzelfallprüfung sind Reisewarnungen des Auswärtigen Amtes, Reise- und Sicherheitshinweise des Reiseveranstalters, der jeweilige Gefährdungsgrad am Aufenthaltsort, spezielle Informationen oder allgemein zugängliche Informationen dazu, beruflicher oder privater Anlass der Reise sowie die Dauer der Reise. Ist ein längerer Aufenthalt von vornherein geplant gewesen, so sind zusätzliche Anforderungen zu stellen. Der geplante längere Aufenthalt ist ein Indiz dafür, dass ein spezieller Versicherungsschutz erforderlich gewesen wäre. Als Grenze für einen gewöhnlichen Urlaubsaufenthalt wird man eine Reisedauer von maximal vier Wochen annehmen können. Die vom Gesetzgeber gewählten unbestimmten Rechtsbegriffe werden von der Rechtsprechung konkretisiert werden müssen. Die Gesetzesmaterialien enthalten dazu keine Aufschlüsse.

Weitere **Versagungsgründe** ergeben sich durch den Verweis in   23
Abs. 5 S. 2 aus § 2 Abs. 1 S. 1 oder Abs. 2. Dazu führt die Gesetzesbegründung aus, dass ein Versagungsgrund nach § 2 Abs. 1 S. 1 auch dann vorliegen kann, wenn Geschädigte sich über bestehende Reise- oder Sicherheitshinweise oder Reisewarnungen des Auswärtigen Amtes hinweggesetzt haben, wobei allerdings auch dieser Versagungsgrund nicht zwingend ist, sondern eine Beurteilung des Einzelfalls erfordert (BT-Drs. 12/12273 S. 7).

Die **Sachverhaltsaufklärung** im **Ausland** kann im Einzelfall   24
schwierig werden. Es gelten grundsätzlich dieselben Grundsätze wie bei Inlandstaten (vgl. § 1). Die Versorgungsverwaltung wird sich im Einzelfall an die Botschaften und Konsulate im jeweiligen Land wenden müssen. **Amtshilfeersuchen** erfolgen nach den §§ 3 ff. SGB X.

Zur **Antragstellung** im **Ausland** vgl. § 1 Rn. 42 ff.   25

§ 4 Kostenträger

(1) [1]Zur Gewährung der Versorgung ist das Land verpflichtet, in dem die Schädigung eingetreten ist. [2]Sind hierüber Feststellungen nicht möglich, so ist das Land Kostenträger, in dem der Geschädigte zur Tatzeit seinen Wohnsitz oder gewöhnlichen Aufenthalt hatte.

(2) [1]Wenn der Geschädigte zur Tatzeit seinen Wohnsitz oder gewöhnlichen Aufenthalt nicht im Geltungsbereich dieses Gesetzes hatte, trägt der Bund die Kosten der Versorgung. [2]Das Gleiche gilt, wenn die Schädigung auf einem deutschen Schiff, einem deutschen Luftfahrzeug oder an einem Ort im Ausland eingetreten ist.

(3) [1]Der Bund trägt vierzig vom Hundert der Ausgaben, die den Ländern durch Geldleistungen nach diesem Gesetz entstehen. [2]Zu den Geldleistungen gehören nicht solche Geldbeträge, die zur Abgeltung oder an Stelle einer Sachleistung gezahlt werden. [3]Zur Vereinfachung der Abrechnung erstattet der Bund den Ländern in einem pauschalierten Verfahren jeweils 22 Prozent der ihnen nach Absatz 1 und 2 entstandenen Ausgaben. [4]Der Bund überprüft in einem Abstand von fünf Jahren, erstmals im Jahr 2014, die Voraussetzungen für die in Satz 1 genannte Quote.

(4) In den Fällen des § 3 Abs. 1 sind die Kosten, die durch das Hinzutreten der weiteren Schädigung verursacht werden, von dem Leistungsträger zu übernehmen, der für die Versorgung wegen der weiteren Schädigung zuständig ist.

Übersicht

Allgemeines: § 4 trifft Regelungen hinsichtlich der **Kosten-** **1** **träger.** Im Gesetzgebungsverfahren war umstritten, ob der Bund oder die Länder Kosten nach dem Opferentschädigungsgesetz zu tragen hätten (vgl. dazu Schoreit/Düsseldorf, OEG, § 4 Rn. 1–4; BT-Drs. 7/2506 S. 16 und S. 24; BT-Drs. 7/4804 S. 2). Die in Abs. 3 getroffene Kostenteilung zwischen Bund und Ländern stellt eine Kompromisslösung dar. Ausgangspunkt für die Kostenverteilung war der Gedanke, dass die Wahrnehmung der Aufgabe, den Bürger gegen Schädigung durch Straftaten zu schützen und soweit

dieser Schutz sich als unzulänglich erweist, für die Folgen der Un-
zulänglichkeit einzustehen, nach der **verfassungsmäßigen Ordnung** der Bundesrepublik Deutschland Angelegenheit der Länder
ist. Etwas anderes gilt nur für Fälle, in denen die Schädigung außerhalb der Grenzen eines Landes (Ausland, deutsches Schiff oder
Luftfahrzeug außerhalb des Geltungsbereichs des OEG) eintritt.
Diese Regelung entspricht auch Art. 104a GG. Danach tragen
Bund und Länder grundsätzlich gesondert die Kosten, die sich aus
der Wahrnehmung ihrer Aufgaben ergeben (sog. aufgabenorien-
tierter Konnexitätsgrundsatz).

2   **Zu Abs. 1:** Anknüpfungspunkt für die Zuständigkeit zur Gewährung von Leistungen ist der Ort, an dem die Schädigung eingetreten ist (Tatortprinzip). Zur Gewährung der Versorgung ist
demnach nach Abs. 1 S. 1 das Land verpflichtet, in dessen Hoheits-
bereich die Schädigung eingetreten ist. Das in Betracht kommende
Land hat den Anspruch des Geschädigten dem Grund und der
Höhe nach festzustellen und die anfallenden Leistungen zu eigenen
Lasten zu erbringen (Schoreit/Düsseldorf, OEG, § 4 Rn. 6). Mit
der Regelung in § 4 Abs. 1 S. 1 knüpft der Gesetzgeber an ein Tatbestandsmerkmal des § 1 Abs. 1 S. 1 an, das bestimmt: Wer im Geltungsbereich dieses Gesetzes oder **auf einem deutschen Schiff
oder Luftfahrzeug** infolge eines vorsätzlichen, rechtswidrigen tätlichen Angriffs gegen seine oder eine andere Person oder durch
dessen rechtmäßige Abwehr eine gesundheitliche Schädigung erlitten hat, erhält wegen der gesundheitlichen und wirtschaftlichen
Folgen auf Antrag Versorgung in entsprechender Anwendung der
Vorschriften des BVG. Zwar kann sich die gesundheitliche Schädigung auch auf die Psyche des Opfers beziehen, sie muss jedoch
unmittelbar durch einen tätlichen Angriff verursacht worden sein.
Deshalb kommt es für den Eintritt sowohl von äußeren Verletzungen als auch von psychischen Schäden auf den Ort an, an dem die
traumatische Schädigung stattgefunden hat (vgl. insoweit BSG v.
12. 2. 2003, SGb 2003, 740 ff.). Das BSG hat in dem angegebenen
Urteil verdeutlicht, dass bei einem Ortswechsel in ein anderes
Bundesland nach dem tätlichen Angriff das neue Bundesland nur
dann in Anspruch genommen werden kann, wenn der tätliche Angriff auch nach dem **Ortswechsel** noch als fortwirkend angesehen werden kann. Zur Fortwirkung des tätlichen Angriffs vgl. § 1
Rn. 6. Bei sog. Distanzdelikten wird nach den Regelungen des § 4
nicht an den Ort der Tat sondern an den Ort des **Eintritts des Erfolges** angeknüpft. Kann nicht festgestellt werden, in welchem Land
die Schädigung eingetreten ist, so ist das Land Kostenträger, in dem

der Geschädigte zur Tatzeit (Zeitpunkt des Eintritts der Schädigung;
so Wilke, OEG, § 4 Rn. 1) seinen Wohnsitz oder gewöhnlichen
Aufenthalt hatte. Nach § 30 Abs. 3 SGB I hat jemand seinen **Wohnsitz** dort, wo er eine Wohnung unter Umständen inne hat, die
darauf schließen lassen, dass er die Wohnung beibehalten und benutzen wird. Den **gewöhnlichen Aufenthalt** hat jemand dort,
wo er sich unter Umständen aufhält, die erkennen lassen, dass er an
diesem Ort oder in diesem Gebiet nicht nur vorübergehend verweilt.

Zu Abs. 2: Nach Abs. 2 trägt der Bund die Kosten der Versor- **3**
gung, wenn der Geschädigte zur **Tatzeit** seinen Wohnsitz oder
gewöhnlichen Aufenthalt nicht im Geltungsbereich des OEG hatte.
Gleiches gilt, wenn die Schädigung auf einem deutschen Schiff
oder Luftfahrzeug oder an einem Ort im Ausland eingetreten ist.
Abs. 2 S. 2 unterscheidet ausdrücklich zwischen Schiffen und Luftfahrzeugen und einem Ort im Ausland. In § 3 a Abs. 1 fehlt eine
entsprechende Regelung. Hieraus kann jedoch nicht der Schluss
gezogen werden, dass Taten auf fremden Schiffen und Luftfahrzeugen nach § 3 a nicht entschädigt werden sollen, sondern Schiffe und
Luftfahrzeuge ohne deutsche Flagge bzw. deutsches Hoheitszeichen
außerhalb des deutschen Luftraumes und des Küstenmeeres müssen
als Ausland i. S. d. § 3 a Abs. 1 S. 1 angesehen werden.

In den Ausnahmefällen des Abs. 2 ist zwar der Bund Kostenträger, **4**
zuständig für die Gewährung der Versorgung sind jedoch die Länder. Sie werden in den Fällen des Abs. 2 im Auftrage des Bundes
(Art. 85 GG) tätig. Nach Art. 104 a Abs. 3 S. 2 GG wird ein Gesetz
dann im Auftrage des Bundes durchgeführt, wenn es bestimmt, dass
der Bund die Hälfte der Ausgaben oder mehr trägt. Dies trifft auf die
Fälle in Abs. 2 zu, da hier der Bund alleiniger Kostenträger ist. Diesem verfassungsrechtlichen Erfordernis tragen § 6 Abs. 1 S. 2 und 3
Rechnung. Es kommt daher für die **Zuständigkeit eines Landes**
nach § 6 Abs. 1 S. 2 und 3 darauf an, wo der Geschädigte im Zeitpunkt der Schädigung seinen Wohnsitz oder gewöhnlichen Aufenthalt hatte bzw. ob die Voraussetzungen des Abs. 2 gegeben sind.
Daraus folgt, dass **passivlegitimiert** das Land ist, in dessen Bereich
der zuständige Leistungsträger nach § 6 und §§ 12, 14 Abs. 2 SGB I
liegt.

Verlegt der Geschädigte seinen Wohnsitz oder gewöhnlichen **5**
Aufenthalt nach der Schädigung innerhalb des für die Kostentragung
zuständigen Landes, so sind die Akten zum gegebenen Zeitpunkt an
das für den neuen Wohnsitz oder gewöhnlichen Aufenthalt zuständige Versorgungsamt abzugeben. Gleiches gilt auch für die bei den

Hauptfürsorgestellen bzw. Kriegsopferfürsorgestellen geführten Akten. Auch diese sind an die für den neuen Wohnsitz oder gewöhnlichen Aufenthalt zuständige Hauptfürsorgestelle oder Kriegsopferfürsorgestelle abzugeben.

Ein Schiff oder Luftfahrzeug ist dann deutsch, wenn es berechtigt ist, die **Bundesflagge oder das Staatsangehörigkeitszeichen** der Bundesrepublik Deutschland zu führen. Für Schiffe ergibt sich diese Berechtigung aus den §§ 1 und 2 FlaggRG; für Luftfahrzeuge aus § 2 LuftvG. Zur Zuständigkeit in den vorstehenden Fällen hat der Gesetzgeber in § 6 Abs. 1 S. 3 eine Sonderregelung getroffen.

6   **Zu Abs. 3:** Die Beschränkung der Kostenbeteiligung des Bundes auf **Geldleistungen** entspricht Art. 104a Abs. 2 GG. Danach können Bundesgesetze, die Geldleistungen gewähren und von den Ländern ausgeführt werden, bestimmen, dass die Geldleistungen ganz oder zum Teil vom Bund getragen werden. Eine Geldleistung i. S. d. Abs. 2 liegt deshalb nur dann vor, wenn sie aufgrund der Geldleistungsvorschrift des Art. 104a Abs. 3 GG zu erbringen ist. Bei anderen Vorschriften, insbesondere bei Sachleistungsvorschriften, ist eine Kostenbeteiligung des Bundes **verfassungsrechtlich** nicht zulässig. Eine Geldleistungsvorschrift kann nur dann gegeben sein, wenn deren Durchführung getrennt von anderen Vorschriften grundsätzlich auch in Bundesauftragsverwaltung möglich wäre (vgl. RdSchr. BMA v. 15. 12. 1978, BVBl. 1978 S. 19). Eine Geldleistung liegt dann nicht vor, wenn der Verwaltung die Möglichkeit eingeräumt ist, die Leistung nach ihrem Ermessen **wahlweise** als Geld- oder Sachleistung zu erbringen und damit der Anspruch nicht ausschließlich auf Geld gerichtet ist. Ebenfalls keine Geldleistung liegt vor, wenn die eine Leistung in Geld vorsehende Bestimmung des BVG so eng mit einer Sachleistungsbestimmung verknüpft ist, dass bei **natürlicher Betrachtung** die Durchführung der die Geldleistung vorsehenden Vorschrift nicht von der Durchführung der Sachleistungsvorschrift getrennt werden könnte (BVBl. 1978 S. 19 Nr. 6).

7   Über die Frage, welche Leistungen als Geldleistungen und welche als Sachleistungen zu charakterisieren sind, hat es zwischen den Ländern und dem Bund **erhebliche Meinungsverschiedenheiten** gegeben. In der Praxis war eine sachgerechte Trennung zwischen Geld und Sachleistungen nicht möglich. Aus der Begründung (BT-Drs. 16 (11) 1335 v. 21. 4. 2009) zum 3. OEG-ÄndG ergibt sich, dass der Bund der Auffassung war, die Abrechnungspraxis der Länder verstoße letztendlich gegen Art. 104a GG. Um diesen Zustand zu beenden, haben sich Bund und Länder darauf geeinigt, dem neuen Abs. 3 des § 4 einen weiteren Satz anzufügen, der die **Pau-**

schalabrechnung zwischen Bund und Ländern regelt. Die in Abs. 3 S. 3 gefundene Lösung, dass der Bund den Ländern 22 Prozent der nach Abs. 1 und 2 entstandenen Ausgaben erstattet, beruht auf den Feststellungen des Bundesrechnungshofes und seiner Prüfämter anlässlich von Prüfungen in den Jahren 2004 bis 2006. Durch die Erstattung wird das Gebot des Art. 104 a GG erfüllt, weil die 22 Prozent dem Anteil des Bundes von 40 Prozent der Geldleistungen entsprechen.

Da nicht ausgeschlossen werden kann, dass sich das Verhältnis **8** von Geldleistungen und Sachleistungen an den Gesamtkosten verändert, ist eine Überprüfungsregelung in den Abs. 3 eingefügt worden. Nach Abs. 3 S. 4 überprüft der Bund in einem Abstand von fünf Jahren, erstmals im Jahr 2014, die Voraussetzungen für die in S. 1 genannte Quote. Durch diese Regelung wird sichergestellt, dass es auf Dauer bei einer verfassungskonformen (Art. 104 a GG) Erstattungsregelung zwischen Bund und Ländern bleibt. Durch Art. 3 S. 2 des 3. OEG-ÄndG ist bestimmt, dass die neue Erstattungsregelung rückwirkend zum 1. 1. 2009 in Kraft trat.

Zu Abs. 4: Nach Abs. 4 sind in den Fällen des § 3 Abs. 1 die **9** Kosten, die durch das Hinzutreten der weiteren Schädigung verursacht werden, vom Leistungsträger zu übernehmen, der für die Versorgung wegen der weiteren Schäden zuständig ist. Abs. 4 entspricht damit § 63 S. 1 Infektionsschutzgesetz (IfSG). Die Bestimmung dient der **Vereinfachung**, da eine Aufteilung der Gesamtleistung entsprechend dem jeweiligen Schaden vermieden wird. Erleidet z. B. ein Kriegsbeschädigter (GdS für die Schädigungsfolgen nach dem BVG 40) eine OEG-Schädigung (Einzel-GdS hierfür ebenfalls 40), woraus sich ein Gesamt-GdS von 60 ergeben soll, hat nach § 4 Abs. 1 das für die OEG-Schädigung zuständige Land den über den Grundrentenbetrag nach einem GdS von 40 hinausgehenden Betrag zu zahlen. Hiervon trägt allerdings nach § 4 Abs. 3 im Rahmen der Pauschalregelung 40 v. H. der Bund. In den Fällen, in denen für die jeweiligen Ansprüche ein Versorgungsamt eines anderen Bundeslandes zuständig ist, haben die Länder folgendes vereinbart: das für die **nachfolgende** Schädigung (OEG-Schädigung) zuständige Versorgungsamt des anderen Bundeslandes erteilt einen Bescheid dem Grunde nach, setzt die Höhe des Gesamt-GdS fest und teilt dies dem Versorgungsberechtigten mit. Das Wohnsitzamt (BVG-Amt) nimmt die Auszahlung der Gesamtversorgungsbezüge vor und fordert von dem für die OEG-Schädigung zuständigen Versorgungsamt des anderen Bundeslandes den Unterschiedsbetrag (OEG-Anteil) an.

Die Bestimmung des Abs. 4 findet auch Anwendung, wenn ein schadenstiftendes Ereignis i. S. d. OEG lediglich zur Erhöhung eines Anspruchs auf **Elternrente** nach § 51 Abs. 2 S. 2 und Abs. 3 S. 2 BVG führt (h. M., vgl. Schoreit/Düsseldorf, OEG, § 4 Rn. 28).

§ 5 Übergang gesetzlicher Schadensersatzansprüche

Ist ein Land Kostenträger (§ 4), so gilt § 81 a des Bundesversorgungsgesetzes mit der Maßgabe, daß der gegen Dritte bestehende gesetzliche Schadensersatzanspruch auf das zur Gewährung der Leistungen nach diesem Gesetz verpflichtete Land übergeht.

Übersicht

Allgemeines: Die Einräumung eines Anspruchs nach dem OEG **1** für das Opfer einer Gewalttat und damit nach den Grundsätzen des sozialen Entschädigungsrechts dient unter anderem dazu, den Geschädigten die komplizierte und im Ergebnis oft fruchtlose Durchsetzung von zivilrechtlichen Schadensersatzansprüchen zu ersparen. Der Schädiger soll jedoch durch diese staatlichen Leistungen nicht begünstigt werden. Durch die Verweisung auf das BVG gilt grundsätzlich auch dessen **§ 81 a BVG**, der den Übergang gesetzlicher Schadensersatzansprüche gegen Dritte vorsieht, die den Schaden verursacht haben. Da nach § 4 für die überwiegende Zahl der Fälle die Länder Kostenträger sind, musste in § 5 der § 81 a BVG so modifiziert werden, dass für den Fall, dass ein Land Kostenträger ist, die gesetzlichen Schadensersatzansprüche auf dieses übergehen.

Ein Übergang gesetzlicher Schadensersatzansprüche findet nach **2** § 81 a Abs. 1 S. 2 BVG nicht statt bei Ansprüchen, die aus Schwangerschaft und Niederkunft erwachsen sind. Nach § 81 a Abs. 1 S. 3 BVG darf ein Übergang **nicht zum Nachteil des Berechtigten** geltend gemacht werden. Der Übergang findet auch dann gemäß § 81 a Abs. 2 BVG statt, wenn es sich um Ansprüche handelt, die nicht auf einer Schädigung beruhen. Auch bei einer Rechtsnachfolge des Schädigers durch den Geschädigten schließt § 116 Abs. 8 SGB X zwar den Forderungsübergang bei innerfamiliären Schädigungen aus, jedoch nicht für vorsätzliche Taten wie im OEG (so im Ergebnis auch OLG Bremen Weisser Ring Nr. 3/1985, 3 ff.). Es ist eine dem allgemeinen Grundsatz von Treu und Glauben (§ 242 BGB) entsprechende Entscheidung zu treffen. Dabei muss der **Schutz von Rückgriffsansprüchen**, den die Rechtsprechung (BGH NJW 1985, 1958 ff.) für die Fälle entwickelt hat, in denen der Erbe des Schädigers mit dem Geschädigten in häuslicher Ge-

meinschaft lebt, auch dann gelten, wenn der Geschädigte selbst als
Erbe des Schädigers in Anspruch genommen werden soll.

3   **Beispiel:** Der Vater einer Waise hat die Mutter durch vorsätzlichen
rechtswidrigen tätlichen Angriff getötet und sich anschließend das Leben
genommen. Nach § 116 Abs. 8 S. 1 SGB X ist ein Übergang von Schadensersatzansprüchen nur bei nicht vorsätzlichen Schädigungen durch Familienangehörige ausgeschlossen. Dennoch muss der Schutz des Geschädigten vor Rückgriffsansprüchen unter dem Gesichtspunkt von Treu und
Glauben Berücksichtigung finden. Damit wird in aller Regel ein Rückgriff
auf den **Geschädigten als Erbe** ein Nachteil i. S. d. § 81 a Abs. 1 S.3 BVG
und damit ausgeschlossen sein. Anders wird zum Beispiel zu entscheiden
sein, wenn das Opfer als Erbe des Täters die Rückgriffsansprüche aus einem
reichlichen Nachlass befriedigen kann, ohne eigene Ansprüche an den
Nachlass zu beeinträchtigen oder sonstige schutzwürdige Interessen, etwa als
Miteigentümer oder auch als Mitbewohner eines zum Nachlass gehörenden Hausgrundstückes, zu berühren (BfA RdSchr. v. 27. 6. 1988, VI a 4 –
54202).

Die Regelung des § 5 bewirkt auch, dass der Geschädigte nicht
durch Leistungen nach dem OEG und durch Leistungen des Schädigers **doppelt entschädigt** wird. Die Regelung stellt sicher, dass
das nach dem OEG verpflichtete Land keine Aufwendungen zu
tragen hat, für die nach unserer Rechtsordnung der Schädiger einzustehen hat.

4   **Verhältnis zu § 81 a Abs. 1 BVG:** In Fällen, in denen Kinder
Opfer einer Gewalttat geworden sind und der jeweilige Täter zur
Familie gehört, kann auf das Erfordernis des Vorliegens eines Straf-
antrags i. S. v. § 2 Abs. 2 OEG (vgl. Rn. 55) verzichtet werden, wenn
eine Aussage des Kindes zu negativen Folgen für das Kind führen
könnte. Dies gilt insbesondere dann, wenn vermieden werden soll,
dass der Täter davon erfährt, dass sich das Kind offenbart hat. Problematisch in diesem Zusammenhang ist jedoch, dass die zuständige
Behörde grundsätzlich verpflichtet ist, die nach § 81 a BVG i. V. m.
§ 5 OEG übergegangenen Schadensersatzansprüche – gegebenenfalls auch gerichtlich – geltend zu machen. Weil im gerichtlichen
Verfahren häufig nicht auf die **Aussage des Kindes** verzichtet
werden kann, wird der mit dem Verzicht auf die Strafanzeige be-
zweckte Schutz des Kindes oftmals zunichte gemacht.

Hierzu bietet sich ein Rückgriff auf den in § 81 a Abs. 1 S. 3
BVG zum Ausdruck kommenden Gedanken an, dass der Übergang
des Schadensersatzanspruchs nicht zum Nachteil des Berechtigten
geltend gemacht werden soll. Zwar betrifft diese Regelung ursprünglich einen rein fiskalischen Aspekt, nämlich die Sicherung
des sog. **Quotenvorrechts** des Berechtigten gegenüber dem Bund.

Dieser Gedanke kann aber zumindest sinngemäß auch auf Fallgestaltungen angewandt werden, in denen dem Opfer Nachteile sonstiger Art drohen, insbesondere dann, wenn zu befürchten ist, dass dem kindlichen Opfer durch gerichtliche Befragungen etc. schwere gesundheitliche Schädigungen durch eine Traumatisierung zugefügt werden können (vgl. BMA v. 26. 11. 2002, BArbBl. 2003, 11).

Zu dem von § 5 erfassten Personenkreis gehören neben den Ver-   **5** sorgungsberechtigten auch die Hinterbliebenen und die geschiedene Ehefrau eines Versorgungsberechtigten, sofern sie einen Anspruch auf Witwenversorgung hat. Der Anspruch des Versorgungsberechtigten gegen den Schädiger geht dem Grunde nach für alle zukünftigen Leistungen **im Augenblick des Schadensereignisses** auf das Land über (BGH VersR 2008, 398 f.; BGHZ 48, 181; BGH VersR 1967, 1072). Der gesetzliche Schadensersatzanspruch gegen den Dritten geht auf das zur Gewährung von Leistungen verpflichtete Land in dem Umfang über, in dem dieses nach Maßgabe des BVG Leistungen an den Geschädigten oder seine Hinterbliebenen zu erbringen hat. Der Forderungsübergang hat zum Ziel, dem Berechtigten Verfügungen über Schadensersatzansprüche schon dann zu verwehren, wenn zunächst noch ungewiss ist, ob und in welcher Höhe der Versorgungsträger Leistungen erbringen wird, dieser aber in Zukunft wegen solcher Leistungen auf einen Rückgriff beim Schädiger angewiesen sein kann (BGH v. 17. 4. 1990, VersR 1990, 1028). Damit sollen die Leistungsträger vor **Verfügungen des Geschädigten** über den Ersatzanspruch geschützt werden, die die Regressansprüche gefährden können. Damit der Schutz für den Leistungsträger möglichst weit reicht, wird für den Forderungsübergang im Zeitpunkt des schadenauslösenden Ereignisses selbst eine weit entfernte Möglichkeit des Eintritts von Schadensfolgen für ausreichend erachtet (OLG Celle v. 22. 3. 2000, Nds Rpfl 2000, 202 ff.). Selbst wenn die Folgen erst viel später eintreten, findet der Übergang Schadensersatzansprüche statt. Nur dann, wenn eine Schadensfolge bzw. Leistungspflicht zunächst geradezu ausgeschlossen erscheint oder eine bestimmte Leistungserbringung erst durch eine nachträgliche Gesetzesänderung begründet wird, erfolgt der Forderungsübergang auf den Leistungsträger nachträglich, nämlich mit Eintritt der zunächst nicht zu erwartenden Schadensfolge bzw. mit Inkrafttreten der Gesetzesänderung (OLG Celle v. 22. 3. 2000, Nds Rpfl 2000, 2002 f.).

Hinsichtlich der Vorhersehbarkeit der Leistungserbringung ist da-   **6** nach zu differenzieren, ob dem gesetzlichen Forderungsübergang Leistungen eines **Sozialhilfeträgers** oder eines Sozialversicherungsträgers zugrunde liegen. In den Fällen, in denen ein nur nachrangig leistungsverpflichteter Sozialhilfeträger i. S. v. § 116 Abs. 1 SGB X Leistungen zu gewähren hat, findet die Legalzession statt, wenn in Folge des schädigenden Ereignisses aufgrund konkreter Anhaltspunkte auch für eine Bedürftigkeit des Geschädigten mit der Leistungspflicht ernsthaft zu rechnen ist (BGH v. 16. 10. 2007, VersR 2008, 275 ff.). Handelt es sich um ein **Sozialversicherungsverhältnis**, sind nur geringere Anforderungen an die Vorhersehbarkeit künftiger Versicherungsleistungen zu stellen, weil im Rahmen eines solchen Versicherungsverhältnisses die künftige Leistung naheliegt (BGH v. 16. 10. 2007, VersR 2008, 275 ff.). Der Forderungsübergang nach § 81a BVG i. V. m. § 5 OEG vollzieht sich daher bereits im Augenblick der Anspruchsentstehung, soweit die entfernte Möglichkeit besteht, dass dem Geschädigten Versorgungsleistungen zu gewähren sein werden. Nicht erforderlich ist, dass der Versorgungsberechtigte auch Leistungen nach dem OEG tatsächlich bezieht. Der Anspruch darauf genügt (Schieckel/Gurgel Anm. 2 zu § 81a BVG; Schulz-Lüke/Wolf, OEG, § 4 Rn. 2; BGH v. 16. 10. 2007, VersR 2008, 275 ff.).

7　　Der Anspruchsübergang findet auch hinsichtlich der Leistungen statt, die vor der Antragstellung des Geschädigten entstanden sind. Zwar ist der Antrag rechtliche Voraussetzung für die Leistungen, der Antrag kann jedoch auch zur rückwirkenden Gewährung von Leistungen führen (vgl. § 18 Abs. 3 S. 1 BVG, der vor der Antragstellung **selbst veranlasste Heilbehandlungskosten** zu erstatten ermöglicht, oder § 61a BVG, der eine rückwirkende Versorgung nach dem Tod des Opfers zulässt). Auch solche nachträglich erbrachten Leistungen sind durch den frühen Zeitpunkt des Übergangs des Schadensersatzanspruchs durch das zur Leistung verpflichtete Land gegenüber dem Schädiger geltend zu machen.

8　　Der Übergang der Forderung findet in dem Umfang statt, in dem nach dem OEG **deckungsgleiche Leistungen** vom Land zu erbringen sind (Grundsatz der Gleichartigkeit der Leistungen). Die Leistungen des Landes müssen zeitlich und sachlich kongruent zu den Ansprüchen des Versorgungsberechtigten gegenüber dem Dritten sein. Zeitliche Kongruenz bedeutet, dass die Leistung nicht nur demselben Zweck dient, sondern sich auch auf die gleichen Zeiträume bezieht wie der vom Dritten zu leistende Schadensersatz (BGH NJW 1974, 640). Sachliche Kongruenz bedeutet, dass die Leistung demselben Zweck dienen muss wie der vom Dritten zu leistende Schadensersatz. Der gesetzliche Forderungsübergang setzt keine Leistungserbringung durch die zuständige Stelle voraus, sondern erfolgt bereits dem Grunde nach im Augenblick der schädigenden Handlung kraft Gesetzes von selbst (BGH v. 28. 3. 1995, VerfR 1995, 600 ff.). Die Höhe des einzelnen übergangsfähigen Anspruchs ergibt sich aus der Höhe der jeweiligen **kongruenten Versorgungsleistung**. Nicht die Summe der Versorgungsleistungen, sondern die Einzelleistungen sind Schadensersatzansprüchen des Opfers gegen den Schädiger gegenüberzustellen.

Nach der VV Nr. 1 zu § 81 a BVG findet der Übergang in dem **9** Umfang der aufgrund des BVG begründeten Pflicht zur Gewährung von Leistungen auch insoweit statt, als diese durch nachträgliche gesetzliche Änderungen erhöht werden. Mit der Ersatzforderung erwirbt das Land auch das von dem Forderungsrecht nicht trennbare Recht, bei wesentlicher Änderung der Verhältnisse etwaige Änderungsansprüche aufgrund des § 323 ZPO geltend zu machen (vgl. BGH NJW 1970, 1319 für § 1542 RVO). Ist die Leistungsverpflichtung des Landes bzw. Bundes nach dem OEG später weggefallen, z. B. durch Herabsetzung oder Wegfall des GdS, so hat der ehemalige Versorgungsberechtigte vom Augenblick des Wegfalls das Recht an seiner Forderung gegen den Dritten zurück erworben und kann sie gegenüber dem Dritten wieder geltend machen. Einer Rückübertragung bedarf es in diesem Fall nicht (BGH NJW 1960, 1542).

Verzichtet der Geschädigte nach § 46 Abs. 1 und 2 SGB I wirk- **10** sam auf Leistungen nach dem OEG, so wirkt sich dieses auch auf den Forderungsübergang aus. Während des Zeitraums, in dem das Opfer wirksam **auf Sozialleistungen verzichtet**, findet ein Forderungsübergang auf das Land bzw. den Bund nicht statt, da kongruente Sozialleistungen fehlen.

Der Übergang der Schadensersatzansprüche erfolgt durch eine cessio legis. Über § 412 BGB finden die Vorschriften der §§ 399 bis 404, 406–410 BGB entsprechende Anwendung. Keine Anwendung finden die §§ 405 und 411 BGB, da sie nur den geschäftlichen Verkehr schützen. Der gesetzliche Forderungsübergang bewirkt, dass die Ansprüche des Geschädigten gegen den Dritten vom Augenblick der Entstehung des Schadens an nicht geltend gemacht werden können. Der Forderungsübergang hat zum Ziel, den Berechtigten Verfügungen über Schadensersatzansprüche schon dann zu verwehren, wenn zunächst noch ungewiss ist, ob und in welcher Höhe der Versorgungsträger Leistungen erbringen wird, dieser aber in Zukunft wegen solcher Leistungen auf einen Rückgriff beim Schädiger angewiesen sein kann (vgl. BSG v. 17. 4. 1990, VerfR 1990, 1028; BSG v.16. 10. 2007, VerfR 2008, 275). Für den Versorgungsberechtigten besteht insoweit ein **Verfügungsverbot** nach § 135 BGB (vgl. hierzu BGH VersR 1960, 833).

11 Durch die cessio legis wird der Täter nicht Beteiligter, es ist deshalb eine Beiladung des Schädigers nach § 75 SGG bzw. die Hinzuziehung zum Verwaltungsverfahren durch die zuständige Behörde nach § 12 Abs. 2 SGB X nicht möglich (Behn, VersBea 1987, 58 ff., 60). Zur Anwendung kommt insbesondere auch die Schutzvorschrift des § 407 Abs. 1 BGB. Danach muss der neue Gläubiger (Land) eine Leistung, die der Schuldner (Dritte) nach dem gesetzlichen Forderungsübergang an den bisherigen Gläubiger (Versorgungsberechtigter) bewirkt, gegen sich gelten lassen, es sei denn, dass der Schuldner die Abtretung bei der Leistung kennt. Letzteres ist nach VV Nr. 3 zu § 81 a BVG dann der Fall, wenn der Schädiger weiß, dass der Verletzte zu den nach dem OEG zu versorgenden Personen gehört. Für den Zeitpunkt des Rechtsübergangs ist hinsichtlich der **Vorhersehbarkeit der Leistungserbringung** danach zu differenzieren, ob dem gesetzlichen Forderungsübergang Leistungen eines Sozialhilfeträgers oder eines Sozialversicherungsträgers zugrunde liegen (vgl. dazu Rn. 5). Für einen Rechtsübergang reicht auch die wenn auch weit entfernt liegende Möglichkeit aus, dass eine Leistungspflicht des Versicherungsträgers gegenüber dem Verletzten irgendwie in Betracht kommt (BGH v. 16. 10. 2007, VersR 2008, 275 f.). Der Forderungsübergang vollzieht sich also nach § 81 a BVG bereits im Augenblick der Anspruchsentstehung, soweit auch nur die entfernte Möglichkeit besteht, dass Versorgungsleistungen zu gewähren sein werden. Diese für den Rechtsübergang des § 81 a BVG entwickelten Grundsätze gelten auch für den Forderungsübergang nach § 5 OEG i. V. m. § 81 a BVG. Zur Klarstellung hat die zuständige Verwaltungsbehörde nach VV Nr. 7 zu § 81 a BVG den Geschädigten und den ersatzpflichtigen Dritten unverzüglich (ohne schuldhaftes Zögern, § 121 BGB) davon in Kenntnis zu setzen, dass die gesetzlichen Schadensersatzansprüche oder ein Teil von ihnen auf das Land übergegangen sind und sich daher jeder **Verfügung**, insbesondere des **Abschlusses von Vergleichen**, enthalten haben. Ist ein Abfindungsvergleich zwischen Schädiger und Geschädigtem geschlossen worden, gehen die Ansprüche unbeschadet des Vergleichs auf den Versorgungsträger über (BGH v. 16. 10. 2007, VersR 2008, 275 f.).

Der gesetzliche Forderungsübergang setzt nicht eine Leistungserbringung voraus, sondern erfolgt dem Grunde nach bereits im Augenblick der schädigenden Handlung kraft Gesetzes von selbst (BGH v. 16. 10. 2007, VersR 2008, 275 f.; vgl. die abweichende Auffassung von Wulfhorst, SGb 1995, 519). Dies gilt auch für die Fälle, in denen eine Leistung nach § 1 Abs. 1 S. 1 nur auf Antrag gewährt werden kann. Unterstrichen wird dies dadurch, dass Leistungen nach dem BVG auch in bestimmten Situationen rückwirkend gezahlt werden können (vgl. oben Rn. 6).

Der Geschädigte selbst ist zur Auskunft über die Person des **12** Schädigers verpflichtet. Die Auskunftspflicht ergibt sich aus § 60 Abs. 1 Nr. 1 SGB I, wonach derjenige, der Sozialleistungen beantragt oder erhält, alle Tatsachen anzugeben hat, die für die Leistung erheblich sind (so auch BSG MDR 1978, 346 für § 1542 RVO). Ein **Adhäsionsverfahren** nach §§ 403 ff. StPO ist jedoch nicht möglich, da die Versorgungsverwaltung auch nach der cessio legis nicht „Verletzter oder Erbe" i. S. d. § 403 Abs. 1 StPO wird. Die Fälle des § 5 sind keine Fälle einer Rechtsnachfolge (OLG Köln v. 31. 10. 1991, MDR 1992, 652).

Liegen die Voraussetzungen eines Schadensersatzanspruchs vor, **13** ist der ersatzpflichtige Dritte nach VV Nr. 8 zu § 81a BVG von der zuständigen Verwaltungsbehörde des Landes unverzüglich zur Zahlung oder zur Abgabe eines Schuldanerkenntnisses aufzufordern. Kommt er dieser Aufforderung nicht innerhalb einer angemessenen Frist nach, ist Klage zu erheben oder der Erlass eines Mahnbescheides zu beantragen. Hiervon kann nur abgesehen werden, wenn die **gerichtliche Geltendmachung** des Anspruchs keinen Erfolg verspricht. Einen Maßstab für die Angemessenheit der Frist ergeben die gesamten Umstände, wobei die Interessen beider Teile gebührend zu berücksichtigen sind.

Andere Gründe für die Nichtverfolgung des übergegangenen Anspruchs ergeben sich aus den jeweiligen haushaltsrechtlichen Vorschriften des Landes bzw. Bundes über die Niederschlagung, den Erlass oder die Stundung (z. B. § 59 BHO). Bei der Prüfung, ob von einer Klage Abstand genommen wird und ein Erlass oder ein Teilerlass des Anspruchs in Frage kommt, ist auch zu prüfen, ob die Verfolgung des Anspruchs die **Resozialisierung** des Straftäters zunichte macht (Schoreit/Düsseldorf, OEG, § 5 Rn. 3). In die Überlegungen mit einzubeziehen ist auch die Frage, ob der frühzeitige Forderungsübergang auf das Land oder den Bund einen „Täter-Opfer-Ausgleich", wie er im Strafrecht angelegt ist (§ 46a StGB, §§ 155a i. V. m. 155b StPO) behindert. Das BSG hat im Urt. v. 16. 10. 2007 (VersR 2008, 275 f.) darauf hingewiesen, dass eine sachgerechte Regelung unter Einbeziehung des Versorgungsträgers in einen Vergleichsabschluss zwischen Täter und Opfer grundsätzlich möglich bleibt.

Die Geltendmachung des Schadensersatzanspruchs muss vor den **14** für den Anspruch zuständigen Gerichten erfolgen. Handelt es sich um einen zivilrechtlichen Anspruch (z. B. Schadensersatz nach § 823 BGB wegen unerlaubter Handlung), sind die **ordentlichen Ge-**

richte zuständig. Nicht zuständig sind die Sozialgerichte, da trotz der Regelung in § 81 a Abs. 1 BVG ein zivilrechtlicher Anspruch nicht zur öffentlich-rechtlichen Streitigkeit i. S. d. § 51 Abs. 1 SGG wird, so auch Steffens, VersR 1960, 112.

Für die Klageerhebung gelten die Verjährungsvorschriften der §§ 194 ff. BGB. Für die Verjährung von Ansprüchen aus § 823 BGB gelten §§ 195, 199 BGB. Nach ständiger Rechtsprechung des BGH (Urt. v. 22. 4. 1986, NJW 1986, 2315; Urt. v. 28. 3. 1995, NJW 1995, 2413; Urt. v. 16. 10. 2007, VersR 2008, 275 ff.) kommt es für den Beginn des Laufs der Verjährung nach § 199 Abs. 1 BGB auf die Kenntnis von Schaden und Schädiger an. Wegen des Übergangs des Schadensersatzanspruches auf den Bund oder das Land kommt es nicht auf die Kenntnis des Verletzten, sondern auf die des Anspruchsträgers an (BGH, Urt. v. 22. 4. 1986, a. a. O.). Diese Kenntnis wird dem **Land als Anspruchsträger** durch seine zuständigen Bediensteten vermittelt. Zuständig für die Geltendmachung der Regressansprüche ist nach § 1 Buchst. c der Verordnung über die sachliche Zuständigkeit in der Kriegsopferversorgung i. V. m. § 2 des Gesetzes über das Verwaltungsverfahren der Kriegsopferversorgung v. 6. 5. 1976 (BGBl. I S. 1169) das Landesversorgungsamt. Die Bediensteten der Regressabteilung des Landesversorgungsamts sind also diejenigen, denen Kenntnis vom Schaden und vom Schädiger vorliegen muss. Kenntnis vom Schaden und vom Schädiger liegt bei Bediensteten des Landes (Versorgungsämter), die für die Durchführung des Opferentschädigungsgesetzes zuständig sind und den Antrag des Opfers bearbeiten, in aller Regel früher vor als bei den Bediensteten der Regressabteilung des Landesversorgungsamts. Auf die Kenntnis der Bediensteten der Versorgungsämter wird es jedoch nicht an. Es ist auch **keine Organisationsstruktur** vorgeschrieben, die die Kenntnis von diesen Bediensteten auf die der Mitarbeiter der Regressabteilung möglichst schnell überträgt. Der BGH hat im Urt. v. 22. 4. 1986 klargestellt, dass der Schädiger keinen Anspruch darauf hat, dass die Behörden unter dem Gesichtspunkt des Schuldnerschutzes eine Organisationsform schaffen, die die Kenntnis i. S. d. § 852 Abs. 1 BGB so zeitig wie möglich eintreten lässt. Trotzdem wird unter dem Gesichtspunkt der Verwirkung ein Schadensersatzanspruch nicht mehr geltend gemacht werden können, wenn die mit der Leistungsbewilligung betrauten Bediensteten die Weiterleitung des Falles an die Regressabteilung unterlassen haben und erst nach Jahren den Bediensteten dieser Abteilung die Kenntnis vom Schaden und vom Schädiger vermittelt wird. Haushaltsrechtlich sind die für die Leistungsgewährung zuständigen Bediensteten ohnehin verpflichtet, den Fall möglichst schnell der zuständigen Regressabteilung zuzuleiten, damit die Ansprüche so zeitig wie möglich und vollständig geltend gemacht werden können.

Der Versorgungsberechtigte kann gegen den Dritten keine Klage **15** mehr erheben, soweit die Forderung auf das Land nach § 5 übergegangen ist. Der Versorgungsberechtigte ist durch den gesetzlichen Übergang zur Erhebung der Klage nicht mehr aktivlegitimiert (BGH NJW 1958, 338). Das Land kann jedoch seine Forderung gegen den Dritten an den Versorgungsberechtigten oder an jeden anderen abtreten oder zurückübertragen. Es kann auch den Versorgungsberechtigten ermächtigen, die Forderung einzuklagen. Auch kann das Land eine Leistung des Dritten an den Versorgungsberechtigten nach § 185 BGB genehmigen.

Ein Übergang findet nach § 5 OEG i.V.m. § 81a Abs. 1 S. 2 BVG dann nicht statt, wenn es sich um Ansprüche handelt, die aus **Schwangerschaft oder Niederkunft** erwachsen sind. Abgesehen davon, dass es sich hierbei nicht um Ansprüche handelt, die auf einer Schädigung i.S.d. OEG beruhen, wird durch die Regelung in § 81a Abs. 1 S. 2 BVG dem höchstpersönlichen Charakter dieser Ansprüche Rechnung getragen.

Verhältnis zu § 81a Abs. 2 BVG: § 81a Abs. 1 BVG findet **16** nach § 81a Abs. 2 BVG entsprechend Anwendung, soweit es sich um Ansprüche nach dem BVG handelt, die nicht auf einer Schädigung beruhen. Diese Regelung ist deshalb erforderlich, weil der Grundsatz des § 1 Abs. 1 BVG, Versorgung nur wegen einer anerkannten gesundheitlichen Schädigung zu gewähren, in einer Reihe von Fällen durchbrochen wird. So wird nach **§ 10 Abs. 2 BVG** Schwerbeschädigten im Rahmen des § 10 Abs. 4 BVG Heilbehandlung auch für Gesundheitsstörungen gewährt, die nicht Folge einer Schädigung sind. Eine weitere Ausnahme findet sich in **§ 48 BVG**. Danach ist der Witwe und den Waisen auch dann eine Witwen- und Waisenrente zu gewähren, wenn der Schwerbeschädigte nicht an den Folgen der Schädigung verstorben ist, sofern der Schwerbeschädigte durch die Folgen der Schädigung daran gehindert war, eine entsprechende Erwerbstätigkeit in vollem Umfang auszuüben und dadurch die Versorgung seiner Hinterbliebenen nicht unerheblich beeinträchtigt ist.

Die Ansprüche nach § 81a Abs. 1 S. 1 BVG gehen gem. § 5 OEG in den Fällen auf das Land bzw. auf den Bund über, in denen diese Leistungen entsprechend denen des BVG zu gewähren sind, ohne Rücksicht darauf, ob diese Leistungen auf einer anerkannten Schädigungsfolge beruhen oder nicht.

Sind mehrere Schädiger vorhanden, so sind sie hinsichtlich der Schadensersatzansprüche **Gesamtschuldner** nach § 421 BGB. Nach § 5 OEG i. V. m. § 81 a BVG gehen alle Ersatzansprüche auf das Land in der Weise über, dass jeder Schädiger verpflichtet ist, die ganze Leistung zu bewirken, dass aber das Land die Leistung nur einmal zu fordern berechtigt ist. Allerdings kann das Land nach § 421 S. 2 BGB die Leistung nach seinem Belieben von jedem der Schädiger ganz oder teilweise fordern. Bis zur Bewirkung der ganzen Leistung bleiben sämtliche Schädiger zum Schadensersatz verpflichtet.

17   Die bisherige Regelung in § 5 a. F., die geregelt hatte, dass das Land jährlich bis zum 31. 3. des folgenden Jahres 7,5 v. H. der eingezogenen Schadensersatzleistungen an den Bund abführt, ist mit Wirkung vom 1. 1. 2009 wegen in der in § 4 Abs. 3 eingeführten pauschalen Erstattungsregelung gestrichen worden. Bei der Bemessung der vom Bund zu erstattenden Kostenquote von 22 Prozent ist bereits berücksichtigt, dass die Länder Schadensersatzansprüche realisieren. Die Abrechnungsregelung in § 5 a. F. war damit entbehrlich.

§ 6 Zuständigkeit und Verfahren

(1) [1]Die Versorgung nach diesem Gesetz obliegt den für die Durchführung des Bundesversorgungsgesetzes zuständigen Behörden. [2]Ist der Bund Kostenträger, so sind zuständig

1. wenn der Geschädigte seinen Wohnsitz oder gewöhnlichen Aufenthalt in einem Land hat, die Behörden dieses Landes,
2. wenn der Geschädigte seinen Wohnsitz oder gewöhnlichen Aufenthalt außerhalb des Geltungsbereiches dieses Gesetzes hat, die Behörden des Landes, das die Versorgung von Kriegsopfern in dem Wohnsitz- oder Aufenthaltsland durchführt.

[3]Abweichend von Satz 2 sind, wenn die Schädigung auf einem deutschen Schiff oder Luftfahrzeug eingetreten ist, die Behörden des Landes zuständig, in dem das Schiff in das Schiffsregister eingetragen ist oder in dem der Halter des Luftfahrzeugs seinen Sitz oder Wohnsitz hat.

(2) Die örtliche Zuständigkeit der Behörden bestimmt die Landesregierung durch Rechtsverordnung.

(3) Das Gesetz über das Verwaltungsverfahren der Kriegsopferversorgung, mit Ausnahme der §§ 3 bis 5, sowie die Vorschriften des Sozialgerichtsgesetzes über das Vorverfahren sind anzuwenden.

(4) Absatz 3 gilt nicht, soweit die Versorgung in der Gewährung von Leistungen besteht, die den Leistungen der Kriegsopferfürsorge nach den §§ 25 bis 27 h des Bundesversorgungsgesetzes entsprechen.

Übersicht

Allgemeines: Durch das Gesetz über die Errichtung der Verwaltungsbehörden der Kriegsopferversorgung v. 12. 3. 1951 (BGBl. I S. 169) sind die Länder zur **Durchführung des BVG** verpflichtet worden, eigenständige Verwaltungsbehörden mit dem Namen Versorgungsämter und Landesversorgungsämter zu errichten. Diesen Ämtern sind auch die übrigen Gesetze des sozialen Entschädigungsrechts wie das Soldatenversorgungsgesetz, das Häftlingshilfegesetz und das Infektionsschutzgesetz zur Ausführung übertragen worden.   **1**

Es bot sich daher an, um eine einheitliche Versorgung sicherzustellen, für das **OEG ebenfalls die Zuständigkeit der Versorgungsämter und Landesversorgungsämter** zu begründen. Um eine einheitliche Anwendung des Opferentschädigungsgesetzes sicherzustellen, überträgt daher § 6 Abs. 1 die Versorgung den für die Durchführung des Bundesversorgungsgesetzes zuständigen Behörden (BT-Drs. 7/2506 S. 17). Gleiches gilt nach § 6 Abs. 3 und 4 auch für das Verwaltungsverfahren. Abs. 1 wurde durch das 1. OEG-ÄndG v. 20. 12. 1984 (BGBl. 1984 I S. 1723 f.) neu gefasst. Mit dieser geänderten Zuständigkeit, die auch alle Fälle der Vergangenheit erfasst (BMA RdSchr. v. 2. 1. 1985, BVBl. 1985 S. 3), wird eine einheitliche Entscheidungspraxis gegenüber mehreren Opfern einer Gewalttat in einem Luftfahrzeug oder auf einem deutschen Schiff sichergestellt. Eine entsprechende Regelung fehlt für Ansprüche bei **Gewalttaten im Ausland (§ 3 a)**, wenn Personen aus verschiedenen Bundesländern bei demselben Ereignis eine gesundheitliche Schädigung erlitten haben. Hier kann es dazu kommen, dass in mehreren Bundesländern Verfahren nach dem OEG durchgeführt werden müssen. In solchen Fällen bedarf es einer engen Abstimmung der zuständigen Verwaltungen der Länder, um eine einheitliche tatsächliche und rechtliche Beurteilung des Sachverhalts und von Versagungsgründen sicherzustellen.

2   **Zu Abs. 1:** Die für den Vollzug des BVG **zuständigen Behörden** sind (für Leistungen entsprechend denen der Kriegsopferversorgung):
- die Versorgungsämter,
- die Landesversorgungsämter.

Rechtsgrundlagen:
- Gesetz über die Errichtung der Versorgungsbehörden der Kriegsopferversorgung v. 12. 3. 1951 (BGBl. I S. 169) i. d. F. v. 27. 4. 1955 (BGBl. I S. 189) sowie v. 24. 7. 1972 (4. AnpG-KOV BGBl. I S. 1284),
- Verordnung über die sachliche Zuständigkeit in der Kriegsopferversorgung v. 20. 5. 1963 (BGBl. I S. 367) i. d. F. v. 21. 1. 1968 (BGBl. I S. 104) und v. 23. 6. 1988 (BGBl. I S. 911),
- Verordnung über die Zuständigkeit der Verwaltungsbehörden für Berechtigte außerhalb des Geltungsbereichs des Grundgesetzes v. 9. 6. 1964 i. d. F. v. 22. 12. 1966 (BGBl. I S. 762).
  Zur Zuständigkeit und Amtshilfe bei Auslandsversorgung auch BMA RdSchr. v. 23. 6. 1977 (BVBl. 1977 S. 82).

3   Für die Leistungen entsprechend denen der Kriegsopferfürsorge sind folgende **Behörden** zuständig:

- die Kriegsopferfürsorgestellen (örtliche Träger),
- die Hauptfürsorgestellen (überörtliche Träger).

Rechtsgrundlagen: Verordnung über die soziale Kriegsbeschä-
digten- und Kriegshinterbliebenenfürsorge v. 8. 2. 1919 (RGBl.
S. 187) sowie die hierzu ergangenen Durchführungsverordnungen
der Länder.

In den Fällen der Kostenträgerschaft des Bundes ist es nicht erforderlich, bei der örtlichen Zuständigkeit der Behörden eines Landes auf den Wohnsitz oder gewöhnlichen Aufenthalt im Zeitpunkt
der Schädigung abzustellen. Es kann die für den Bereich der Kriegsopferversorgung geltende Regelung – Zuständigkeit des Versor-
gungsamtes, in dessen Bereich der Versorgungsberechtigte seinen
Wohnsitz hat – Anwendung finden. Diese Zuständigkeitsregelung
trägt dem Gesichtspunkt der Bürgernähe Rechnung.

In Fällen, in denen durch eine Straftat mehrere Personen geschädigt worden sind, hat sich gezeigt, dass es zweckmäßig ist, wenn
die Behörden eines Landes für alle Geschädigten zuständig sind.
Hier ist gewährleistet, dass die Sachverhaltsermittlungen gleichzeitig
für alle Fälle durchgeführt werden und die rechtliche Beurteilung
einheitlich erfolgt. Sofern die Straftat im Inland verübt wurde, ist
die Zuständigkeit eines Landes wegen seiner Kostenträgerschaft gegeben. Die Ergänzung soll sicherstellen, dass die einheitliche Bearbeitung aller Fälle auch dann vorzunehmen ist, wenn der Bund der
Kostenträger ist.

Nach § 6 Abs. 1 S. 1 obliegt den für die Durchführung des BVG **4**
zuständigen Behörden die Versorgung nach dem OEG. Diese Regelung entspricht dem Grundsatz des Art. 83 GG, nach dem die
Länder Bundesgesetze als eigene Angelegenheiten durchführen. Da
nach § 4 Abs. 1 S. 2 (vgl. § 4 Rn. 3) für bestimmte Fallgestaltungen
der Bund Kostenträger ist, bedurfte es bezüglich der sachlichen Zuständigkeit für diese Fälle der Sonderregelung des § 6 Abs. 1 S. 2.

Zu Abs. 2: Die alten Bundesländer haben bis auf die Stadtstaa- **5**
ten entsprechende Verordnungen erlassen und in ihnen grundsätzlich vier Problemkreise geregelt:
- Die Zuständigkeit der Versorgungsämter richtet sich nach dem
  Wohnsitz oder gewöhnlichen Aufenthalt des Geschädigten.
- Hat der Geschädigte keinen Wohnsitz oder gewöhnlichen Aufenthalt in dem Land des Tatortes, richtet sich die Zuständigkeit
  nach dem Ort, an dem die Schädigung eingetreten ist.
- Bei Wohnsitzwechsel innerhalb eines Landes wird das für den
  neuen Wohnsitz bestimmte Versorgungsamt zuständig.

- Bei Verlegung des Wohnsitzes ins Ausland treten Sonderregelungen ein.

6   Für die einzelnen Bundesländer geben folgende Behörden weiterführende Hinweise:

Baden-Württemberg	**Bayern**
Regierungspräsidium Stuttgart	Zentrum Bayern Familie und Soziales
Landesversorgungsamt	Hegelstraße 2
Ruppmannstraße 21	95447 Bayreuth
70565 Stuttgart	Tel.: 09 21/6 05-1
Tel.: 07 11/9 04-0	Fax: 09 21/6 05 29 00
Fax: 07 11/9 04-24 08	E-Mail: poststelle.obf@zbfs. bayern.de
E-Mail: poststelle@rps.bwl.de	Internet: www.zbfs.bayern.de
Internet: www.rp.baden-wueerttemberg.de	
Berlin	**Brandenburg**
Landesamt für Gesundheit und Soziales	Landesamt für Soziales und Versorgung des Landes Brandenburg
Landesversorgungsamt Berlin	Lipezker Straße 45, Haus 5
Sächsische Straße 28	03048 Cottbus
10707 Berlin	Tel.: 03 55/28 93-0
Tel.: 0 30/90 12-0	Fax: 03 55/28 92-7 00
Fax: 0 30/90 12-89 87	E-Mail: epost@lasv.brandenburg.de
E-Mail: poststelle@lageso,-verwalt-berlin.de	Internet: www.lasv.brandenburg.de
Internet: www.lageso.berlin.de	
Bremen	**Hamburg**
Die Senatorin für Arbeit, Frauen, Gesundheit, Jugend und Soziales Bremen	Behörde für Soziales, Familie, Gesundheit und Verbraucherschutz der Freien und Hansestadt Hamburg
Contrescarpe 72	Abteilung Soziale Entschädigung
28195 Bremen	Adolph-Schönfelder Straße 5
Tel.: 04 21/3 61-0	22083 Hamburg
Fax: 04 21/3 61-25 67	Tel.: 0 40/4 28 63-0
E-Mail: office@soziales.bremen.de	Fax: 0 40/4 27 96-10 00
Internet: www.soziales.bremen.de	E-Mail: versorgungsamt@bsg. hamburg.de
	Internet: www.Soziale Entschaedigung.hamburg.de

Hessen
Hessisches Landesamt für
Versorgung und Soziales
Regierungspräsidium Gießen
Landgraf-Philipp-Platz 1–7
35390 Gießen
Tel.: 0641/303-0
Fax: 0641/303-2197
E-Mail: rp-giessen@rpgi.hessen.de
Internet: www.rp-giessen.de

Mecklenburg-Vorpommern
Landesamt für Gesundheit
und Soziales Mecklenburg-
Vorpommern
Erich-Schlesinger Straße 35
18059 Rostock
Tel.: 0381/122-289
Fax: 0381/22-2910
E-Mail: poststelle.zentral@lagus.
mv-regierung.de
Internet:
www.lagus.mv-regierung.de

Niedersachsen
Niedersächsisches Landesamt für
Soziales, Jugend und
Familie
Domhof 1
31134 Hildesheim
Tel.: 05121/304-0
Fax: 05121/304-611
E-Mail: Poststellehildesheim@ls.
niedersachsen.de
Internet: www.soziales.nieder
sachsen.de

Nordrhein-Westfalen
Landschaftsverband
Rheinland (LVR)
Boltensternstraße 10
50735 Köln
Tel.: 0221/809-0
Fax: 0221/809-2200
E-Mail: soziale-
entschaedigung@lvr.de
Internet: www.lvr.de

Landschaftsverband
Westfalen-Lippe
LWL-Versorgungsamt
Westfalen
48133 Münster
Tel.: 0251/591-8000
Fax: 0251/591-8197
E-Mail: versorgungsamt@lwl.org
Internet: www.lwl.org

Rheinland-Pfalz
Landesamt für Soziales,
Jugend und Versorgung
Rheinland-Pfalz
Landesversorgungsamt
Baedekerstraße 2-10
56073 Koblenz
Tel.: 0261/4041-1
Fax: 0261/4041-407
E-Mail: poststelle-ko@lsjv.rip.de
Internet: www.lsjv.de.

Saarland
Landesamt für Soziales,
Gesundheit und Verbraucherschutz
Hochstraße 67
66115 Saarbrücken
Tel.: 0681/9978-0
Fax: 0681/9978-2299
E-Mail: poststelle@lsgv.saarland.de
Internet: www.lsgv.saarland.de

Sachsen
Kommunaler Sozialverband
Sachsen
Thomasinsstraße 1
04109 Leipzig
Tel.: 0341/1266-0
Fax: 0341/1266-700
E-Mail: Poststelle@ksv-sachsen.de
Internet: www.ksv-sachsen.de

Sachsen-Anhalt	Schleswig-Holstein
Landesverwaltungsamt	Landesamt für Soziale Dienste
Referat Versorgungsamt,	Schleswig-Holstein
Schwerbehindertenrecht	Steinmetzstr. 1–11
Maxim-Gorki-Straße 7	24534 Neumünster
06114 Halle	Tel.: 0 43 21/9 13-5
Tel.: 03 45/52 76-0	Fax: 0 43 21/1 33 38
Fax: 03 45/5 23 05 32	E-Mail: post.nms@lasd-sh.de
E-Mail: post.gs@lvwa.sachsen.	Internet: www.lasd-sh.de
anhalt.de	
Internet: www.landesverwaltungs	
amt.sachsenanhalt.de	
Thüringen	
Thüringer Landesverwaltungsamt	
Abt. Versorgung und Integration	
Karl-Liebknecht-Straße 4	
98527 Suhl	
Tel.: 0 36 81/73 0	
Fax: 0 36 81/73 32 02	
E-Mail: poststellesuhl@tlvwa.	
thueringen.de	
Internet: www.thueringen.de/	
tlvwa	

Anschriften der Integrationsämter und Hauptfürsorgestellen

Baden-Württemberg	Kommunalverband für
Kommunalverband für	Jugend und Soziales
Jugend und Soziales	Baden-Württemberg
Baden-Württemberg	Stuttgart
Integrationsamt Karlsruhe	Integrationsamt und
Erzbergerstraße 119	Hauptfürsorgestelle
76133 Karlsruhe	Lindenspürstraße 39
Tel.: 07 21/81 07-0	70176 Stuttgart
Fax: 07 21/81 07-9 75	Tel.: 07 11/63 75-0
E-Mail: info@kvjs.de	Fax: 07 11/63 75-1 08
Internet: www.kvjs.de	E-Mail: info@kvjs.de
	Internet: www.kvjs.de
Zentrum Bayern Familie und	**Berlin**
Soziales	Landesamt für Gesundheit
Region Oberfranken	und Soziales Berlin
Integrationsamt	Integrationsamt und
Hauptfürsorgestelle	Hauptfürsorgestelle
Hegelstraße2	Sächsische Straße 28
95447 Bayreuth	10707 Berlin
Tel.: 0921/605-1	Tel.: 030/90 12-7446
Fax: 0921/605-2900	Fax: 030/90 12-3923

E-Mail: integrationsamt.ofr@
zbfs.bayern.de
Internet: www.integrationsamt.
bayern.de

E-Mail: integrationsamt@
lageso.berlin.de
Internet: www.lageso.de

Brandenburg
Landesamt für Soziales und
Versorgung des Landes
Brandenburg
Integrationsamt
Lipezker Straße 45 Haus 5
03048 Cottbus
Tel.: 03 55/28 93-0
Fax: 03 55/28 93-2 21 und 4 90
E-Mail: integrationsamt@
LASV.brandenburg.de
Internet:
www.lasv.brandenburg.de

Bremen
Der Senator für Arbeit,
Frauen, Gesundheit, Jugend
und Soziales Bremen
Integrationsamt
Hauptfürsorgestelle
Friedrich-Rauers-Straße 6
28195 Bremen
Tel.: 04 21/3 61-0
Fax: 04 21/3 61-55 02
E-Mail: office@versorgungsamt.
bremen.de
Internet: www.bremen.de

Hamburg
Behörde für Soziales,
Familie, Gesundheit und
Verbraucherschutz
Integrationsamt
Hamburger Straße 47
22083 Hamburg
Tel.: 0 40/4 28 63-39 53
Fax: 0 40/4 28 63-28 47
E-Mail: integrationsamt@
bsg.hamburg.de
Internet: www.bsg.hamburg.de

Hessen
Landeswohlfahrtsverband Hessen
Integrationsamt,
Hauptfürsorgestelle
Ständeplatz 6–10
34117 Kassel
Tel.: 05 61/10 04-0
Fax: 05 61/10 04-26 50
E-Mail: kontakt-
integrationsamt@lwv-hessen.de
Internet: www.integrationsamt-
hessen.de

Mecklenburg-Vorpommern
Landesamt für Gesundheit und
Soziales Mecklenburg-
Vorpommern
Hauptfürsorgestelle
Dezernat Integrationsamt/
Hauptfürsorgestelle
Erich-Schlesinger-Straße 35
18059 Rostock
Tel.: 03 81/1 22-2 89
Fax: 03 81/1 22-28 59
E-Mail: poststelle.ina.hvo@
lagus.mv-regierung.de
Internet: www.ina-mv-
regierung.de

Niedersachsen
Niedersächsisches Landesamt für
Soziales, Jugend und
Familie
Hauptfürsorgestelle
Integrationsamt
Domhof 1
31134 Hildesheim
Tel.: 0 51 21/3 04-0
Fax: 0 51 21/3 04-6 11
E-Mail: Poststellelshildesheim@
ls.niedersachsen.de
Internet: www.soziales.nieder
sachsen.de

Nordrhein-Westfalen Landschaftsverband Westfalen-Lippe Integrationsamt Warendorfer Straße 21–23 48145 Münster Tel.: 0251/591-01 Fax: 0251/591-5806 E-Mail: Integrationsamt@lwl.org Internet: www.lwl.org/LWL/ Soziales/Integrationsamt Landschaftsverband Rheinland Boltensternstraße 10 50735 Köln Tel.: 0221/809-4401 Fax: 0221/809-4402 E-Mail: soziale-entschädigung@ lvr.de Internet: www.lvr.de	**Rheinland-Pfalz** Landesamt für Soziales, Jugend und Versorgung Integrationsamt Rheinallee 97–101 55118 Mainz Tel.: 06131/967-0 Fax: 06131/967-516 E-Mail: integrationsamt@ lsjv.rlp.de Internet: www.landesjugendamt.de
Saarland Landesamt für Soziales, Gesundheit und Verbraucher- schutz Integrationsamt Hochstraße 67 66115 Saarbrücken Tel.: 0681/9978-0 Fax: 0681/9978-2399 E-Mail: integrationsamt@lsgv. saarland.de Internet: www.integrationsamt- saarland.de	**Sachsen** Kommunaler Sozialverband Sachsen Integrationsamt Reichsstraße 3 09112 Chemnitz Tel.: 0371/577-0 Fax: 0371/577-282 E-Mail: Integrationsamt@ ksv-sachsen.de Internet: www.ksv-sachsen.de
Sachsen-Anhalt Landesverwaltungsamt Sachsen-Anhalt Integrationsamt Neustädter Passage 15 06122 Halle/Saale Tel.: 0345/6912-0 Fax: 0345/6912-502 E-Mail: Renate.Neuhofer@ lvwa-net.de Internet: www.landesverwaltungs amt.sachsen-anhalt.de	

Schleswig-Holstein	Thüringen
Ministerium für Arbeit, Soziales und Gesundheit des Landes Schleswig-Holstein Integrationsamt Adolf-Westphal-Straße 4 24143 Kiel Tel.: 04 31/9 88-0 Fax: 04 31/9 88-54 16 E-Mail: poststelle@sozmi. landsh.de Internet: www.schleswig-holstein.de	Thüringer Landesverwaltungsamt Integrationsamt Karl-Liebknecht-Straße 4 98527 Suhl Tel.: 0 36 81/73 36 96 Fax: 0 36 81/73-33 66 E-Mail: Integrationsamt@tlvwa. thueringen.de Internet: www.thueringen.de

Zu Abs. 3: Neben der Zuständigkeit der Versorgungsämter hat 7 der Gesetzgeber die Anwendung des Gesetzes über das Verwaltungsverfahren der Kriegsopferversorgung sowie der Vorschriften des SGG über das Vorverfahren angeordnet. Die in Abs. 3 ausgenommen §§ 3–5 VwVfG-KOV betreffen die örtliche Zuständigkeit (§ 3 VwVfG-KOV) und die Verlegung des Wohnsitzes (§ 4 VwVfG-KOV). § 5 VwVfG-KOV ist mit Art. 2 § 16 Nr. 1 v. 18. 8. 1980 (BGBl. I S. 1469) aufgehoben worden. Die örtliche Zuständigkeit soll nach Abs. 2 durch die Rechtsverordnungen der Länder bestimmt werden. Allerdings können in den entsprechenden Rechtsverordnungen der Länder die §§ 3 und 4 ganz oder teilweise für anwendbar erklärt werden. Mit der Formulierung des Abs. 3 verweist das Gesetz auch auf § 15 VwVfG-KOV. Danach sind die Angaben des Antragstellers, die sich auf die mit der Schädigung im Zusammenhang stehenden Tatsachen beziehen, wenn Unterlagen nicht vorhanden sind oder nicht zu beschaffen oder ohne Verschulden des Antragstellers oder seiner Hinterbliebenen verloren gegangen sind, der Entscheidung zugrunde zu legen, soweit sie nach den Umständen des Falles glaubhaft erscheinen. Diese **spezielle Beweiserleichterung** (vgl. im Übrigen § 1 Rn. 52 ff.) hat im Rahmen des OEG eine besondere Bedeutung, weil sich die Beweisnot, in der sich Kriegsopfer häufig befunden hatten, nun auch für Verbrechensopfer ergeben kann. Hier sind besonders Fälle zu beachten, in denen die Tat ohne Zeugen geschieht und sich der oder die Täter nicht ermitteln lassen. Der § 15 VwVfG-KOV ist im OEG auch nicht auf die Fälle beschränkt, in denen das Fehlen von Unterlagen zu besorgen ist, sondern er gilt auch für Fälle, in denen keine Zeugen vorhanden sind. Die Beweiserleichterung des § 15 VwVfG-KOV kann aber erst Platz greifen, wenn weder Unterlagen noch sonstige Beweismittel zu beschaffen sind. § 15 VwVfG-KOV setzt allerdings voraus, dass der Antragsteller Angaben zu den entscheidungserheblichen Tatsachen **aus eigenem Wissen** machen kann (ständige Rspr.; BSG, Urt. v. 22. 6. 1988, BSGE 65, 123 ff.; BSG, Urt. v. 28. 6. 2000, SozR 3-3900 § 15 Nr. 3; LSG Niedersachsen-Bremen v. 27. 4. 2006, L 13 VG 4/04). Für andere Fallkonstellationen, in denen sich beispielsweise Gewaltopfer nicht an den schädigenden Vorgang erinnern können, hat das BSG (Urt. v. 28. 6. 2006 SozR 3-3900 § 15 Nr. 3) eine erweiternde Auslegung des § 15 VwVfG-KOV ausdrücklich ausgeschlossen.

8   Der § 15 VwVfG-KOV gilt auch im Rahmen des § 3 a. Da der § 3 a nicht auf Terroranschläge beschränkt ist, in denen die Gewalttat für die zuständigen Behörden häufig ohne große Probleme festgestellt werden kann, wird die Beweiserleichterung des § 15 VwVfG-KOV für Gewalttaten im Ausland eine besondere Bedeutung erlangen. Denn: auch im Rahmen des § 3 a hat der Geschädigte die objektive Beweislast zu tragen. Bei Auslandsgewalttaten wird die Beziehung von Beweisen in vielen Fällen eine besondere Problematik darstellen. Es ist nicht ausgeschlossen, dass die eigene Aussage des Geschädigten häufig das einzige Beweismittel ist und ihm nur mit Hilfe der Beweiserleichterung der Beweis gelingt.

9   Die Vorschrift des § 6 Abs. 3 gilt nicht nur im Verwaltungsverfahren sondern auch im gerichtlichen Verfahren (ständ. Rspr.; BSG v. 22. 6. 1988, SozR 3-1500 § 128 Nr. 34; BSG v. 31. 5. 1989, BSGE 65, 123 ff.; LSG Saarland v. 25. 4. 2006, L 5 VG 2/05). Keine Anwendung finden das VwVfG-KOV und die Vorschriften des SGG über das Vorverfahren auf Leistungen der Kriegsopferfürsorge.

10   **Zu Abs. 4:** Für Leistungen, die denen der Kriegsopferfürsorge entsprechen, finden die allgemeinen Verwaltungsverfahrensvorschriften Anwendung, die im SGB – Sozialgesetzbuch –, in der Verordnung über die Kriegsopferfürsorge sowie in den Verwaltungsverfahrensgesetzen der Länder, soweit sie für die Kriegsopferfürsorge für anwendbar erklärt wurden, enthalten sind.

§ 6a Zuständigkeiten des Bundesministeriums für Arbeit und Soziales

(1) Das Bundesministerium für Arbeit und Soziales nimmt die Aufgaben der zentralen Behörde im Sinne des Artikels 12 Satz 2 des Europäischen Übereinkommens vom 24. November 1983 über die Entschädigung für Opfer von Gewalttaten (BGBl. 1996 II S. 1120) wahr.

(2) Das Bundesministerium für Arbeit und Soziales nimmt ferner die Aufgaben der Unterstützungsbehörde im Sinne des Artikels 3 Abs. 1 und der zentralen Kontaktstelle im Sinne des Artikels 16 der Richtlinie 2004/80/EG des Rates vom 29. April 2004 zur Entschädigung der Opfer von Straftaten (ABl. EU Nr. L 261 S. 15) wahr.

Übersicht

Zu Abs. 1: Mit der Richtlinie wurden unter anderem Rege- **1** lungen zur Zusammenarbeit der EU-Länder bei der Entschädigung von Opfern **grenzüberschreitender** Straftaten getroffen. Danach soll sich das Opfer immer an eine Behörde in seinem „EU-Wohnsitz-Mitgliedstaat" wenden können. Daneben sollen auftretende sprachliche und praktische Probleme besser bewältigt und den Opfern leichter Zugang zur Entschädigung ermöglicht werden.

Personen, die eine Schädigung in einem anderen EU-Mitgliedstaat erlitten haben, sind berechtigt, einen Antrag auf Entschädigung bei einer Behörde ihres Wohnsitzmitgliedstaates zu stellen (Art. 1 der Richtlinie). Die Mitgliedstaaten sind verpflichtet, eine oder mehrere Behörden zu benennen, die diese Aufgaben wahrnehmen **(sog. Unterstützungsbehörden).** Der Antrag kann auch bei den Unterstützungsbehörden des „Schädigungsmitgliedstaates" bzw. direkt bei den für die Bearbeitung des Antrages zuständigen Stellen gestellt werden. Die in den einzelnen Mitgliedstaaten jeweils zuständigen Unterstützungsbehörden können folgender Internet-Adresse entnommen werden: www.ec.europa.eu/justice home/judicialatlascivil.

Zu Abs. 2: Die an die Unterstützungsbehörde gerichteten An- **2** träge sind grundsätzlich mit einem bestimmten Formular zu stellen. Das Formular enthält eine Eingangsbestätigung, die nach Eingang bei der „Entscheidungsbehörde" mit den Angaben der zuständigen Kontaktperson und falls möglich mit der ungefähren Angabe des voraussichtlichen Entscheidungszeitpunkts versehen und zurückgegeben werden soll.

Nach Abschluss des Verfahrens wird die Unterstützungsbehörde mit entsprechendem Formblatt über die Entscheidung informiert. Der notwendige Schriftverkehr mit den Antragstellern ist grundsätzlich in der Amtssprache des Mitgliedstaates der Empfängerbehörde zu führen. Daneben kann der Schriftverkehr auch in Sprachen geführt werden, die vom Mitgliedstaat akzeptiert werden. In Deutschland sind dies die Sprachen Englisch und Französisch. Für notwendige Übersetzungen von eingehenden Schriftstücken in diesen Sprachen können Übersetzungsbüros beauftragt werden, § 19 Abs. 2 SGB X findet insoweit keine Anwendung.

3   Die EU-Richtlinie 2004/80/EG des Rates v. 29. 4. 2004 zur Entschädigung der Opfer von Straftaten ist als Anlage abgedruckt Anhang II.4).

§ 7 Rechtsweg

(1) [1] Für öffentlich-rechtliche Streitigkeiten in Angelegenheiten dieses Gesetzes ist, mit Ausnahme der Fälle des Absatzes 2, der Rechtsweg zu den Gerichten der Sozialgerichtsbarkeit gegeben. [2] Soweit das Sozialgerichtsgesetz besondere Vorschriften für die Kriegsopferversorgung enthält, gelten diese auch für Streitigkeiten nach Satz 1.

(2) Soweit die Versorgung in der Gewährung von Leistungen besteht, die den Leistungen der Kriegsopferfürsorge nach den §§ 25 bis 27 h des Bundesversorgungsgesetzes entsprechen, ist der Verwaltungsrechtsweg gegeben.

Übersicht

Zu Abs. 1: Die Verweisung in § 1 Abs. 1 auf die Vorschriften **1** des BVG macht es wegen des Sachzusammenhangs erforderlich, gerichtliche Entscheidungen, soweit es sich um Leistungen entsprechend den Vorschriften der **Kriegsopferversorgung** handelt, den Sozialgerichten, und wenn es sich um Leistungen entsprechend der **Kriegsopferfürsorge** handelt, den Verwaltungsgerichten zuzuweisen (vgl. BT-Drs. 7/2506 S. 17).

Zu Abs. 2: Gemäß § 51 Abs. 1 und 2 SGG entscheiden die Sozialgerichte in Angelegenheiten der Kriegsopferversorgung mit **2** Ausnahme von Angelegenheiten der Kriegsopferfürsorge nach den §§ 25–27 h BVG.

Leistungen der Kriegsopferversorgung sind:
- Heilbehandlung, Versehrtenleibesübungen und Krankenbehandlung (§§ 10–24 BVG),
- Beschädigtenrente (§§ 29–34 BVG) und Pflegezulage (§ 35 BVG),
- Bestattungsgeld (§ 36 BVG) und Sterbegeld (§ 37 BVG),
- Hinterbliebenenrente (§§ 38–52 BVG),
- Bestattungsgeld beim Tode von Hinterbliebenen (§ 53 BVG).

Besondere Vorschriften für die Kriegsopferversorgung 3 i. S. d. Abs. 1 S. 2:
- Für die Bildung von Kammern und Senaten bei den Sozial- und Landessozialgerichten und ihre Besetzung mit Berufsrichtern und

ehrenamtlichen Richtern gelten die §§ 10 Abs. 1; 11 Abs. 2; 13 Abs. 4 und 6; 31 Abs. 1; 41 Abs. 5 und 46 Abs. 3 SGG.

- Für die Klage nach § 55 Abs. 1 Nr. 3 SGG auf Feststellung, ob eine Gesundheitsstörung oder der Tod die Folge einer Schädigung i. S. d. Bundesversorgungsgesetzes ist. In den von der Feststellungsklage erfassten Fällen darf allerdings keine Prozentsatzermittlung der Schädigung stattfinden, sondern das Feststellungsurteil muss sich auf die Feststellung, dass eine ganz bestimmte Gesundheitsstörung oder der Tod kausal zur Schädigung ist, beschränken. Das bedeutet allerdings nicht, dass eine entsprechende Feststellungsklage nicht im Wege der **objektiven Klagehäufung** (§ 56) mit einer Leistungsklage verbunden werden könnte (Peters/Sautter/Wolff, SGG, § 55 Anm. 4). Vielmehr wird in einem Antrag auf Anerkennung bestimmter Gesundheitsstörungen als Schädigungsfolgen i. S. d. Bundesversorgungsgesetzes, der neben dem Antrag auf Gewährung der Rente gestellt wird, ein Feststellungsantrag nach § 55 Abs. 1 Nr. 3 SGG zu sehen sein (BSGE 21, 167, 169; Peters/Sautter/Wolff, SGG, § 55 SGG Anm. 4).

- Klagt in Angelegenheiten der Kriegsopferversorgung ein Land, so ist nach § 57 Abs. 1 S. 2 SGG der Sitz, Wohnsitz oder Aufenthaltsort des Beklagten maßgebend, wenn dieser eine natürliche Person oder eine juristische Person des Privatrechts ist. § 57 Abs. 1 S. 2 SGG ist eine **Ausnahmevorschrift** und daher **eng** auszulegen. Handelt es sich bei dem Kläger zwar um eine Behörde im formellen Sinn, aber nicht um eine Behörde der Kriegsopferversorgung, so bleibt es bei dem nach dem Kläger ausgerichteten Gerichtsstand des § 57 Abs. 1 S. 1 SGG (Peters/Sautter/Wolff, SGG, § 57 SGG Anm. 4 a).

- Ist die erstmalige Bewilligung einer **Hinterbliebenenrente** streitig, so ist nach § 57 Abs. 2 SGG der Wohnsitz oder in Ermangelung dessen der Aufenthaltsort der Witwe oder des Witwers maßgebend. Ist eine Witwe oder ein Witwer nicht vorhanden, so ist das Sozialgericht örtlich zuständig, in dessen Bezirk die **jüngste Waise** im Geltungsbereich dieses Gesetzes ihren Wohnsitz oder in Ermangelung dessen ihren Aufenthaltsort hat; sind nur Eltern oder Großeltern vorhanden, so ist das Sozialgericht örtlich zuständig, in dessen Bezirk die Eltern oder Großeltern ihren Wohnsitz oder in Ermangelung dessen ihren Aufenthaltsort haben. Bei verschiedenem Wohnsitz oder Aufenthaltsort der Eltern oder Großeltern gilt der im Geltungsbereich dieses Gesetzes gelegene Wohnsitz oder Aufenthaltsort des anspruchsberechtigten Ehemannes oder geschiedenen Mannes.

- In Angelegenheiten der Kriegsopferversorgung wird das Land nach § 71 Abs. 5 SGG durch das Landesversorgungsamt **oder durch die Stelle, der dessen Aufgaben übertragen worden sind,** vor den Sozialgerichten vertreten.
- Nach § 73 Abs. 6 SGG können **Bevollmächtigte,** die Mitglieder oder Angestellte von Vereinigungen der Kriegsopfer sind, nicht nach § 157 ZPO von der Vertretung zurückgewiesen werden, sofern sie kraft Satzung oder Vollmacht zur Prozessvertretung befugt sind. Voraussetzung ist, dass die auftretenden Organisationsvertreter **Mitglieder** ihrer Vereinigungen sind und außerdem noch die Befugnis zur Prozessvertretung kraft Satzung oder Vollmacht haben; die Vollmacht des Beteiligten allein reicht nicht aus (BSGE 1, 109; Haueisen, WzS 1955, 9). Bei der Frage, ob eine Vereinigung zu den in § 73 Abs. 6 SGG genannten Vereinigungen gehört, handelt es sich um die Auslegung und Anwendung einfachen Rechts (BVerfG v. 1. 7. 1985, SozR 3-1500 § 166 Nr. 14). Die Vereinigung muss sich in Mitgliederkreis und Aufgabenstellung auf eine in § 73 Abs. 6 SGG genannte Gruppe beschränken und aufgrund ihrer Mitgliederzahl und Finanzmittel die Gewähr dafür bieten, dass sie geeignete Prozessbevollmächtigte zur Verfügung stellen kann (vgl. BSG v. 13. 1. 1984, SozR 3-1500 Nr. 11 zu § 166 SGG). Dies ist in der Regel dann der Fall, wenn die Vereinigung mindestens 1.000 Mitglieder hat (BSG v. 20. 3. 1970, SozR 3-1500 § 166 Nr. 39; BSG v. 20. 4. 1998, B 1 KR 55/97 B).
- § 75 SGG regelt die **Beiladung** der Bundesrepublik Deutschland sowie eines Landes. Nach § 75 Abs. 5 kann ein Land in Angelegenheiten der Kriegsopferversorgung nach Beiladung verurteilt werden. Die Beiladung ermöglicht es dem Gericht, das Streitverfahren umfassend zu erklären, Streitkomplexe in einer Entscheidung zu erledigen und widersprechende Entscheidungen über denselben Gegenstand zu verhindern (BVerwGE 16, 2). Die Beiladung dient damit nicht nur den Interessen des Beigeladenen, sondern auch der Prozessökonomie (BVerwGE 14, 300).
- In Angelegenheiten der Kriegsopferversorgung ist nach § 78 Abs. 1 SGG vor Erhebung der Anfechtungsklage die Recht- und Zweckmäßigkeit des Verwaltungsaktes in einem Vorverfahren zu prüfen.
- Wird in Angelegenheiten der Kriegsopferversorgung gegen einen **Verwaltungsakt, der eine laufende Leistung entzieht,** Widerspruch erhoben, so hat der Widerspruch vor dem 6. SGG-ÄndG aufschiebende Wirkung. Für den Bereich des sozialen Entschädigungsrechts entfällt bei der Entziehung oder Herabsetzung einer laufenden Leistung die aufschiebende Wirkung des

Widerspruchs nach § 86a Abs. 2 Nr. 2 SGG. Eine laufende Leistung ist eine wiederkehrende Leistung, die an mehreren bestimmten, nicht notwendig regelmäßigen Terminen auf unbestimmte oder bestimmte Zeit gewährt wird. Die Entziehung
betrifft Leistungen, die bereits einmal gewährt worden sind.

- Nach § 109 Abs. 1 SGG muss das Sozialgericht auf Antrag des
  Versorgungsberechtigten oder Hinterbliebenen einen bestimmten Arzt gutachtlich hören. Es handelt sich um eine **Beweisauf-
  nahme auf Antrag.** Dies hindert jedoch nicht das Gericht, über
  dasselbe Beweisthema einen anderen Arzt als den vom Antragsteller genannten zu hören, wenn es dies für erforderlich hält
  und im Hinblick auf die entsprechenden Kosten verantworten
  kann. Solange das Gericht den Sachverhalt nicht in dem Maße
  für erforscht hält, wie es für die Entscheidung notwendig ist, hat
  es auch von sich aus ein Gutachten einzuholen, wobei es bei der
  Wahl des Sachverständigen frei ist (Peters/Sautter/Wolff, SGG,
  § 109 Anm. 1 und Krasney/Udsching III 78). Der Kläger kann
  nicht verlangen, dass zuvor auf seinen Antrag der von ihm genannte Arzt gehört wird; denn das Gericht ist Herr des Verfahrens und bestimmt, in welcher **Reihenfolge** die Beweise erhoben werden (Peters/Sautter/Wolff, SGG, § 109 Anm. 1 und
  Krasney/Udsching III 77).
- In Angelegenheiten der Kriegsopferversorgung ist nach § 143
  SGG die **Berufung** grundsätzlich **zulässig.** Einschränkungen der
  Berufungsmöglichkeit ergeben sich aus § 144 SGG. In Angelegenheiten der Kriegsopferversorgung bedarf die Berufung der
  Zulassung im Urteil des Sozialgerichts, wenn der Wert des Be-
  schwerdegegenstandes bei einer Klage, die eine Geld-, Dienst-
  oder Sachleistung oder einen hierauf gerichteten Verwaltungsakt betrifft, 750 € nicht übersteigt und die Berufung nicht wiederkehrende oder laufende Leistungen für mehr als ein Jahr betrifft.
  Bei Erstattungsstreitigkeiten zwischen juristischen Personen des
  öffentlichen Rechts oder Behörden darf der Betrag 10 000 €
  nicht übersteigen.
- Unter den Voraussetzungen des § 114 Abs. 2 SGG ist die Berufung zuzulassen.
- Nach § 154 Abs.2 SGG bewirkt die **Berufung eines Landes
  Aufschub,** soweit es sich um Beträge handelt, die für die Zeit
  vor Erlass des angefochtenen Urteils nach gezahlt werden sollen.
  Zu beachten ist, dass auch die Berufung eines nach § 75 Abs. 5
  SGG verurteilten beigeladenen Landes den Aufschub bewirkt.
- Nach § 166 Abs. 2 SGG sind Mitglieder und Angestellte von Ver-
  einigungen der Kriegsopfer als **Prozessbevollmächtigte vor**

dem **Bundessozialgericht** zugelassen, sofern sie kraft Satzung oder Vollmacht zur Prozessvertretung befugt sind (vgl. dazu Nr. 6).

- **Klageänderungen** und **Beiladungen** sind nach § 168 SGG im Revisionsverfahren unzulässig. Dies gilt jedoch nicht für die Beiladung der Bundesrepublik Deutschland in Angelegenheiten der Kriegsopferversorgung (§ 75 Abs. 1 SGG, vgl. auch Nr. 7).
- Die Voraussetzung der **Wiederaufnahme des Verfahrens** nach § 180 Abs. 1 SGG gelten nach § 180 Abs. 2 SGG auch im Verhältnis zwischen Versicherungsträgern und einem Land, wenn streitig ist, ob eine Leistung aus der Sozialversicherung oder der Kriegsopferversorgung zu gewähren ist.
- Nach § 182 Abs. 2 SGG entfaltet die Entscheidung des Bundessozialgerichts oder eines Landessozialgerichts auch **Bindungswirkung** gegenüber nicht beteiligten Versicherungsträgern.

Streitigkeiten, die Leistungen der **Kriegsopferfürsorge** nach **4** §§ 25–27 h BVG zum Inhalt haben, weist Abs. 2 den **Verwaltungsgerichten** zu.

Leistungen der **Kriegsopferfürsorge** sind:

- Hilfen zur beruflichen Rehabilitation (§§ 26 und 26 a BVG),
- Krankenhilfe (§ 26 b BVG),
- Hilfe zur Pflege (§ 26 c BVG),
- Hilfe zur Weiterführung des Haushalts (§ 26 d BVG),
- Altenhilfe (§ 26 e BVG),
- Erziehungsbeihilfe (§ 27 BVG),
- Ergänzende Hilfe zum Lebensunterhalt (§ 27 a BVG),
- Erholungshilfe (§ 27 b BVG),
- Wohnungshilfe (§ 27 c BVG),
- Hilfen in besonderen Lebenslagen (§ 27 d BVG).

Als **Hilfen in besonderen Lebenslagen** werden gewährt:

- Hilfen zum Aufbau oder zur Sicherung der Lebensgrundlage,
- vorbeugende Gesundheitshilfe,
- Hilfe bei Schwangerschaft oder bei Sterilisation,
- Hilfe zur Familienplanung,
- Hilfe für werdende Mütter und Wöchnerinnen,
- Eingliederungshilfe für Behinderte,
- Blindenhilfe,
- Hilfe zur Überwindung besonderer sozialer Schwierigkeiten,
- Hilfe kann auch in anderen besonderen Lebenslagen gewährt werden, wenn sie den Einsatz öffentlicher Mittel unter Berücksichtigung des Zwecks der Kriegsopferfürsorge rechtfertigen (§ 27 d Abs. 2 BVG),
- Sonderfürsorge (§ 27 e BVG).

§ 8 *(nicht wiedergegebene Änderungsvorschriften)*

Änderung der Reichsversicherungsordnung: Im sozialen Entschädigungsrecht werden grundsätzlich Sachschäden nicht ersetzt. Eine Abweichung von diesem Prinzip ist dadurch eingetreten, dass gleichzeitig mit dem OEG § 765a RVO (aufgehoben; jetzt § 113 SGB VII) eingeführt worden ist, der Nothelfern bei **Sachschäden** einen Anspruch gegen den zuständigen Träger der Unfallversicherung einräumt. Dieser Personenkreis hat zwar in der Regel zivilrechtliche Ansprüche aus unerlaubter Handlung, Gefährdungshaftung, Auftrag oder Geschäftsführung ohne Auftrag (BGHZ 33, 251 ff.; 38, 270 ff.; 55, 207 ff.) gegen diejenigen, die für die Folgen der von Ihnen herbeigeführten Notsituation einzustehen haben, gegen Hilfeempfänger oder auch gegen Dritte. Die Ansprüche lassen sich aber häufig nicht verwirklichen, oder die Nothelfer wollen sie wegen der damit verbundenen Schwierigkeiten nicht durchsetzen (BT-Drs. 7/2506 S. 17). Für den Bereich der gesetzlichen Unfallversicherung handelt es sich dabei um einen systemfremden Leistungsanspruch, weil auch hier grundsätzlich nur Personenschäden ersetzt werden. Wegen der Einzelheiten vgl. die Kommentierungen zu § 113 SGB VII.

§ 9 *(nicht wiedergegebene Änderungsvorschriften)*

Änderung des Pflichtversicherungsgesetzes: Ist die Schädi- 1
gung durch den Gebrauch eines Kraftfahrzeuges oder eines Anhängers verursacht worden, kommen Leistungen nachdem OEG nicht
in Betracht. Der Gesetzgeber geht davon aus, dass der auf § 12
PflVG beruhende Entschädigungsfonds für Schäden aus **Kraftfahr-
zeugunfällen** auch die Deckung der im Straßenverkehr durch Vor-
satztaten entstandenen Schäden zu übernehmen hat. Dies ist durch
eine Änderung des § 12 PflVG erreicht worden. Danach kann derjenige, der durch den Gebrauch eines Kraftfahrzeuges oder eines
Anhängers einen Schaden erlitten hat, gegen den **Entschädigungsfonds** Ersatzansprüche geltend machen, wenn für den Schaden, der
durch den Gebrauch des ermittelten oder nicht ermittelten Fahr-
zeugs verursacht worden ist, eine Haftpflichtversicherung deswegen
keine Deckung gewährt oder gewähren würde, weil der Ersatzpflichtige den Eintritt der Tatsache, für die er dem Ersatzberechtig-
ten verantwortlich ist, vorsätzlich oder widerrechtlich herbeigeführt
hat. Der Geschädigte kann sich unmittelbar an den Entschädigungsfonds wenden und braucht sich nicht auf die vorherige Inanspruchnahme des Schadensversicherers verweisen zu lassen.

Trotz der sprachlichen Fassung des § 1 Abs. 11 OEG, der ledig- 2
lich von einem „tätlichen" Angriff spricht, muss für eine Eintritts-
pflicht des Entschädigungsfonds im Rahmen des § 12 Abs. 1 Nr. 3
PflVG ein **vorsätzlicher und rechtswidriger** tätlicher Angriff
vorliegen. Das Kraftfahrzeug oder der Anhänger müssen als Tat-
werkzeug benutzt worden sein. Dies liegt dann vor, wenn sich eine
typische Gefahr, wie sie üblicherweise für die Verkehrsteilnehmer
von einem Kfz ausgeht, in der Tathandlung verwirklicht. Das BSG
(Urt. v. 12. 12. 1995, SozR 3-3800 § 10 a OEG Nr. 11) hat daher
einen Gebrauch angenommen, wenn zwei Kleinkrafträder zum
Blockieren eines Wagens benutzt werden. Die Motoren der Fahrzeuge müssen dabei nicht in Betrieb sein, weil der Begriff des Ge-
brauchs weiter ist als der des Betriebes in § 7 StVG. Ist aus einem
Auto heraus eine Schusswaffe gebraucht worden oder hat eine
Vergewaltigung in einem Kfz stattgefunden, so reicht dies für die
Anwendung des § 12 PflVG nicht aus, dann ist das OEG ist anwendbar. Die Anschrift des Entschädigungsfonds lautet: Verkehrs-
opferhilfe e. V., Entschädigungsstelle, Wilhelmstr. 43/43 G, 10117
Berlin.

§ 10 Übergangsvorschriften

[1]Dieses Gesetz gilt für Ansprüche aus Taten, die nach seinem Inkrafttreten begangen worden sind. [2]Darüber hinaus gelten die §§ 1 bis 7 für Ansprüche aus Taten, die in der Zeit vom 23. Mai 1949 bis 15. Mai 1976 begangen worden sind, nach Maßgabe der §§ 10a und 10c. [3]In den Fällen des § 1 Abs. 5 und 6 findet dieses Gesetz nur Anwendung auf Taten, die nach dem 30. Juni 1990 begangen worden sind; für Taten, die vor dem 1. Juli 1990 begangen worden sind, findet § 10a unter Berücksichtigung von § 1 Abs. 7 entsprechende Anwendung.

Übersicht

Allgemeines: Das OEG ist am 16. 5. 1976 in Kraft getreten. **1** Nach seiner Einführung stellte sich die Stichtagsregelung sehr schnell als eine besondere Härte für den Personenkreis dar, der vor dem 16. 5. 1976 Opfer einer Gewalttat geworden war. Auch bei einer schweren Schädigung wurde er von jeder Versorgung ausgeschlossen. Diese Härte ließ sich auch nicht durch eine Anwendung des § 89 BVG ausgleichen, da die **Stichtagsregelung** durch den Gesetzgeber gewollt war. Über einen Härteausgleich nach § 89 BVG können nur vom Gesetzgeber nicht beabsichtigte Härten gemildert werden. Durch das 1. ÄndG zum OEG v. 20. 12. 1984 (BGBl. I S. 1723) wurde daher eine Härteregelung (§ 10a OEG) in das Gesetz eingefügt. Umfasst von der Härteregelung werden Schwerbeschädigte und deren Hinterbliebene, weil gerade in Anbetracht der Schwere der Gesundheitsstörung der Ausschluss von der Versorgung unbillig erscheint und andererseits **aufgrund der Schwere der Straftat** damit gerechnet werden kann, dass die erforderlichen Beweismittel erbracht werden können (BT-Drs. 10/2103). Die Leistungen werden außerdem nur solchen Personen gewährt, die bedürftig sind und im Geltungsbereich dieses Gesetzes ihren Wohnsitz oder gewöhnlichen Aufenthalt haben. Eine Auslandsversorgung ist damit ausgeschlossen.

Zu S. 1: Satz 1 ist mit dem Gleichbehandlungsgebot des Grund- **2** gesetzes vereinbar (BSGE 56, 90). Der Gesetzgeber war aufgrund eines Rechtsprinzips, das schon vor dem OEG gegolten hat, nicht gezwungen, die Altfälle in die Entscheidung einzubeziehen. Anders als zum Beispiel bei Impfschäden, wo die Impfentschädigung als Ausschluss des allgemeinen **Aufopferungsanspruches** schon vor dem Bundesseuchengesetz anerkannt gewesen war, war die Gestaltungsfreiheit beim OEG nicht eingeschränkt. Die Stichtagsregelung ist auch wegen des Zusammenhangs der OEG-Entschädigung mit einer neuen Rechtsgestaltung im Strafrecht einschließlich des Strafvollzugs sachlich gerechtfertigt. Mit der Reform für die **Wiedereingliederung des Straftäters** in die Gesellschaft sind auch das Bewusstsein und die Bereitschaft zur Hilfe für Verbrechensopfer angeregt und gestärkt worden. Dieser Prozess der Rechtsänderungen ist erst mit dem Inkrafttreten des OEG zum Abschluss gekommen, vorher wurden die ins OEG einbezogenen Gesetzesverletzungen nicht als entschädigungsbedürftig angesehen (BSGE 56, 90 ff.).

Satz 1 gilt auch für den zum 1. 7. 2009 in Kraft getretenen § 3 a. Nach dem Willen des Gesetzgebers sollen nur Gewalttaten im Ausland in den Versorgungsschutz einbezogen werden, die nach dem Inkrafttreten des Gesetzes liegen. Zwar ist die Einführung des § 3 a besonders mit zurückliegenden Terroranschlägen im Ausland, bei dem auch Deutsche geschädigt wurden, begründet worden. Trotzdem ergibt sich aus den Begründungen der BT-Drs. 16/12273, dass eine Rückwirkung für die Vergangenheit nicht geplant war. Bei der Frage, welche Kosten durch die Einführung des Gesetzes entstehen, ist man davon ausgegangen, dass nur nicht kalkulierbare Kosten für die Zukunft entstehen würden. Auch die Tatsache, dass für Auslandsgewalttaten ein Aufopferungsanspruch fehlt, spricht dafür, dass die Einbeziehung dieser Gewalttaten nur für die Zukunft erfolgen sollte.

3   **Zu S. 2:** Der durch das 1. ÄndG (oben Rn. 1) eingefügte S. 2 bewirkt, dass die Entschädigung von Gewalttaten, die vor Inkrafttreten des OEG begangen wurden, unter den dort genannten Voraussetzungen möglich geworden ist. Die Regelung wirkt bis zum Zeitpunkt der Gründung der Bundesrepublik Deutschland zurück. Der Gesetzgeber konnte diese Regelung auch ohne die Befürchtung der **Nichtfinanzierbarkeit** der Leistungen einführen, weil sich herausgestellt hatte, dass die Antragszahlen nach dem OEG weit hinter den ursprünglichen Erwartungen zurückgeblieben waren. Die Zahl der Fälle, in denen laufende Versorgungsleistungen gezahlt werden, ist zwar in den letzten Jahren ständig angestiegen, bewegt sich aber auch heute noch bei erst etwa 13 500 Versorgungsempfängern für die gesamte Bundesrepublik.

Ansprüche nach § 3 a fallen nicht unter die Übergangsregelung des S. 2. Zwar hat der Gesetzgeber bei der Neuregelung den § 3 a nicht ausdrücklich aus dem Anwendungsbereich des § 10 S. 2 herausgenommen, eine Anwendung der Übergangsregelung würde jedoch zu dem nicht nachvollziehbaren Ergebnis führen, dass § 3 a nach Maßgabe der Härteregelung für Auslandstaten bis zum 15. 5. 1976 gelten würde, danach aber erst wieder ab dem Zeitpunkt seiner Verkündung. Die Übergangsregelung des S. 2 ist nach ihrem Sinn und Zweck daher auf Ansprüche aus § 1 Abs. 1 beschränkt.

Zu S. 3: Satz 3 ist durch das 2. OEG-ÄndG (BGBl. 1993 I **4** S. 1262) neu in das OEG eingefügt worden. Mit dieser Regelung wird erreicht, dass auch „sonstigen Ausländern" i. S. v. § 1 Abs. 5 und 6 Versorgung nur für Taten nach dem 1. 7. 1990 gewährt wird. Für Taten, die vor dem 1. 7. 1990 begangen worden sind, findet § 10 a unter Berücksichtigung von § 1 Abs. 7 entsprechende Anwendung.

Im Jahre 1990 war in der Bundesrepublik Deutschland eine deutliche Zunahme von Gewalttaten gegen Ausländer zu registrieren. Da diese Geschädigten nach der alten Fassung weitgehend nicht anspruchsberechtigt waren, wäre es bei einer Gesetzesänderung, die gerade wegen der **Gewalttaten gegen Ausländer** eingeleitet wurde, verfehlt gewesen, diese nicht in die Versorgung einzubeziehen (vgl. dazu BMA RdSchr. v. 22. 8. 1996, BArbl. I 1996 S. 71). Deshalb hatte sich das BSG mit der Verfassungsmäßigkeit dieser Bestimmung auseinanderzusetzen.

Das BSG hat mit Urt. v. 6. 3. 1996 (SozR 3-3800 § 10 OEG **5** Nr. 1) entschieden, dass die Bestimmungen des § 10 a OEG – entgegen der Regelungen des S. 3 – auch für Ausländer i. S. d. § 1 Abs. 5 und 6 OEG gelten. Das BSG hat in dieser Entscheidung festgestellt, dass zwar grundsätzlich eine Stichtagsregelung wie die des § 10 S. 3 OEG auch aus verfassungsrechtlichen Gründen zulässig sei, dass jedoch das Fehlen einer ausdrücklichen Härteregelung eine gegen Art. 3 S. 1 GG verstoßende Gesetzeslücke darstellt, die im Wege verfassungskonformer Auslegung zu schließen sei. Der **Verfassungsverstoß** wird dabei vom BSG darin gesehen, dass die zeitliche Differenzierung durch die Stichtagsregelung im Hinblick auf die gegebenen Sachverhalte und das System der Gesamtregelung durch sachliche Gründe nicht gerechtfertigt ist und damit als willkürlich erscheint. In diesem Zusammenhang hat das BSG zutreffend festgestellt, dass für den Gesetzgeber des 2. OEG-ÄndG der Zweck der Ausländerintegration durch Einbeziehung in den Versorgungsschutz bei Gewalttaten jeglicher Art im Vordergrund stand. Dies ergibt sich zweifellos daraus, dass zwar die Zunahme politisch motivierter Gewalttaten Anlass für die Neuregelung war, der Versorgungsschutz jedoch bewusst nicht auf diese **ausländer-feindlichen Gewalttaten** begrenzt wurde. Ein Bedürfnis nach rechtlicher Integration – so das BSG – bestehe aber gerade auch für vor dem Stichtag geschädigte Ausländer, die sich zum Teil länger im Inland aufgehalten haben als die später Geschädigten. Eine **Ausgrenzung** dieses Personenkreises erscheine jedenfalls in Härtefällen umso weniger systemgerecht, als der Gesetzgeber in § 10 b OEG n. F. zum Ausdruck gebracht habe, dass er in besonderen Härtefällen im Grunde allen im Inland geschädigten Ausländern den Schutz des OEG zuwenden wolle. Mit diesem Grundgedanken des 2. OEG-ÄndG sei das völlige Fehlen einer Härteregelung für Taten unvereinbar, die vor dem 1. 7. 1990 an Ausländern begangen worden sind. Der absolute Ausschluss sich daraus ergebender sozialer Härtefälle sei weder aus der Gesetzessystematik noch aus dem Gesetzgebungsverfahren des 3. OEG-ÄndG nachvollziehbar. Sachliche Gründe, die das Fehlen jeglicher Härteregelungen noch als mit Art. 3 Abs. 1 GG vereinbar erscheinen lassen können, sah das Gericht nicht. Dazu gehören auch Fragen der Finanzierbarkeit, die der Gesetzgeber bei der Ausgestaltung sozialer Leistungen zwar durchaus berücksichtigen könne, für deren Relevanz hinsichtlich der bewussten Ausgrenzung sog. Altfälle bzw. des bewussten Verzichts auf eine angemessene Härteregelung es jedoch in den Gesetzesmaterialien keinerlei Anhaltspunkte gebe, zumal die Kosten für eine solche Härteregelung im Verhältnis zu den geschätzten Gesamtkosten der Neuregelung kaum ins Gewicht fallen würden. Mangels eines entgegenstehenden erkennbaren gesetzgeberischen Willens ging das BSG deshalb von einer **Regelungslücke** aus, die in verfassungskonformer Weise zu schließen war. Als Modell zog dabei das BSG die Regelung heran, die der Gesetzgeber selbst bereits mehrfach in die nachträgliche Einbeziehung sog. Altfälle in das OEG – durch Einführung des § 10 a OEG durch das 1. OEG-ÄndG und in gleicher Weise bei der Überleitung des OEG auf die neuen Bundesländer im Jahr 1990 – getroffen hatte. Hansen hat in seiner Anmerkung zu dem Urteil des BSG in SGb 1997, 190 f. zu Recht darauf hingewiesen, dass es das BSG bei einem erkannten Verstoß gegen Art. 3 GG dem **Gesetzgeber** hätte überlassen müssen, die Lücke verfassungskonform zu schließen. Da sich jedoch der BMA der Auffassung des BSG angeschlossen hat (BVersBl. 1996 S. 84), wenden die zuständigen Verwaltungen die Härteklausel des § 10 a OEG auch auf Ausländer an. Frühester Leistungsbeginn ist dann bei Vorliegen der übrigen Voraussetzungen der 1. 7. 1990.

Bei der Rückkehr eines Ausländers, der Leistungen nach § 10 a **6** OEG erhält, in seinen Heimatstaat erlischt der Anspruch nachdem eine Abfindung gezahlt wurde ebenso wie in den Fällen des § 1 Abs. 5 und 6 OEG. Mit dem Gesetz zur Änderung des Opferentschädigungsgesetzes und anderer Gesetze ist die oben beschriebene Auffassung des BSG in das Gesetz übernommen worden. Für Taten, die vor dem 1. 7. 1990 begangen worden sind, findet § 10 a unter Berücksichtigung von § 1 Abs. 7 entsprechende Anwendung.

Die Anwendung der Härteregelung setzt zunächst voraus, dass **7** die Anspruchsvoraussetzungen des § 1 OEG erfüllt sind und Versagungsgründe i. S. d. § 2 OEG nicht vorliegen. Im Gesetzgebungsverfahren geäußerte Befürchtungen, viele Härtefälle könnten an den **Beweisanforderungen** scheitern, haben sich in der Praxis nicht bewahrheitet. Bis auf wenige Fälle sind Leistungen nicht an Beweisfragen gescheitert. Eine Ausnahme stellt der vom BSG am 27. 4. 1989 (vgl. SozR 3-3800 § 1 OEG Nr. 13, entschiedene Fall dar, in dem das BSG darlegt, dass auch die Härteregelung nach § 10 a OEG nur Platz greift, wenn die verletzte Person durch einen vorsätzlichen rechtswidrigen tätlichen Angriff i. S. d. § 1 OEG geschädigt wurde. Eine **Beweislastumkehr** oder eine **Beweiserleichterung** hat das Gericht auch für die Fälle des § 10 a OEG verneint. Dem kommt auch für die Anwendung der Härteregelung in den neuen Bundesländern besondere Bedeutung zu. Allerdings dürften den Härteregelungsfällen so schwere Straftaten zugrunde liegen, dass die Strafakten wegen der langen Aufbewahrungsdauer im Allgemeinen noch verfügbar sein müssten. Außerdem kann in den neuen Bundesländern auf Unterlagen der ehemaligen staatlichen Heilfürsorge oder die der Rentenversicherung zurückgegriffen werden.

§ 10a Härteregelung

(1) [1]Personen, die in der Zeit vom 23. Mai 1949 bis 15. Mai 1976 geschädigt worden sind, erhalten auf Antrag Versorgung, solange sie

1. allein infolge dieser Schädigung schwerbeschädigt sind und
2. bedürftig sind und
3. im Geltungsbereich dieses Gesetzes ihren Wohnsitz oder gewöhnlichen Aufenthalt haben.

[2]§ 31 Abs. 4 Satz 2 erster Halbsatz des Bundesversorgungsgesetzes gilt.

(2) Bedürftig ist ein Anspruchsteller, wenn sein Einkommen im Sinne des § 33 des Bundesversorgungsgesetzes den Betrag, von dem an die nach der Anrechnungsverordnung (§ 33 Abs. 6 Bundesversorgungsgesetz) zu berechnenden Leistungen nicht mehr zustehen, zuzüglich des Betrages der jeweiligen Grundrente, der Schwerstbeschädigtenzulage sowie der Pflegezulage nicht übersteigt.

(3) [1]Übersteigt das Einkommen den Betrag, von dem an die vom Einkommen beeinflußten Versorgungsleistungen nicht mehr zustehen, so sind die Versorgungsbezüge in der Reihenfolge Grundrente, Schwerstbeschädigtenzulage und Pflegezulage um den übersteigenden Betrag zu mindern. [2]Bei der Berechnung des übersteigenden Betrages sind die Einkünfte aus gegenwärtiger Erwerbstätigkeit vor den übrigen Einkünften zu berücksichtigen. [3]§ 33 Abs. 4, § 33a Abs. 2 und § 33b Abs. 6 des Bundesversorgungsgesetzes gelten nicht.

(4) [1]Die Hinterbliebenen eines Geschädigten erhalten auf Antrag Versorgung in entsprechender Anwendung der §§ 38 bis 52 des Bundesversorgungsgesetzes, solange sie bedürftig sind und im Geltungsbereich dieses Gesetzes ihren Wohnsitz oder ständigen Aufenthalt haben. [2]Die Absätze 2 und 3 gelten entsprechend. [3]Unabhängig vom Zeitpunkt des Todes des Beschädigten sind für die Witwenbeihilfe die Anspruchsvoraussetzungen des § 48 Abs. 1 Satz 1, 5 und 6 des Bundesversorgungsgesetzes in der im Zeitpunkt der Antragstellung geltenden Fassung maßgebend.

(5) Die Versorgung umfaßt alle nach dem Bundesversorgungsgesetz vorgesehenen Leistungen mit Ausnahme von Berufsschadens- und Schadensausgleich.

Übersicht

1 **Allgemeines:** § 10a wurde durch das 1. OEG-ÄndG v. 20. 12. 1984 (BGBl. 1984 I S. 1723 ff.) in das OEG aufgenommen. Es regelt die Ausnahmen entsprechend § 10 S. 2.

Nach Maßgabe des **Einigungsvertrages** (BGBl. II 1990 S. 1070) gilt § 10a für Personen, die am 18. 5. 1990 ihren Wohnsitz oder gewöhnlichen Aufenthalt **in den neuen Bundesländern** hatten und in der Zeit vom 7. 10. 1949 bis 2. 10. 1990 eine Schädigung erlitten haben.

2 **Zu Abs. 1:** Die Regelung ist auf Schwerbeschädigte (§ 30 Abs. 1 und 2 BVG) und Hinterbliebene beschränkt. Dem liegt insbesondere zugrunde, dass in diesen **Fällen**
- in Anbetracht der Schwere der Gesundheitsstörungen der Ausschluss von der Versorgung unbillig erscheint und
- andererseits aufgrund der Schwere der Straftat damit gerechnet werden kann, dass die erforderlichen Beweismittel beigebracht werden können.

Die **Voraussetzungen** liegen vor, wenn der Beschädigte
- allein infolge der Schädigung schwerbeschädigt ist (§ 31 Abs. 4 S. 1 Halbs. 1 BVG gilt),
- bedürftig ist und
- im Geltungsbereich des Gesetzes seinen Wohnsitz oder gewöhnlichen Aufenthalt hat.

Es ist also erforderlich, dass allein auf der Gewalttat beruhende Schädigungsfolgen mit einem GdS um wenigstens 50 zu bewerten sind. Für die GdS-Beurteilung sind die Vorschriften des § 30 Abs. 1 und 2 BVG heranzuziehen. Da auch der § 31 Abs. 4 S. 2 Halbs. 1 BVG für anwendbar erklärt wird, fallen auch Geschädigte unter die Härteregelung, bei denen für die Folgen einer Gewalttat ein GdS mit unter 50 – z. B. Verlust des Auges (30) – festgesetzt ist, die aber bei späterer **schädigungsunabhängiger Erblindung des anderen Auges** einen Anspruch auf Pflegezulage haben. Sie gelten als Schwerbeschädigte, so dass die Voraussetzungen sich nach einem GdS um 50 bemisst.

3 Beim Zusammentreffen mit Ansprüchen nach dem BVG oder Gesetzen, die das BVG für anwendbar erklären, kommt die Härteregelung des § 10a OEG nur zur Anwendung, wenn der Geschä-

digte **allein aufgrund der Schädigung nach dem OEG** schwerbeschädigt ist. Es reicht nicht aus, wenn der Beschädigte nur unter Berücksichtigung eines Anspruchs nach dem BVG oder den Anhanggesetzen Schwerbeschädigter würde (z. B. GdS nach dem BVG und dem OEG jeweils 40). Bedürftig sein i. S. d. Nr. 2 bedeutet, dass die Betroffenen aufgrund ihrer eigenen Einkommensverhältnisse auf eine Leistung der Allgemeinheit angewiesen sind.

Zu Abs. 2: Abs. 2 bestimmt hierzu, bis zu welcher Einkommens- **4** grenze **Bedürftigkeit** i. S. d. Härteregelung vorliegt. Überschreitet das Einkommen diese Grenze, steht keine Versorgung mehr zu. Die Feststellung des Einkommens richtet sich nach § 33 BVG. Die folgenden Beispiele und Ausführungen sind an die BMA – RdSchr. v. 2. 1. 1985, VI a 1 – 52025/1 und v. 31. 1. 1985, VI a I – 52025/1 – angelehnt.

Berechnungsbeispiel 1 (Stand: Juli 2009): Ein verheirateter **5** Beschädigter mit einem GdS von 50 (Verlust einer Hand) hat Anspruch auf Grundrente, Kleiderverschleißzulage, Ausgleichsrente und Ehegattenzuschlag.

Es ist festzustellen, welcher Betrag des Einkommens die Ausgleichsrente und den Ehegattenzuschlag ausschließt.

Einkommen, von dem an Ausgleichsrente und Ehegattenzuschlag nach der AnrechV nicht mehr zustehen (Stufenzahl 123 + 22 = 145)/Tabelle West	Einkommen aus Erwerbstätigkeit	Übrige Einkünfte
Arbeitseinkommen bei Stufenzahl 145 Rente aus der Sozialversicherung bei Stufenzahl 145	1735,00 €	1023,00 €
Grundrente	226,00 €	226,00 €
Einkommensgrenze	1961,00 €	1249,00 €

Liegt das Einkommen des Opfers der Gewalttat nicht über den genannten Beträgen von 1961,00 € Einkommen aus Erwerbstätigkeit und 1249,00 € bei den übrigen Einkünften, gilt es als bedürftig.

Übersteigt das Einkommen den Betrag, von dem an die vom Einkommen beeinflussten Leistungen nicht mehr zustehen, so ist gemäß Abs. 3 der **übersteigende Betrag** auf die Grundrente, die Schwerstbeschädigtenzulage und die Pflegezulage anzurechnen. Steht keine dieser Leistungen mehr zu, sind die Voraussetzungen für die Härteregelung nicht erfüllt. Es entfallen daher auch dem Grunde nach zustehende Zulagen für Kleider- und Wäscheverschleiß oder z. B. früher fremde Führung (§ 14 BVG).

6 **Berechnungsbeispiel 2 (Stand: Juli 2009):** Das Opfer hat durch eine Gewalttat das linke Auge verloren. Schädigungsunabhängig ist später das rechte Auge erblindet. Da § 31 Abs. 4 S. 2 Halbs. 1 BVG anwendbar ist, gilt der Beschädigte wegen des Anspruchs auf Pflegezulage als schwerbeschädigt. Er hat das 65. Lebensjahr bereits vollendet und ist verheiratet. Der Beschädigte verfügt über eine Altersrente aus der gesetzlichen Rentenversicherung in Höhe von 1488,00 €.

Renteneinkommen		1454,00 €
Betrag, von dem an Ausgleichsrente und Ehegattenzuschlag bei einem GdS von 50 nach der AnrechV nicht mehr zustehen (123 + 22 = 145)/Tabelle West		1023,00 €
übersteigender Betrag	1488 € − 1023 €	465,00 €
Grundrente einschließlich Alterserhöhung bei einem GdS von 50	(226 + 25) 251,00 €	
anzurechnen übersteigender Betrag von	465,00 €	0,00 €
bleibt zu zahlen		
Schwerstbeschädigtenzulage steht nicht zu		
Pflegezulage nach Stufe III blind (§ 35 Abs. 1 S. 5 BVG)		661,00 €
anzurechnen sind (465 − 251)		214,00 €
es stehen zu		447,00 €
Kleiderverschleißzulage (§ 1 Nr. 1 VO zu § 15 BVG)		30,00 €
Führzulage steht nicht zu		0,00 €
Gesamtleistung		**477,00 €**

7 Das Beispiel verdeutlicht, dass die Alterserhöhung nach § 31 Abs. 1 S. 2 BVG Teil der Grundrente ist. Die Anrechnung erfolgt in der Reihenfolge Grundrente, Schwerstbeschädigtenzulage und Pflegezulage. Da nach Abs. 3 letzter Satz die §§ 33 Abs. 4, 33a Abs. 2 und 33b Abs. 6 BVG nicht gelten, sind Ausgleichsrente und Ehe-

gattenzuschlag in vollem Umfang der Einkommensanrechnung unterworfen. Die Zahlung von **Kindergeld** ist wegen des in aller Regel vorliegenden Bezugs einer anderen kindbezogenen Leistung i. S. d. § 33 b Abs.1 S. 2 BVG praktisch ohne Bedeutung. Verfügt der Beschädigte über Einkommen aus Erwerbstätigkeit und übrige Einkünfte, gilt für die Anrechnung folgendes:
- übersteigt bereits das Einkommen aus Erwerbstätigkeit den Betrag, der die Ausgleichsrente und ggf. den Ehegattenzuschlag ausschließt, **ist die Summe** aus dem darüber hinausgehenden Betrag des Einkommens aus Erwerbstätigkeit und den übrigen Einkünften auf die Grundrente, die Schwerstbeschädigtenzulage und die Pflegezulage anzurechnen.
- Erreicht das Einkommen aus Erwerbstätigkeit nicht den Betrag, der die Ausgleichsrente und ggf. den Ehegattenzuschlag ausschließt, ist die diesem Einkommen entsprechende Stufenzahl festzustellen. Sodann ist die Differenz zwischen dieser Stufenzahl und der Stufenzahl, von der an die Ausgleichsrente und ggf. der Ehegattenzuschlag nicht mehr zustehen, zu errechnen. Der so errechneten Stufenzahl sind die entsprechenden übrigen Einkünfte zuzuordnen. Der darüber hinaus gehende Betrag der übrigen Einkünfte ist anzurechnen.

Berechungsbeispiel 3 (Stand: Juli 2009): Beschädigter mit **8** einem GdS um 80, ledig.

Einkommen aus Tätigkeit		1640,00 €
übrige Einkünfte		476,00 €
Stufenzahl bei 1640,00 €/Tabelle West	135	
Stufenzahl von der an Ausgleichsrente nicht mehr zusteht	149	
Unterschied	14	
übrige Einkünfte bei Stufenzahl 14		256,00 €
der 256,00 € übersteigende Betrag von (476 − 256) ist anzurechnen		220,00 €
Grundrente bei einem GdS von 80		479,00 €
abzüglich übersteigender Betrag		220,00 €
zustehende Grundrente		**259,00 €**

Zu diesen Berechnungsmethoden hat der BMA mit Rd- **9** **Schr. v. 31. 1. 1985, VIa 1 − 52025/1 folgende ergänzende Ausführungen gemacht:**

- Bei der Anrechnung von Einkommen im System der Anrechnungsverordnung sind in einer Stufe mehrere Einkommensbeträge zusammengefasst, die zur Zahlung einer einheitlichen Ausgleichsrente führen.
- Steht neben der Ausgleichsrente Ehegattenzuschlag oder Kinderzuschlag zu, findet eine Anrechnung auf diese Leistungen erst statt, wenn das Einkommen des Berechtigten das Grenzeinkommen der Stufe, von der an Ausgleichsrente nicht mehr zusteht, überschreitet.
- Treffen Erwerbseinkommen und übrige Einkünfte zusammen und steht noch Ausgleichsrente zu, kann im Einzelfall Einkommen in jedem der beiden Bereiche bis zum Grenzeinkommen anwachsen, ohne dass sich die Ausgleichsrente mindert.
- Treffen Erwerbseinkommen und übrige Einkünfte zusammen und übersteigt das Gesamteinkommen den Betrag, von dem an Ausgleichsrente nicht mehr zusteht, so findet auch hier eine Anrechnung auf die weiteren Leistungen Ehegattenzuschlag und/oder Kinderzuschlag erst statt, wenn das Gesamteinkommen der Stufe, die den Bezug der Ausgleichsrente ausschließt, überschritten wird.

Die Voraussetzungen der Härteregelung sind damit nicht erfüllt, wenn nach der Anrechnung nach Abs. 3 S. 1 des den Ausschließungsbetrag übersteigenden Einkommens auf die Grundrente, Schwerstbeschädigtenzulage und Pflegezulage keine dieser Leistungen mehr rechnerisch zusteht (so auch Wilke, OEG, § 10a Rn. 7).

10   **Zu Abs. 3:** Gemäß Abs. 3 S. 3 scheidet die Anwendung der §§ 33 Abs. 4, 33a Abs. 2 und 33b Abs. 6 BVG aus. Daraus folgt, dass bei einem Anspruch auf Pflegezulage nach § 35 BVG nur die sich aufgrund des Einkommens **rechnerisch** ergebende Ausgleichsrente zusteht (Wilke, OEG, § 10a Rn. 8), nicht aber mindestens die halbe bzw. volle Ausgleichsrente.

Liegen die Voraussetzungen für eine Härteregelung vor, steht die Versorgung als Rechtsanspruch zu.

Versorgung wird nur für den Zeitraum gezahlt, in dem alle Voraussetzungen vorliegen. Liegt in einem Monat Bedürftigkeit nicht vor, weil z.B. **Urlaubs- oder Weihnachtsgeld** gezahlt wird, steht in diesem Monat keine Versorgung zu.

Liegt **die Leistungspflicht eines Unfallversicherungsträgers** für denselben Schaden vor, schließt dies die Bedürftigkeit aus, selbst wenn im Einzelfall die Höhe der Leistungen zwischen UV und OEG unterschiedlich sind (BSG v. 12. 12. 1995, SozR 3-3800 § 10a OEG Nr. 1).

Zu Abs. 4: Die Voraussetzungen für die Anwendung der **Här-** **11** **teregelung für Hinterbliebene** liegen vor, wenn die Hinterbliebenen

- bedürftig sind und
- im Geltungsbereich des Gesetzes ihren Wohnsitz oder ständigen Aufenthalt haben.

Die Beurteilung, ob Antragsteller Hinterbliebene sind, richtet sich nach den für entsprechend anwendbar erklärten Vorschriften der §§ 38–52 BVG. Aus dem Wortlaut des Halbs. 1 folgt, dass Hinterbliebenen auch dann ein Anspruch auf Versorgung zusteht, wenn ein Geschädigter, der an den Folgen der anerkannten Schädigung verstorben ist, Versorgungsbezüge nur nach einem GdS um 50 bezogen hatte. Nach der Änderung des Lebenspartnerschaftsrechts sind auch Lebenspartner einbezogen. Bei der Prüfung, ob die Voraussetzungen für die Gewährung einer Witwen- und Waisenbeihilfe erfüllt sind, ist das RdSchr. des BMA v. 1. 8. 1986, VI a 1-52038-1 zu beachten.

Die Gewährung von Hinterbliebenenversorgung setzt Bedürftigkeit voraus. Dabei gelten die für die Beschädigten getroffenen Regelungen des Abs. 2 und 3 entsprechend. Da für die Witwe und die Waisen nur Grund- und Ausgleichsrente in Betracht kommen, kann das Einkommen, das den Betrag übersteigt, von dem an Ausgleichsrente nicht mehr zusteht, nur auf die Grundrente angerechnet werden. Entfällt die Grundrente, steht keine Versorgung zu. Im Fall der Gewährung einer Witwen- und Waisenbeihilfe ist § 48 Abs. 2 S. 3 BVG nicht anzuwenden, weil die insoweit ungünstigere Bedürfnisprüfung des Abs. 4 vorgeht.

Eltern erhalten Versorgung, solange das Einkommen die Zahlung einer Elternrente zulässt. Übersteigt das Einkommen den Betrag, von dem an die Elternrente nicht mehr zusteht, entfällt die Versorgung.

Für die Gewährung von Witwenbeihilfe ist die im Zeitpunkt der **12** Antragstellung gültige Fassung des § 48 BVG maßgeblich.

Für den Fall des Todes vor Inkrafttreten des 1. OEG-ÄndG (30. 12. 1984) setzt Abs. 4 S. 3 nach dem zitierten Rundschreiben des BMA keine Anerkennung des Verstorbenen als Schwerbeschädigten voraus. Bei anderer Auslegung der Vorschrift könnte in keinem Fall Witwen- und Waisenbeihilfe bewilligt werden. Der Gesetzgeber hat mit Abs. 4 S. 3 lediglich erreichen wollen, dass eine Leistung nur zusteht, wenn die inzwischen **entschädigungsrechtlich** ausgestalteten Voraussetzungen des § 48 BVG erfüllt sind. Ansonsten hat er aber die Einbeziehung der Witwen- und Waisenbeihilfe in den Leistungsumfang der Härteregelung gewollt.

Witwen- und Waisenbeihilfe kommt in diesen Fällen nur in Betracht, wenn der Beschädigte bei Antragstellung einen Anspruch auf Versorgung gehabt hätte, **vorausgesetzt, dass im Zeitpunkt seines Todes die Härteregelung des § 10 a bereits gegolten hätte**. Dies setzt auch voraus, dass der Beschädigte bedürftig i. S. d. § 10 a gewesen wäre. Es bestehen keine Bedenken, die Erfüllung dieser Voraussetzung unter Berücksichtigung der seinerzeit geltenden Vorschriften über die Anrechnung von Einkommen und der in diesem Zeitpunkt maßgeblichen Rentenbeträge festzustellen. In Fällen, in denen der Beschädigte nach Inkrafttreten des § 10 a verstorben ist, muss jedoch gefordert werden, dass der Verstorbene Schwerbeschädigter (ab 1. 1. 1987) rentenberechtigter Beschädigter war, also einen Anspruch auf Versorgung hatte. Ein Anspruch setzt aber voraus, dass die materiell-rechtlichen Voraussetzungen erfüllt sind (vgl. hierzu VV Nr. 3 zu § 48 BVG i. V. m. Nr. 2 zu § 40 a BVG). Bei **fehlender Antragstellung** seitens des Beschädigten kann daher Witwen- und Waisenbeihilfe nur nach § 1 Abs. 7 OEG i. V. m. VV Nr. 9 zu § 48 BVG im Wege des Härteausgleichs nach § 89 BVG gewährt werden.

§ 10b Härteausgleich

[1] Soweit sich im Einzelfall aus der Anwendung des § 1 Abs. 5 und 6 eine besondere Härte ergibt, kann mit Zustimmung der obersten Landesbehörde im Benehmen mit dem Bundesministerium für Arbeit und Soziales ein Härteausgleich als einmalige Leistung bis zur Höhe des Zwanzigfachen der monatlichen Grundrente entsprechend einem Grad der Schädigungsfolgen von 70, bei Hinterbliebenen bis zur Höhe des Zehnfachen der Hinterbliebenengrundrente einer Witwe gewährt werden. [2] Das gilt für einen Geschädigten nur dann, wenn er durch die Schädigung schwerbeschädigt ist.

Übersicht

Allgemeines: Mit Wirkung vom 1. 7. 1990 ist in den alten 1 Bundesländern und vom 3. 10. 1990 in den neuen Bundesländern mit dem 2. OEG-ÄndG neben der Härteregelung in § 10a OEG a. F. zusätzlich ein Härteausgleich für Ausländer i. S. d. § 1 Abs. 5 oder 6 eingefügt worden. In den Abs. 5 und 6 des § 1 werden diejenigen Ausländer nicht vom Versorgungsschutz erfasst, die sich nur kurzfristig im Bundesgebiet aufhalten. In erster Linie ist dabei an Touristen zu denken. Werden sie während eines Besuchs schwer geschädigt, kann sich aus der **Eingrenzung des Personenkreises** in den Abs. 5 und 6 eine besondere Härte ergeben. In diesen Fällen besteht die Möglichkeit mit Zustimmung der obersten Landesbehörde im Benehmen mit dem BMA einen Härteausgleich als einmalige Leistung bis zur Höhe des 20-fachen der monatlichen Grundrente entsprechend eines Grads der Schädigung um 70, bei Hinterbliebenen bis zur Höhe des 10-fachen der Hinterbliebenengrundrente einer Witwe, zu gewähren.

Voraussetzungen: Voraussetzung für den Härteausgleich ist, 2 dass das Gewaltopfer durch die Schädigung schwer beschädigt wird, d. h. die Schädigungsfolgen müssen einen Grad der Schädigung (GdS) von mindestens 50 bedingen. Für einen Härteausgleich ist aber nicht notwendig, dass die Schädigungsfolgen in einem Verwaltungsakt anerkannt worden sind. Neben der **Schwerbeschädigteneigenschaft** muss sich aus der Anwendung des § 1 Abs. 5 oder 6 eine besondere Härte ergeben. Die Schwerbeschädigung (GdS 50) darf jedoch nicht nur vorübergehend bestehen. Da Touristen oder Besucher sich nur kurzfristig hier aufhalten, ist insoweit eine Prognose erforderlich. Hierbei ist eine genaue Feststellung des GdS in der Regel nicht möglich, so dass für die Bemessung der Leistungshöhe als Mittelwert die Höhe einer Grundrente nach einem GdS von 70 gewählt wurde.

Nähere Erkenntnisse über das Ausmaß und den wahrscheinlichen Verlauf der Gesundheitsschädigung sind jedoch bei der Festlegung des Multiplikators zu berücksichtigen. Die Begrenzung des Härteausgleichs auf höchstens das 20-fache der monatlichen Grundrente bei einem GdS um 70 soll sicherstellen, dass diese Härteleistung nicht in einem **Missverhältnis** zu den nach § 1 Abs. 7 zu gewährenden Abfindungen gerät.

3   **Besondere Härte:** Eine **besondere Härte** kann darin liegen, dass das Gewaltopfer weder mit einem Deutschen oder mit einem Ausländer i. S. d. § 1 Abs. 4 oder 5 verheiratet oder i. S. des Abs. 6 S. 1 Nr. 1 verwandt ist und deshalb von jeglicher Entschädigung ausgeschlossen wäre. Die Entscheidung über das ob und die Höhe des Härteausgleichs steht im Ermessen der Verwaltungsbehörde. **Versagungsgründe** nach § 2 sind im Rahmen der Ermessensausübung zu beachten.

Bei Hinterbliebenen, auch bei mehreren, soll die Härteleistung auf eine einzige Einmalzahlung von maximal dem Zehnfachen der Witwengrundrente beschränkt werden (vgl. BT-Drs. 189/93 S. 12). **Die Hinterbliebenen sind insoweit Gesamtgläubiger.** Die Verteilung der Einmalzahlung im Innenverhältnis erfolgt nach Kopfteilen. Als Anhaltspunkte für die Höhe des Härteausgleichs können die Schwere der Schädigung (Höhe des GdS) und die damit einhergehenden gesundheitlichen und wirtschaftlichen Folgen herangezogen werden. Ebenso kann die Bedürftigkeit des Beschädigten Berücksichtigung finden.

Neben dem Härteausgleich kommen andere Leistungen nach dem OEG – z.B. Heilbehandlung – nicht in Betracht (BMA v. 20. 1. 2000, BArbBl. III 2000 S. 111).

§ 10c Übergangsregelung

[1]Neue Ansprüche, die sich auf Grund einer Änderung dieses Gesetzes ergeben, werden nur auf Antrag festgestellt. [2]Wird der Antrag binnen eines Jahres nach Verkündung des Änderungsgesetzes gestellt, so beginnt die Zahlung mit dem Zeitpunkt des Inkrafttretens, frühestens jedoch mit dem Monat, in dem die Voraussetzungen erfüllt sind.

§ 10c wurde durch das 1. OEG-ÄndG v. **20. 12. 1984** (BGBl. 1984 I S.1723) in das OEG aufgenommen. [1]

Bei Antragstellung **binnen eines Jahres** nach dem Inkrafttreten einer Änderung des Gesetzes wird die Leistung ab Inkrafttreten des Gesetzes gezahlt, es sei denn, die Anspruchsvoraussetzungen sind erst nach diesem Zeitpunkt erfüllt. Wird der Antrag erst nach Ablauf eines Jahres gestellt, wird die Leistung grundsätzlich erst ab Antragstellung gewährt. § 10c bezieht sich von seinem Sinn und Zweck her auf **Dauerleistungen**. Im Rahmen von Leistungen bei Gewalttaten im Ausland (§ 3a) ist § 10c auf den dort geregelten Heilbehandlungsanspruch anwendbar. Bei Einmalzahlungen wie sie in § 3a Abs. 2 geregelt sind, gilt der allgemeine Grundsatz, dass Leistungen ab dem Vorliegen aller Anspruchsvoraussetzungen zu gewähren sind. [2]

§ 10d Übergangsvorschrift

(1) Am 1. Januar 1998 noch nicht gezahlte Erstattungen von Aufwendungen für Leistungen, die vor dem 1. Januar 1998 erbracht worden sind, werden nach den bis dahin geltenden Erstattungsregelungen abgerechnet.

(2) Für das Jahr 1998 wird der Pauschalbetrag wie folgt ermittelt: Aus der Summe der Erstattungen des Landes an die Krankenkassen nach diesem Gesetz in den Jahren 1995 bis 1997, abzüglich der Erstattungen für Leistungen bei Pflegebedürftigkeit nach § 11 Abs. 4 und § 12 Abs. 5 des Bundesversorgungsgesetzes in der bis zum 31. März 1995 geltenden Fassung und abzüglich der Erstattungen nach § 19 Abs. 4 des Bundesversorgungsgesetzes in der bis zum 31. Dezember 1993 geltenden Fassung, wird der Jahresdurchschnitt ermittelt.

§ 10d wurde durch das Gesetz zur Änderung von Erstattungsvorschriften im sozialen Entschädigungsrecht (ErStÄG) vom 25. 7. 1996 (BGBl. I 1996 Nr. 19) in das OEG aufgenommen. Es handelt sich um eine **Übergangsvorschrift für Erstattungen** an die **Krankenkassen,** die einen gerechten Ausgleich zwischen den Krankenkassen und den Ländern gewährleisten soll (vgl. insoweit § 20 BVG).

§ 11 (Inkrafttreten)

Das OEG wurde am 15. 5. 1976 im Bundesgesetzblatt (BGBl. I S. 1181) verkündet. Es ist demnach am 16. 5. 1976 um 0.00 Uhr in Kraft getreten.

In Art. 7 Abs. 2 des OEG-ÄndG ist das Inkrafttreten der Neuregelungen bestimmt **(vgl. § 10 c)**. Wegen der im Einigungsvertrag festgelegten Sonderregelung für die neuen Bundesländer ist zu unterscheiden:

Das OEG gilt nach Art. 7 S. 1 i. V. m. Anlage I Kapitel VIII Sachgebiet K Abschnitt III Nr. 18 des Einigungsvertrages in den neuen Bundesländern ab dem 3. 10. 1990. Für Gewalttaten vor dem 3. 10. 1990 kann keine Versorgung nach dem OEG beansprucht werden. Es gilt aber die Härteregelung des § 10 a (vgl. § 10 a Rn. 1). In den alten Bundesländern gilt das OEG in seiner neuen Fassung für Gewalttaten nach dem 30. 6. 1990 (Art. 7 S. 3 2. OEG-ÄndG). **Der 1. 7. 1990 ist ein politisch gesetztes Datum**, da ab dem Sommer 1990 eine deutliche Zunahme von Gewalttaten gegen Ausländer zu verzeichnen war und die in diesem Zeitpunkt bekannt gewordenen Fälle soweit wie möglich erfasst werden sollten.

Anhang

I. Leistungen in entsprechender Anwendung des Bundesversorgungsgesetzes

Im Folgenden wird ein ausführlicher Überblick über die Leistungen nach dem OEG i. V. m. dem Bundesversorgungsgesetz (BVG) gegeben. Häufig stellen sich aber direkt nach der Gewalttat hinsichtlich des Leistungsrechts viele Fragen, die sich aus dem OEG nicht entnehmen lassen. Dort ist lediglich geregelt, dass eine Versorgung in Anwendung des Bundesversorgungsgesetzes geleistet wird. Die häufigsten gestellten Fragen sind Folgende:

Fragen von Opfern	Antwort unter Anhang I Rn.
Fragen von Opfern:	
Wie und wo stelle ich einen Antrag? Was ist dabei zu beachten?	**5** 1–4 und § 1 Rn. 42–45
Wer trägt Arzt- und Krankenhauskosten?	**1** 1–6
Gibt es einen Anspruch auf psychologische Behandlung bei posttraumatischen Belastungsstörungen?	**1** 5
Wer zahlt Krankengeld, wenn Arbeitsunfähigkeit eintritt?	**1** 21–24
Werden berufliche Reha-Maßnahmen gewährt, wenn der Beruf nicht mehr ausgeübt werden kann?	**2** 21–28
Wird eine laufende Rente gezahlt?	**3** 31, 32, 34–47
Wird ein beruflicher Schaden finanziell ausgeglichen, wenn wegen der Schädigungsfolgen weniger verdient wird?	**3** 50–76
Wird eine Berufsausbildung gefördert, wenn zu wenig verdient wird?	**2** 21–28

Fragen von Opfern	Antwort unter Anhang I Rn.
Wird eine Kur bezahlt, wenn sie wegen der anerkannten Schädigung nach dem OEG erforderlich ist?	**1** 7
Fragen für Witwen und Waisen:	
Werden Beerdigungskosten gezahlt?	**3** 85
Wird eine Witwenrente unabhängig vom Einkommen gezahlt?	**4** 6
Werden Leistungen erbracht, auf die das vorhandene Einkommen angerechnet wird?	**4** 7–12
Haben Waisen Ansprüche auf einkommensabhängige Leistungen?	**4** 24
Haben Waisen Ansprüche auf **einkommensunabhängige** Leistungen?	**4** 23
Sonstige Fragen:	
Gibt es Leistungen an Eltern von durch eine Gewalttat getöteten Kindern?	**4** 27, 28
Welchen Einfluss hat eine Wiederheirat einer Witwe auf die Leistungen nachdem BVG?	**4** 14–17

Zur Beantwortung dieser und weiterer spezieller Fragen sollen die folgenden Ausführungen eine erste Orientierung geben.

1. Heilbehandlung

Übersicht

Allgemeines: Für das Opfer einer Gewalttat stellt sich häufig als **1** erstes die Frage, wer die Kosten für anstehende medizinische Maßnahmen übernimmt. Dies wird in aller Regel die Krankenkasse des Betroffenen sein, es sei denn, das Opfer ist nicht Mitglied einer gesetzlichen oder privaten Krankenkasse, dann werden die Leistungen über eine sog. **Zuteilung zur AOK** des Wohnsitzortes direkt von den für die Leistungsgewährung nach dem OEG zuständigen Behörden erbracht. Werden sie unmittelbar von der Krankenkasse geleistet, so werden sie dieser vom Kostenträger des OEG erstattet.

Es gilt aber abzuklären, ob die Leistungen nach dem OEG i. V. m. **2** dem BVG den **gleichen Umfang** haben oder über die der gesetzlichen Krankenversicherung hinausgehen. Außerdem stellt sich auch das Problem, ob Leistungen nach dem Bundesversorgungsgesetz schon vor Anerkennung des Versorgungsanspruchs möglich sind.

Das Bundesversorgungsgesetz kennt als medizinische Leistungen zur Behandlung von Gesundheitsstörungen ein Instrumentarium von Leistungen über Heilbehandlung, Versehrtenleibesübungen, Krankenbehandlung und orthopädische Versorgung. Im Rahmen dieses Kommentars zum OEG kann nicht auf alle Aspekte der Leistungsgewährung medizinischer Leistungen nach dem BVG eingegangen werden. Es werden hier nur die Leistungen beschrieben, die **wegen der anerkannten Schädigungsfolgen** gewährt werden. Diese Leistungen werden im BVG als „Heilbehandlung" bezeichnet und sollen im Folgenden näher dargestellt werden.

Zu § 10 Abs. 1 BVG: Nach § 10 Abs. 1 BVG wird Beschädig- **3** ten für Gesundheitsstörungen, die als Folge einer Schädigung anerkannt oder durch eine anerkannte Schädigungsfolge verursacht worden sind, **Heilbehandlung** gewährt, um die Gesundheitsstörungen oder die durch sie bewirkte Beeinträchtigung der Berufs- oder Erwerbsfähigkeit zu beseitigen oder zu bessern, eine Zunahme des Leidens zu verhüten, Pflegebedürftigkeit zu vermeiden, zu überwinden, zu mindern oder ihre Verschlimmerung zu verhüten, körperliche Beschwerden zu beheben, die Folgen der Schädigung zu erleichtern oder um dem Beschädigten entsprechend den in § 4 Abs. 1 SGB IX genannten Zielen eine möglichst umfassende **Teilhabe am Leben in der Gesellschaft** zu ermöglichen.

4   Dieser Anspruch auf Heilbehandlung besteht im Gegensatz zur Krankenbehandlung, die auch für Nichtschädigungsfolgen geleistet wird, ohne Ausschlussgründe. Es kommt nur ein Ruhen in Betracht, wenn ein auf derselben Ursache beruhender Anspruch gegen einen **Träger der gesetzlichen Unfallversicherung oder nach beamtenrechtlichen Bestimmungen** besteht (§ 65 Abs. 3 BVG). Ein Ausschluss ist auch nicht gegeben, wenn das Gewaltopfer einen Anspruch gegen seine gesetzliche Krankenkasse hat oder die Jahresarbeitsentgeltgrenze überschreitet. Eine Besonderheit ergibt sich aus § 3 a Abs. 2 S. 1 OEG, der bei Gewalttaten im Ausland dem Grunde nach einen eigenständigen Anspruch auf Heilbehandlung und medizinische Rehabilitation einräumt.

„Es handelt sich um einen Sondertatbestand, durch die eine Abgrenzung zum übrigen Leistungssystem des OEG i. V. m. dem BVG vorgenommen wird, um gesetzessystematisch deutlich zu machen, dass sich ein Leistungsanspruch bei Auslandstaten nur aus dem Prinzip der allgemeinen Fürsorge, nicht aber aus einem Aufopferungsanspruch ergeben kann. Eine direkte Anwendung der §§ 10 ff. BVG über § 1 Abs. 1 OEG ist nicht möglich, da dies das Vorliegen einer Gewalttat im Geltungsbereich des OEG oder auf einem deutschen Schiff oder Luftfahrzeugs voraussetzen würde. Allerdings sind §§ 10 ff. BVG im Rahmen von § 3 a Abs. 2 S. 1 entsprechend anwendbar, so weit sie die Durchführung der Heilbehandlung und medizinischen Rehabilitation betreffen und sofern nicht Anrechnungs- und Ausschlusstatbestände des § 3 a Abs. 4 und Abs. 5 als Spezialgesetz vorrangig vor § 10 Abs. 7 BVG einschlägig sind. Leistungen der Heilbehandlung und der medizinischen Rehabilitation sind über die entsprechende Anwendung der §§ 10 ff. BVG grundsätzlich bereits in den Leistungen nach § 3 a Abs. 2 S. 1 OEG enthalten" (RdSchr. des BMAS v. 14. 7. 2009, IV c 2-47030).

Die Leistungen der Heilbehandlung sind in § 10 Abs. 1 BVG abschließend definiert. Der Umfang der Heilbehandlung richtet sich grundsätzlich nach den Bestimmungen der gesetzlichen Krankenkasse, soweit das Bundesversorgungsgesetz nichts anderes bestimmt. Die Formulierung „soweit das BVG nichts anderes bestimmt" bedeutet im Ergebnis, dass die Leistungen nach dem BVG – im Gegensatz zur gesetzlichen Krankenkasse – **ohne Eigenbeteiligung und Leistungsausschlüsse** gewährt werden.

5   **Zu § 11 BVG:** Die Heilbehandlung umfasst nach § 11 BVG folgende Bereiche:
- ambulante ärztliche und zahnärztliche Behandlung,
- Versorgung mit Arznei- und Verbandsmitteln,
- Versorgung mit Heilmitteln einschließlich Krankengymnastik, Bewegungstherapie, Sprachtherapie und Beschäftigungstherapie sowie mit Brillengläsern und Kontaktlinsen,

- Versorgung mit Zahnersatz,
- Behandlung in einem Krankenhaus (Krankenhausbehandlung),
- Behandlung in einer Rehabilitationseinrichtung,
- häusliche Krankenpflege,
- Versorgung mit Hilfsmitteln,
- Belastungserprobung und Arbeitstherapie,
- nicht ärztliche sozialpädiatrische Leistungen,
- Psychotherapie als ärztliche und psychotherapeutische Behandlung und Soziotherapie.

Zu „psychotherapeutischen Maßnahmen" i. S. d. § 3 a Abs. 2 OEG vgl. dort Rn. 10. Nach § 3 a Abs. 3 S. 3 OEG haben Hinterbliebene einschließlich der Eltern, deren minderjährige Kinder an den Folgen einer Gewalttat im Ausland verstorben sind, Anspruch auf psychotherapeutische Maßnahmen. Damit hat der Gesetzgeber den Kreis der Anspruchsberechtigten gegenüber den Inlandstaten erweitert, weil dieser Personenkreis nach § 1 OEG nur einen Anspruch auf entsprechende Leistungen hat, wenn er wegen der Gewalttat einen Schockschaden erlitten hat und somit selbst „Geschädigter" ist. Mit der Besserstellung dieses Personenkreises wollte der Gesetzgeber dem Umstand Rechnung tragen, dass die Gewalttat im Ausland stattgefunden hat und sich gerade dadurch höhere psychische Belastungen der Angehörigen ergeben können. Andererseits ist der Personenkreis auf die Eltern minderjähriger Getöteter begrenzt, um die Fürsorgeleistungen des § 3 a OEG nur einem eng zugeschnitten den Personenkreis zu gewähren.

Der Leistungskatalog des § 11 Abs. 1 BVG bedeutet im Ergebnis einen erweiterten Leistungsumfang gegenüber der gesetzlichen Krankenversicherung und mit dem beachtlichen Unterschied, dass die Leistungen der Heilbehandlung **ohne Eigenbeteiligung,** wie sie in der gesetzlichen Krankenversicherung vorgesehen ist, und ohne Leistungsausschlüsse gewährt wird. Bei der Heilbehandlung nach § 3 a Abs. 2 S. 1 OEG ist zu beachten, dass nach der Gesetzesbegründung gerade auch Maßnahmen der medizinischen Rehabilitation im Einzelfall in Betracht kommen, die über das Leistungsspektrum der Krankenkassen hinausgehen, wenn sie schädigungsbedingt notwendig sind. Hierbei handelt es sich um besondere Therapieangebote, Arznei oder Verbandsmittel und schädigungsbedingt notwendige spezifische Heilmittel, die die GKV nicht oder nur zu bestimmten Festbeträgen erstattet.

Die große Bedeutung der Heilbehandlung wegen Schädigungsfolgen wird besonders bei der Versorgung mit Brillengläsern und Kontaktlinsen deutlich, die im Heilbehandlungsanspruch enthalten sind, aber vom Leistungsumfang der gesetzlichen Krankenkassen nicht mehr erfasst sind. Der Anspruch auf Brillengläser umfasst auch die Ausstattung mit dem notwendigen Brillengestell, wenn die Brille zur Behandlung einer Gesundheitsstörung erforderlich ist, die als Schädigungsfolge anerkannt wurde oder wenn bei nicht schädigungsbedingt notwendigen Brillen wegen anerkannter Schädigungsfolgen eine **aufwändigere Versorgung** erforderlich ist.

6   Die in § 11 Abs. 1 S. 1 BVG vorgesehene Versorgung mit Zahnersatz bedeutet für den Beschädigten **die Übernahme der vollen Kosten im notwendigen Umfang**. Die Vergütung der Zahnärzte für die Regelversorgung richtet sich nach den „einheitlichen Bewertungsmaßstäben" für zahnärztliche Leistungen (BEMA) gem. § 87 Abs. 2 und 2 d SGB V. Der abrechnungsfähige Inhalt der zahntechnischen Leistungen ergibt sich aus den „bundeseinheitlichen Leistungsverzeichnissen" (BEL II) gem. § 88 SGB V. Die zahnärztliche Behandlung umfasst die Tätigkeiten des Zahnarztes, die zur Verhütung, Früherkennung und Behandlung von Zahn-, Mund- und Kieferkrankheiten nach den Regeln der ärztlichen Kunst ausreichend und zweckmäßig ist.

Leistungsempfänger nach dem BVG und nach dem OEG haben nach § 18 Abs. 2 BVG die Möglichkeit, bei Zahnfüllungen eine **aufwändigere Versorgung** zu wählen, wenn sie die entstehenden **Mehrkosten** selbst tragen.

Auch im Bereich der Heilbehandlung nach dem BVG gilt der **Grundsatz der freien Arztwahl**. Da sich die Leistungsgewährung an den Grundsätzen der kassenärztlichen Versorgung ausrichtet, können nur zugelassene oder ermächtigte Ärzte sowie ermächtigte ärztlich geleitete Einrichtungen gewählt werden (§ 76 SGB V).

Zum Leistungsumfang der Heilbehandlung gehört auch die Behandlung in einem Krankenhaus (§ 11 Abs. 1 Nr. 5 BVG). Hier gelten ebenfalls die Vorschriften für die Leistungen, zu denen die Krankenkasse ihren Mitgliedern verpflichtet ist, entsprechend. Das BSG hat mit Urt. v. 28. 6. 2000 (BSGE 86, 253 f.) noch einmal klargestellt, dass wegen der Schädigungsfolgen Versorgungsberechtigte **keinen Anspruch auf Wahlleistungen (z. B. Zweibettzimmer oder Chefarztbehandlung)** nachdem OEG haben. Im Gegensatz zu der früheren Rechtslage können Berechtigte jedoch diese Leistungen in Anspruch nehmen, ohne den Anspruch auf die Krankenhausleistungen zu verlieren.

7   Badekuren können Beschädigten für anerkannte Schädigungsfolgen gewährt werden, wenn sie notwendig sind, um den Heilerfolg zu sichern oder um einer in absehbarer Zeit zu erwartenden Verschlechterung des Gesundheitszustandes, einer Pflegebedürftigkeit oder einer Arbeitsunfähigkeit vorzubeugen. Badekuren werden **sta-**

tionär oder teilstationär erbracht. Eine Badekur soll nicht vor Ablauf von drei Jahren nach Durchführung einer solchen Maßnahme oder einer Kurmaßnahme, deren Kosten aufgrund öffentlich-rechtlicher Vorschriften getragen oder bezuschusst worden sind, gewährt werden. Eine Ausnahme wird dann gemacht, wenn die vorzeitige Gewährung **aus dringenden gesundheitlichen Gründen** erforderlich ist.

Zur Ergänzung der Versorgung mit Hilfsmitteln können Beschä- **8**
digte im Rahmen der Heilbehandlung als Ersatzleistung Zuschüsse erhalten (§ 11 Abs. 3 S. 1 BVG):
- zur Beschaffung, Instandhaltung und Änderung von Motorfahrzeugen oder Fahrrädern an Stelle bestimmter Hilfsmittel und deren Instandsetzung,
- für Abstellmöglichkeiten für Rollstühle und für Motorfahrzeuge, zu deren Beschaffung der Beschädigte einen Zuschuss erhalten hat oder hätte erhalten können,
- zur Unterbringung von Blindenführhunden,
- zur Beschaffung und Änderung bestimmter Geräte sowie
- zu den Kosten bestimmter Dienst- und Werkleistungen.

Zur Höhe der Kostentragung enthält Abs. 3 S. 2 weitere Be- **9**
stimmungen. Für die Versorgung mit Arznei- und Verbandsmitteln gilt § 34 SGB V, der die **ausgeschlossenen** Arznei-, Heil- und Hilfsmittel regelt. Danach sind folgende Hilfsmittel ausgeschlossen:
- Arzneimittel zur Anwendung bei Erkältungskrankheiten und grippalen Infekten einschließlich der bei diesen Krankheiten anzuwendenden Schnupfenmittel, Schmerzmittel, hustendämpfenden und hustenlösenden Mittel,
- Mund- und Rachentherapeutika, ausgenommen bei Pilzinfektionen,
- Abführmittel,
- Arzneimittel gegen Reisekrankheit.

Das BMAS hat mit Rundschreiben vom 19. 3. 2004 (434-610011) jedoch klargestellt, dass zur Behandlung von Schädigungsfolgen die Gewährung dieser Medikamente **im Wege des Härteausgleichs** zulässig ist. Im Bereich der Heilbehandlung gelten auch die Regelungen für Festbeträge für Arznei- und Verbandsmittel (§ 35 und § 12 Abs. 2 SGB V). Soweit danach ein Festbetrag festgesetzt ist, werden Leistungen nur bis zu dieser Höhe erfüllt.

Beschädigte erhalten als Heilbehandlung auch Haushaltshilfen **10**
sowie einen Zuschuss zu stationärer oder teilstationärer Versorgung in **Hospizen** in entsprechender Anwendung der Vorschriften für die Krankenkassen (§ 10 Abs. 4 BVG).

Die Heilbehandlung umfasst ebenfalls ergänzende Leistungen zur Rehabilitation, die nicht zu den Leistungen der Versehrtenleibesübungen, zur Teilhabe am Arbeitsleben oder zu Hilfen in besonderen Lebenslagen gehören. Hierzu zählen z. B. Übungsbehandlungen in Rheumagruppen oder eine bestimmte Form der Suchtnachsorge (vgl. Wilke/Fehl, § 11 Rn. 65 und 66). Für den Umfang dieser Leistungen gelten auch hier die Vorschriften für die entsprechenden Leistungen der Krankenkasse.

11   **Sachleistungsprinzip:** Leistungen der Heilbehandlung werden nach § 18 Abs. 1 BVG als Sachleistung erbracht, soweit sich aus dem BVG nichts anderes ergibt. Sachleistungen sind den Berechtigten **ohne Beteiligung von Kosten zu gewähren.** Das gilt auch für den Ersatz der Fahrtkosten im Rahmen der Heilbehandlung durch die Krankenkasse. Die Erbringung von Sachleistungen kommt nur innerhalb des Geltungsbereichs des OEG in Betracht. Bei Heilbehandlungen im Ausland kommt eine Erstattung der Kosten für die eigenständige Durchführung der Heilbehandlung in entsprechender Anwendung von § 64 BVG in Betracht. Dies gilt insbesondere für die Fälle des § 3a Abs. 2 S. 1 OEG bei Leistungen bei Gewalttaten im Ausland, gerade wenn der Geschädigte psychotherapeutische Angebote im Ausland in Anspruch nimmt.

12   **Antrag:** Die Leistungen der Heilbehandlung werden nach § 18a BVG auf Antrag gewährt; sie können auch von Amts wegen gewährt werden. Anträge sind grundsätzlich bei einem zuständigen Leistungsträger zu stellen (§ 16 Abs. 1 SGB I). Ausnahmen sind in § 16 SGB I selbst geregelt. Soweit Leistungen der Heilbehandlung in Betracht kommen, ergeben sich die Ausnahmen aus § 18a Abs. 1 S. 2 und 3 BVG.

13   **Kausalität:** Nach § 10 Abs. 1 S. 1 BVG werden Beschädigten für „Gesundheitsstörungen, die als Folge einer Schädigung anerkannt sind" Leistungen der Heilbehandlung gewährt. Durch das Tatbestandsmerkmal **„für"** wird die Kausalitätsfrage aufgeworfen. Folgende **Voraussetzungen** müssen vorliegen:
- Vorliegen einer Gesundheitsstörung, die als Folge einer Schädigung anerkannt oder durch eine anerkannte Schädigung verursacht worden ist,
- Erfordernis der Maßnahme einer Heilbehandlung und
- **Kausalzusammenhang** zwischen 1. und 2.
- Zweckerreichung (siehe Anhang I 1 Rn. 3 u. 10).
     Auch hier in gilt die Kausaltheorie der wesentlichen Bedingung. Es reicht also aus, dass der Zustand, der die Maßnahme der Heilbe-

handlung erfordert, wesentliche Mitursache für die Heilbehandlung ist.

Der Begriff der Gesundheitsstörung kann ähnlich wie der Begriff der Krankheit im Rahmen der gesetzlichen Krankenversicherung definiert werden als ein regelwidriger, von der Norm abweichender Körper- oder Geisteszustand, der die Notwendigkeit einer ärztlichen Behandlung zur Folge hat. Nach BSG (BSGE 35, 10) liegt **Behandlungsbedürftigkeit** i. S. v. einer Krankheit vor, wenn der Leidenszustand ohne ärztliche Hilfe nicht mit Aussicht auf Erfolg behoben, verbessert oder vor Verschlimmerung bewahrt werden kann. Die Behandlungsbedürftigkeit muss sich an den in Abs. 1 S. 1 (vgl. oben) genannten Zwecken orientieren.

Die Zweckerreichung ist neben der Kausalität weitere Anspruchsvoraussetzung im Rahmen des § 10 Abs. 1 S. 1 BVG. Kann keiner der genannten Zwecke erreicht werden, ist ein Anspruch auf Heilbehandlung nicht gegeben. Die Zweckerreichung ist ein Mittel zur **sachgerechten Steuerung** der Prävention und der Rehabilitationsmaßnahmen. Sie dient insbesondere auch zur Abgrenzung von Heilbehandlung und Pflegeleistungen.

Heilbehandlung vor Anerkennung des Versorgungsanspruchs: Heil- oder Krankenbehandlung kann auch vor der Anerkennung eines Versorgungsanspruchs gewährt werden (§ 10 Abs. 8 BVG). Diese Bestimmung ist für Heilbehandlungsansprüche nach dem OEG besonders wichtig, **da hier die notwendigen Maßnahmen der Heilbehandlung sofort nach der Gewalttat erfolgen müssen** und nicht erst das Ende eines Anerkennungsverfahrens abgewartet werden kann. Heilbehandlungsmaßnahmen werden von der zuständigen Verwaltungsbehörde dann vor Anerkennung des Versorgungsanspruchs gewährt, wenn der Antrag **wahrscheinlich** zu einer entsprechenden Anerkennung führen wird und Ausschließungsgründe nach § 2 OEG wahrscheinlich nicht vorliegen. Das gilt auch dann, wenn zu erwarten ist, dass der Antrag nur deshalb nicht zu einer Anerkennung führen wird, weil nach Abschluss der Heilbehandlung vermutlich keine Gesundheitsstörung verbleiben wird.

Diese Grundsätze gelten auch im Falle einer Gewalttat im Ausland (§ 3 a OEG). Gerade eine schnelle und der Schädigung angepasste Heilbehandlung lag im Sinne des Gesetzgebers, als er § 3 a Abs. 2 S. 1 OEG formuliert hat. Die zuständige Verwaltungsbehörde ist deshalb gerade bei Auslandsgewalttaten, deren Sachaufklärung naturgemäß einen längeren Zeitraum in Anspruch nehmen kann, gehalten, in die Voraussetzungen des § 10 Abs. 8 BVG besonders sorgfältig zu prüfen.

15   **Zuständiger Leistungsträger:** Nach § 18 c BVG wird die Heilbehandlung von der Verwaltungsbehörde (in aller Regel Versorgungsämter) durchgeführt. Trotz des umfangreichen Katalogs von Zuständigkeiten des § 18 c Abs. 1 S. 1 BVG **sind die Krankenkassen für die wichtigsten Leistungen der Heilbehandlung zuständig,** da diese nicht in dem Katalog des Abs. 1 S. 1 genannt sind und S. 2 besagt, dass die übrigen Leistungen von den Krankenkassen für die Verwaltungsbehörde erbracht werden. Dies sind:

- ambulante ärztliche und zahnärztliche Behandlung,
- Versorgung mit Arznei- und Verbandsmitteln,
- stationäre Behandlung in einem Krankenhaus,
- Versorgung mit Hilfsmitteln einschließlich Krankengymnastik sowie mit Brillen und Kontaktlinsen,
- häusliche Krankenpflege,
- Haushaltshilfe,
- ergänzende Leistungen zur Rehabilitation,
- nicht ärztliche sozialpädiatrische Leistungen,
- medizinische und ergänzende Leistungen der Rehabilitation sowie Leistungen der Gesundheitsvorsorge in Form einer Kur,
- Versorgungskrankengeld.

16   Soweit der Beschädigte Mitglied einer Krankenkasse bzw. Familienangehöriger eines Kassenmitglieds ist, **werden die Leistungen nach dem BVG von der Krankenkasse erbracht,** bei der der Beschädigte versichert ist. Zur Inanspruchnahme der Leistungen der Heilbehandlung erhält der Berechtigte den so genannten „Roten Bundesbehandlungsschein", wenn er nicht auch Ansprüche auf Krankenbehandlung hat, die hier nicht dargestellt werden. In diesem Fall wird wie für die übrigen gesetzlich Versicherten eine Chipkarte ausgestellt, die Betreuungskarte heißt.

17   **Orthopädische Versorgung:** Die in § 11 BVG (Heilbehandlung) angesprochene Versorgung mit Hilfsmitteln wird in § 13 BVG weiter konkretisiert. Die Versorgung mit Hilfsmitteln umfasst danach die Ausstattung mit Körperersatzstücken, orthopädischen und anderen Hilfsmitteln, Blindenführhunden und mit dem Zubehör der Hilfsmittel, die Instandhaltung und den Ersatz der Hilfsmittel und des Zubehörs sowie die Ausbildung im Gebrauch von Hilfsmitteln.

Die Hilfsmittel sind in erforderlicher Zahl aufgrund fachärztlicher Verordnung in **technisch-wissenschaftlich anerkannter,** dauerhafter Ausführung und Ausstattung zu gewähren. Sie müssen den persönlichen und beruflichen Bedürfnissen des Berechtigten angepasst sein und dem allgemein anerkannten Stand der medizinischen Erkenntnisse und der technischen Entwicklung entsprechen. Der Berechtigte hat Anspruch auf Instandsetzung und Ersatz der Hilfsmittel, wenn ihre **Unbrauchbarkeit oder ihr Verlust** nicht auf Missbrauch, Vorsatz oder grobe Fahrlässigkeit des Berechtigten zurückzuführen ist.

Nach § 24 a BVG ist die Bundesregierung ermächtigt, durch **18** Rechtsverordnung mit Zustimmung des Bundesrates Art, Umfang und besondere Voraussetzungen der Versorgung mit Hilfsmitteln einschließlich Zubehör sowie der Ersatzleistungen näher zu bestimmen. Dies ist mit der Orthopädieverordnung (OrthV) geschehen. Körperersatzstücke sind danach:

- Künstliche Glieder,
- Gesichtsersatzstücke mit und ohne Brille,
- künstliche Augen,
- Mammaprothesen,
- Perücken,
- Ersatzstücke zum kosmetischen Ausgleich.

Orthopädische Hilfsmittel wirken nach der Orthopädieverordnung korrigierend, stützend, ausgleichend oder schützend auf die Haltungs- und Bewegungsorgane oder ersetzen deren einzelne Funktionen. Folgende Hilfsmittel werden insbesondere geliefert:

- Stützapparate,
- orthopädisches Schuhwerk,
- Handschuhe,
- Gehhilfen,
- Rollstühle,
- Hilfen zur Lagerung,
- schützende Gehhilfen.

Nach § 16 der Verordnung werden als **andere Hilfsmittel** Hör- **19** hilfen, Gehhilfen, Kommunikationshilfen, Stomaversorgungsmittel und Inkontinenzhilfen, sonstige Hilfsgeräte für behinderte Menschen und Gebrauchsgegenstände des täglichen Lebens und behinderungsgerechte Ausstattungen angesehen.

Die **orthopädischen Hilfsmittel** müssen abgegrenzt werden von den **Heilmitteln**, die im Wesentlichen äußerlich auf den Körper einwirken und in unmittelbarem Zusammenhang mit der Heilbehandlung angewendet werden. Heilmittel sollen einem Heilzweck dienen oder einen Heilerfolg sichern. Der Bereich der sog. kleinen Orthopädie (z.B. Leibbinden, Gummikappen, Bettschüsseln, Urinflaschen oder Krankenunterlagen) ist den Heilmitteln zugeordnet.

Welches Hilfsmittel im Einzelnen in Betracht kommt, ist in der Orthopädieverordnung näher geregelt. Auch hier gilt die Kausalitätstheorie der wesentlichen Bedingung. **Auch die orthopädische Versorgung wird als Sachleistung erbracht. Sachleistungen sind den Berechtigten nach § 18 Abs. 1 BVG ohne Beteiligung an den Kosten zu gewähren.** Dies gilt auch für den Ersatz der Fahrtkosten.

20   **Ersatzleistungen:** Die in § 11 Abs. 3 BVG angesprochenen Ersatzleistungen werden im zweiten Teil der **Orthopädieverordnung** aufgeführt. Danach können Zuschüsse bezahlt oder Kosten übernommen werden für:
- Motorfahrzeuge,
- Instandhaltung von Motorfahrzeugen,
- Zusatzgeräte für die Ausstattung von Motorfahrzeugen mit automatischen Getrieben und ähnlichen Vorrichtungen sowie deren Instandsetzung,
- Abstellmöglichkeiten für ein Motorfahrzeug oder einen Rollstuhl,
- Fahrräder,
- Blindenhundezwinger,
- Tonaufzeichnungsgeräte und Tonträger,
- Kommunikationsgeräte,
- Maßkonfektion,
- Sanitärausstattungen.

Aus den §§ 23 bis 39 der Orthopädieverordnung ergeben sich die einzelnen Voraussetzungen der Leistungen und die Modalitäten ihrer Gewährung. Für einzelne Hilfsmittel können **Mindestgebrauchszeiten** festgesetzt werden.

21   **Versorgungskrankengeld:** Ist das Opfer einer Gewalttat aufgrund des tätlichen Angriffs arbeitsunfähig erkrankt, so gilt der Grundsatz Rehabilitation vor Rente. Zum Ausgleich des Verdienstausfalls wird Versorgungskrankengeld gezahlt. Es hat die gleiche Funktion wie das Krankengeld oder das Verletztengeld in der gesetzlichen Unfallversicherung. Es ist zu unterscheiden vom **Übergangsgeld**, das während einer berufsvorbereitenden Maßnahme zum Beispiel nach § 26 a BVG (Kriegsopferfürsorge) gezahlt wird.

Das Versorgungskrankengeld kann ebenso wie die Heilbehandlung auch schon vor Anerkennung des Versorgungsanspruchs geleistet werden (§ 16 i.V.m. § 10 Abs. 8 BVG). Die Frage, ab wann Arbeitsunfähigkeit vorliegt, richtet sich nach den so genannten Arbeitsunfähigkeitsrichtlinien (Richtlinien des Bundesausschusses der Ärzte und Krankenkassen über die Beurteilung der Arbeitsunfähigkeit und die Maßnahmen zur stufenweisen Wiedereingliederung v. 1. 12. 2003). Danach liegt **Arbeitsunfähigkeit** vor, wenn der Ver-

sicherte aufgrund von Krankheit seine zuletzt vor der Arbeitsunfähigkeit ausgeübte Tätigkeit nicht mehr oder nur unter der Gefahr
der Verschlimmerung der Erkrankung ausführen kann. Arbeitsunfähigkeit liegt auch vor, wenn aufgrund eines bestimmten Krank-
heitszustandes, der für sich allein noch keine Arbeitsunfähigkeit bedingt, absehbar ist, dass aus der Ausübung der Tätigkeit für die
Gesundheit abträgliche Folgen erwachsen, die die Arbeitsunfähigkeit unmittelbar hervorrufen.

Arbeitsunfähigkeit besteht auch während einer **stufenweisen
Wiederaufnahme der Arbeit** fort, wenn dem Versicherten die
dauerhafte Wiedereingliederung in das Erwerbsleben durch eine
schrittweise Heranführung an die volle Arbeitsbelastung ermöglicht
werden soll. War der Geschädigte vor der Gewalttat arbeitslos und
in keinem anerkannten Ausbildungsberuf tätig, ist auf den letzten
oder einen ähnlichen Tätigkeitsbereich abzustellen.

Als arbeitsunfähig i. S. d. §§ 16 bis 16 f BVG ist auch der Berechtigte anzusehen, der wegen der Durchführung einer stationären
Behandlungsmaßnahme der Heil- oder Krankenbehandlung, einer
Badekur oder ohne arbeitsunfähig zu sein wegen einer anderen Behandlungsmaßnahme der Heil- oder Krankenbehandlung, ausgenommen die Anpassung und Instandsetzung von Hilfsmitteln, keine ganztägige Erwerbstätigkeit ausüben kann.

Der Anspruch auf Versorgungskrankengeld ruht, solange der Be-   **22**
rechtigte Arbeitslosengeld, Unterhaltsgeld, Mutterschaftsgeld oder
Kurzarbeitergeld bezieht. Das gilt nicht für die Dauer einer stationären Behandlungsmaßnahme der Heil- oder Krankenbehandlung
oder einer Badekur. Es besteht kein Anspruch auf Versorgungskrankengeld, wenn unmittelbar vor der Arbeitsunfähigkeit **Arbeitslosengeld II** bezogen wurde.

Der Anspruch auf Versorgungskrankengeld ruht grundsätzlich
auch während der **Elternzeit** nach dem Bundeselterngeld- und
Elternzeitgesetz.

Berechnungsregelungen des Versorgungskrankengeldes: **23**
Die §§ 16 a bis 16 f BVG regeln die Berechnung des Versorgungskrankengeldes. Die Regelungen enthaltenen Bestimmungen über
die Berechnungsmethoden bei abhängig Beschäftigten, Selbstständigen, wenn Versorgungskrankengeld länger als ein Jahr gezahlt wird,
wenn Versorgungskrankengeld in unmittelbarem Anschluss an Ver-
letzten- oder Übergangsgeld gezahlt wird und wenn anderweitige
Leistungen neben einem Versorgungskrankengeld bezogen werden.

§ 16 e BVG schreibt vor, dass auch der Zeitraum zwischen dem
Abschluss der Heilbehandlung oder einer Badekur bis zu berufsför-

dernden Maßnahmen mit **Versorgungskrankengeld** abgedeckt werden muss, wenn der Berechtigte die Verzögerung zwischen medizinischer und beruflicher Reha-Maßnahme nicht zu vertreten hat.

Im Rahmen dieser Abhandlung kann nur auf den häufigsten Fall der **Berechnung des Versorgungskrankengeldes** bei einem abhängig Beschäftigten eingegangen werden.

24   Nach § 16a BVG beträgt das Versorgungskrankengeld 80 v.H. des erzielten regelmäßigen Entgelts (Regelentgelt) und darf das entgangene regelmäßige Nettoarbeitsentgelten nicht übersteigen:

Beispiel:

| Bruttoeinkommen | 1600,00 € | davon 80% | = 1280,00 € |
| Nettoeinkommen | 1295,00 € | | |

Versorgungskrankengeld wird in Höhe von 1280,00 € gezahlt.

| Bruttoeinkommen | 3100,00 € | davon 80% | 2480,00 € |
| Nettoeinkommen | 1780,00 € | | |

Versorgungskrankengeld wird in Höhe von 1780,00 € gezahlt.

Das Regelentgelt wird bis zur Höhe der jeweils geltenden Leistungsbemessungsgrenze berücksichtigt. Leistungsbemessungsgrenze ist der 360. Teil der **Bemessungsbeitragsgrenze** in der allgemeinen Rentenversicherung für Jahresbezüge. Die Leistungsbemessungsgrenze liegt derzeit (Stand: Juli 2009) bei **180,00 €** täglich.

2. Gewaltopferfürsorge

Übersicht

Allgemeines: Leistungen der Gewaltopferfürsorge erhalten Be- **1**
schädigte und Hinterbliebene zur Ergänzung der übrigen Leistungen nach dem BVG als besondere Hilfen im Einzelfall. Aufgabe der
Gewaltopferfürsorge ist es, sich der Beschädigten und ihrer Familienmitglieder sowie der Hinterbliebenen in allen Lebenslagen anzunehmen, um die Folgen der Schädigung oder des Verlustes des
Ehegatten oder Lebenspartners, Elternteils, Kindes oder Enkelkindes angemessen auszugleichen oder zu mildern (§ 25 BVG,
Kriegsopferfürsorge). Die Kriegsopferfürsorge ist ein **selbstständiger Leistungszweig** innerhalb der Leistungen des Bundesversorgungsgesetzes. Sie geht in ihren ersten Anfängen bis auf den Zweiten Weltkrieg zurück. Die entsprechende Verordnung von 1919
gilt in ihren Grundzügen auch noch heute. In ihrer Aufgabenstellung steht in die Kriegsopferfürsorge der Sozialhilfe nahe. Sie wird
nicht von den Versorgungsämtern, sondern in den Flächenbundes-
ländern von den Landkreisen und kreisfreien Städten durchgeführt.
Die zuständige Gerichtsbarkeit ist auch heute noch nicht, trotz der
Zuweisung der Sozialhilfe zu den Sozialgerichten, die **Sozialgerichtsbarkeit**, sondern weiterhin ist die Zuständigkeit der **Verwa-
tungsgerichte** begründet (§ 7 Abs. 2 OEG). Nach den bereits im
Jahr 1919 formulierten Zielen hatte die Kriegsopferfürsorge die
Aufgabe, dem zu betreuenden Personenkreis mit Rat und Tat be-
hilflich zu sein, die wirtschaftlichen Folgen erlittener Beschädigun-
gen oder den Verlust des Ernährers zu überwinden oder nach
Möglichkeit zu mildern, besonders aber die Kriegsbeschädigten soweit wie möglich wieder erwerbsfähig zu machen und in das Wirt-
schaftsleben zurückzuführen. Den Witwen sollte die Fortführung
ihres Haushalts ermöglicht und den Waisen ihrer Fähigkeit entsprechend die Erlangung einer angemessenen Lebensstellung ermöglicht werden.

Der anspruchsberechtigte Personenkreis wird in § 25 Abs. 3 BVG **2**
definiert. Danach erhalten Leistungen der Kriegs-/Gewaltopferfür-
sorge:

• Beschädigte, die Grundrente nach § 31 BVG beziehen oder Anspruch auf Heilbehandlung nach § 10 Abs. 1 BVG haben,

- Hinterbliebene, die Hinterbliebenenrente, Witwen- oder Waisenbeihilfe nach dem BVG beziehen, Eltern auch dann, wenn ihnen
  wegen der Höhe ihres Einkommens Elternrente nicht zusteht
  und die Voraussetzungen der §§ 49 und 50 BVG erfüllt sind.

Leistungen der Kriegsopferfürsorge können auch erbracht werden,
wenn über Art und Umfang der Versorgung **noch nicht rechtskräftig** entschieden, mit der Anerkennung eines Versorgungsanspruchs aber zu rechnen ist (§ 25 Abs. 5 BVG).

3   **Bedarfsdeckungsprinzip und wirtschaftliche Kausalität:**
Leistungen der Kriegs-/Gewaltopferfürsorge werden erbracht, wenn
und soweit die Beschädigten infolge der Schädigung und Hinterbliebene infolge des Verlusts des Ehegatten oder Lebenspartners,
Elternteils, Kindes oder Enkelkindes nicht in der Lage sind, den
nach den Vorschriften der Kriegsopferfürsorge anzuerkennenden
Bedarf aus den übrigen Leistungen nach dem BVG oder dem sonstigen Einkommen und Vermögen zu decken. Dieser in § 25 a BVG
niedergelegte Grundsatz ist ein **Strukturprinzip** der Kriegs-/Ge-
waltopferfürsorge (BVerwG v. 9. 4. 2000, BSGE 62, 161). Wie in
der Sozialhilfe werden auch in der Kriegs-/Gewaltopferfürsorge
Leistungen grundsätzlich nicht für die Vergangenheit gewährt. Außerdem muss ein **wirtschaftlicher Zusammenhang** mit den
Schädigungsfolgen bestehen.

4   Ein Zusammenhang zwischen der Schädigung und dem Verlust
des Ehegatten oder Lebenspartners, Elternteils, Kindes oder Enkelkindes und der Notwendigkeit der Leistung wird vermutet, sofern
nicht das Gegenteil offenkundig oder nachgewiesen ist. Leistungen
in der Kriegs-/Gewaltopferfürsorge können auch erbracht werden,
wenn ein Zusammenhang mit der Notwendigkeit der Leistung
nicht besteht, die Leistung jedoch im Einzelfall durch besondere
Gründe der **Billigkeit** gerechtfertigt ist. Der Zusammenhang wird
stets angenommen bei:

- Beschädigten, die Grundrente mit einem Grad der Schädigungsfolgen von 100 und Berufsschadensausgleich oder die eine Pflegezulage erhalten,
- Schwerbeschädigten, die das 60. Lebensjahr vollendet haben,
- Hinterbliebenen, die voll erwerbsgemindert oder erwerbsunfähig
  im Sinne des SGB VI sind oder das 60. Lebensjahr vollendet haben.

5   **Leistungskatalog:** Die Leistungen der Kriegsopferfürsorge sind
in § 25 b BVG aufgeführt:

  1. Leistungen zur Teilhabe am Arbeitsleben und ergänzende Leis-
     tungen (§§ 26 und 26 a BVG),

2. Krankenhilfe (§ 26 b BVG),
3. Hilfe zur Pflege (§ 26 c BVG),
4. Hilfe zur Weiterführung des Haushalts (§ 26 d BVG),
5. Altenhilfe (§ 26 e BVG),
6. Erziehungsbeihilfe (§ 27 BVG),
7. Ergänzende Hilfe zum Lebensunterhalt (§ 27 a BVG),
8. Erholungshilfe (§ 27 b BVG),
9. Wohnungshilfe (§ 27 c BVG),
10. Hilfen in besonderen Lebenslagen (§ 27 b BVG).

Wird die Leistung in einer stationären oder teilstationären Einrich- **6** tung erbracht, umfasst sie auch den in der Einrichtung geleisteten **Lebensunterhalt** einschließlich der darüber hinaus erforderlichen einmaligen Leistungen. Die Leistungen der Kriegs-/Gewaltopferfürsorge werden als Dienst-, Sach- und Geldleistungen erbracht. Geldleistungen werden als einmalige Beihilfen, laufende Beihilfen oder als **Darlehen** gewährt. Darlehen können gewährt werden, wenn diese Art der Leistung zur Erreichung des Leistungszwecks ausreichend oder zweckmäßig ist. An Stelle von Geldleistungen können **Sachleistungen** erbracht werden, wenn diese Art der Leistung im Einzelfall zweckmäßig ist. Art, Ausmaß und Dauer der Leistungen der Kriegs-/Gewaltopferfürsorge richten sich nach der Besonderheit des Einzelfalls, der Art des Bedarfs und den örtlichen Verhältnissen.

Anrechnung von Einkommen. Allgemeines: Nach § 25 c **7** BVG bemisst sich die Höhe der Geldleistungen nach dem Unterschied zwischen dem anzuerkennenden Bedarf und dem einzusetzenden Einkommen und Vermögen. Kommt eine Sachleistung in Betracht, haben Leistungsberechtigte den **Aufwand** für die Sachleistung in Höhe des einzusetzenden Einkommens und Vermögens zu tragen. Der § 25 d BVG definiert, was Einkommen im Sinne der Kriegsopferfürsorge ist.

Einkommen sind danach alle Einkünfte in Geld oder Geldeswert mit Ausnahme der Leistungen der Kriegsopferfürsorge. Angerechnet werden jedoch das Übergangsgeld und die Unterhaltsbeihilfe während der beruflichen Rehabilitation.

Als Einkommen gelten nicht: **8**
• die Grundrente,
• die Schwerstbeschädigtenzulage,
• ein Betrag in Höhe der Grundrente, soweit diese ruht (§ 44 Abs. 5 und § 65 BVG),
• ein der Witwen- und Waisenbeihilfe nach § 48 BVG zugrunde liegender Betrag der Grundrente,

- ein der Grundrente und der Schwerstbeschädigtenzulage entsprechender Betrag, wenn an Stelle von Grundrente oder Schwerstbeschädigtenzulage ein Ausgleich nach § 89 BVG gewährt wird,
- Wohngeld; soweit bei der Feststellung von Leistungen der Kriegs-/ Gewaltopferfürsorge Kosten der Unterkunft zu berücksichtigen sind, sind diese um das Wohngeld zu mindern,
- das Sterbegeld nach § 37 BVG oder gleichwertige Leistungen,
- Weihnachts- und Neujahrsgratifikationen bis zu einem Betrag von 307 €,
- ein freies Wohnrecht,
- Schmerzensgeld nach § 847 BGB,
- zweckgebundene öffentlich-rechtliche Leistungen, sofern die Kriegsopferfürsorge im Einzelfall nicht demselben Zweck dient,
- Zuwendungen der freien Wohlfahrtspflege, soweit sie nicht die Lage des Empfängers so günstig beeinflussen, dass daneben Leistungen der Kriegsopferfürsorge ungerechtfertigt wären.

Kindergeld oder Leistungen im Sinne des § 4 Abs. 1 S. 1 Nr. 1 des Bundeskindergeldgesetzes sowie Kinderzuschlag und Zuschlag nach § 33b Abs. 1 und 6 BVG **gelten als Einkommen derjenigen**, in deren Person der Anspruch auf diese Leistungen besteht. Werden sie für Stiefkinder gezahlt, gelten sie als Einkommen der Stiefkinder (§ 30 Abs. 3 BVG).

9   **Einkunftsarten:** Die Einkunftsarten sind in der Verordnung zur Kriegsopferfürsorge aufgeführt. Es sind dies:
- Sachbezüge,
- Einkünfte aus nicht selbstständiger Arbeit,
- Einkünfte aus Land- und Forstwirtschaften, Gewerbebetrieb und selbstständiger Arbeit,
- Einkünfte von Land- und Forstwirten, deren Gewinne nach Durchschnittssätzen ermittelt werden,
- Einkünfte aus Kapitalvermögen,
- Einkünfte aus Vermietung und Verpachtung.

10   Andere Einkünfte als die genannten sind, wenn sie nicht monatlich oder monatlich in unterschiedlicher Höhe erzielt werden, als Jahreseinkünfte zu berechnen. Zu den anderen Einkünften gehören insbesondere Renten und sonstige wiederkehrende Bezüge. Ein Verlustausgleich zwischen den einzelnen Einkommensarten ist nicht vorzunehmen. In **Härtefällen** kann jedoch die jeweilige wirtschaftliche Lage der Einkommensbezieher berücksichtigt werden (§§ 37 und 38 KFürsV).

Als Einkommen des Leistungsberechtigten gilt auch das Einkommen der nicht getrennt lebenden Ehegatten oder Lebenspartner, so weit es die für die Leistungsberechtigten maßgebliche Einkommensgrenze übersteigt. Leistungen anderer aufgrund eines bürgerlich-rechtlichen Unterhaltsanspruchs sind insoweit Einkommen der Leistungsberechtigten, als das Einkommen der Unterhaltspflichtigen die für sie nach § 25 e Abs. 1 BVG zu ermittelnde Einkommensgrenze übersteigt. Ist ein Unterhaltsbetrag gerichtlich festgesetzt, sind die darauf beruhenden Leistungen Einkommen der Leistungsberechtigten.

Bei der Durchführung des **Bedarfsdeckungsprinzips** wird von   **11**
Nettoeinkommen ausgegangen. Daher sind vom Einkommen abzusetzen:

- auf das Einkommen zu entrichtende Steuern,
- Pflichtbeiträge zur Sozialversicherung einschließlich der Beiträge zur Arbeitsförderung,
- Beiträge zu öffentlichen oder privaten Versicherungen oder ähnlichen Einrichtungen, so weit diese Beträge gesetzlich vorgeschrieben oder nach Grund und Höhe angemessen sind,
- geförderte Altersvorsorgebeiträge nach § 82 EStG soweit sie den Mindesteigenbeitrag nach § 86 EStG nicht überschreiten,
- die mit der Erzielung des Einkommens verbundenen notwendigen Ausgaben,
- das Arbeitsförderungsgeld und Erhöhungsbeiträge des Arbeitsentgelts nach § 43 S. 4 des SGB IX.

Pflichtbeiträge zur Sozialversicherung sind die Beiträge zur Rentenversicherung, zur Krankenversicherung, zur Pflegeversicherung und zur Arbeitslosenversicherung. Dies gilt auch für Beiträge zu beruflichen Alterssicherungssysteme, wie dem Handwerkerversicherungsgesetz und dem Gesetz über die Altershilfe für Landwirte. Zu den Beiträgen zu öffentlichen oder privaten Versicherungen, die gesetzlich vorgeschrieben sind, gehören z. B. die KfZ-Haftpflichtversicherung.

Einkommensgrenzen: Da die Leistungen der Kriegsopferfür-   **12**
sorge nachdem Bedarfsdeckungsprinzip organisiert sind, ist das eigene Einkommen nur einzusetzen, soweit es eine Einkommensgrenze übersteigt, die in § 25 e BVG definiert ist. Die Einkommensgrenze ergibt sich aus:

- einem Grundbetrag in Höhe von 2,65 v. H. des Bemessungsbetrages des § 33 Abs. 1 S. 2 Buchst. a (Stand: Juli **2009 – 26 887,00 €**), mindestens jedoch in Höhe des Grundbetrages nach § 85 Abs. 1 Nr. 1 SGB XII,

- den Kosten der Unterkunft,
- einem Familienzuschlag in Höhe von 40 v. H. des Grundbetrages für die vom Leistungsberechtigten überwiegend unterhaltenen Ehegatten oder Lebenspartner sowie für jede weitere von Leistungsberechtigten allein oder zusammen mit den Ehegatten oder Lebenspartnern überwiegend unterhaltene Person, höchstens jedoch aus einem Betrag in Höhe von einem Zwölftel des Bemessungsbetrages (26 887,00 €) zuzüglich eines Betrages in Höhe von 75 v. H. des jeweiligen Familienzuschlages.

13   Bei minderjährigen und verheirateten Beschädigten ist zur Deckung des Bedarfs auch Einkommen der Eltern einzusetzen. Für den Einsatz des Einkommens gilt das oben Gesagte entsprechend. Ein Familienzuschlag für einen Elternteil ist anzusetzen, wenn die Eltern zusammenleben, sowie für den Beschädigten und für jede weitere Person, die von den Eltern oder dem Beschädigten bisher **überwiegend** unterhalten worden ist oder der sie nach der Entscheidung über die Gewährung der Kriegsopferfürsorge unterhaltspflichtig werden. Leben die Eltern nicht zusammen, richtet sich die Einkommensgrenze nach dem Elternteil, bei dem der Beschädigte lebt. Zu weiteren Einzelheiten vgl. § 25 Abs. 1 bis 3 BVG.

14   Bei Aufenthalt in einer stationären oder teilstationären Einrichtungen ist nach Ablauf von zwei Monaten nach Aufnahme in die Einrichtung Einkommen in Höhe der ersparten Aufwendungen für den häuslichen Lebensunterhalt insoweit einzusetzen, als es unter der maßgebenden Einkommensgrenze liegt und es unbillig wäre, vom Einsatz des Einkommens abzusehen. Darüber hinaus kann von Leistungsberechtigten, die voraussichtlich längere Zeit der Pflege in einer stationären Einrichtung bedürfen, der Einsatz von **Einkommen unter der Einkommensgrenze** verlangt werden, solange sie keine andere Person überwiegend unterhalten. Die Berechnung der einzusetzenden häuslichen Ersparnisse ist in Tz. 9.5 der Empfehlungen zur Kriegsopferfürsorge dargestellt.

Die Einkommensgrenze des § 25 e BVG gilt nicht in allen Fällen. In Abs. 3 ist geregelt, dass Sondervorschriften für bestimmte Leistungen, in denen Einkommen nicht oder nur in geringem Umfang eingesetzt werden muss, wie zum Beispiel bei der beruflichen Rehabilitation oder beim Übergangsgeld und der Unterhaltsbeihilfe, unberührt bleiben. Es gelten daher unterschiedliche Einkommensgrenzen für die **einzelnen Hilfearten** der Kriegsopferfürsorge.

15   **Berücksichtigung von Vermögen. Allgemeines:** Für den Einsatz und die Verwertung von Vermögen der Leistungsberech-

tigten gelten § 90 Abs. 2 und 3 und § 91 des SGB XII und § 25 c Abs. 3 BVG entsprechend.

Vermögen ist die Gesamtheit aller in Geld bewertbaren Güter einer Person, insbesondere das Barvermögen, die Forderungen und das Geldvermögen sowie sonstige Sachen.

Zum Vermögen gehören daher:
- Geld und Geldwerte, soweit sie nicht dem Einkommen zuzurechnen sind,
- sonstige Sachen, wie zum Beispiel unbebaubare Grundstücke, Schmuckstücke, Kunstgegenstände und Sammlungen,
- Forderungen aus Wertpapieren, Bankguthaben, Schadensersatzansprüche,
- sonstige Rechte wie zum Beispiel Nießbrauch, Altenteilsrechte, Aktien und Gesellschaftsanteile, ein verwertbarer Rückforderungsanspruch aus Schenkungen oder der Rückkaufwert einer Lebensversicherung und Schadensersatzansprüche (vgl. Empfehlungen zur Kriegsopferfürsorge Tz. 13.1).

Die Vorschriften der Kriegsopferfürsorge und der Sozialhilfe stel-   **16** len auf das **verwertbare** Vermögen ab. Das Vermögen ist insbesondere verwertbar, wenn die Güter verbraucht, übertragen oder belastet werden können. Als verwertbar gilt nur das alsbald und ohne unwirtschaftliche Verschleuderung zu realisierende Vermögen.

Ein besonderes Problem stellen die **Nachzahlungen** aufgrund von Leistungen nachdem OEG (z.B. Grundrente) dar. Bei Nachzahlungen von Versorgungsbezügen kann im Einzelfall davon ausgegangen werden, dass die Nachzahlungen der Befriedigung eines schädigungsbedingten Nachholbedarfs dienen. Der Nachholbedarf ist jedoch vom Leistungsberechtigten darzutun (vgl. Tz. 13.2 der Empfehlungen).

Nach den Bestimmungen des SGB XII sind bestimmte Vermö-   **17** gensbestandteile von der Verpflichtung zur Verwertung befreit:
- der angemessene Hausrat,
- Gegenstände, die zur Aufnahme oder Fortsetzung der Berufsausbildung oder der Erwerbstätigkeit dienen,
- Familien- und Werkstücke, deren Veräußerung für den hilfesuchende und seine Familie eine besondere Härte bedeuten würden,
- Gegenstände, die zur Befriedigung geistiger, wissenschaftlicher oder künstlerischer Bedürfnisse dienen und deren Besitz nicht Luxus ist,
- kleinere Barbeträge und sonstige Geldwerte.

Nach § 25 f BVG sind kleinere Barbeträge oder sonstige Geldwerte:

- bei der ergänzenden Hilfe zum Lebensunterhalt 10 v. H., jedoch 20 v. H. bei Leistungsberechtigten, die das 60. Lebensjahr vollendet haben, sowie bei voll Erwerbsgeminderten oder Erwerbsunfähigen i. S. d. SGB VI und den diesem Personenkreis vergleichbaren Individualrentnern,
- bei Leistungsberechtigten, die Leistungen nach § 26 c Abs. 8 S. 3 oder § 27 b Abs. 1 Nr. 4 BVG beziehen, sowie bei allen Sonderfürsorgeberechtigten im Sinne des § 27 b 40 v. H. und
- bei den übrigen Leistungen 20 v. H. des Bemessungsbetrages zuzüglich eines Betrages in Höhe von 4 v. H. des Bemessungsbetrages für den überwiegend unterhaltenen Ehegatten oder Lebenspartner und in Höhe von 2 v. H. für jede weitere vom Leistungsberechtigten allein oder zusammen mit den Ehegatten oder Lebenspartnern überwiegend unterhaltene Person.

18   Die Höhe der kleineren Barbeträge und sonstigen Geldwerte sind in § 25 f BVG definiert, um **eine Abgrenzung zu den sozialhilferechtlichen Bestimmungen** festlegen zu können. Da sie an den Bemessungsbetrag nach § 33 Abs. 1 BVG gekoppelt sind, der mit jeder Rentensteigerung erhöht wird, unterliegen sie der **allgemeinen Einkommensentwicklung**. Für die neuen Bundesländer sind die angegebenen Beträge um einen jeweils vom BMAS bekanntgemachten vom Hundertsatz abzusenken (Juli 2009: 88,71 v. H.).

19   **Selbst genutztes Wohneigentum:** Ebenfalls nicht zu verwerten ist ein Familieneigenheim und selbst genutztes Wohneigentum i. S. d. § 17 Abs. 2 des Wohnraumförderungsgesetzes, das vom Leistungsberechtigten allein oder zusammen mit Angehörigen ganz oder teilweise bewohnt wird, denen es nach dem Tod der Leistungsberechtigung als Wohnung dienen soll.

Ein Familieneigenheim liegt vor, wenn nicht mehr als zwei genutzte Wohnungen im Gebäude vorhanden sind, **weniger als die Hälfte der Gesamtfläche** ausschließlich beruflichen oder gewerblichen Zwecken dient und das Haus vom Hilfeempfänger oder seinen nächsten Angehörigen bewohnt wird (vgl. Tz. 13.2.3 der Empfehlungen).

Bei minderjährigen unverheirateten Beschädigten ist zur Deckung des Bedarfs auch Vermögen der Eltern einzusetzen und zu verwerten (§ 25 f BVG). Für diese Fallgestaltung werden dort eigene Schonbetragsgrenzen festgelegt.

20   **Härteregelung:** Der Einsatz und die Verwertung von Vermögen in dürfen nicht gefordert werden, soweit dies für den, der das Vermögen einzusetzen hat, und für seine unterhaltsberechtigten Angehörigen eine Härte bedeuten würde. Die Härteregelung ist nur

insoweit anzuwenden, als nicht ohnehin nur geschütztes oder von der Verwertung ausgeschlossenes Vermögen vorhanden ist. Der Begriff der Härte ist ein **unbestimmter Rechtsbegriff** und daher durch die Gerichte voll überprüfbar.

Die Aufrechterhaltung einer angemessenen Alterssicherung würde wesentlich erschwert, wenn das Vermögen, das die spätere Altersversorgung des Hilfesuchenden und seiner Angehörigen sicherstellen soll, eingesetzt wird. Es soll daher von jeglichem Einsatz von Vermögen abgesehen werden, der zu einer erheblichen Minderung der Einkommensverhältnisse des Hilfesuchenden selbst, seiner Angehörigen oder einer **angemessenen Altersversorgung** führen würde (vgl. vor 136.1. der Empfehlungen). Dies ist z. B. bei drohendem Verlust einer Lebensversicherung oder der Verwertung eines Betriebsvermögens der Fall.

Die einzelnen Leistungen der Kriegsopferfürsorge: Der 21 oben dargestellte Überblick über die Leistungen der Kriegsopferfürsorge zeigt, wie vielfältig und umfangreich der Leistungskatalog ist. Im Rahmen dieser Darstellung können nur die Leistungen dargestellt werden, die für die Leistungsempfänger nach dem OEG eine besondere Bedeutung haben.

Berufsfördernde Leistungen zur Rehabilitation (§ 26 BVG): Maßnahmen zur beruflichen Rehabilitation sind neben den Leistungen der medizinischen Rehabilitation (§ 10 BVG, vgl. oben Rn. 5) und den Rentenleistungen der §§ 30 f. ein Kernstück der Leistungen des BVG zur Wiedereingliederung der Beschädigten in Beruf und Gesellschaft. Sie werden heute besonders von den Leistungsberechtigten nach dem OEG in Anspruch genommen, weil diese sich häufig noch in einem Alter befinden, in dem eine berufliche Position aufgebaut oder erhalten werden muss. § 26 BVG bestimmt daher, dass Beschädigten als berufsfördernde Leistungen zur Rehabilitation alle Hilfen zu gewähren sind, die erforderlich sind um die Erwerbsfähigkeit der Beschädigten **entsprechend ihrer Leistungsfähigkeit** zu erhalten, zu bessern, herzustellen oder wiederherzustellen und sie hierdurch möglichst auf Dauer beruflich einzugliedern. Dabei sollen **Eignung, Neigung und die bisherige Tätigkeit** angemessen berücksichtigt werden. Der Gesetzgeber hat in den Abs. 1 bis 7 des § 26 BVG ein gegliedertes System der beruflichen Rehabilitation geschaffen, das dem berechtigten Personenkreis für fast alle denkbaren Situationen eine Förderung zur Verfügung stellt. Hier kann nur auf die wichtigsten Elemente dieser Regelungen eingegangen werden. Wegen der Einzelheiten wird auf die Empfehlungen zur Kriegsopferfürsorge Nr. 26 verwiesen.

22 Als Hilfearten in der beruflichen Rehabilitation kommen danach in Betracht:

- Hilfen zur Erhaltung oder Erlangung eines Arbeitsplatzes einschließlich Hilfen zur Förderung der Arbeitsaufnahme sowie Eingliederungshilfen an Arbeitgeber,
- Berufsvorbereitung einschließlich einer wegen der Schädigung erforderlichen Grundausbildung,
- berufliche Anpassung, Fortbildung, Ausbildung und Umschulung einschließlich einer Teilnahme an einem für diese Maßnahmen erforderlichen schulischen Abschluss,
- sonstige Hilfen der Arbeits- und Berufsförderung, um Beschädigten eine angemessene und geeignete Erwerbs- und Berufstätigkeit auf dem allgemeinen Arbeitsmarkt oder in einer Werkstatt für Behinderte zu ermöglichen.

23 Grundvoraussetzung für diese Leistungen ist der Kausalzusammenhang zwischen der anerkannten Schädigung und bereits eingetretener oder drohender beruflicher Betroffenheit. Dabei hat der Gesetzgeber nicht auf die Höhe des GdS abgestellt, sondern alle Versorgungsberechtigten einbezogen, bei denen eine **Schädigungsfolge** vorliegt.

Da der Umfang der zulässigen Rehabilitationsmaßnahmen sehr weit ist, hat der Träger der Rehabilitation nach § 5 Abs. 3 Reha-Angleichungsgesetz einen **Gesamtplan** aufzustellen, insbesondere dann, wenn mehrere Maßnahmen durchgeführt werden müssen oder wenn andere Träger oder Stellen daran beteiligt sind. Der Plan soll im Einzelfall alle erforderlichen Maßnahmen umfassen, um eine **vollständige und dauerhafte Eingliederung** zu erreichen.

Die Einleitung von berufsfördernden Maßnahmen setzt nach § 1 Abs. 2 KFürsV voraus, dass das Leistungsvermögen des Beschädigten erwarten lässt, dass er das Ziel der berufsfördernden Maßnahmen erreichen wird. Die beabsichtigte Ausbildung muss zweckmäßig sein und voraussichtlich eine ausreichende Lebensgrundlage vermitteln oder wenigstens dazu beitragen, dass die Folgen der Schädigung gemildert werden, wenn der Beschädigte wegen der Schädigung eine ausreichende Grundlage nicht mehr erlangen kann. Im Sinne eines abgestuften Systems hat die Opferfürsorge auch geregelt, dass Maßnahmen zur beruflichen Fortbildung und eine Umschulung dann nicht in Betracht kommen, wenn die Unterbringung im erlernten ausgeübten oder einem diesem verwandten oder gleichwertigen Beruf, gegebenenfalls nach Beschaffung von Hilfsmitteln, Vorrichtungen an Maschinen oder anderen geeigneten Hilfen, noch möglich ist.

24 Zu den Leistungen des § 26 gehört auch die Übernahme der erforderlichen **Kosten für Unterkunft und Verpflegung**, wenn für die Teilnahme an der Maßnahme eine Unterbringung außerhalb des eigenen oder des elterlichen Haushalts wegen Art und Schwere der Schädigungen oder zur Sicherung des Erfolgs der Rehabilitation notwendig ist.

Zu den Hilfen im Rahmen der beruflichen Rehabilitation gehören **25** auch Hilfen zur Gründung und **Erhaltung einer selbstständigen Existenz.** Geldleistungen hierfür sollen in der Regel als Darlehen gewährt werden. Diese Leistungen des § 26 Abs. 3 BVG gehen Förderungsmöglichkeiten für Schwerbehinderte aus der Ausgleichsabgabe vor. Eine solche Leistung soll nach § 11 Nr. 3 der KFürsV erbracht werden, wenn infolge der Schädigung eine ausreichende Lebensgrundlage zweckmäßiger durch eine selbstständige berufliche Tätigkeit erlangt und die angestrebte selbstständige berufliche Existenz ohne fremde Hilfe nicht begründet werden kann oder bei der Ausübung einer selbstständigen beruflichen Tätigkeit im Wettbewerb mit Nichtbeschädigten eine Benachteiligung besteht.

Die Hilfen zur beruflichen Rehabilitation sollen für den Zeitraum **26** gewährt werden, der vorgeschrieben oder allgemein üblich ist um das angestrebte Berufsziel zu erreichen. Während einer beruflichen Reha-Maßnahme werden **Ausgleichsrente, Berufsschadensausgleich und eine Höherbewertung des Grades der Schädigungsfolgen wegen besonderer beruflicher Betroffenheit nach § 30 Abs. 2 BVG nicht gezahlt (§ 29 BVG).**

Übergangsgeld und Unterhaltsbeihilfe: Übergangsgeld wird **27** bei einer beruflichen Reha-Maßnahme gezahlt, wenn der Beschädigte wegen der Teilnahme an einer berufsfördernden Maßnahme nach § 26 Abs. 2 BVG keine ganztägige Erwerbstätigkeit ausüben kann oder wegen Teilnahme an einer Berufsfindung oder Arbeitserprobung kein oder ein geringeres Arbeitsentgelt erzielt. Der Berechnung des Übergangsgeldes sind 80% des Regelentgelts, höchstens jedoch das **entgangene regelmäßige Nettoarbeitsentgelt** zugrunde zu legen. Bei Beschäftigten, die mindestens ein Kind erziehen oder verheiratet sind, und deren Ehegatte, mit dem sie in häuslicher Gemeinschaft leben, keine Erwerbstätigkeit ausüben kann, weil er den Beschädigten wegen der Schwere der Schädigung oder einer sonstigen Behinderung pflegt oder selbst der Pflege bedarf, 80%, bei den übrigen Beschädigten 70% des oben genannten Betrages.

Da berufsfördernde Maßnahmen nach § 26 Abs. 6 S. 2 BVG in **28** der Regel **ohne den Einsatz von Einkommen oder Vermögen** gewährt werden, ist in § 26 Abs. 2 BVG bestimmt, dass für die Berechnung des Übergangsgeldes der § 16f BVG gilt, nach dem auf das Übergangsgeld bestimmte Einkünfte anzurechnen sind. In den

Abs. 2 bis 8 ist die Berechnung des Übergangsgeldes im Einzelnen beschrieben, wobei die Regelungen im Vordergrund stehen, wie das Übergangsgeld zu berechnen ist, wenn der Beschädigte unmittelbar vor Beginn der Reha-Maßnahmen nicht mehr erwerbsfähig war und entweder Versorgungskrankengeld, Krankengeld, Verletztengeld oder Übergangsgeld bezog oder auch nicht bezogen hat.

Das Übergangsgeld erhöht sich jeweils nach Ablauf eines Jahres um den Vomhundertsatz, um den die Renten in der gesetzlichen Rentenversicherung angepasst sind.

Beschädigte, die vor Beginn der berufsfördernden Maßnahmen beruflich nicht tätig gewesen sind, erhalten an Stelle des Übergangsgelds eine **Unterhaltsbeihilfe**.

29   **Hilfe zur Pflege (§ 26 c BVG):** Beschädigten und Hinterbliebenen, die wegen einer körperlichen, geistigen oder seelischen Krankheit oder Behinderung für die gewöhnlichen und regelmäßig wiederkehrenden Verrichtungen im Ablauf des täglichen Lebens auf Dauer, voraussichtlich für mindestens sechs Monate, in erheblichem oder höherem Maße der Hilfe bedürfen, ist Hilfe zur Pflege zu erbringen.

Gemäß § 13 Abs. 3 Nr. 3 SGB XI gehen die **Leistungen der Pflegeversicherung** den Leistungen zur Pflege nach § 26 c BVG vor. Soweit das SGB XI den Pflegebedarf nicht deckt, schließt § 26 c BVG weitergehende Leistungen aus der Kriegsopferfürsorge zur Bedarfsdeckung nicht aus. Leistungen nach § 26 c BVG sind ihrerseits nachrangig gegenüber den Leistungen des § 35 BVG, wenn die Pflegebedürftigkeit mindestens gleichwertig mitverursacht wird durch die anerkannten Schädigungsfolgen nach dem OEG. Zu beachten ist jedoch, dass die Pflegezulage nach § 35 BVG Aufwendungen für die **hauswirtschaftliche Versorgung** nicht mit abgedeckt.

30   Die Hilfe zur Pflege umfasst häusliche Pflege, Hilfsmittel, teilstationäre Pflege, Kurzzeitpflege und vollstationäre Pflege. Der Inhalt der Pflege bestimmt sich nach den Regelungen der Pflegeversicherung für die in § 28 Abs. 1 Nr. 1 bis 10 SGB XI aufgeführten Leistungen.

Dies sind:

- Pflegesachleistung,
- Pflegegeld für selbst beschaffte Pflegehilfen,
- Kombinationen von Geldleistungen und Sachleistung,
- häusliche Pflege bei Verhinderung der Pflegeperson,
- Pflegehilfsmittel und technische Hilfen,
- Tagespflege und Nachtpflege,
- vollstationäre Pflege,

- Leistungen zur sozialen Sicherung der Pflegeperson,
- Pflegekurse für Angehörige und ehrenamtliche Personen.

Die Pflegehilfe wird je nach Intensität der Pflegebedürftigkeit in **31** drei verschiedenen Stufen gezahlt. Pflegebedürftige, die bei der Körperpflege, der Ernährung oder der Mobilität für wenigstens zwei Verrichtungen aus einem oder mehreren Bereichen mindestens einmal täglich der Hilfe bedürfen und zusätzlich mehrfach in der Woche Hilfe bei der hauswirtschaftlichen Versorgung benötigen (erheblich Pflegebedürftige), erhalten ein Pflegegeld in Höhe von **215 € – seit 1. 1. 2010 225 € (§ 37 Abs. 1 S. 3 Nr. 1 SGB XI)** monatlich.

Pflegebedürftige, die bei der Körperpflege, der Ernährung oder der Mobilität für mehrere Verrichtungen mindestens dreimal täglich zu verschiedenen Tageszeiten der Hilfe bedürfen und zusätzlich mehrfach in der Woche Hilfe bei der hauswirtschaftlichen Versorgung benötigen (Schwerpflegebedürftige) erhalten ein Pflegegeld in Höhe von **420 € – seit 1. 1. 2010 430 € (§ 37 Abs. 1 S. 3 Nr. 2 SGB XI)** monatlich.

Pflegebedürftige, die bei der Körperpflege, der Ernährung oder der Mobilität für mehrere Verrichtungen täglich rund um die Uhr, auch nachts, der Hilfe bedürfen und zusätzlich mehrfach in der Woche Hilfe bei der hauswirtschaftlichen Versorgung benötigen (Schwerstpflegebedürftige) erhalten ein Pflegegeld in Höhe von **675 € – seit 1. 1. 2010 685 € (§ 37 Abs. 1 S. 3 Nr. 3 SGB XI)** monatlich.

Einem Anspruchsberechtigten nach dem Pflegeversicherungsge- **32** setz kann als ergänzende Leistung der Gewaltopferfürsorge nach § 26 c Abs. 9 S. 2 BVG ein über die in ihrer Höhe begrenzten Pflegeleistungen der Pflegekasse hinausgehender Bedarf an Pflegesachleistungen anerkannt werden. **Eine Begrenzung der Sachleistungen findet in der Gewaltopferfürsorge nicht statt.**

Einsatz von Einkommen und Vermögen: Für die häusli- **33** chen Hilfen zur Pflege gelten folgende Einkommensgrenzen:
- bei nicht erheblicher Pflegebedürftigkeit sowie bei Kurzzeitpflege die allgemeine Einkommensgrenze des § 25 e Abs. 1 BVG,
- bei erheblicher Pflegebedürftigkeit und Schwerstpflegebedürftigkeit (Stufen I und II) die besondere Einkommensgrenze des § 27 d Abs. 5 S. 1 Buchst. a und S. 2 BVG,
- bei Schwerstpflegebedürftigkeit (Stufe III) die erhöhte besondere Einkommensgrenze des § 27 d Abs. 5 S. 1 Buchst. b und S. 2 und 3 BVG.

Die jeweils anzuwendenden Einkommensgrenzen gelten für alle **Sachleistungen und Geldleistungen** gemäß § 26 c BVG, aber

auch für die Leistungen der Tages- und Nachtpflege sowie die Hilfs-
mittelversorgung oder die hauswirtschaftliche Versorgung, soweit sie
aus § 26 c unmittelbar erbracht werden. Bei der Pflege in einer An-
stalt, einem Heim oder einer gleichartigen Einrichtung, wenn sie
voraussichtlich auf längere Zeit erforderlich ist, gilt die Einkommensgrenze des § 27 d Abs. 5 S. 1 Buchst. a und S. 2 BVG. Bei vorübergehender Unterbringung gilt die allgemeine Einkommensgrenze des
§ 25 e BVG. Zu den **weiteren Einzelheiten** der Hilfe zur Pflege vgl.
Tz. 26 c der Empfehlungen zur Kriegsopferfürsorge.

3. Renten an Beschädigte

Übersicht

Allgemeines: Die Beschädigtenversorgung ist für ein Opfer 1 nach dem OEG neben den Ansprüchen auf Heilbehandlung eines der wichtigsten Elemente des Leistungsspektrums des sozialen Entschädigungsrechts. Sie enthält Leistungen, die **einkommensunabhängig** gezahlt werden, wie die Grundrente, die Schwerstbeschädigtenzulage, die Pflegezulage und die Erhöhung der Grundrente wegen besonderer beruflicher Betroffenheit und **einkommensabhängige** Elemente wie die Ausgleichsrente und den Berufsschadensausgleich. Ehegattenzuschlag und Kinderzuschlag ergänzen das Leistungsspektrum.

2   Für viele dieser Leistungen ist die Höhe des Grades der Schädigungsfolgen leistungsbestimmend. Dies gilt besonders für die Grundrente, deren Höhe sich in Zehnerstufen nach dem Grad der Schädigungsfolgen errichtet. Die Bestimmung des Grades der Schädigungsfolgen richtet sich nach Grundsätzen, die in der Versorgungsmedizinverordnung (VersMedV) und deren Anlage niedergelegt sind. Teil A regelt die allgemeinen Grundsätze, Teil B enthält eine GdS-Tabelle und Teil C befasst sich mit der Begutachtung im sozialen Entschädigungsrecht. Bei der Feststellung des GdS handelt es sich um eine der **schwierigsten Materien** des sozialen Entschädigungsrechts, so dass besonderer Wert auf die Feststellung des Sachverhalts und das darauffolgende Sachverständigengutachten zu legen ist. Dies bedeutet jedoch auch, dass der **zeitliche Aufwand** akzeptiert werden muss, der zur Erstellung eines Sachverständigengutachtens erforderlich ist. Insoweit ist wichtig, dass im sozialen Entschädigungsrecht Leistungen auch schon vor Antragstellung erbracht werden können und dass die Verwaltung die Möglichkeit hat, **Vorbehaltsbescheide** zu erlassen.

3   Soweit die Leistungen der Beschädigtenversorgung dazu bestimmt sind, die wirtschaftliche Situation des Opfers zu verbessern, gilt auch hier der Grundsatz „Rehabilitation vor Rente". Die einkommensunabhängigen Leistungen werden, wenn sie rechtzeitig beantragt worden sind (vgl. unten unter I 5 Rn. 29), ab dem Zeitpunkt der Schädigung gezahlt. Für den Zeitpunkt bis zum Abschluss der in Rehabilitation steht das Opfer nicht ohne Versorgung da, da für diesen Zeitraum, wie unter I 2 Rn. 27 und 28 bereits beschrieben, Übergangsgeld gezahlt wird. Für die Zeit der medizinischen Rehabilitation steht Versorgungskrankengeld zu (I 1 Rn. 10).

4   **Grad der Schädigungsfolgen. Allgemeines:** Der Grad der Schädigungsfolgen ist nach körperlichen und geistigen Beeinträchtigungen im allgemeinen Erwerbsleben zu beurteilen. Dabei sind seelische Begleiterscheinungen und Schmerzen zu berücksichtigen. Für die Beurteilung ist maßgebend, wie sich die Funktionsbeeinträchtigungen in allen Lebensbereichen auswirken (§ 30 Abs. 1 BVG).

Durch die Anknüpfung an den Grad der Schädigungsfolgen in § 30 Abs. 1 BVG wird verdeutlicht, dass es nicht um den **Ausgleich eines konkreten wirtschaftlichen Schadens** geht, sondern das losgelöst von der Frage, ob und in welchem Ausmaß die Schädigung tatsächlich zu konkreten Einbußen eines Erwerbseinkommens führt, ein **abstrakter Maßstab** zur Schadensabgeltung gefunden werden soll.

Beispiel: Selbst wenn der Beschädigte, der durch die Schädigung den   **5** Verlust eines Beines im Bereich des Oberschenkels erlitten hat, vor der Schädigung schon wegen eines Krebsleidens erwerbsunfähig war, wird dem Betroffenen nach abstrakten Maßstäben der Grad der Schädigungsfolgen zugeordnet.

Der GdS ist daher ein Maß für die Auswirkung eines Mangels an funktioneller Intaktheit, also für einen Mangel an körperlichem, geistigem oder seelischem Vermögen. Es wird somit der **durch die Schädigung verursachten Versehrtheit** Rechnung getragen (vgl. Wilke, BVG, § 30 Rn. 2).

Trotz dieses abstrakten Ansatzpunktes ist die Höhe des GdS in jedem Einzelfall nach den konkreten Verhältnissen festzustellen. Um   **6** dabei dem Gutachter Hilfestellung zu geben, erlässt das BMAS die Versorgungsmedizinverordnung. Die in ihr aufgeführten Vomhundertsätze sind als Anhaltspunkte gedacht, die den Gutachter in die Lage versetzen sollen, die Höhe des GdS für den Einzelfall richtig einzuschätzen. Die Versorgungsmedizinverordnung ist Ausdruck langjähriger gutachterlicher Erfahrungen. Sie wird unter Berücksichtigung der **neuesten Erkenntnisse der ärztlichen Wissenschaft** immer wieder dem Stand der Entwicklung angepasst. Sie enthält Tabellen mit GdS-Werten für die verschiedenen Leidenszustände.

Vorschäden: Der durch die Folgen der Schädigung bedingte   **7** GdS ist in Graden von 10–100 auszudrücken. Hat **beim Eintritt der Schädigung** bereits ein Vorschaden mit einem messbaren GdS bestanden, so ist bei der Bemessung der Schädigungsfolgen folgendes zu berücksichtigen:

- Wenn sich Vorschaden und Schädigung an verschiedenen Körperteilen befinden und sich gegenseitig nicht beeinflussen, so ist der Vorschaden ohne Bedeutung.
- Hat die Schädigung eine vorgeschädigte Gliedmaße oder ein vorgeschädigtes Organ betroffen, so muss der schädigungsbedingte GdS niedriger sein als der GdS, der sich aus dem nun bestehenden Gesamtschaden ergibt, es sei denn, dass der Vorschaden nach seinem Umfang oder seiner Art keine wesentliche Bedeutung für die gesamte Gesundheitsstörung hat. Dabei darf der GdS durch den Vorschaden nicht rein rechnerisch von dem GdS durch den Gesamtschaden abgezogen werden. Maßgeblich ist, zu welchem **zusätzlichen** anatomischen funktionellen Verlust die Schädigung geführt hat; dieser zusätzliche Verlust kann auch zu einem GdS von 100 führen. Sind durch Vorschäden und Schädigungsfolgen verschiedene Organe oder Gliedmaßen oder paarige Organe be-

troffen und verstärkt der Vorschaden die durch Schädigungsfolgen bedingte Funktionsstörung, so ist der Grad der Schädigung unter Umständen höher zu bewerten als es bei isolierter Betrachtung der Schädigungsfolge zu geschehen hätte.

8   Bis zum 31. 12. 2008 wurde der Begriff der Minderung der Erwerbsfähigkeit verwendet. Dieser Begriff erweckt den Anschein, dass sich die Bewertung der gesundheitlichen Schädigung allein oder überwiegend nach deren Auswirkungen auf die **Arbeitsfähigkeit oder die Erwerbsaussicht** der Beschädigten richtet. Zudem wird nicht hinreichend deutlich, dass nach dem sozialen Entschädigungsrecht keineswegs alle tatsächlich vorliegenden Minderungen der Erwerbsfähigkeit ohne Rücksicht auf deren Ursache ausgeglichen werden sollen, sondern allein die kausal auf das schädigende Ereignis zurückzuführenden gesundheitlichen Schäden. Durch den neuen Begriff „Grad der Schädigungsfolgen" wird dieser Kausalzusammenhang verdeutlicht und gleichzeitig die sprachliche einseitige Betonung beruflicher bzw. wirtschaftlicher Aspekte aufgegeben. Mit der Änderung der Begrifflichkeit ist ausdrücklich **keine Veränderung oder gar Verschlechterung** hinsichtlich der Feststellung von Schädigungsfolgen beabsichtigt. Die Einführung eines neuen Begriffs soll auch nicht zu neuen Feststellungsverfahren führen.

9   **Nachschäden:** Ein Nachschaden ist eine Gesundheitsstörung, die zeitlich nach der Schädigung eingetreten ist und nicht in ursächlichem Zusammenhang mit der Schädigung steht. Eine solche Gesundheitsstörung kann bei der Festsetzung des Grades der Schädigungsfolgen nach § 30 Abs. 1 BVG nicht berücksichtigt werden, auch dann nicht, wenn sie zusammen mit Schädigungsfolgen zu besonderen Auswirkungen führt, bei denen die Schädigungsfolgen eine gleichwertige oder überwiegende Bedeutung haben. Für die Beurteilung eines Schadens, den der Beschädigte erlitten hat, muss stets auf die Verhältnisse zurückgegriffen werden, die **im Zeitpunkt der Schädigung** bestanden haben. Später eintretende Veränderungen sind nicht zu berücksichtigen. Dieser Grundsatz gilt jedoch nur für die Feststellung des GdS nach § 30 Abs. 1 BVG. In anderen Leistungsbereichen ist auf die Kausaltheorie der wesentlichen Bedingung zurückzugreifen. Der Gesetzgeber hat dem Rechnung getragen und in § 31 Abs. 4 S. 2 BVG bestimmt, dass Beschädigte mit Anspruch auf eine Pflegezulage stets als Schwerbeschädigte gelten. Sie erhalten mindestens eine Versorgung nach einem GdS um 50. Diese Bestimmung gilt z. B. für Blinde, deren Blindheit auf dem schädigungsbedingten Verlust eines Auges und dem nachträglich

eingetretenen schädigungsunabhängigen Verlust des zweiten Auges beruht.

Körperersatzstücke, orthopädische und andere Hilfsmittel erleich- **10** tern bei Verlust und Funktionsstörungen der Gliedmaßen so wie bei Funktionsstörungen des Rumpfes die Auswirkung der Behinderung, ohne dass dadurch der durch den Schaden allein bedingte GdS eine Änderung erfährt. Hilfsmittel können sich auf den GdS nur auswirken, wenn sie einen vollwertigen Ersatz für die Funktionsstörung darstellen. Dies gilt z. B. für Brillen, nicht jedoch für Hörgeräte, Beinprothesen, Stützapparate und ähnliches.

In eine GdS-Bewertung können nur dauernde Gesundheitsstörungen einbezogen werden. Als nur vorübergehend werden Gesundheitsstörungen bewertet, die für einen Zeitraum **bis zu sechs Monaten** vorliegen. Dies gilt nicht nur für die erstmalige Anerkennung von Schädigungsfolgen und ihre Bewertung, sondern auch für Anträge auf Neufeststellung.

Ermittlung des Gesamt-GdS: Wenn mehrere Gesundheitsstö- **11** rungen eingetreten sind, ist eine Gesamteinschätzung der Gesundheitsstörungen vorzunehmen. Dabei sind die Gesundheitsstörungen in ihrer Gesamtwirkung zu betrachten und es ist ein Gesamt-GdS festzusetzen. Dabei haben die nachstehenden Arbeitsschritte zu erfolgen (vgl. Versorgungsmedizinische Grundsätze, Teil A 3):

• Zunächst sind die Einzel-GdS zu ermitteln.
• Bei der Ermittlung des Gesamt-GdS dürfen jedoch die einzelnen GdS-Werte nicht addiert werden, sondern maßgebend sind die Auswirkungen der einzelnen Schädigungen in ihrer Gesamtheit unter Berücksichtigung ihrer wechselseitigen Beziehungen zueinander.

Dabei ist zu beachten, inwieweit die Auswirkungen der einzelnen Schädigungen von einander unabhängig sind und damit ganz verschiedene Bereiche im Ablauf des täglichen Lebens betreffen, ob sich eine Behinderung auf eine andere besonders nachteilig auswirkt (z. B. bei paarigen Organen), wie weit sich die Auswirkungen der Schädigung überschneiden und ob das Ausmaß der Schädigung durch hinzutreten der Gesundheitsstörungen verstärkt wird. Bei der Festsetzung des Gesamt-GdS ist es darüber hinaus angebracht, Vergleiche mit Schädigungen anzustellen, die ähnliche Auswirkungen auf die Gesundheit des zu beurteilenden Menschen haben. **Rein rechnerische Ermittlungen des Gesamt-GdS führen in aller Regel nicht zu angemessenen Ergebnissen**.

Der niedrigste rentenberechtigte Grad der Schädigung beträgt 30 **12** (§ 31 BVG). Nach § 31 Abs. 2 BVG stellen die Prozentsätze Durchschnittssätze dar, die eine um fünf Prozent geringere Minderung der Schädigung mitumfassen. Eine Rentenberechtigung wird daher erzielt, wenn der Grad der Schädigung mindestens 25 beträgt. Bei Geraden der Schädigung, die unter diesem Prozentsatz liegen, wird kein bestimmter Grad ausgesprochen, sondern lediglich eine Feststellung getroffen, dass der GdS unter 25 liegt. Für Leistungen nach § 3a OEG ist zu beachten, dass eine Einmalzahlung auch bei einem Grad der Schädigungsfolgen unter 25 erfolgt. Eine solche kommt aber nicht in Betracht, wenn Schädigungsfolgen mit einem GdS von 0 (z.B. reizlose Narben) anerkannt werden. Für eine Einmalzahlung muss mindestens ein GdS von 10 vorliegen. Dies muss im medizinischen Gutachten festgehalten werden (vgl. § 3a Rn. 9). Für spätere Neufeststellungsanträge nach § 62 BVG ist jedoch auch bei allen übrigen Leistungen wichtig, dass im Gutachten festgehalten wird, welche Schädigungsfolgen mit welcher Bewertung auch bei einem Grad unter 25 vorliegen.

13 **Besondere berufliche Betroffenheit. Allgemeines:** Mit dem Grad der Schädigungsfolgen wird in § 30 Abs. 1 BVG auf die Beeinträchtigung im allgemeinen Erwerbsleben und im gesellschaftlichen Leben abgestellt. Damit wird ein Element der abstrakten Schadensabgeltung in die Bewertung des GdS eingebracht. In § 30 Abs. 2 BVG hat der Gesetzgeber eine individuelle Komponente eingebaut, indem er bestimmt, dass der GdS höher zu bewerten ist, wenn der Beschädigte durch die Art der Schädigungsfolgen in seinem vor der Schädigung ausgeübten oder begonnenen Beruf, in seinem nachweisbar angestrebten oder in dem Beruf besonders betroffen ist, den er nach Eintritt der Schädigung ausgeübt hat oder noch ausübt. Diese Frage ist von der endgültigen Feststellung des GdS jeweils zu prüfen. Dies gilt auch für die **Fälle des § 3a OEG**. Liegt eine besondere berufliche Betroffenheit vor, so wird ein einheitlicher Gesamt-GdS festgesetzt, der aus **zwei Komponenten** besteht, die aber untrennbar miteinander verbunden sind.

14 Unter Beruf im Sinne von § 30 Abs. 2 BVG ist jede Tätigkeit zu verstehen, die ein Geschädigter ausgeübt hat, um seinen Lebensunterhalt zu bestreiten. Eine besondere berufliche Betroffenheit liegt nicht schon dann vor, wenn jemand in seinem Beruf durch die Schädigungsfolgen Nachteile in Kauf nehmen muss, da diese durch den GdS nach § 30 Abs. 1 BVG berücksichtigt werden. Zu der Beeinträchtigung auf dem allgemeinen Arbeitsmarkt muss viel mehr noch eine besondere, darüber hinausgehende berufliche Schädigung hinzukommen. Der Beschädigte muss also **erheblich größere Nachteile als im allgemeinen Erwerbsleben** hinnehmen müssen. In Abs. 2 S. 2 sind drei Fallvarianten aufgeführt, in denen von einer besonderen Berufsbetroffenheit ausgegangen wird.

Zu § 30 Abs. 2 Ziff. 1 BVG: Von Ziffer 1 wird derjenige be- **15** günstigt, der weder den bisher ausgeübten, begonnenen oder nachweisbar angestrebten, noch einen sozial gleichwertigen Beruf ausüben kann. Die soziale Gleichwertigkeit eines Berufs wird einerseits in der sozialen Bewertung im Berufsumfeld des ausgeübten Berufs definiert, andererseits kommt den wirtschaftlichen Einbußen, die durch den schädigungsbedingten Berufswechsel eingetreten sind, eine erhöhte Bedeutung zu. Das soziale Ansehen eines Berufs wird durch das Ausmaß der finanziellen Abgeltung der Berufstätigkeit entscheidend mitgeprägt. Eine **soziale Gleichwertigkeit** liegt daher in aller Regel nicht mehr vor, wenn gegenüber dem früheren Beruf eine erhebliche finanzielle und wirtschaftliche Einbuße hingenommen werden muss. Für die Frage, ab wann erhebliche finanzielle Nachteile vorliegen, ist auch auf die absolute Höhe des erzielten Einkommens abzustellen. Bei beruflichen Tätigkeiten in unteren Lohn- und Gehaltsgruppen reicht ein geringerer Prozentsatz aus als in mittleren und gehobenen Einkommensverhältnissen. Das BSG hat als durchschnittlichen Maßstab für eine erhebliche Einkommenseinbuße eine Minderung des Einkommens um 20% angesehen. Im Ausnahmefall kann eine soziale Ungleichheit auch dann vorliegen, wenn kein **Minderverdienst** eingetreten ist, der neue Beruf in der sozialen Einschätzung jedoch erheblich hinter dem früher ausgeübten oder angestrebten Beruf zurück bleibt. Dies ist z.B. dann der Fall, wenn ein gelernter Handwerker lediglich noch eine Hilfsarbeitertätigkeit ausüben kann, auch wenn diese annähernd gleich bezahlt wird.

Zu § 30 Abs. 2 Ziff. 2 BVG: Es ist auch denkbar, dass der **16** Beschädigte seinen Beruf zwar weiterhin ausübt, für die Ausübung jedoch einen **erhöhten Kraftaufwand** einsetzen muss. Diese Fallgestaltung ist in Ziffer 2 geregelt. Dies ist z.B. dann der Fall, wenn ein Maurer mit dem Verlust des Fußes im Bereich des Vorfußes weiterhin auf der Baustelle arbeitet und seinen Beruf ausübt.

Zu § 30 Abs. 2 Ziff. 3 BVG: Eine Erhöhung des GdS kommt **17** auch in Betracht, wenn der Beschädigte nachweisbar durch die Schädigung am weiteren Aufstieg im Beruf gehindert war. Daran ist der Beschädigte nicht schon dann gehindert, wenn er an bestimmten Besserstellungen nicht teilnehmen kann, sondern erst dann, wenn die beruflichen Nachteile mit besonderen **wirtschaftlichen oder sozialen Einbußen** verbunden sind. Bei Beamten reicht nicht aus, dass ein Aufstieg um eine Besoldungsgruppe in derselben Beamtenlaufbahn nicht wahrgenommen werden konnte.

In § 30 Abs. 2 BVG ist nicht geregelt, in welcher Höhe der GdS verändert werden soll. Es ist jeweils im Einzelfall zu prüfen, welche GdS-Erhöhung durch das Ausmaß des wirtschaftlichen Schadens erforderlich ist. In aller Regel wird der GdS um 10 erhöht. Eine stärkere Erhöhung kommt nur in Ausnahmefällen in Betracht. Dies kann dann der Fall sein, wenn der zusätzliche Kraft- und Energieaufwand besonders groß und der Beschädigte unter Würdigung der **Gesamtumstände** besonders hart betroffen ist.

18   **Versorgung in ensprechender Anwendung des BVG. Allgemeines:** Bei der Anwendung des BVG ist zu unterscheiden zwischen der gesundheitlichen Schädigung und den gesundheitlichen Folgen der Schädigung. Schädigung i. S. d. § 1 BVG ist stets der schädigende Vorgang, also die Verletzung oder die beeinträchtigende Wirkung des tätlichen Angriffs, nicht aber die Folge dieses Vorgangs. Im sozialen Entschädigungsrecht wird deshalb einprägsamer vom **schädigenden Ereignis** gesprochen. Bei einem Gewaltdelikt fallen in aller Regel der tätliche Angriff und das schädigende Ereignis zusammen und sind nur logisch voneinander zu trennen. Es gibt aber auch Fallgestaltungen, in denen deutlich wird, dass der tätliche Angriff und das schädigende Ereignis zeitlich auseinanderfallen können.

Beispiel: Zertrümmerung des Armes durch einen Schlag mit einem Baseballschläger (schädigendes Ereignis). Verlust des Armes in der Mitte des Unterarms nach medizinisch notwendiger Amputation (gesundheitliche Folge der Schädigung).

19   **Gesundheitsstörung:** Die sich aus dem schädigenden Ereignis ergebenden nachteiligen gesundheitlichen Folgen werden üblicherweise als „Gesundheitsstörung" bezeichnet. Unter Gesundheitsstörung versteht man jeden regelwidrigen Zustand an Körper, Geist und Seele. Die Gesundheitsstörung muss nicht auf Dauer vorliegen. Die Frage der zeitlichen Erstreckung der Gesundheitsstörungen spielt lediglich dort eine Rolle, wo Rentenleistungen gewährt werden sollen. Leistungen der Heilbehandlung werden auch bei vorübergehenden Gesundheitsstörungen erbracht. Sie können unter bestimmten Voraussetzungen nach § 10 Abs. 8 BVG auch schon vor Anerkennung einer Schädigung erbracht werden.

20   **Kausalität:** Auch im Bereich des OEG ist die Kausalitätstheorie der wesentlichen Bedingung anzuwenden. Dies gilt sowohl für die haftungsbegründende als auch für die haftungsausfüllende (medizi-

nische) Kausalität. Für beide reicht die **Wahrscheinlichkeit des ursächlichen Zusammenhangs** aus (BSG v. 15. 12. 1999, SozR 3-3200 § 81 Nr. 16 und § 1 Abs. 3 S. 1 BVG).

Zum ursächlichen Zusammenhang müssen folgende Überlegungen angestellt werden:

- Es muss geprüft werden, ob der tätliche Angriff – in aller Regel zusammenfallend mit dem schädigenden Ereignis – alleinige Bedingung oder eine von mehreren Bedingungen für den Eintritt der Gesundheitsstörung war. Hierzu sind die Bedingungen auszuwählen, die wegen ihrer besonderen Beziehung zum Erfolg nach natürlicher Betrachtungsweise zu dessen Eintritt wesentlich beigetragen haben.

- Haben mehrere Bedingungen in etwa gleicher Weise zum Eintritt des Erfolges beigetragen, ist jede von ihnen gleichwertige Ursache im Rechtssinne. Dies bedeutet im Ergebnis, dass das Tatbestandsmerkmal ursächlicher Zusammenhang bereits gegeben ist, wenn die dem Schutzbereich des Gesetzes zuzuordnende Bedingung (der tätliche Angriff) zumindest annähernd gleichwertig zum Erfolg (gesundheitliche Schädigung) beigetragen hat. Haben der geschützte Tatbestand (vorsätzlicher, rechtswidriger, tätlicher Angriff) und ein nicht geschützter Sachverhalt i. S. v. einer Mitverursachung gemeinsam zumindestens annähernd gleichwertig zu einer Schädigung geführt, sind die Voraussetzungen des § 1 Abs. 1 OEG erfüllt; es wäre aber nach § 2 Abs. 1 OEG (wegen Mitverursachung) zu prüfen, ob eine Leistung zu versagen ist.

- Kommt einer Bedingung überragende Bedeutung gegenüber anderen Bedingungen zu, ist diese allein Ursache i. S. d. Theorie der wesentlichen Bedingung. Überwiegt z. B. eine vom Geschädigten selbst gesetzte Bedingung, ist sie alleinige Ursache im Rechtssinne.

Sachverhaltsaufklärung: Bei der Anwendung des OEG gelten   **21** hinsichtlich der Sachverhaltsaufklärung die gleichen Grundsätze wie für das BVG. Die Verwaltungsbehörde zieht in aller Regel die Strafakten bei und wertet sie für die Entscheidung nach § 1 OEG aus. Es bleibt aber zu beachten, dass die Verwaltung grundsätzlich verpflichtet ist, den Sachverhalt von Amts wegen aufzuklären und die Beiziehung der Strafakte nur ein Mittel der Sachaufklärung darstellt. Dies wird besonders deutlich, wenn die Strafakte nicht aussagefähig ist, weil der Täter nicht ermittelt werden konnte. Hier muss eine eigene Sachverhaltsaufklärung einsetzen, die auch die Anhörung der Beteiligten als zulässiges Beweismittel i. S. d. § 21

Abs. 1 SGB X zum Inhalt haben kann. Ist der Täter unbekannt, kann der äußere Tathergang ermittelt und herangezogen werden, um **Rückschlüsse auf die innere Tatseite** zu ziehen. Nach Ausschöpfung aller Beweismittel ist die Behörde verpflichtet, eine eigenständige Beweiswürdigung vorzunehmen. Dies gilt besonders auch dann, wenn ein Strafurteil vorliegt, da das Gericht lediglich eine Bewertung aus strafrechtlicher Sicht vornimmt. An die rechtlichen Schlussfolgerungen des Gerichts ist die Verwaltungsbehörde nicht gebunden. Es darf weder eine auf den Grundsatz „**in dubio pro reo**" gestützte Wahrunterstellung zu Lasten des Geschädigten aus dem Strafurteil übernommen werden, noch kann die Verwaltung aus dem Freispruch des Täters ohne weiteres die Überzeugung gewinnen, es läge kein vorsätzlicher rechtswidriger tätlicher Angriff vor. Es ist vielmehr eine kritische Auseinandersetzung mit den Gründen erforderlich, die zum Freispruch geführt haben.

22   In seinem Urt. v. 24. 4. 1991 (SozR 3-3800 § 1 OEG, hat das BSG ausdrücklich darauf hingewiesen, dass der Vorsatz sich nur auf den tätlichen Angriff, nicht aber auf den Körperschaden ausrichten muss. Eine Verurteilung wegen **fahrlässiger Erfolgsherbeiführung** darf daher nicht zu dem Schluss führen, es liege kein vorsätzlicher Angriff vor. Besondere Schwierigkeiten bereitet die Feststellung bei posttraumatischen Belastungsstörungen, weil anders als bei körperlich sichtbaren Verletzungsfolgen regelmäßig erhebliche Schwierigkeiten bestehen, die die Entschädigungspflicht auslösenden Ereignisse als die wesentliche medizinische Ursache festzustellen. Hier kommt alles auf die genaue Abwägung der verschiedenen Mitursachen an. Meistens verbleibt die Unsicherheit, ob nicht andere wesentlich mitwirkende Bedingungen für die Ausbildung eines seelischen Dauerschadens vorhanden sind. Das BMAS hat daher den Standpunkt eingenommen, dass dann, wenn ein Vorgang nach den medizinischen Erkenntnissen in signifikant höherem Maße geeignet sei, eine bestimmte Erkrankung hervorzurufen, die Wahrscheinlichkeit naheliege, dass sich bei einem hiervon Betroffenen im Einzelfall die Gefahr einer Schädigung auch tatsächlich verwirklicht habe. Die Möglichkeit des Ursachenzusammenhangs verdichte sich dann zur Wahrscheinlichkeit. Für die Durchführung des OEG bedeutet dies, dass eine **bestärkte Wahrscheinlichkeit** des ursächlichen Zusammenhangs zwischen der schädigenden Handlung und den aufgetretenen gesundheitlichen Schädigungen – insbesondere bei **posttraumatischen Belastungsstörungen** – unterstellt werden muss, wenn im Einzelfall die nach Maßgabe der Versorgungsmedizinverordnung festgestellten allgemeinen medizinischen Erkenntnisse einen derartigen Kausalzusammenhang begründen.

Auch das BSG hat in seinem Urteil vom 12. 6. 2003 ausgeführt, dass dann, wenn diejenigen Tatsachen vorliegen, die nach den Anhaltspunkten für die ärztliche Gutachtertätigkeit im sozialen Entschädigungsrecht (heute VersMedV) geeignet sind, einen Ursachenzusammenhang zwischen einem belastenden Ereignis und dem Auftreten einer psychischen Erkrankung zu begründen, eine bestärkte Wahrscheinlichkeit anzunehmen sei, die nur durch einen sicheren anderen Kausalverlauf widerlegt werden kann (vgl. BSGE 77, 1 und Rösner/Held, Kausalitätsbeurteilung im sozialen Entschädigungsrecht). Diese Grundsätze können jedoch nicht auf alle psychischen Krankheiten ausgedehnt werden. Bei **dissoziativer Identitätsstörung** kann aus dem Vorliegen dieser Krankheit nicht darauf zurückgeschlossen werden, dass ein sexueller Missbrauch in der Kindheit stattgefunden hat (vgl. auch LSG Niedersachsen-Bremen v. 5. 6. 2008, L 13 VG 1/05).

Beweisschwierigkeiten dürfen nur dann zu einer ablehnenden Entscheidung wegen des Grundsatzes der **objektiven Beweislosigkeit** führen, wenn alle Mittel zur Aufklärung des Sachverhalts ausgeschöpft worden sind und eine eigenständige Beweiswürdigung nach den Grundsätzen des sozialen Entschädigungsrechts das Vorliegen der Voraussetzungen des Entschädigungsanspruchs nicht hat ergeben können.

Zu den zu beachtenden Beweisregeln gehört auch der § 15   **23** VwVfG-KOV. Danach sind die sich auf das schädigende Ereignis beziehenden Angaben des Antragstellers bei der Entscheidung zugrunde zu legen, soweit sie nach den Umständen des Falles glaubhaft erscheinen. Die Beweiserleichterung kann jedoch erst dann zum Zuge kommen, wenn andere Beweismittel objektiv nicht vorhanden sind. Die in Strafverfahren üblichen **psychologischen Glaubhaftigkeitsgutachten** können aber auch zur Ausfüllung des in § 15 S. 1 VwVfG-KOV genannten Tatbestandsmerkmals der Glaubhaftigkeit der Angaben der Antragsteller herangezogen werden (vgl. LSG Niedersachsen-Bremen v. 5. 6. 2008, L 13 VG 1/05 **und § 1 Rn. 52 ff.**).

Als Beweiserleichterung kommt nach § 1 Abs. 9 OEG auch der § 1 Abs. 3 S. 1 BVG in Betracht. Hier genügt zur Anerkennung einer Gesundheitsstörung als Folge eines tätlichen Angriffs die **Wahrscheinlichkeit des ursächlichen Zusammenhangs** (vgl. Rn. 20). Wahrscheinlichkeit i. S. d. Vorschrift liegt vor, wenn unter Berücksichtigung der herrschenden medizinisch-wissenschaftlichen Lehrmeinung mehr für als gegen den ursächlichen Zusammenhang spricht (VV Nr. 9 zu § 1 BVG).

Da der Verwaltungsbehörde ein beachtliches Potenzial an Mitteln zur Beweiserhebung und Beweiswürdigung zur Verfügung steht, sind echte Fälle eines Beweisnotstandes auf wenige Ausnahmen beschränkt.

24   **Kausalitätstheorie der wesentlichen Bedingung:** Ob eine Verknüpfung zwischen den Tatbestandsmerkmalen erfolgen kann, bestimmt sich im Recht der sozialen Entschädigung nach der Kausalitätstheorie der wesentlichen Bedingung. Diese Ursachenlehre beruht auf folgenden Überlegungen:

Ursache im naturwissenschaftlich-philosophischen Sinne ist jede Bedingung, die nicht hinweggedacht werden kann, ohne dass der Erfolg entfiele. Es kann jedoch nicht jede irgendwie geartete Bedingung zur Verknüpfung herangezogen werden. Es muss eine Auswahl der Bedingungen getroffen werden, die unter Beachtung des Schutzzwecks der Norm zum schädigenden Ereignis in besonderer Beziehung stehen. Im Zivilrecht gilt diejenige Bedingung als Ursache, die generell, erfahrungsgemäß, losgelöst vom Einzelfall, geeignet gewesen ist, den Erfolg herbeizuführen. Demgegenüber kommt es für die Theorie der wesentlichen Bedingung **nicht darauf an, ob eine Bedingung generell geeignet ist, einen Erfolg herbeizuführen**; bedeutsam ist vielmehr, ob im konkreten Einzelfall die Bedingung **wesentlich zum Erfolg** beigetragen hat. In der VV Nr. 2 zu § 1 BVG ist daher zusammenfassend definiert:

25   Ursachen sind die Bedingungen, die wegen ihrer besonderen Beziehung zum Erfolg an dessen Eintritt wesentlich mitgewirkt haben. Haben mehrere Umstände zu einem Erfolg beigetragen, sind sie versorgungsrechtlich nur dann nebeneinander stehende Mitursachen, wenn sie in ihrer Bedeutung und Tragweite für den Eintritt des Erfolges annähernd gleichwertig sind. Kommt einem der Umstände gegenüber einem anderen eine überragende Bedeutung zu, ist dieser Umstand allein Ursache i. S. d. BVG.

Auch nach dieser Definition verbleibt die Schwierigkeit, im Einzelfall festzulegen, unter welchen Voraussetzungen eine Bedingung wesentlich ist und unter welchen nicht. Dabei handelt es sich nicht um eine naturwissenschaftlich-philosophische Bewertung, sondern um die rechtliche Abgrenzung, welche Bedingungen unter Beachtung des Schutzzwecks der Norm die Leistungspflicht des Staates begründen sollen. Das Kausalitätsprinzip ist daher im Wesentlichen **Zurechnungsgrundsatz** (vgl. Rohr-Strässer, Bundesversorgungsrecht, § 1 Nr. 9). Eine klare Definition, unter welchen Voraussetzungen eine Bedingung wesentlich ist, hat die Rechtsprechung nicht entwickeln können. Dies ist bei der Vielfalt der möglichen Lebenssachverhalte auch nicht möglich. Ob eine Bedingung zum Erfolg beigetragen hat, kann nicht generell und abstrakt entschieden werden, sondern ist nur nach den Umständen des Einzelfalles zu beurteilen. Gerade hier unterscheidet sich die Theorie der wesentlichen Bedingung von der **Adäquanztheorie des Zivilrechts**, bei der die generelle Geeignetheit einer Bedingung entscheidungserheblich ist.

Gerade wegen dieser Situation ist die Kausalitätstheorie der we-   **26** sentlichen Bedingung in der Literatur häufig kritisiert worden. Aufgabe einer Kausalitätstheorie sei die Entwicklung von Fallgruppen anhand objektiver Kriterien, um die Subsumtion eines Einzelsachverhalts zu ermöglichen, vergleichbar der Subsumtion unter Gesetzesmerkmale. Interessenabwägungen im Einzelfall sollen im Interesse von **Rechtssicherheit und Vorhersehbarkeit** der Entscheidungen vermieden werden. Soll die Zurechnung ausgeschlossen werden, weil ein Erfolg außerhalb des Schutzbereiches der Norm liegt, muss sich dies aus der jeweiligen Norm heraus begründen lassen. Diesem Gebot widerspreche die Kausalitätstheorie der wesentlichen Bedingung, da sie über eine Interessenabwägung im Einzelfall nicht hinausführe. Vgl. zum Sachstand Brackmann, § 8 SGB VII Rn. 321 ff.

Anerkennung i. S. d. Entstehung oder der Verschlimme-   **27**
rung: Das schädigende Ereignis kann auf einen gesunden oder schon vorgeschädigten Körper treffen. Aus dem Schutzzweck der Norm des § 1 BVG darf als Schädigungsfolge nur anerkannt werden, was an Gesundheitsstörungen durch die Schädigung hervorgerufen worden ist. Ist durch das schädigende Ereignis erstmalig ein gesundes Bein geschädigt worden, liegt es auf der Hand, dass dieser Schaden im Sinne der Entstehung anerkannt werden muss. War dagegen schon vor dem schädigenden Ereignis eine Gesundheitsstörung, die sich **nach außen manifestiert** hatte, vorhanden, bleibt der Betroffene nicht ohne Versorgungsschutz, es wird aber nur die in Folge einer Schädigung eingetretene Verschlimmerung des früheren Leidens entschädigt.

Schwierigkeiten bereitet die Abgrenzung zwischen der Verursa-   **28** chung eines Leidens i. S. d. Entstehung oder der Verschlimmerung bei **anlagebedingten** Leiden. Hier kommt eine Anerkennung im Sinne der Verschlimmerung nur in Betracht, wenn im Zeitpunkt des schädigenden Ereignisses bereits Anzeichen des Leidens vorhanden waren (vgl. BSG v. 16. 10. 1974, SozR 3-3100 § 1 Nr. 3).

Es gehört zu den tragenden Prinzipien des Sozialrechts, dass der Mensch in dem Gesundheitszustand geschützt ist, in dem er sich bei Eintritt des schädigenden Ereignisses befunden hat (BSGE 5, 232; 9, 104). In den sozialrechtlichen Schutz sind daher auch alle im Entschädigungszeitpunkt bereits bestehenden Anlagen, Krankheitsneigungen oder konstitutionelle Schwächen einbezogen.

„Trifft also ein schädigendes Ereignis auf eine derartige Schwäche und entsteht der Gesundheitsschaden durch das Zusammenwirken dieser verschiedenen Kausalketten, so würde es den tragenden Grundsätzen des Sozialrechts gerade zu widersprechen, wenn der Gesundheitsschaden nur im Sinne der Verschlimmerung und damit nur teilweise anerkannt würde, obwohl er, wenn auch unter wesentlicher Mitwirkung schädigungsunabhängiger Ursachen, durch die schädigenden Einwirkungen erstmalig hervorgerufen worden, also entstanden ist" (Erlenkämper, S. 88).

Ist ein Leiden im Sinne der Entstehung als Schädigungsfolge anerkannt, wird in der Regel auch jede **Verschlechterung** dieses Leidens als Schädigungsfolge anerkannt. Nur wenn von außen kommende Ursachen einwirken, die mit der ursprünglichen Schädigung in keinem Zusammenhang stehen, scheidet versorgungsrechtlich die Anerkennung der Verschlechterung als Schädigungsfolge aus (Wilke, BVG, § 1 Rn. 76).

29   **Zeitpunkt der Kausalitätsbeurteilung:** Der Zeitpunkt der Kausalitätsbeurteilung ist der Zeitpunkt des schädigenden Ereignisses. Dies kann zu Problemen führen, wenn zwischen dem Eintritt des Schadens und der ersten Beurteilung ein längerer Zeitraum verstrichen ist und der Gesundheitszustand **durch Hinzutreten schädigungsunabhängiger Einflüsse** Veränderungen ausgesetzt war. Bei der Anerkennung von Schädigungsfolgen für Antragsteller, die im Wege des Härteausgleichs einen weit zurückliegenden Schaden geltend machen, ist dies besonders problematisch. Unter solchen Voraussetzungen ist bei der Beurteilung zunächst zurückzugehen auf den Zeitpunkt des Schadenseintritts. Es ist zu prüfen, ob die schädigenden Einwirkungen, bezogen auf diesen Zeitpunkt, mindestens die Bedeutung einer wesentlichen Teilursache hatten. Bejahendenfalls ist der Schaden für diesen Zeitpunkt zu bestimmen. Die weitere Behandlung richtet sich nach den Grundsätzen über die Beurteilung einer wesentlichen Änderung der Verhältnisse. Es ist also zu prüfen, ob und welche Veränderungen das Schädigungsleiden gegenüber jenem ursprünglichen Umfang erfahren hat und vor allem, ob etwaige Verschlimmerungen ursächlich auf die frühere Schädigung zurückgehen oder einen schädigungsunabhängigen **Folgeschaden** darstellen. Nur auf diese Weise kann aus dem jetzt vorliegenden Gesundheitszustand bestimmt werden, welche entschädigungspflichtigen herrschenden Schädigungsfolgen vorliegen (vgl. Erlenkämper, S. 96).

30   **Mittelbare Schädigungsfolge:** Es kann auch eine Situation eintreten, in der ein weiteres äußeres Ereignis eintritt, das durch die Folgen der Schädigung verursacht worden ist. Auch in dieser Fall-

gestaltung wird ein Anspruch auf Versorgung begründet. Hat ein Gewaltopfer durch einen Messerstich eine Verletzung am Arm erlitten und kann es sich bei einem Sturz auf einer Treppe deshalb mit dem Arm nicht abfangen und zieht sich so **weitere Verletzungen** zu, werden diese als Schädigungsfolgen anerkannt. (Wilke, BVG, § 1 Rn. 70; Rohr/Strässer, BVG, § 1 Rn. 8) Auch bei der Anerkennung von **mittelbaren Schädigungsfolgen** gilt die Kausaltheorie der wesentlichen Bedingung. Die Kausalkette wird durch ein weiteres äußeres Ereignis verlängert, wobei die ursprüngliche Schädigung jedoch immer wesentliche Ursache für den mittelbaren Schaden sein muss (vgl. Erlenkämper, S. 114). Auch bei der Anerkennung einer mittelbaren Schädigungsfolge ist stets zu prüfen, ob **das eigene Verhalten** des Beschädigten nicht die überwiegende Ursache für den Eintritt des Unfalls war. Man wird jedoch unter Beachtung des Rehabilitationsgedankens einem Teilgelähmten nicht das Treppensteigen entgegenhalten können.

Mit der mittelbaren Schädigungsfolge nicht verwechselt werden dürfen die sog. Folgeschäden. Hier handelt es sich um weitere Gesundheitsstörungen, die durch die anerkannten Schädigungsfolgen entstanden sind. **Als Beispiel hierfür gilt ein Narbencarzinom in der Verwundungsnarbe.**

Grundrente: Beschädigte erhalten eine monatliche Grundrente, **31** die sich nach der Höhe des GdS richtet. Rentenberechtigt ist der Beschädigte, wenn der GdS mindestens 25 beträgt, da die auf 10 abgestuften Sätze von 30 bis 100 jeweils eine um fünf Prozent geringere Minderung des GdS umfassen. Beschädigte erhalten eine monatliche Grundrente bei einem Grad der Schädigungsfolgen (Stand: Juli 2009):

Von 30 in Höhe von 123,00 €
Von 40 in Höhe von 168,00 €
Von 50 in Höhe von 226,00 €
Von 60 in Höhe von 286,00 €
Von 70 in Höhe von 396,00 €
Von 80 in Höhe von 479,00 €
Von 90 in Höhe von 576,00 €
Von 100 in Höhe von 646,00 €.

Die Grundrente erhöht sich für Schwerbeschädigte, die das 65. Lebensjahr vollendet haben, bei einem Grad der Schädigung:

Von 50 und 60 um 25,00 €
Von 70 und 80 um 31,00 €
Von mind. 90 um 38,00 €.

Schwerbeschädigung liegt vor, wenn ein Grad der Schädigungsfolgen von mindestens 50 festgestellt ist. Diese Definition des Gesetzgebers war erforderlich, weil häufiger im Gesetz an die Schwerbeschädigung angeknüpft wird.

32   Die Grundrente enthält Elemente der Abgeltung eines ideellen und eines wirtschaftlichen Schadens. Sie hat daher eine Doppelfunktion. Die ideelle Komponente soll dem Beschädigten einen Ausgleich für den Verlust an Gesundheit und Lebensfreude bringen, die wirtschaftliche Komponente soll vor allen Dingen die Mehraufwendungen (vermehrte Bedürfnisse), die durch die Schädigungsfolgen bei der Lebensführung entstehen, ausgleichen. **Die Grundrente hat keine allgemeine Unterhaltsfunktion.** Dies wird in § 1610a BGB ausdrücklich bestätigt. Bei der Bemessung des Unterhaltsanspruchs lässt § 1610a BGB die Grundrente als eigenes Einkommen des Unterhaltsverpflichteten unberücksichtigt, weil unterstellt wird, dass vermehrte Bedürfnisse in Höhe der Grundrente vorliegen. Lediglich der Gegenbeweis ist dem Unterhaltsberechtigten zugestanden.

Es ist wichtig zu beachten, dass die Grundrente wegen ihres entschädigungsrechtlichen Charakters auch in anderen Rechtsbereichen geschützt ist. Dies gilt sowohl für die **Pfändung und Aufrechnung** im Rahmen der Bestimmungen des SGB I als auch bei der Feststellung der **Hilfsbedürftigkeit** i. S. d. Vorschriften des **SGB XII**. Bei der Berechnung der Ausgleichsrente ist die Grundrente ebenfalls nicht als Einkommen zu berücksichtigen (vgl. § 2 Abs. 1 Nr. 10 AusglV).

33   **Schwerstbeschädigtenzulage:** Beschädigte mit einem Grad der Schädigungsfolgen von 100, die durch die anerkannten Schädigungsfolgen gesundheitlich außergewöhnlich betroffen sind, erhalten eine monatliche Schwerstbeschädigtenzulage, die in den folgenden Stufen gewährt wird (Stand: Juli 2009):

Stufe I	74,00 €
Stufe II	154,00 €
Stufe III	229,00 €
Stufe IV	306,00 €
Stufe V	382,00 €
Stufe VI	460,00 €.

Mit der Schwerstbeschädigtenzulage soll dem Gedanken Rechnung getragen werden, dass es erwerbsunfähige Beschädigte gibt, die so **schwere Schädigungen** erlitten haben, dass ein Ausgleich durch die Grundrente nach einem GdS von 100 nicht ausreicht. Die Schwerstbeschädigtenzulage soll insbesondere jenen zugute kommen, bei denen mehrere Gesundheitsstörungen als Schädigungsfolge anerkannt sind, von denen aber jede für sich allein betrachtet bereits die Annahme eines hohen GdS-Grades rechtfertigt. In der Verordnung zur Durchführung des § 31 Abs. 5 BVG ist nach einem **Punktesystem** festgelegt, unter welchen Voraussetzungen die Stufen I bis VI erreicht werden. Jedes vom Hundert an Grad der Schädigungsfolgen stellt dabei einen Punkt dar. Abzüge werden bei gering bewerteten Schädigungsfolgen vorgenommen, Zuschläge gibt es bei Schädigungsfolgen an paarigen Organen oder bei einem ungünstigen Zusammentreffen von verschiedenen Schädigungsfolgen. Beschädigte, die nur eine schwere Schädigung erlitten haben und trotzdem besonders schwer betroffen sind, erhalten eine Schwerstbeschädigtenzulage nach Stufe I, wenn sie Anspruch auf Pflegezulage mindestens nach Stufe III haben. Dies gilt besonders für alle Beschädigten, bei denen **Blindheit als Schädigungsfolge** anerkannt ist.

Ausgleichsrente. Allgemeines: Schwerbeschädigte erhalten **34** eine Ausgleichsrente, wenn sie infolge ihres Gesundheitszustandes oder hohen Alters oder aus einem von ihnen nicht zu vertretenden sonstigen Grund eine ihnen zumutbare Erwerbstätigkeit nicht oder nur in beschränktem Umfang oder nur mit überdurchschnittlichem Kräfteaufwand ausüben können. Der Zweck der Ausgleichsrente besteht darin, dem Schwerbeschädigten ein gewisses Einkommensniveau zu garantieren und ihn dann, wenn er aus von ihm nicht zu vertretenden Gründen dieses Niveau nicht halten kann, nicht auf die Sozialhilfe zu verweisen. Dabei wird unterstellt, dass der Schwerbeschädigte ohne die anerkannten Schädigungsfolgen ein solches Niveau erreicht oder gehalten hätte. **Die Ausgleichsrente hat daher mehr fürsorgerischen als entschädigungsrechtlichen Charakter.** Sie wird deshalb auch in § 33 BVG vom Einkommen des Schwerbeschädigten abhängig gemacht.

Bei der Prüfung, ob der Beschädigte infolge seines Gesundheitszustandes außer Stande ist, einer ihm zumutbaren Erwerbstätigkeit nachzugehen, ist nicht nur die anerkannte Gesundheitsstörung, sondern es ist der **Gesamtleidenszustand** zu berücksichtigen. Die Voraussetzung gilt stets als erfüllt, wenn der Beschädigte wegen Erwerbs- oder Berufsunfähigkeit eine Rente aus der gesetzlichen Rentenversicherung oder ein vorzeitiges Altersgeld nach dem Gesetz über die Altershilfe für Landwirte erhält. Hohes Alter liegt vor, wenn der Beschädigte das 60. Lebensjahr vollendet hat.

Als sonstiger Grund im Sinne von Abs. 1 S. 1 ist z. B. eine **Ar-** **35** **beitslosigkeit** anzusehen. Diese ist vom Schwerbeschädigten nicht zu vertreten, wenn er sich dem Arbeitsmarkt zur Verfügung gestellt hat, aber von der Arbeitsagentur nicht vermittelt werden konnte. Ob eine Erwerbstätigkeit zumutbar ist, ist nach Lage des Einzelfalles unter Berücksichtigung aller in Betracht kommenden Umstände zu beurteilen. So können größere Entfernungen zwischen Wohnung und Arbeitsplatz bei ungünstigen Verkehrsverhältnissen in Verbindung mit Art und Schwere der Gesundheitsstörung ein Grad dafür sein, die Zumutbarkeit eines angebotenen Arbeitsplatzes zu verneinen. Der Beschädigte kann jedoch nicht verlangen, nur denselben Beruf auszuüben, den er vor Eintritt der Schädigungsfolgen inne gehabt hat. Dem steht schon der in § 29 BVG niedergelegte Grundsatz „**Rehabilitation vor Rente**" entgegen, der vom Geschädigten verlangt, dass er sich im Rahmen seiner Kenntnisse und Fähigkeiten in einen anderen Beruf umschulen lässt.

Für alle vom Einkommen abhängigen Leistungen gilt daher, dass frühestens nach Abschluss von Reha-Maßnahmen, die von der Verwaltungsbehörde zu prüfen und einzuleiten sind, eine Ausgleichsrente gezahlt werden kann.

36   **Höhe der Ausgleichsrente:** Die volle Ausgleichsrente beträgt monatlich bei einem Grad der Schädigungsfolgen von (Stand: Juli 2009):

50 oder 60	396,00 €
70 oder 80	479,00 €
90	576,00 €
100	646,00 €.

Die volle Ausgleichsrente ist um das anzurechnende Einkommen zu mindern. Art und Weise der Minderung der vollen Ausgleichsrente sind in § 33 Abs. 1 BVG und der Anrechnungsverordnung (AnrV) bestimmt. Nach dem dort niedergelegten System wird die Ausgleichsrente nicht in voller Höhe um das anzurechnende Einkommen gemindert, sondern es wird unter Berücksichtigung eines Freibetrags, der je nachdem, ob die Einkünfte aus Erwerbstätigkeit oder übrige Einkünfte vorliegen, 1,5% bis 0,6% des Bemessungsbetrages von 26 887 € beträgt, eine **stufenweise Anrechnung des zu berücksichtigenden Einkommens** vorgenommen. Gleichzeitig hat der Gesetzgeber den Höchstbetrag des Einkommens festgelegt, von dem ab einem erwerbsunfähigen Beschädigten keine Ausgleichsrente mehr zusteht. Die Berechnung der einzelnen Stufen ist in § 5 AnrV beschrieben.

37   In § 56 BVG ist die **jährliche Anpassung** der Ausgleichsrente vorgeschrieben. Dies trägt dem Zweck der Ausgleichsrente Rechnung, ein Mindestniveau wirtschaftlicher Leistungskraft für den

Schwerbeschädigten zu erhalten. Neben der vollen Ausgleichsrente wird auch jeweils der Bemessungsbetrag nach dem Anpassungssatz erhöht und damit sichergestellt, dass die Rentenerhöhung in der Sozialversicherung nicht zur Kürzung der Ausgleichsrente führen kann.

Anzurechnendes Einkommen: Die Bundesregierung wird in **38** § 33 Abs. 5 BVG ermächtigt, mit Zustimmung des Bundesrates die Ausgleichsrentenverordnung (AusglV) zu erlassen, in der niedergelegt ist, was als Einkommen gilt, welche Einkünfte bei der Feststellung der Ausgleichsrente unberücksichtigt bleiben und wie das Bruttoeinkommen zu ermitteln ist.

Nach § 1 der AusglV gilt folgendes:

Einkommen, das bei der Feststellung der Ausgleichsrente zu berücksichtigen ist, sind **alle Einkünfte in Geld oder Geldeswert** ohne Rücksicht auf ihre Quelle und Rechtsnatur, soweit nicht das Bundesversorgungsgesetz, die Verordnung oder andere Rechtsvorschriften vorschreiben, dass bestimmte Einkünfte bei der Feststellung der Ausgleichsrente unberücksichtigt bleiben. Dabei ist es unerheblich, ob sie der Steuerpflicht unterliegen oder bei der Bemessung einer anderen Leistung berücksichtigt werden. Nach Abs. 2 stehen den Einkünften Ansprüche auf Leistungen in Geld oder Geldeswert sowie Anwartschaften, die durch Stellung eines Antrags zu einem derartigen Anspruch erwachsen können, gleich; das gilt nicht, soweit sie nicht zu verwirklichen sind oder aus Unkenntnis oder **aus einem verständigen Grund** nicht geltend gemacht worden sind oder nicht geltend gemacht werden.

Welche Einkünfte zu denen aus gegenwärtiger Erwerbstätigkeit und welche zu den übrigen Einkünften gehören, ist in § 33 Abs. 2 BVG und in § 1 Abs. 3 AusglV näher geregelt. Da die Einkünfte je nachdem, ob es sich um Einkünfte aus Erwerbstätigkeit oder übrige Einkünfte handelt, unterschiedlichen Freibeträgen unterliegen, sind sie **getrennt nach den Einkommensarten** zu ermitteln.

Die nicht zu berücksichtigenden Einkünfte sind in § 2 AusglV **39** aufgeführt. Der Katalog ist mittlerweile auf eine Anzahl von 37 nicht anzurechnenden Einkünften angewachsen. Im Rahmen dieser Darstellung kann auf die Einzelheiten nicht eingegangen werden. In den übrigen Bestimmungen der Ausgleichsrentenverordnung wird festgestellt, wie die einzelnen Einkünfte zu berechnen sind. Auch für diese Frage kann hier nur auf die wichtigsten Bestimmungen, die sich für Rentenempfänger nach dem OEG ergeben, eingegangen werden.

40   **Einkünfte aus nichtselbstständiger Tätigkeit:** Da bei der Berechnung der Ausgleichsrente nach § 33 Abs. 1 BVG von einem Bruttoeinkommen ausgegangen wird, bei dem schon Werbungskosten in Höhe von 15,00 € monatlich berücksichtigt worden sind (§ 6 Abs. 1 AusglV), können **Werbungskosten** nur noch insoweit berücksichtigt werden, als sie diesen Betrag überschreiten. Zu den Einkünften aus nichtselbstständiger Tätigkeit gehören Gehälter, Löhne, Gratifikationen, Tantiemen und andere Bezüge und Vorteile, die für eine Beschäftigung im öffentlichen oder privaten Dienst gewährt werden (§ 19 Abs. 1 Nr. 1 EStG).

Vorruhestandsgelder, die sich daran orientieren, das zuletzt erzielte Nettoeinkommen zu sichern, sind als andere Bezüge aus früheren Dienstleistungen im Sinne von § 19 Abs. 1 Nr. 2 EStG anzusehen und gehören nicht zu den Einkünften aus Tätigkeit. Zu dieser Gruppe zählen aber Vergütungen für Mehr-, Sonn- und Feiertagsarbeit, Schmutz- und Erschwerniszulagen und die Fahrtkostenerstattungen des Arbeitgebers.

41   **Einkünfte aus Kapitalvermögen:** Nach § 11 AusglV sind Einkünfte aus Kapitalvermögen (§ 20 EStG) der Überschuss der Einnahmen über die Werbungskosten (§§ 8 und 9 EStG). Pauschbeträge nach § 9a EStG können nicht abgesetzt werden. In Abs. 2 des § 11 hat der Gesetzgeber einen Freibetrag für Einkünfte aus Kapitalvermögen von 307,00 € festgesetzt.

42   **Unterhaltsansprüche:** Leistungen aufgrund von Unterhaltsansprüchen und freiwillige Unterhaltsleistungen sind nach § 2 Abs. 1 Nr. 19 AusglV bei der Feststellung der Ausgleichsrente grundsätzlich unberücksichtigt zu lassen. Etwas anderes gilt nur, soweit die Verordnung eine Sonderbestimmung enthält. Eine solche Sonderbestimmung ist der § 4 AusglV, der bestimmt, dass als übrige Einkünfte i. S. d. § 33 Nr. 1 BVG bei verheirateten Schwerbeschädigten auch die Leistungen des Ehegatten aufgrund eines bürgerlichrechtlichen Unterhaltsanspruchs zu berücksichtigen sind. Ist der Unterhalt nicht gerichtlich festgesetzt, so gilt für die Bewertung des Unterhaltsanspruchs, dass der unterhaltspflichtige Ehegatte oder Lebenspartner von seinem Bruttoeinkommen mindestens den Betrag, der in der **Anrechnungsverordnung** bei Beschädigten der Stufenzahl 170 = 1169 € als Höchstbetrag der übrigen Einkünfte zugeordnet ist, monatlich behält; dabei bleiben Einkünfte der in § 2 AusglV genannten Art unberücksichtigt. Als übrige Einkünfte sind ferner die Unterhaltsleistungen des früheren Ehegatten oder Lebenspartners aufgrund eines bürgerlich-rechtlichen Unterhaltsanspruchs zu berücksichtigen.

Besonders wichtig für die Anrechnung von Unterhaltsansprüchen ist die Entscheidung des BSG vom 24. 4. 1991 (BSGE 68, 224) in der das Gericht festgestellt hat, dass der § 4 Abs. 1 AusglV seit dem ersten Neuordnungsgesetz von 1960 nicht mehr auf die bestehende Ehe angewendet werden darf. Der Bundesminister für Arbeit und Sozialordnung hat sich damals dieser Auffassung angeschlossen mit der Konsequenz, dass bei **zusammenlebenden Ehegatten ein Unterhaltsanspruch nicht mehr angerechnet werden darf**. Da bei getrenntlebenden und geschiedenen Ehegatten in aller Regel der Unterhaltsbetrag gerichtlich festgesetzt ist, ist dieser Betrag auf die Ausgleichsrente anzurechnen. Sollte dies einmal nicht der Fall sein, so müssen zur Feststellung des Unterhaltsanspruchs die Einkünfte der Ehegatten miteinander verglichen werden. Dabei empfiehlt es sich, von den unterhaltsrechtlichen Leitlinien des für den Wohnsitz des Unterhaltsverpflichteten zuständigen Oberlandesgerichts auszugehen.

Bewertung von Sachbezügen: Die Bewertung von Einkünf-   **43** ten, die nicht in Geld bestehen (Wohnung, Kost und sonstige Sachbezüge), richtet sich nach der Sachbezugsverordnung der Sozialversicherung von 1995. Die festgelegten Werte sind jeweils in der Zeit vom 1. 7. des Geltungsjahres der Sachbezugsverordnung bis zum 30. 6. des folgenden Jahres maßgebend. Durch diese Bestimmung wird erreicht, dass bei der Berechnung der Ausgleichsrente nicht innerhalb eines Anpassungszeitraums (vom 1. 7. bis 30. 6. des nächsten Jahres) neue Berechnungen durchgeführt werden müssen. Für 2009 gilt die Sozialversicherungsentgeltverordnung vom 18. 12. 2008 (BGBl. I S. 2220).

Nach § 1 Sachbezugsverordnung wird der Wert der freien Verpflegung ab 1. 7. 2009 auf monatlich 210,00 € festgesetzt. Der Wert einer Unterkunft beträgt 204,00 €. Der Wert der freien Wohnung wird in aller Regel nur noch für die Fälle angewendet, in denen die freie Wohnung als Entgelt für geleistete Arbeit zur Verfügung gestellt wird.

Einkünfte aus Haus- und Grundbesitz: Einkünfte aus Haus-   **44** und Grundbesitz sind der Überschuss der jährlichen Einnahmen über die Werbungskostenpauschale. Die Einnahmen bestehen aus der Kaltmiete ohne die umlagefähigen Betriebskosten oder die Pacht. Die von dem Gesamtbetrag der Einnahmen abzusetzende Werbungskostenpauschale beträgt 50 v. H. dieses Gesamtbetrages.

Nach § 2 Abs. 1 Nr. 35 AusglV bleibt bei der Feststellung der Ausgleichsrente der Nutzungswert einer Wohnung im eigenen Haus, einer Eigentumswohnung, eines eigentumsähnlichen Dauerwohnrechts und einer unentgeltlich überlassenen Wohnung unberücksichtigt, **sofern der Beschädigte die Wohnung selbst bewohnt**. Einkünfte aus Hausbesitz werden daher nur noch bei nicht selbst genutzten Ein- und besonders Zwei- oder Mehrfamilienhäusern auf die Ausgleichsrente angerechnet. Wohnt der Schwerbeschädigte im eigenen Zwei- oder Mehrfamilienhaus, so sind Werbungskosten nur insoweit abzusetzen, als sie mit dem vermieteten Teil des Hauses zusammenhängen. Werbungskosten, die nicht ausschließlich auf den vermieteten Teil des Hauses entfallen, werden nach dem **Verhältnis der Nutzflächen** aufgeteilt.

45 **Anrechnung fiktiver Einkünfte:** Hat der Schwerbeschädigte ohne verständigen Grund über Vermögenswerte in einer Weise verfügt, dass dadurch sein bei der Feststellung der Ausgleichsrente zu berücksichtigendes Einkommen gemindert wird, so ist seine Ausgleichsrente so festzustellen, als hätte er die Verfügung nicht getroffen. Bei der Beantwortung der Frage, ob ein **verständiger Grund** vorliegt, ist nach der Rechtsprechung des BSG (22. 9. 1977, SGb 1977, 545) davon auszugehen, dass ein Grund nur verständig ist, wenn dabei nicht nur einseitige verständliche private, persönliche, familiäre oder wirtschaftliche Interessen des Versorgungsberechtigten, sondern ebenso auch die im Zweck der einzelnen Versorgungsleistungen zum Ausdruck gekommenen objektiven Interessen der von der Versorgungsverwaltung vertretenen Allgemeinheit berücksichtigt werden. Die Verwertung eigener Einkommensquellen umfasst nicht nur den vorrangigen Einsatz, sondern auch die **Verpflichtung, Einkommensquellen zu erschließen**, bei denen dies ohne besondere Aufwendungen mit Aussicht auf Erfolg möglich ist.

46 **Ausgleichsrente für Kinder und Jugendliche (§ 34 BVG):** Die Ausgleichsrente beträgt für Schwerbeschädigte vor Vollendung des 14. Lebensjahres bis zu 30 v. H., vor Vollendung des 18. Lebensjahres bis zu 50 v. H. der Sätze nach § 32 Abs. 2 BVG. Die Höhe der Ausgleichsrente für jugendliche Schwerbeschädigte richtet sich danach, ob Leistungen für Unterhalt, Erziehung und Ausbildung erforderlich sind, die von dem Beschädigten und seinem unterhaltpflichtigen Angehörigen nach Lage ihrer wirtschaftlichen Verhältnisse nicht aufgebracht werden können. Bei der Bemessung des Unterhaltsbedarfs bleiben **schädigungsbedingte Mehraufwendungen** und Leistungen nach dem BVG außer Betracht.

47 **Berechnungsbeispiel (Stand: Juli 2009):**
A ist 59 Jahre alt und hat einen GdS von 100 nach dem OEG. Erwerbsunfähigkeitsrente erhält er aus der gesetzlichen Rentenver-

sicherung i. H. v. 1062,00 €. Einkünfte aus Hausbesitz hat er i. H. v.
89 € sowie 380 € aus einer geringfügigen Tätigkeit.
Die Voraussetzungen des § 32 BVG liegen vor, da der A Erwerbsunfähigkeitsrente bezieht.

Die volle Ausgleichsrente beträgt			646,00 €
Anzurechnendes Einkommen aus Erwerbstätigkeit		380,00 €	
Stufenzahl	0		
übrige Einkünfte			
Rente		1062,00 €	
Hausbesitz		89,00 €	
zusammen		1151,00 €	
Stufenzahl	167		
Stufenzahlen zusammen	167		
Anzurechnendes Einkommen			− 539,00 €
Ausgleichsrente			**107,00 €**

Ehegattenzuschlag: Schwerbeschädigte erhalten für den Ehe-   **48**
gatten oder Lebenspartner einen Zuschlag von 71 € (Stand: Juli
2009) monatlich. Den Zuschlag erhalten auch Schwerbeschädigte,
deren Ehe oder Lebenspartnerschaft aufgelöst oder für nichtig erklärt worden ist, wenn sie im eigenen Haushalt für ein Kind im
Sinne des § 33 Abs. 1 S. 1 und der Abs. 2 bis 4 BVG sorgen. **Der
Ehegattenzuschlag ist ein Zuschlag zur Ausgleichsrente.**
Steht keine Ausgleichsrente zu, so gilt § 33 BVG entsprechend mit
der Maßgabe, dass das anzurechnende Einkommen nur insoweit zu
berücksichtigen ist, als es nicht bereits zum Wegfall der Ausgleichsrente geführt hat.
Alle Empfänger einer Pflegezulage erhalten den vollen Zuschlag,
auch wenn die Pflegezulage nach § 35 Abs. 4 BVG nicht gezahlt
wird oder nach § 65 Abs. 2 BVG ruht.

Kinderzuschlag: Schwerbeschädigte erhalten für jedes Kind ei-   **49**
nen Kinderzuschlag. Das gilt nicht, wenn für dasselbe Kind Anspruch auf Kindergeld oder auf Leistungen i. S. d. § 4 Abs. 1 S. 1
Nr. 1 des Bundeskindergeldgesetzes besteht oder nach dem Einkommensteuergesetz ein Kinderfreibetrag zusteht. Durch diese Bestimmung des § 33b Abs. 1 BVG ist die praktische Bedeutung des

Kinderzuschlages für Anspruchsberechtigte nach dem OEG gemindert, da die meisten Anspruchsberechtigten einen Anspruch auf Kindergeld haben. Bei **Empfängern einer Pflegezulage** ist, auch wenn die Pflegezulage nach § 35 Abs. 4 BVG nicht gezahlt wird oder nach § 65 Abs. 1 BVG ruht, ein Kinderzuschlag in Höhe des gesetzlichen Kindergeldes, das für das erste Kind vorgesehen ist, zu zahlen (§ 33 b Abs. 6 BVG). Der Kinderzuschlag beträgt ab 1. 1. 2010:

für das erste Kind	184,00 €
für das zweite Kind	184,00 €
für das dritte Kind	190,00 €
ab dem vierten Kind je	215,00 €.

50   **Berufsschadensausgleich. Allgemeines:** Zentrale Bedeutung für ein Gewaltopfer nach dem OEG hat der Ausgleich seines beruflichen Schadens. Neben der Erhöhung der Grundrente wegen besonderer beruflicher Betroffenheit hat der Gesetzgeber in § 30 Abs. 3 ff. BVG einen Berufsschadensausgleich geregelt, der in einer Mischung aus individuellen und pauschalen Elementen einen beruflichen Schaden des rentenberechtigten (GdS mindestens 30) Beschädigten regelt. Im Gegensatz zu Ausgleichsrente, die lediglich einen gewissen wirtschaftlichen Mindeststandard sichern soll, wird mit dem Berufsschadensausgleich versucht, den **konkreten beruflichen Schaden** auszugleichen.

51   In den Abs. 3 bis 16 des § 30 BVG hat der Gesetzgeber sich dieser schwierigen Aufgabe gestellt. Die einzelnen Regelungen der Abs. 3 bis 16 sind bei erstmaligem Durchlesen schwer verständlich. Dies hängt mit der Tatsache zusammen, dass der Gesetzgeber im Ansatz zwar ein pauschaliertes System gewählt hat, mit der Weiterentwicklung des Gesetzes jedoch Sonderregelungen für Fälle eingeführt hat, in denen zwar beim Ausscheiden aus dem Erwerbsleben kein beruflicher Schaden vorgelegen hat, die künftige Rente aber deshalb geringer ist, weil in einem früheren Zeitraum **schädigungsbedingt nur niedrige Rentenbeiträge gezahlt werden konnten** (Abs. 4 S. 3). In Abs. 12 ist der berufliche Schaden bei der Haushaltsführung einer oder eines Beschädigten geregelt. Außerdem hat der Gesetzgeber Vorschriften geschaffen, wie zu verfahren ist, wenn nach einem schädigungsbedingten ein weiterer schädigungsunabhängiger beruflicher Schaden eintritt (**Nachschaden** Abs. 11).

52   Am einfachsten kann man sich die Regelungen der Abs. 3 bis 16 erschließen, wenn man von dem „Normalfall" ausgeht, dass der Beschädigte ohne die Schädigungsfolgen in einem anderen Beruf gearbeitet hätte und dass dadurch sein Einkommen aus gegenwärtiger oder früherer Tätigkeit gemindert ist. An diese Situation knüpft § 30 Abs. 3 S. 1 an: rentenberechtigte Beschädigte, deren Einkommen aus gegenwärtiger oder früher Tätigkeit durch die Schädigungsfolgen gemindert ist, erhalten nach Anwendung des Abs. 2 einen Berufsschadensausgleich in Höhe des **Nettoschadens**.

Berufsschadensausgleich ist danach der Nettobetrag des Vergleichseinkommens abzüglich des Nettoeinkommens aus gegenwärtiger oder früherer Erwerbstätigkeit, der Ausgleichsrente und des Ehegattenzuschlages.

Das Vergleichseinkommen ist in § 30 Abs. 5 BVG definiert; der Nettobetrag des Vergleichseinkommens in Abs. 7. Das Nettoeinkommen aus gegenwärtiger oder früherer Erwerbstätigkeit ist in Abs. 8 festgelegt.

Der „Hätte-Beruf": Das Vergleichseinkommen errechnet sich 53 nach dem monatlichen Durchschnittseinkommen der Berufs- oder Wirtschaftsgruppe, der die Beschädigten ohne die Schädigung nach ihren Lebensverhältnissen, Kenntnissen und Fähigkeiten und dem bisher betätigten Arbeits- und Ausbildungswillen **wahrscheinlich** angehört hätten. Bei dieser Feststellung handelt es sich um eine Prognoseentscheidung, die die Verwaltungsbehörde nach vollständiger Aufklärung des Sachverhalts (vgl. die entsprechenden Regelungen über die Sachaufklärung im SGB X) zu treffen hat.

Vergleichseinkommen: Auf welche Art und Weise das Ver- 54 gleichseinkommen zu bestimmen ist, ergibt sich aus § 30 Abs. 5 BVG in Verbindung mit der dazu ergangenen Berufsschadensausgleichsverordnung. Ausgegangen wird dabei von den amtlichen Statistiken des Statistischen Bundesamtes, die **für bestimmte Berufs- und Wirtschaftsgruppen** erstellt werden und von den beamtenoder tarifrechtlichen Besoldungs-, Vergütungs- oder Lohngruppen des Bundes aus dem Schnitt der letzten drei Jahre. Je nachdem, ob der Beschädigte unselbstständig in der privaten Wirtschaft, im öffentlichen Dienst oder selbstständig tätig gewesen wäre, richtet sich die Ermittlung des Vergleichseinkommens nach den §§ 3, 4 oder 5 BSchAV. Für anspruchsberechtigte Jugendliche und bei mehreren Berufen gibt es Sonderregelungen.

Für die unselbstständig in der privaten Wirtschaft Tätigen wird 55 das Vergleichseinkommen nach dem Durchschnittsbruttoverdienst, der aufgrund des Verdienststatistikgesetzes vom Statistischen Bundesamt für das Bundesgebiet laufend ermittelt wird, bestimmt. In diesem Gesetz wird nahezu die gesamte Wirtschaft abgebildet.

Die verschiedenen Vergleichseinkommen werden in den Tabellen 1 und 2, 5, 6, 7, 8 a und 8 b nach **Leistungsgruppen** für Frauen und Männer gesondert aufgeführt und vom BMAS jeweils für die Zeit vom 1. 7. bis zum 30. 6. des Folgejahres veröffentlicht. Die Leistungsgruppen sind wie folgt aufgeteilt:

- Leistungsgruppe 1: Führungskräfte
- Leistungsgruppe 2: Arbeitnehmer mit Berufsausbildung und sehr schwierigen Tätigkeiten
- Leistungsgruppe 3: Arbeitnehmer mit Berufsausbildung
- Leistungsgruppe 4: angelernter Arbeitnehmer
- Leistungsgruppe 5: ungelernter Arbeitnehmer.

Der § 3 BSchAV, der sich noch auf eine ältere Rechtslage bezieht, soll bei nächster Gelegenheit geändert werden.

Das Durchschnittseinkommen ist bei Beschädigten, die ohne die Schädigung als Beamte, Angestellte und Arbeiter im öffentlichen Dienst tätig wären, in § 4 BSchAV geregelt. Das Vergleichseinkommen richtet sich bei Beamten nach den Besoldungsgruppen und Dienstalterssтуfen des Bundesbesoldungsgesetzes, wobei das ermittelte Grundgehalt um den Ortszuschlag nach Stufe 2 des Bundesbesoldungsgesetzes und um die **Stellenzulage** nach Vorbemerkung Nr. 27 zu den Bundesbesoldungsordnungen A und B zu erhöhen ist. Besondere Durchschnittseinkommen sieht die Berufsschadensausgleichsverordnung für Richter, Soldaten und Lehrer vor.

Durchschnittseinkommen bei Arbeitnehmern im öffentlichen Dienst mit Tätigkeitsmerkmalen der Entgeltgruppen ist der Betrag der jeweils höchsten Stufe in der Entgeltgruppe:

1, 2, 3 und 4	3
5, 6, 7 und 8	6
9, 10, 11 und 12	10
13, 14 und 15	14

der jeweils für Arbeitnehmer des Bundes geltenden Tarifregelung.

56   Für die Vergleichseinkommen der Selbstständigen konnte der Gesetzgeber nicht auf einigermaßen plausible Zahlen aus amtlichen Statistiken zurückgreifen. Er hat deshalb im Wege der Pauschalierung bei den Selbstständigen je nach Vorbildung auf eine bestimmte Besoldungsgruppe der Beamtenbesoldung zurückgegriffen. So wird beispielsweise bei selbstständig Tätigen **ohne abgeschlossene Berufsausbildung** auf das Endgrundgehalt der Besoldungsgruppe A 9 und bei selbstständig Tätigen **mit abgeschlossener Hochschulausbildung** ab Vollendung des 47. Lebensjahres auf das Endgrundgehalt der Besoldungsgruppe A 15 des Bundesbesoldungsgesetzes zurückgegriffen. Die ermittelten Grundgehälter sind um den Familienzuschlag nach Stufe 1 des Bundesbesoldungsgesetzes zu erhöhen.

Für Fälle, in denen die Einstufungen in die genannten Ver- **57**
gleichseinkommen **unbillig** erscheinen, weil sie die Stellung, die der
Betroffene vor Auswirkung der Folgen der Schädigung erreicht hat,
nicht ausreichend berücksichtigen, hat der Gesetzgeber in § 6
BSchAV eine Sonderregelung geschaffen. Für Unselbstständige ist in
Abs. 1, für Beamte, Richter, Berufssoldaten und Soldaten auf Zeit in
Abs. 2 und für selbstständig Tätige in Abs. 3 im Einzelnen geregelt,
auf welche Art und Weise das nach den §§ 3–5 ermittelte Ver-
gleichseinkommen erhöht werden kann. Dabei wird wieder auf die
Beamtenbesoldung der Besoldungsgruppe A zurückgegriffen.

Schüler und Jugendliche: Für die besonders schwierige Fest- **58**
stellung, welchen Beruf der Beschädigte ohne die Schädigungsfolgen wahrscheinlich ausgeübt hätte, wenn er **vor Abschluss der
Schul- oder Berufsausbildung** keine Schädigung erlitten hätte,
hat der Gesetzgeber in § 7 der Berufsschadensausgleichsverordnung
bestimmt, dass das Durchschnittseinkommen nach den Besoldungsgruppen des Bundesbesoldungsgesetzes zu ermitteln ist, wenn ein
Geschädigter in Folge einer vor Abschluss der Schulausbildung erlittenen Schädigung in seinem beruflichen Werdegang behindert
ist. Die Eingruppierung ist nach seiner Veranlagung und seinen
Fähigkeiten, hilfsweise auch **unter Berücksichtigung der beruflichen und sozialen Stellung** seiner Eltern und sonstiger Lebens-
verhältnisse des Beschädigten vorzunehmen. Durchschnittseinkommen ist zumindest das Endgrundgehalt der Besoldungsgruppe A 5,
vom vollendeten 45. Lebensjahr an A 6 des Bundesbesoldungsgesetzes zuzüglich des Familienzuschlags nach Stufe 1.

Bei vermutlichem Abschluss einer Mittelschul- oder gleichwertigen Schulausbildung ist das in § 4 Abs. 1 für Beamte des mittleren
Dienstes bestimmte Durchschnittseinkommen, bei höheren oder
gleichwertigen Schulausbildungen (Reifeprüfung) ist das in § 4
Abs. 1 für Beamte des gehobenen Dienstes bestimmte Durchschnittseinkommen, bei Hochschulausbildung das in § 4 Abs. 1 für
Beamte des höheren Dienstes bestimmte Durchschnittseinkommen
zugrunde zu legen. Ein Berufsschadensausgleich ist frühestens nach
dem vermutlichen Abschluss der beruflichen Ausbildung zu gewähren. Dies korrespondiert mit den Bestimmungen der **Kriegsopferfürsorge**, nach denen eine Berufsausbildung gefördert werden kann.

Ist die Schädigung nach Abschluss der Schulausbildung, jedoch
vor Beginn der Berufsausbildung eingetreten, so ist Abs. 1 entsprechend anzuwenden, **wenn sich nicht feststellen lässt**, welchen
Beruf der Beschädigte ohne die Folgen der Schädigung wahrscheinlich angestrebt hätte.

59   **Mehrere Berufe:** Im Normalfall ginge der Beschädigte ohne die Schädigungsfolgen einer beruflichen Tätigkeit nach. In Ausnahmefällen können jedoch neben einem Hauptberuf eine oder mehrere Nebentätigkeiten ausgeübt werden, oder es wird ein gemeinsamer Haushalt i. S. d. § 30 Abs. 16 BVG (vgl. unten Rn. 76) neben einer Berufstätigkeit ausgeübt. Es besteht auch die Möglichkeit, dass mehrere berufliche Tätigkeiten, bei denen jede den gleichen Zeitaufwand an Arbeitskraft erfordert, ausgeübt werden, wobei diese Tätigkeiten zusammen die volle Arbeitskraft erfordern oder im Ausnahmefall auch mit der **Führung eines gemeinsamen Haushalts** zusammen eine volle Arbeitskraft eingesetzt werden muss. Für diese Fälle hat der Verordnungsgeber bestimmt, dass grundsätzlich vom Hauptberuf auszugehen ist oder von der Berufsgruppe mit dem für die ausgeübte Tätigkeit maßgebenden höchsten Vergleichseinkommen.

Wird nicht die volle Arbeitskraft eingesetzt, ist nur ein entsprechender Anteil des Vergleichseinkommens anzusetzen, daneben wird der sog. **Haushalts-BSA** gezahlt, höchstens jedoch ein Berufsschadensausgleich, wie er sich bei voller Berufstätigkeit errechnen würde.

60   **Der Berufsbegriff:** Beruf in dem von der Berufsschadensausgleichsverordnung (BSchAV) vorgegebenen Sinne ist jede auf eine gewisse Dauer angelegte Tätigkeit, wenn sie auf die Erzielung eines existenzsichernden Einkommens gerichtet ist. Grundsätzlich ist bei der Ermittlung des Vergleichseinkommens von dem Beruf auszugehen, den der Beschädigte **vor Eintritt des schädigenden Ereignisses** ausgeübt hat. In aller Regel kann angenommen werden, dass der Beschädigte ohne die Schädigung in diesem Beruf weiter tätig gewesen wäre. § 30 Abs. 5 S. 1 BVG lässt nur dann zu, von einem anderen Beruf auszugehen, wenn festgestellt werden kann, dass der Beschädigte diesen Beruf ohne die Schädigungsfolgen wahrscheinlich ausgeübt hätte.

Das Bundessozialgericht hat klargestellt, dass zur Ermittlung der maßgebenden Berufsgruppe von dem Beruf auszugehen ist, aus dem der Beschädigte **durch die Schädigung verdrängt** worden ist. Dieser Beruf, einschließlich der Erweiterung, die ein Nichtbeschädigter in diesem Beruf genommen hätte, bleibt als Vergleichseinkommen maßgebend. Ein Ausweichberuf könne auch dann nicht zum Vergleichsberuf werden, wenn der Beschädigte in seinem **Ausweichberuf** aufsteigen und mehr verdienen würde.

Ein durch Erwerb einer neuen Berufsposition ausgeglichener Berufschaden kann jedoch **nachträglich wieder zu beachten** sein, wenn der Beschädigte – sei es auch schädigungsunabhängig – die neue Berufsposition nicht mehr inne hat. Der Beschädigte muss sich dann jedoch mindestens das Durchschnittseinkommen der Berufsgruppe anrechnen lassen, zu der er vor dem zeitweiligen Wegfall des Einkommens gehörte.

Der Nettoschadensausgleich: Bis zum Jahr 2008 wurde der **61** Berufsschadensausgleich auf einer Bruttobasis berechnet. Der so berechnete Schaden wurde mit einer **Quote von 42,5%** abgegolten. Diese Regelung hat besonders diejenigen benachteiligt, die wegen der Schädigungsfolgen nur eine geringe oder keine Berufstätigkeit ausüben konnten und nur eine niedrige oder gar keine Rente beziehen. Ist der Betroffene gehindert gewesen, einen qualifizierten Beruf zu ergreifen und ist damit bei der Berechnung des BSA ein hohes Vergleichseinkommen zugrunde zu legen, ist der Schaden besonders hoch und wird nur zu 42,5% abgegolten. Konnte der Beschädigte noch voll erwerbstätig sein und liegt das Vergleichseinkommen nicht erheblich höher als das Einkommen im tatsächlich ausgeübten Beruf, wird durch den pauschalen Ansatz des Vergleichseinkommens der tatsächliche Nettoschaden häufig durch den Berufsschadensausgleich **überkompensiert**. Zur Lösung dieses Problems ist der Nettoberufsschadensausgleich eingeführt worden.

Er beruht ebenfalls auf einem pauschalen Ansatz. § 30 Abs. 6 BVG schreibt vor, dass das Bruttovergleichseinkommen nach der in Abs. 7 genannten Methode in ein Nettovergleichseinkommen umgerechnet wird. Abs. 8 bestimmt, auf welche Art und Weise das derzeitige Bruttoeinkommen des Beschädigten in ein Nettoeinkommen umzurechnen ist.

Da auch der Ehegattenzuschlag dazu dient, das zum Lebensunterhalt verfügbare Gesamteinkommen der Familie des Beschädigten zu erhöhen, ist seine Einbeziehung in die Nettoberechnung angeordnet.

Kürzung des Vergleichseinkommens: Bei Rentnern wird **62** das Bruttovergleichseinkommen durch Kürzung auf 50% des Bruttobetrages in ein Nettovergleichseinkommen umgerechnet. Der Gesetzgeber hat sich bei diesem Einsatz von statistischen Werten leiten lassen, die – bei Einführung der Nettoberechnung im Jahr 2001 – ausgewiesen haben, dass ein Rentner im Durchschnitt 50% des früheren Bruttoeinkommens als Nettorente bezieht. Diese Einschätzung entsprach der Realität des Jahres 2001. Heute (2009) ist dies für die BSA-Bezieher eine schon vorteilhafte Regelung, weil der Wert schon erheblich niedriger liegt.

Wenn der Beschädigte glaubhaft macht, dass er ohne die Schädigungsfolgen noch nicht Rentner geworden wäre (höchstens bis zum 65. Lebensjahr), erfolgt keine Herabsetzung auf 50%. Eine solche Glaubhaftmachung gelingt dem Beschädigten, der nur wegen der Schädigungsfolgen Schwerbehinderter ist und von der Möglichkeit des Ausscheidens aus dem Erwerbsleben mit Vollendung des 63. Lebensjahres Gebrauch gemacht hat. Ohne die Schädigungsfolgen hätte er bis zum 65. Lebensjahr weiterarbeiten müssen. Bis zu diesem Zeitpunkt ist das Vergleichseinkommen ungekürzt anzusetzen.

63   **Derzeitiges Bruttoeinkommen:** Wir haben gesehen, dass dem Nettovergleichseinkommen zur Berechnung des Berufsschadensausgleichs ein Nettoeinkommen gegenübergestellt werden muss, **das sich aus dem derzeitigen Bruttoeinkommen des Beschädigten ableitet.** Wie das derzeitige Bruttoeinkommen zu bestimmen ist, ist in § 9 der BSchAV geregelt. Anzurechnen ist das Bruttoeinkommen aus gegenwärtiger oder früherer Tätigkeit. Als derzeitiges Bruttoeinkommen gelten alle Einnahmen in Geld oder Geldeswert aus einer früheren oder gegenwärtigen unselbstständigen Tätigkeit, **der Wert der eigenen Arbeitsleistung** in einer gegenwärtigen selbstständigen Tätigkeit und Einnahmen aus einer früheren selbstständigen Tätigkeit, soweit das BVG und die Verordnung nichts anderes bestimmen. Als Wert der eigenen Arbeitsleistung ist das Arbeitsentgelt zu berücksichtigen, das einem Arbeitnehmer in vergleichbarer Stellung zu zahlen wäre.

Bei der Berechnung des beruflichen Schadens ist es konsequent, andere, nicht aus dem Erwerbsleben stammende Einkünfte, nicht zu berücksichtigen, da diese den beruflichen Schaden nicht ausgleichen. Die Verordnung bestimmt daher, dass nur Einkünfte aus einer **gegenwärtigen oder früheren selbstständigen oder unselbstständigen Tätigkeit** angerechnet werden dürfen.

64   **Gegenwärtige Erwerbstätigkeit:** Auf den Gewinn kann zur Ermittlung des derzeitigen Bruttoeinkommens bei Selbstständigen nicht zurückgegriffen werden, weil die **Höhe des Gewinns** wesentlich von anderen Faktoren, zum Beispiel dem eingesetzten Kapital und den beschäftigten Fremdarbeitskräften abhängt. Im Gewinn spiegelt sich der erlittene berufliche Schaden nur verzerrt wieder und deshalb müssen bei der Feststellung des Berufsschadensausgleichs die verzerrenden Faktoren unberücksichtigt bleiben. Der Gesetzgeber hat daher festgelegt, bei selbstständig Tätigen an den Wert der eigenen Arbeitsleistung anzuknüpfen.

Zur Ermittlung des Wertes der eigenen Arbeitsleistung werden nicht die Vergleichseinkommen nach § 5 der Verordnung angesetzt, weil diese sich an einem zu sehr pauschalierten Maßstab orientieren, sondern es sollen möglichst individuelle, auf den Einzelfall bezogene Feststellungen zugrunde gelegt werden. Daher bestimmt die Verordnung, dass als Wert der eigenen Arbeitsleistung das Arbeitsentgelt zu berücksichtigen ist, das einem Arbeitnehmer in vergleichbarer Stellung zu zahlen wäre. Bei der Ermittlung des Wertes der Arbeitsleistung müssen wertmindernd die schädigungsbedingten Gesundheitsstörungen berücksichtigt werden. Ist die Leistungsfähigkeit schädigungsbedingt gemindert, muss der Wert der eigenen Arbeitsleistung entsprechend dieser Einschränkung herabgesetzt werden. Die Höhe des GdS ist dabei kein Maßstab, sondern es muss individuell festgestellt werden, in welchem Umfang die eigene Arbeitskraft nicht mehr eingesetzt werden kann.

Zu den Einnahmen aus früherer unselbstständiger oder selbst- **65** ständiger Tätigkeit gehören insbesondere:

- Wartegelder, Ruhegelder und andere Bezüge und Vorteile aus früheren Dienstleistungen,
- Renten aus den gesetzlichen Rentenversicherungen, mit Ausnahme des Rentenanteils, der auf freiwilligen Beiträgen beruht, die der Beschäftigte nicht – auch nicht mittelbar – aus Einkünften aus einer Erwerbstätigkeit entrichtet hat,
- Einnahmen aus Vermögen, das der Beschädigte mit Einkünften aus einer Erwerbstätigkeit geschaffen hat, um sich nach dem Ausscheiden aus dem Erwerbsleben den Lebensunterhalt zu sichern,
- laufende Versorgungsleistungen einer berufsständischen Organisation, die Altersrente, die Rente wegen Erwerbsminderung und die Landabgaberente nach dem Gesetz über die Alterssicherung der Landwirte,
- Renten aus der gesetzlichen Unfallversicherung und Renten aufgrund von Schadensersatzansprüchen wegen entgangenen Arbeitsverdienstes,
- Renten nach dem Bundesentschädigungsgesetz wegen eines Schadens im beruflichen und wirtschaftlichen Fortkommen,
- wiederkehrende Leistungen aufgrund des Gesetzes zur Regelung der Wiedergutmachung nationalsozialistischen Unrechts für Angehörige des öffentlichen Dienstes.

Der Begriff **„Vermögen"** ist nicht eng zu verstehen, er umfasst **66** alle denkbaren Anlageformen, wie zum Beispiel Kapitalvermögen oder Haus- und Grundbesitz. Der Zweck der Anlage muss jedoch gewesen sein, sich nach dem Ausscheiden aus dem Erwerbsleben den Lebensunterhalt zu sichern. Es wird also nicht jede zusätzliche

Art von Alterseinkommen angerechnet, sondern nur das typische Erwerbsersatzeinkommen soll berücksichtigt werden.

Hat der Beschädigte an Stelle der oben genannten Leistungen eine **Kapitalentschädigung** erhalten, so gilt als derzeitiges Bruttoeinkommen ein Betrag in Höhe des der Kapitalentschädigung zugrunde gelegten Rentenbetrages.

67   **Einkommensmindernde Verfügungen:** Hat der Beschädigte **ohne verständigen Grund** über Einkünfte aus gegenwärtiger oder früherer Erwerbstätigkeit in einer Weise verfügt, dass dadurch sein bei der Feststellung des Einkommensverlustes zu berücksichtigendes Einkommen gemindert wird, ist bei der Feststellung des Einkommensverlustes der Betrag als Einkommen anzusetzen, den der Beschädigte **ohne die einkommensmindernde Verfügung** erzielen könnte. Dies gilt auch, wenn der Beschädigte Ansprüche auf Leistungen der oben genannten Art nicht geltend macht oder gemacht hat. Durch diese Regelung soll sichergestellt werden, dass nur derjenige Beschädigte einen Berufsschadensausgleich erhält, der sich redlich bemüht, seine Arbeitskraft in zumutbarem Umfang einzusetzen.

68   **Nicht zu berücksichtigende Einkünfte:** Auch bei der Berechnung des Berufsschadensausgleichs bleiben bestimmte Einkünfte, die in § 2 Abs. 1 der Ausgleichsrentenverordnung genannt sind, anrechnungsfrei. Nach § 10 BSchAV bleiben sowohl bei Weihnachts- und Neujahrsgratifikationen als auch beim Urlaubsgeld jeweils bis zu $1/12$ des jährlichen Einkommens unberücksichtigt. Werden bei der Ermittlung des Vergleichseinkommens Durchschnittseinkünfte des öffentlichen Dienstes zugrunde gelegt, so sind Erhöhungen des Ortszuschlages, die mit Rücksicht auf Kinder gezahlt werden, sowie die entsprechenden Leistungen für Arbeitnehmer im öffentlichen Dienst **nicht als Einkünfte** zu berücksichtigen. Diese Korrektur ist beim Durchschnittseinkommen erforderlich, um gegenüber den Vergleichseinkommen, bei denen diese Werte ebenfalls nicht erfasst sind, auf die richtige Vergleichsgröße abstellen zu können.

Bei der Berechnung des **Nettoberufsschadensausgleichs** sind die gezahlte **Ausgleichsrente** und der Ehegattenzuschlag mit in die Berechnung einzubeziehen, weil auch sie dem Zweck dienen, den Lebensunterhalt zu bestreiten. Sie sind damit geeignet, einen Teil des beruflichen Schadens auszugleichen. Dies gilt auch für die Fälle, in denen **Pflegezulageempfängern** mindestens die Hälfte der vollen Ausgleichsrente und Empfängern einer Pflegezulage von mindestens Stufe III die volle Ausgleichsrente zusteht (vgl. § 33 Abs. 4).

Berechnung des Nettoberufsschadensausgleichs: Zusam- **69** menfassend müssen folgende Voraussetzungen für die Gewährung eines Nettoberufsschadensausgleichs vorliegen:
- rentenberechtigte Beschädigte,
- gemindertes Einkommen aus gegenwärtiger oder
- früherer Erwerbstätigkeit,
- Anwendung des § 30 Abs. 2 BVG.

Wie oben dargestellt, berechnet sich der Nettoeinkommensverlust und damit der **Nettoberufsschadensausgleich** aus folgenden Elementen:
- Nettovergleichseinkommen,
- derzeitiges Nettoeinkommen zuzüglich:
  - gezahlter Ausgleichsrente und
  - gezahlter Ehegattenzuschlag.

Das Bruttovergleichseinkommen wird bei Erwerbstätigkeiten entsprechend der steuerlichen Progression in einem abgestuften Verfahren in ein Nettovergleichseinkommen umgerechnet (vgl. die nachfolgende Berechnung). Hierbei handelt es sich ebenfalls um ein pauschaliertes Verfahren, so dass das Ergebnis dieser Berechnung nicht übereinstimmen muss mit dem tatsächlichen Netto des Betroffenen.

Da die Renten aus der Rentenversicherung mit Abzügen belas- **70** tet sind, sind diese bei der Berechnung des Nettoeinkommens zu berücksichtigen. Es werden daher **der halbe Krankenversicherungsbeitrag und der Beitrag zur Pflegeversicherung** abgesetzt. Sonstige Geldleistungen von Leistungsträgern werden mit dem Nettobetrag berücksichtigt, von den übrigen Bruttoeinkünften werden der Kranken- und der Pflegeversicherungsbeitrag abgezogen und zusätzlich 19% des 562,00 € übersteigenden Betrages. Für kinderlose Versicherte ist der Beitragszuschlag zur Pflegeversicherung von 0,25% nach dem Kinderberücksichtigungsgesetz zusätzlich abzuziehen.

Mit dem Verwaltungsvereinfachungsgesetz v. 21. 3. 2005 hat der Gesetzgeber § 30 Abs. 8 S. 1 BVG so geändert, dass bei Rentnern der gesetzlichen Rentenversicherung der neben dem allgemeinen Beitragssatz eingeführte zusätzliche Beitragssatz in Höhe von 0,9% nach § 241a SGB V nicht mit abgezogen wird. Die Beibehaltung des durchschnittlichen allgemeinen Beitragssatzes dient der Verwaltungsvereinfachung, da nur so vermieden werden kann, dass neben dem turnusmäßigen Anpassungstermin, bei dem jeweils auch der

Berufsschadensausgleich neu zu berechnen ist, dieser zusätzlich neu berechnet werden müsste, wenn sich zu einem anderen Termin die Beitragssätze verändern. Eine solche Festlegung ist im Rahmen des ohnehin bestehenden pauschalierten Systems hinnehmbar.

71   **Beispiel:** A, geboren 1985, unverheiratet, war vor der Gewalttat, bei der er eine Nervenlähmung am rechten Unterarm erlitten hat (GdS 30), als angelernter Maurer im Baugewerbe tätig. Diesen Beruf kann er nicht mehr ausüben. Er ist jetzt als Gabelstaplerfahrer in der Lederherstellung tätig. Sein Bruttoeinkommen beträgt 1896 €.

Ausgleichsrente und Ehegattenzuschlag stehen ihm bei der Höhe des GdS nicht zu.

Bei der Berechnung des Berufsschadensausgleichs wird das Nettovergleichseinkommen nach § 30 Abs. 7 BVG in ein Bruttovergleichseinkommen umgewandelt. Es wird unterschieden nach Rentnern und Erwerbstätigen. Außerdem wird zwischen verheirateten und unverheirateten Erwerbstätigen differenziert.

Abzüge vom Bruttovergleichseinkommen:

Erwerbstätige					Rentner
verheiratet		unverheiratet			
bis 716 €	18%	bis 460 €	18%		50%
717–1790 €	36%	461–1380 €	40%		
Über 1790 €	40%	Über 1380 €	49%		

- Das Bruttoeinkommen aus gegenwärtiger Erwerbstätigkeit wird umgewandelt in ein Nettoeinkommen entsprechend Abs. 7 (s. o.).
- Renten aus der gesetzlichen Rentenversicherung sowie Renten wegen Alters, Renten wegen verminderter Erwerbsfähigkeit und Landabgaberenten nach dem Gesetz über die Alterssicherung der Landwirte werden durch Abzug des halben Krankenversicherungsbeitrags und des vollen Beitrags zur Pflegeversicherung in einen Nettobetrag umgewandelt.
- Sonstige Geldleistungen von Leistungsträgern nach dem SGB werden mit dem Nettobetrag angesetzt.
- Übriges Bruttoeinkommen, z.B. Zusatzrenten werden umgewandelt in einen Nettobetrag durch Abzug des vollen Kranken- und Pflegeversicherungsbeitrags. Bei Kinderlosen wird ein Zuschlag von 0,25% zusätzlich abgezogen. Zusätzlich wird der 562 € übersteigenden Betrag um 19% gemindert.

Der Unterschied zwischen den beiden Beträgen ist der Netto-BSA.

Berechnung: 72

Bruttovergleichseinkommen als angelernter Maurer, Tabelle 1, Arbeiter, Leistungsgruppe 4, Baugewerbe		2373,00 €	
Minderung um (als Unverheirateter):			
Bis 460 € = 18%	82,80 €		
460 – 1380 € =40%	368,00 €		
Über 1381 € (2355 – 1381 = 974) 49%	486,08 €		
Minderung insgesamt	936,86 €	936,86 €	
Nettovergleichseinkommen		1436,14 €	
Abgerundet nach § 13 BSchAV		**1437,00 €**	**1437,00 €**
Bruttoeinkommen aus gegenwärtiger Erwerbstätigkeit		1896,00 €	
Minderung um:			
Bis 460 € = 18%	82,80 €		
460 – 1380 € = 40%	368,00 €		
über 1380 € (1896 – 1381 = 515 € = 49%	252,35 €		
Minderung zusammen	703,15 €	703,15 €	
Nettoeinkommen		1192,85 €	**1192,85 €**
Nettovergleichseinkommen abzüglich Nettoeinkommen			244,15 €
aufgerundet nach VV Nr. 1 zu § 66 BVG			245,00 €
Netto BSA			**245,00 €**

Nachschadensfälle: Das berufliche Einkommen kann sich nicht   **73** nur durch schädigungsbedingte Ereignisse verringern, sondern auch schädigungsunabhängige Faktoren können zu einem Einkommensverlust führen. Dies ist z.B. dann der Fall, wenn ein Geschädigter nach dem OEG, der seinen erlernten Beruf wegen der Schädigung aufgeben musste und in einem neuen Beruf arbeitet, schädigungsunabhängig diesen Beruf aus gesundheitlichen Gründen aufgeben muss. Für dieses Problem hat der Gesetzgeber in § 30 Abs. 11 BVG eine Lösung gefunden. Wird durch **nachträgliche schädigungsunabhängige Einwirkungen oder Ereignisse**, insbesondere durch das hinzutreten einer schädigungsunabhängigen Gesundheitsstörung, das Bruttoeinkommen aus gegenwärtiger Tätigkeit voraussichtlich auf Dauer gemindert (Nachschaden), gilt stattdessen als Einkommen das Durchschnittseinkommen der Berufs- oder Wirtschaftsgruppe, der der oder die Beschädigte ohne den Nachschaden angehören würde. Arbeitslosigkeit oder altersbedingtes Ausscheiden aus dem Erwerbsleben gelten grundsätzlich nicht als Nachschaden.

Bei der Berechnung von Nachschadensfällen wird auf diese Weise ein tatsächlich erzieltes Bruttoeinkommen durch ein fiktives Bruttoeinkommen bei der Berechnung des Berufsschadensausgleichs ersetzt. Dem pauschalierten Vergleichseinkommen wird ein pauschaliertes Durchschnittseinkommen i. S. d. Abs. 11 gegenübergestellt. Zur Berechnung des Nettoschadens wird dieses Durchschnittseinkommen noch einmal auf pauschalierte Art und Weise in ein Nettodurchschnittseinkommen umgewandelt. In § 7 a BSchAV wird bestimmt, auf welche Art und Weise das Durchschnittseinkommen zu ermitteln ist. Als Durchschnittseinkommen in gilt danach grundsätzlich der nach § 30 Abs. 5 S. 6 BVG für die Berufs- oder Wirtschaftsgruppe, der der Beschädigte ohne den **Nachschaden** angehören würde, als Vergleichseinkommen bekanntgemachte Betrag. Die Einstufung in die jeweilige Berufs- oder Wirtschaftsgruppe richtet sich nach den gleichen Kriterien, die für die Fälle ohne Nachschaden gelten (§§ 3 bis 7 BSchAV).

74 **Weitere Sonderregelungen:** Abs. 11 und die BSchAV enthalten weitere Sonderregelungen für den Fall, dass ein weiterer schädigungsbedingter Einkommensverlust nach Eintritt des Nachschadens hingenommen werden muss. Außerdem enthält § 7 Abs. 2 BSchAV eine Regelung für das Durchschnittseinkommen, wenn der Beschädigte schädigungsbedingt in seinem Beruf vor Eintritt des Nachschadens ein niedrigeres Einkommen erzielt hat.

Es ist auch zu beachten, dass es Fälle gibt, in denen das vorher erzielte Erwerbseinkommen niedriger ist als das festgestellte Durchschnittseinkommen. In diesen Fällen wird der Unterschiedsbetrag vom Durchschnittseinkommen abgezogen. Damit wird erreicht, dass der Beschädigte durch die Nachschadensregelung keinen geringeren Berufsschadensausgleich erhält. Der Unterschiedsbetrag ist jedoch vom Zeitpunkt der folgenden Anpassung an **jeweils um ein Viertel** zu mindern. Dadurch wird der vom Verordnungsgeber zugebilligte Besitzstand innerhalb eines Vierjahreszeitraums auf Null reduziert.

Rentenberufsschadensausgleich: In Berufsschadensausgleichs- **75** fällen können dann Probleme auftreten, wenn beim Ausscheiden aus dem Erwerbsleben eine schädigungsbedingt geringere Rente gezahlt wird, weil in der Vergangenheit Zeiträume abgelaufen sind, in denen der Beschädigte schädigungsbedingt nur niedrige Rentenbeiträge zahlen konnte. Für diese Fälle und für die Fallkonstellation, in denen der Beschädigte beim Ausscheiden aus dem Erwerbsleben keinen BSA bezieht, seine Rente aber gemindert ist, weil das Erwerbseinkommen **in einem in der Vergangenheit liegenden Zeitraum**, der nicht mehr als die Hälfte des Erwerbslebens umfasst, schädigungsbedingt gemindert war, hat der Gesetzgeber den Rentenberufsschadensausgleich nach § 30 Abs. 4 S. 3 BVG geschaffen.

In diesen Fällen wird das Ausmaß der Minderung ermittelt, indem der Rentenberechnung Entgeltpunkte zugrunde gelegt werden, die sich ohne Berücksichtigung der Zeiten ergeben, in denen das Erwerbseinkommen des Beschädigten schädigungsbedingt gemindert ist. Der **Berechnungsvorgang** ergibt sich aus dem Rd-Schr. des **BMA** v. 15. 10. 1980 (BVBl. 1980 S. 6 und v. 21. 1. 1982 BVBl. 1982 S. 31). Für die schädigungsbedingt beeinträchtigten Zeiten werden die niedrigeren persönlichen Entgeltpunkte aus der Rentenberechnung herausgenommen und durch die höheren Entgeltpunkte ersetzt, die sich aus dem Durchschnitt der Zeiten ohne schädigungsbedingte Rentenbeeinträchtigung ergeben. Nachdem auf diese Art und Weise die Entgeltpunktlücke gefüllt worden ist, wird die Rente neu berechnet. Der **Unterschiedsbetrag** zu der niedrigeren bisher gezahlten Rente ist dann der **Nettoeinkommensverlust**. Die Berechnung eines Einkommensverlustes auf die beschriebene Art und Weise kommt nach § 30 Abs. 9 BVG nur dann in Betracht, wenn die Zeiten des Erwerbslebens, in denen das Erwerbseinkommen nicht schädigungsbedingt gemindert war, von einem gesetzlichen oder einem gleichwertigen Alterssicherungssystem erfasst waren, weil nur dann die Vergleichsberechnung zu plausiblen Ergebnissen führen kann. Nach der Gesetzessystematik kommt dann nur ein Bruttoberufsschadensausgleich in Betracht, obwohl nach § 30 Abs. 10 BVG für Anträge nach dem 21. 12. 2007 nur die Nettoberechnung zugelassen ist. Hier bedarf es noch einer entsprechenden gesetzlichen Klarstellung.

76 **Haushaltsberufsschadensausgleich:** Rentenberechtigte Beschädigte, die einen gemeinsamen Haushalt mit ihrem Ehegatten oder Lebenspartner, einem Verwandten oder einem Stief- oder Pflegekind führen oder ohne die Schädigung zu führen hätten, erhalten als Berufsschadensausgleich einen Betrag in Höhe der Hälfte der wegen der Folgen der Schädigung notwendigen **Mehraufwendungen bei der Führung des gemeinsamen Haushalts.** Durch diese Regelung werden Männer und Frauen gleich behandelt. Die Abgeltung von nur 50% der Mehraufwendungen ist darin begründet, dass die Haushaltsführung im Rahmen der Vorschriften über den Berufsschadensausgleich nur insoweit wie eine berufliche Tätigkeit gewertet werden kann, wie sie sich auf die anderen Angehörigen des gemeinsamen Haushalts bezieht. Beeinträchtigungen, die sich bei der auf die eigene Person des Beschädigten bezogenen Haushaltsführung ergeben, werden durch die **Grundrente** ausgeglichen.

77 **Pflegezulage. Allgemeines:** Mit der Grundrente nach dem OEG soll ein materieller Schaden des Beschädigten ausgeglichen werden, mit der Ausgleichsrente soll eine gewisse wirtschaftliche Absicherung des Opfers sichergestellt werden, mit dem Berufsschadensausgleich wird der berufliche Schaden abgegolten und mit dem Anspruch auf Heilbehandlung wird die gesundheitliche Wiederherstellung des Opfers gewährleistet. Trotz dieser schon umfassenden sozialen Absicherung des OEG-Opfers gibt es Situationen, in denen der Beschädigte mit den genannten Leistungen den eingetretenen Schaden nicht abdecken kann. Dies ist dann der Fall, wenn der Beschädigte **infolge der Schädigung** hilflos und daher auf fremde Pflege angewiesen ist. Es wird dann eine Pflegezulage (Stufe 1) in Höhe von monatlich 272 € (Stand: Juli 2009) gezahlt. Hilflos sind Beschädigte, wenn sie für eine Reihe von oft und regelmäßig wiederkehrenden Verrichtungen zur Sicherung ihrer persönlichen Existenz im Ablauf eines jeden Tages fremder Hilfe bedürfen. Diese Voraussetzungen sind auch erfüllt, wenn die Hilfe in Form einer Überwachung oder Anleitung zu den Verrichtungen erforderlich ist oder wenn die Hilfe zwar nicht dauernd geleistet werden muss, jedoch eine **ständige Bereitschaft zur Hilfeleistung** erforderlich ist. Zu diesen Verrichtungen gehören insbesondere An- und Auskleiden, Nahrungsaufnahme, Körperpflege, Verrichten der Notdurft. Außerdem sind notwendige körperliche Bewegung und geistige Anregung zu berücksichtigen. Die Leistungen des § 35 gehen weiter als die der Pflegeversicherung, die lediglich eine Grundpflege absichern.

Anders als in der Pflegeversicherung müssen bei der Beurteilung, **78** ob Pflegezulage gewährt werden kann, **Hausarbeiten** außer Betracht bleiben, weil sie nicht unmittelbar mit der Pflege und Wart des Beschädigten in Zusammenhang stehen. Insoweit sind die Voraussetzungen enger als in der Pflegeversicherung. Ob ein Zustand der Hilflosigkeit besteht, ist eine Frage des Tatbestandes, der nicht allein nach dem medizinischen Befund beurteilt werden kann. Diese Frage ist vielmehr unter Berücksichtigung aller in Betracht kommenden Umstände des Einzelfalls zu entscheiden, wobei auch von Bedeutung sein kann, welche Belastungen den Behinderten nach Art und Ausdehnung des Leidens zugemutet werden dürfen.

Stufen der Pflegezulage: Ist die Gesundheitsstörung so schwer, **79** dass sie dauerndes Krankenlager oder dauernd außergewöhnliche Pflege erfordert, so ist die die Pflegezulage je nach Lage des Falles unter Berücksichtigung des Umfangs der notwendigen Pflege auf 466 €, 661 €, 849 €, 1104 € oder 1357 € (Stufen 2, 3, 4, 5 und 6) zu erhöhen.

Da es nach der gesetzlichen Formulierung auf den **„Umfang der notwendigen Pflege"** ankommt, ist klargestellt, dass es nicht auf die Höhe der geldlichen Aufwendungen für die Pflege ankommt, sondern dass der zeitliche Umfang der Pflege das entscheidende Kriterium ist.

Ein außergewöhnliches Pflegebedürfnis liegt vor, wenn der Aufwand an Pflege etwa in gleichem Umfang wie bei dauerndem Krankenlager eines Beschädigten notwendig ist. Dauerndes Krankenlager setzt nicht voraus, dass der Beschädigte das Bett überhaupt nicht verlassen kann (vgl. Versorgungsmedizin-Verordnung Teil A Nr. 4 g).

Blinde erhalten mindestens die Pflegezulage nach Stufe 3. Hirnbeschädigte mit einem GdS von 100 erhalten mindestens eine Pflegezulage nach Stufe 1.

Kausalität: Bei der Beurteilung der Frage, ob eine schädigungs- **80** bedingte Hilflosigkeit im Sinne des § 35 Abs. 1 BVG vorliegt, gilt ebenfalls die Theorie der wesentlichen Bedingung. Wird durch eine schädigungsunabhängige Gesundheitsstörung im **Zusammenwirken** mit Schädigungsfolgen ein Zustand der Hilflosigkeit begründet oder dessen Ausmaß verändert, so sind hierfür die Schädigungsfolgen ursächlich im Rechtssinn, wenn sie in ihrer Bedeutung und Tragweite für den jeweiligen Zustand der Hilflosigkeit annähernd gleichwertig sind.

Erhöhung der Pflegezulage nach § 35 Abs. 2 BVG: Wie **81** zu Abs. 1 schon dargestellt, wird mit den Leistungen des § 35 Aufwendungsersatz geleistet. Dies wird in Abs. 2 besonders deutlich, da hier geregelt ist, welche Leistungen zustehen, wenn fremde Hilfe i. S. d. Abs. 1 von Dritten aufgrund eines Arbeitsvertrages erbracht wird und die dabei entstehenden angemessenen Kosten den Betrag der pauschalen Pflegezulage nach Abs. 1 übersteigen. In diesen Fällen wird der die pauschale Pflegezulage übersteigende Betrag erstattet. Hinsichtlich der Höhe einer angemessenen Vergütung einer zu bezahlenden Fremdpflegekraft kann auf die Stundenvergütungen der karitativen Verbände für Pflegekräfte zurückgegriffen werden. Da von dem Pflegebedürftigen mit der Pflegekraft ein **Arbeitsverhältnis** zu begründen ist, sind auch Urlaubsgeld, Sonderzuwendungen, Erholungsurlaub, Überstundenzuschläge, Sozialversicherungspflicht der Pflegekraft und ähnliche Leistungen zu erstatten.

82   Leben Beschädigte mit ihrem Ehegatten, Lebenspartner oder einem Elternteil in häuslicher Gemeinschaft, ist die Pflegezulage so zu erhöhen, dass sie nur ein Viertel der von ihnen aufzuwendenden angemessenen Kosten aus der pauschalen Pflegezulage zu zahlen haben und ihnen **mindestens die Hälfte** der pauschalen Pflegezulage verbleibt. In Ausnahmefällen kann der verbleibende Anteil bis zum vollen Betrag der pauschalen Pflegezulage erhöht werden, wenn Ehegatten, Lebenspartner oder ein Elternteil von Pflegezulageempfängern mindestens der Stufe 5 neben den Dritten in außergewöhnlichem Umfang zusätzliche Hilfe leisten. Diese Regelung trägt der Tatsache Rechnung, dass das persönliche Umfeld häufig in nicht unerheblichem Umfang Pflegeleistungen erbringt, die finanziell nicht anerkannt würden.

Da der zu Pflegende fremder Pflege auch bedarf, wenn seine arbeitsvertraglich beschäftigte Pflegekraft ihren Anspruch auf **Erholungsurlaub** nimmt oder sie erkrankt ist, ist die Pflegezulage für jeweils höchstens sechs Wochen über die oben angegebene Regelung hinaus so zu erhöhen, dass dem Beschädigten die pauschale Pflegezulage in derselben Höhe wie vor der vorübergehenden Entstehung der Kosten verbleibt.

83   **Pflegezulage bei Krankenhausbehandlung:** Während einer stationären Behandlung wird die Pflegezulage den Empfängern von Pflegezulage nach den Stufen 1 und 2 bis zum Ende des ersten, den übrigen Empfängern von Pflegezulage bis zum Ablauf des 12. auf die Aufnahme folgenden Kalendermonats weiter gezahlt. Mit dieser Regelung wird der Tatsache Rechnung getragen, dass die Pflegeleistungen grundsätzlich im Krankenhaus erbracht werden, aber die **Kosten für die Fremdpflege** bei kurzzeitiger Unterbringung von dem Beschädigten weiter zu zahlen sind. In den Abs. 4 und 5 sind

weitere Fallgestaltungen, die sich bei einem Krankenhausaufenthalt ergeben können, angesprochen. Trifft die Pflegebedürftigkeit i. S. d. § 35 BVG gleichzeitig mit der Notwendigkeit stationärer Behandlung oder während einer stationären Behandlung ein, besteht für die Zeit **vor dem Kalendermonat der Entlassung** kein Anspruch auf Pflegezulage. Für diese Zeit wird eine Pflegebeihilfe in Höhe eines Viertels der pauschalen Pflegezulage nach Stufe 1 gezahlt, wenn Beschädigte mit ihrem Ehegatten, Lebenspartner oder einem Elternteil in häuslicher Gemeinschaft leben. Soweit eine stärkere Beteiligung der Ehegatten, Lebenspartner oder eines Elternteils oder die Beteiligung einer Person, die dem Beschädigten nahe steht, an der Pflege medizinisch erforderlich ist, kann in begründeten Ausnahmefällen eine Pflegebeihilfe bis zur Höhe der pauschalen Pflegezulage nach Stufe 1 gezahlt werden.

Heimunterbringung: Für Beschädigte, die infolge der Schädi-   **84** gung dauernder Pflege i. S. d. Abs. 1 bedürfen, werden, wenn geeignete Pflege sonst nicht sichergestellt werden kann, die Kosten der nicht nur vorübergehenden Heimpflege, soweit sie Unterkunft, Verpflegung und Betreuung einschließlich notwendiger Pflege umfassen, unter **Anrechnung auf die Versorgungsbezüge** übernommen. Die nach dem Bundesversorgungsgesetz zu tragenden Heimpflegekosten umfassen nur die in Folge der Schädigung notwendige Pflege (BSG v. 10. 12. 2003, BSGE 92, 42). Die Kosten der Unterbringung müssen dem Gebot der Wirtschaftlichkeit und Angemessenheit entsprechen. Die Unterbringung in einem **Einzelzimmer** wird jedoch übernommen.

Den Beschädigten verbleibt von ihren Versorgungsbezügen zur Bestreitung der sonstigen Bedürfnisse ein Betrag in Höhe der Beschädigtengrundrente nach einem Grad der Schädigungsfolgen von 100. Der Betrag wird nicht nur für persönliche, sondern auch für alle Bedürfnisse zur Verfügung gestellt, die von den Heimkosten nicht abgedeckt werden. Den Angehörigen wird ein Betrag **mindestens in Höhe der Hinterbliebenenbezüge** gezahlt, die ihnen zustehen würden, wenn der Beschädigte an den Folgen der Schädigung gestorben wäre. Bei der Berechnung der Bezüge der Angehörigen ist auch das Einkommen der Beschädigten zu berücksichtigen, soweit es nicht ausnahmsweise für andere Zwecke, insbesondere die Erfüllung anderer Unterhaltspflichten, einzusetzen ist.

Bestattungsgeld: Beim Tod eines rentenberechtigten Beschä-   **85** digten wird ein Bestattungsgeld gewährt. Es beträgt 1560,00 € (Stand: Juli 2009), wenn der Tod die Folge einer Schädigung ist, sonst 781,00 €. Der Tod gilt stets dann als Folge einer Schädigung, wenn ein Geschädigter an einem Leiden starb, das als Folge einer Schädigung **rechtsverbindlich** anerkannt und für das ihm im Zeitpunkt des Todes Rente zuerkannt war (§ 35 BVG). Im Gegensatz zum Recht der Rentenversicherung wird im Recht der sozialen Entschädigung noch ein Bestattungsgeld gezahlt. Bei den tatsächlich in einem Sterbefall entstehenden Kosten kann das Bestattungsgeld jedoch nur **einen Beitrag zur Mitfinanzierung** leisten. Die Regelungen des Abs. 2 sind daher eher theoretischer Natur. Sie geben jedoch vor, dass ein Nachweis über die Höhe der Kosten geführt werden muss.

Das BSG hat schon 1961 entschieden (BSGE 14, 99), dass aus der Entscheidung über das höhere Sterbegeld nach § 36 Abs. 1 S. 2 BVG keine Bindungswirkung auf die später zu fällende Entscheidung zur Witwenrente nach § 38 BVG erwächst. Es fehlt insoweit an der Identität der Leistungsempfänger, da das Bestattungsgeld nicht nur an die Witwe gezahlt werden kann.

Eine aufgrund anderer gesetzlicher Vorschriften für denselben Zweck zu gewährende Leistung ist auf das Bestattungsgeld anzurechnen.

Zusätzlich zu den Beerdigungskosten können auch noch Kosten für eine Leichenüberführung übernommen werden. Abs. 5 regelt daher die Kostenübernahme für eine Leichenrückführung, wenn ein Geschädigter an den Folgen einer Schädigung außerhalb seines **ständigen Wohnsitzes** verstorben ist. Ist der Tod während eines Aufenthalts im Ausland eingetreten, besteht kein Rechtsanspruch, es kann jedoch eine Beihilfe gewährt werden.

86   **Sterbegeld:** Beim Tode eines Beschädigten ist ein Sterbegeld in Höhe des Dreifachen der Versorgungsbezüge zu zahlen, die ihm für den Sterbemonat nach den §§ 30 bis 33, 34 und 35 BVG zustanden, Pflegezulage jedoch höchstens nach der Stufe 2. Das Sterbegeld dient dazu, den Angehörigen des Verstorbenen die einkommensmäßigen Veränderungen nach dem Tode des Beschädigten und ihre meist negativen **Auswirkungen auf das Einkommen** für einen Übergangszeitraum zu erleichtern. Für den § 37 BVG kommt es nicht darauf an, ob der Beschädigte an den Folgen der Schädigung verstorben ist. Aus der Formulierung „zustehen" ergibt sich, dass ein Ruhen der Versorgungsbezüge (§ 65 BVG) außer Betracht bleibt.

Anspruchsberechtigt ist der gleiche Personenkreis, wie er in § 36 Abs. 2 S. 3 BVG beschrieben ist (der Ehegatte, der Lebenspartner, die Kinder, die Eltern, die Stiefeltern, die Pflegeeltern, die Enkel, die Großeltern, die Geschwister und die Geschwisterkinder). Hat der Verstorbene mit keiner dieser Personen in häuslicher Gemein-

schaft gelebt, so ist das Sterbegeld nach der gleichen Rangfolge dem
zu zahlen, der **den Verstorbenen unterhalten hat**. Sind Anspruchsberechtigte im Sinne des Abs. 2 nicht vorhanden, kann das
Sterbegeld dem gezahlt werden, der die Kosten der letzten Krankheit oder der Bestattung getragen hat oder den Verstorbenen bis zu
seinem Tod gepflegt hat (Abs. 2 S. 2 und Abs. 3). Dem Personenkreis des § 37 Abs. 3 BVG ist das Sterbegeld nur zu zahlen, wenn
ein **wirtschaftlicher Ausgleich** angezeigt ist.

4. Hinterbliebenenversorgung

Übersicht

Allgemeines: Die Hinterbliebenen eines Geschädigten erhalten **1**
auf Antrag Versorgung in entsprechender Anwendung der Vorschriften des Bundesversorgungsgesetzes. Die in den Abs. 5 bis 7
des § 1 OEG genannten Maßnahmen sowie § 10 S. 3 OEG sind anzuwenden (vgl. dazu § 1 Rn. 66–73 und § 10 Rn. 4–7). Die Wit-
weneigenschaft setzt voraus, dass die Witwe in rechtsgültiger Ehe
mit dem Beschädigten gelebt hat. Ob dies der Fall war, beurteilt
sich nach eherechtlichen Vorschriften; bei den **Lebenspartnerschaften** nach dem Gesetz über die Lebenspartnerschaften. Der

Witwe i. S. d. § 38 Abs. 1 BVG ist der Witwer nach § 43 BVG gleichgestellt. Für **Gewalttaten, die im Ausland erlitten worden sind**, gilt nach § 3a Abs. 8 OEG auch die Vorschrift des § 38 BVG, jedoch mit Ausnahme der Verwandten in aufsteigender Linie (z. B. Eltern). Lebenspartnerschaften sind also auch hier einbezogen.

Es handelt sich um einen abgeleiteten Anspruch, der dann besteht, wenn in der Person des Verstorbenen ein Schädigungstatbestand erfüllt war. Liegt ein solcher vor und ist der Geschädigte an den **Folgen einer Schädigung** verstorben, so erhalten die Hinterbliebenen Versorgung nach § 38 BVG, unabhängig von der Frage, ob der Verstorbene voraussichtlich auf Dauer Unterhalt hätte leisten können. Weder das OEG noch das BVG machen die Grundversorgung von einer im Einzelfall konkret nachgewiesenen wirtschaftlichen Notlage abhängig.

2   Partner einer eheähnlichen Gemeinschaft erhalten Leistungen in entsprechender Anwendung der §§ 40, 40a und 41 des Bundesversorgungsgesetzes, sofern ein Partner an den Schädigungsfolgen verstorben ist und der andere unter Verzicht auf eine Erwerbstätigkeit die **Betreuung eines gemeinschaftlichen Kindes** ausübt; dieser Anspruch ist auf die ersten drei Lebensjahre des Kindes beschränkt. Hinsichtlich ihrer zeitlichen Regelung orientiert sich diese Bestimmung am früheren § 1615 Abs. 1 BGB, für die Höhe des Schadens am nichtehelichen Betreuungsunterhalt. Es müssen also folgende Voraussetzungen vorliegen:

- eine Lebensgemeinschaft zwischen einem Mann und einer Frau,
- die auf Dauer angelegt ist,
- daneben keine weitere Lebensgemeinschaft gleicher Art zulässt und
- sich durch innere Bindungen auszeichnet, die ein gegenseitiges Einstehen der Partner für einander begründen, also über die Beziehungen in einer reinen Haushalts- und Wirtschaftsgemeinschaft hinausgehen.

3   Der Tod gilt stets dann als Folge einer Schädigung, wenn ein Geschädigter an einem Leiden starb, das als Folge einer Schädigung **rechtsverbindlich** anerkannt und für das ihm im Zeitpunkt des Todes Rente zuerkannt war. In Fällen, in denen der Ehemann der Witwe im unmittelbaren Anschluss an das schädigende Ereignis stirbt, bereitet die Feststellung der Todesursache keine Schwierigkeiten. Anders gestaltet sich jedoch ist die Sachlage, wenn zwischen der Schädigung und dem Tod ein langer Zeitraum verstrichen ist, in dem der Beschädigte schädigungsunabhängigen Auswirkungen ausgesetzt war, die den Tod ebenfalls herbeigeführt haben könnten.

Zur Erleichterung der Beweisführung sowie zur Vermeidung 4
nachträglich abweichender Entscheidungen über die Zusammen-
hangsfrage zwischen der Schädigung und den anerkannten Schädigungsfolgen hat der Gesetzgeber die **unwiderlegliche Rechtsvermutung des § 38 Abs. 1 BVG** aufgestellt. Der durch die
zuständige Behörde bestellte Gutachter kann sich in seiner Stellungnahme daher auf die Frage des ursächlichen Zusammenhangs zwischen Tod und anerkannter Schädigungsfolge beschränken. Wird
der ursächliche Zusammenhang zwischen dem anerkannten Versor-
gungsleiden und dem Tod unter Beachtung der Kausalitätstheorie
der wesentlichen Bedingung bejaht, so ist der Tod als Schädigungsfolge anzuerkennen.

Die Witwe oder der hinterbliebene Lebenspartner haben keinen 5
Anspruch auf Hinterbliebenenrente, wenn die Ehe oder die Lebenspartnerschaft erst **nach der Schädigung** geschlossen worden ist
und nicht mindestens ein Jahr gedauert hat, es sei denn, dass nach
den besonderen Umständen des Falles die Annahme nicht gerechtfertigt ist, dass es der alleinige oder überwiegende Zweck der Heirat
oder der Begründung der Lebenspartnerschaft war, der Witwe oder
dem hinterbliebenen Lebenspartner eine Versorgung zu verschaffen
(§ 38 Abs. 2 BVG). Diese Regelung, die einen **Missbrauch von
Versorgungsregelungen** verhindern soll, erfordert durch die zuständige Behörde Ermittlungen im Einzelfall. Schließt der Versorgungsberechtigte die Ehe, um die notwendige Pflege durch die
Ehefrau sicherzustellen, und war das Ableben des Versorgungsberechtigten nicht unmittelbar zu erwarten, so ist ein entgegenstehen-
der, auf Versorgung gerichteter Beweggrund der späteren Witwe
unbeachtlich (BSG v. 3. 9. 1986, Bereithaupt 1987, 496).

Witwengrundrente: Die Witwe oder der hinterbliebene Le- 6
benspartner erhalten eine Grundrente i. H. v. 387,00 € monatlich
(Juli 2009). Diese Grundrente wird als einkommensunabhängige
Leistung gezahlt. Sie soll einen Ausgleich für den Verlust des Ehemannes und Ernährers der Familie darstellen. Sie dient also dem
Ausgleich des materiellen Schadens und hat nicht die ideelle Funktion wie die Grundrente des Beschädigten. Allerdings wird im Bereich der Sozialhilfe (§ 82 Abs. 1 SGB XII), der Kriegsopferfürsorge
(§ 25 d Abs. 1 S. 1 BVG) und des Lastenausgleichsgesetzes (§ 267
Abs. 2 Nr. 2 a) die **Witwengrundrente nicht als Einkommen**
berücksichtigt. Sie hat damit insoweit die gleiche Funktion wie die
Beschädigtengrundrente.

Die Absenkung der Witwenversorgung im Beitrittsgebiet verstößt
nach Ansicht des BSG v. 12. 6. 2003 (SozR 4-3100 § 84 a Nr. 2)

noch nicht gegen das **Gleichbehandlungsgebot des Art 3 GG.** Diese Auffassung hat das BVerfG mit Beschl. v. 7. 1. 2005 = NJW 2005, 262 bestätigt.

7   **Witwenausgleichsrente:** Die Ausgleichsrente für Witwen verfolgt den gleichen Zweck wie die Ausgleichsrente für Beschädigte. Es soll ein Mindestmaß an wirtschaftlicher Absicherung gewährleistet werden, das über dem Sozialhilfeniveau liegt. Ausgleichsrente erhalten Witwen oder hinterbliebene Lebenspartner, die

- durch Krankheit oder anderer Gebrechen nicht nur vorübergehend wenigstens die Hälfte ihrer Erwerbstätigkeit verloren haben oder
- die Altersgrenze für die große Witwenrente oder Witwenrente nach dem SGB VI erreicht haben oder
- für mindestens ein Kind des Verstorbenen im Sinne des § 33 b Abs. 2 BVG oder ein eigenes Kind sorgen, das eine Waisenrente nach dem BVG oder nach Gesetzen, die eine entsprechende Anwendung des BVG vorsehen, bezieht oder bis zur Erreichung der Altersgrenze oder bis zu seiner Verheiratung oder Begründung einer Lebenspartnerschaft Waisenrente nach einem dieser Gesetze bezogen hat. Ausgleichsrente kann auch gewährt werden, wenn einer Witwe oder einem hinterbliebenen Lebenspartner aus anderen zwingenden Gründen die Ausübung einer Erwerbstätigkeit nicht möglich ist.

„Sorge" bedeutet, dass die Witwe die der Mutter einem Kind gegenüber obliegenden **allgemeinen Pflichten** tatsächlich erfüllt. Hierzu gehört nicht nur in die Gewährung des Unterhalts, sondern auch die **Erziehung, Beaufsichtigung und Förderung** des persönlichen Wohls des Kindes. Hat die Witwe für ein Kind bis zur Vollendung des 18. Lebensjahres des Kindes oder bis zu dessen Verheiratung gesorgt, kann angenommen werden, dass sie auch über diesen Zeitpunkt hinaus das Kind weiter unterstützt.

8   Auch im Bereich der Witwenausgleichsrente gilt der Grundsatz „Rehabilitation vor Rente". Reha-Maßnahmen nach § 29 BVG sind daher vorrangig durchzuführen, wenn sie die Erwerbsfähigkeit wiederherstellen können. Die volle Ausgleichsrente der Witwe oder des hinterbliebenen Lebenspartners beträgt monatlich 429,00 € (Stand: Juli 2009). Wie bei der Ausgleichsrente für Beschädigte ist die volle Ausgleichsrente um **das anzurechnende Einkommen** zu mindern. Wie dies im Einzelnen zu berechnen ist, ist auch für Witwen in der Anrechnungsverordnung geregelt. Hinsichtlich der Höhe des anzurechnenden Einkommens gilt ebenfalls die Ausgleichsrentenverordnung, die in §§ 14 und 15 Sonderregelungen enthält.

Schadensausgleich. Allgemeines: Neben der Ausgleichsrente, 9
die eine wirtschaftliche Mindestabsicherung gewährleisten soll,
wird der Witwe oder dem hinterbliebenen Lebenspartner auch eine
Leistung gezahlt, die an den individuellen Schaden durch den Tod
des Ehemannes oder Partners anknüpft. Wie beim Berufsschadensausgleich für Beschädigte wird beim Schadensausgleich für alle
Anträge, die nach dem 21. 12. 2007 gestellt worden sind, nur noch
die Nettoberechnung durchgeführt. Danach beträgt der Schadensausgleich **30 vom Hundert des Vergleichseinkommens nach
§ 30 Abs. 5 BVG** abzüglich des Nettoeinkommens der Witwe
oder des hinterbliebenen Lebenspartners sowie der Grundrente
(§ 40 BVG), des Pflegeausgleichs (§ 40 b BVG) und der Ausgleichsrente (§§ 41, 32, 33 BVG). Dabei wird das Nettoeinkommen in
entsprechender Anwendung des § 30 Abs. 8 S. 1 BVG ermittelt.

Vergleichseinkommen: Für die Ermittlung des Vergleichs- 10
einkommens sind die §§ 2–7 und 8 Abs. 1 Nr. 1 der BSchAV anzuwenden. Nach § 40 a Abs. 2 BVG stehen zwei alternative Berechnungen des Vergleichseinkommens zur Verfügung. Es wird
entweder von dem Beruf ausgegangen, den der verstorbene tatsächlich **vor der Schädigung** ausgeübt hat, oder von dem Beruf, dem
er **ohne die Schädigungsfolgen** angehört hätte. Hatte der Verstorbene vor der Schädigung bereits seine berufliche Entwicklung
abgeschlossen, kommt eine Einstufung nach der ersten Alternative in
Betracht. Bei der zweiten Alternative richtet sich die Einstufung wie
beim Berufsschadensausgleich nach der Berufsgruppe, der der Verstorbene ohne die Schädigung nach seinen Lebensverhältnissen,
Kenntnissen und Fähigkeiten wahrscheinlich angehört hätte.

Auch im Bereich des Schadensausgleichs werden im Grundsatz
nur schädigungsbedingte Einkommensverluste ausgeglichen. In aller Regel wird der Einkommensverlust, der sich bei der Berechnung des Schadensausgleichs ergibt, schon aus dem Berechnungs-
system heraus schädigungsbedingt sein. Es gibt aber auch Fälle, in
denen sich **die Einkommensentwicklung bei der Witwe** oder
dem hinterbliebenen Lebenspartner ohne die Schädigungsfolgen
des Verstorbenen nicht anders gestaltet hätte. Dies ist z. B. dann der
Fall, wenn der Verstorbene schon aus dem Erwerbsleben ausgeschieden war. Ein Schadensausgleich steht dann nicht zu.

Nettoeinkommen: Des Nettoeinkommen wird in entspre- 11
chender Anwendung des § 30 Abs. 8 S. 1 BVG ermittelt. 30% des
letzten Bruttoeinkommens des verstorbenen Ehemannes oder Lebenspartners werden zugrunde gelegt, weil die durchschnittliche

Nettorente einer Witwe nach statistischen Erhebungen etwa 30 Prozent des letzten Bruttoeinkommens beträgt (vgl. dazu Anhang I 3 Rn. 62).

12   **Beispiel:** Der 2009 im Alter von 52 Jahren ermordete Ehemann der Witwe war vor seinem Tod in der Herstellung von Kunststoffwaren als Führungskraft (Leistungsgruppe I) in der Kunststoffindustrie tätig. Die Witwe, 50 Jahre alt, hat als stundenweise Aushilfe als Bürokraft Bruttoeinkünfte i. H. v. 698,00 € erzielt. Die Witwenrente aus der Deutschen Rentenversicherung beträgt 625,00 €. Eine Witwenrente aus einer Betriebsrente des Ehemannes wird in Höhe von 187,00 € gezahlt. Die Grundrente nach dem OEG beträgt ab Juli 2009 387,00 €.

Nettoschadensausgleich: Zunächst Berechnung der Ausgleichsrente:

Die volle Ausgleichsrente beträgt		429,00 €
Einkünfte aus Erwerbstätigkeit	698,00 €	
Stufenzahl nach der Anlage zur Anrechnungsverordnung zu § 33 BVG (West)		42
sonstige Einkünfte:		
Witwenrente	625,00 €	
Betriebsrente	187,00 €	
Summe sonstiger Einkünfte	812,00 €	
Stufenzahl sonstiger Einkünfte		119
Stufenzahl insgesamt		161
anzurechnendes Einkommen bei Stufenzahl 164		519,00 €
Ausgleichsrente		**0,00 €**

Bruttovergleichseinkommen			5302,00 €
davon 30%			1590,00 €
Nettoeinkommen			
aus Erwerbstätigkeit – 18%	698,00 €		
	698,00 € –18%	572,36 €	

Witwenrente – ½ Kranken- und voller Pflegeversicherungsbetrag	625,00 € – 9,7% + 0,25 für Kinderlose = 9,95	562,81 €	
Witwenbetriebsrente – Kranken- und Pflegeversicherungsbetrag	187,00 € 17,45 + 0,25 für Kinderlose = 17,7	153,90 €	
Zwischensumme Nettoeinkommen		1286,72 €	1286,72 €
Nettoschadensausgleich			**303,28 €**
Abgerundet nach § 66 Abs. 1 BVG			**304,00 €**

Vergleichseinkommen bei Empfängern der Pflegezulage- 13
stufe 3: In § 40a Abs. 3 BVG hat der Gesetzgeber für Witwen, deren Ehemann im Zeitpunkt seines Todes Anspruch auf die Grundrente eines Beschädigten mit einem **Grad der Schädigungsfolgen von 100 und auf eine Pflegezulage mindestens der Stufe 3** wegen nicht nur vorübergehender Hilflosigkeit hatte, eine Sonderregelung bei der Berechnung des Schadensausgleichs geschaffen. Als Vergleichseinkommen kann, falls dies günstiger ist, das **Endgrundgehalt der Besoldungsgruppe A 14** – zuzüglich des Familienzuschlags nach Stufe 1 des Bundesbesoldungsgesetzes – zugrunde gelegt werden. Diese Berechnungsmethode führt zu einem günstigeren Ergebnis. Sie ist nach dem RdSchr. des BMAS v. 9. 10. 2008 – IV c – 5/47482 von der Nettoberechnungsmethode nicht betroffen. Daher wird weiterhin der Unterschiedsbetrag von 42,5 v. H. zwischen Vergleichseinkommen und derzeitigem Bruttoeinkommen als Schadensausgleich gezahlt, auch wenn der Antrag auf Witwenversorgung erst nach dem 21. 12. 2007 gestellt worden ist.

Heiratsabfindung: Im Falle einer Wiederverheiratung oder 14
Begründung einer neuen Lebenspartnerschaft entfallen die Ansprüche nach den §§ 38 ff. BVG. Um die Eingehung einer neuen Ehe oder neuen Lebenspartnerschaft nicht nur durch den Wegfall von Ansprüchen zu erschweren, hat der Gesetzgeber für diesen Fall eine Heiratsabfindung vorgesehen. Es wird eine **Abfindung in Höhe des 50-fachen der monatlichen Grundrente gezahlt**. Die Abfindung ist auch zu zahlen, wenn im Zeitpunkt der Wiederverheiratung oder der Begründung der neuen Lebenspartnerschaft mangels Antrag kein Anspruch auf Rente bestand.

Die Heiratsabfindung wird nur nach der ersten Eheschließung oder nach der ersten Begründung einer Lebenspartnerschaft nach dem Tode des Beschädigten gezahlt.

15   **Wiederaufleben der Witwenversorgung:** Wird die neue Ehe aufgelöst oder für nichtig erklärt oder die neue Lebenspartnerschaft aufgehoben oder aufgelöst, so lebt der Anspruch auf Witwenversorgung wieder auf. Mit dieser gesetzlichen Regelung wird das Risiko der Witwe oder des Lebenspartners, nach kurzzeitiger Ehe oder kurzzeitiger Lebenspartnerschaft ohne Versorgung dazustehen, beseitigt. Wird die neue Ehe oder Lebenspartnerschaft **vor Ablauf von 50 Monaten aufgelöst**, so ist bis zum Ablauf dieses Zeitraums für jeden Monat ein Fünfzigstel der Abfindung auf die Witwenrente anzurechnen.

Die neue Witwenversorgung beginnt mit dem Monat, in dem sie beantragt wird, frühestens jedoch mit dem auf den Tag der Auflösung oder Nichtigkeitserklärung der Ehe oder Aufhebung oder Auflösung der Lebenspartnerschaft folgenden Monat. Bei Scheidung, Aufhebung oder Nichtigkeitserklärung der Ehe oder der Aufhebung der Lebenspartnerschaft ist dies der Tag, an dem das Urteil oder der Verwaltungsakt rechtskräftig geworden ist.

16   Die Witwe oder der Lebenspartner sollen aber finanziell nur so gestellt werden, wie sie stehen würden, wenn sie die neue Ehe oder Lebenspartnerschaft nicht eingegangen wären. **Unterhaltsansprüche**, die sich aus der neuen Ehe oder neuen Partnerschaft ableiten, sind anzurechnen. Versorgungs-, Renten- oder Unterhaltsansprüche, die sich aus der neuen Ehe oder Lebenspartnerschaft herleiten, sind also auf die Witwenrente anzurechnen, soweit sie zu verwirklichen sind, nicht schon zur Kürzung anderer wieder aufgelebter öffentlich-rechtlicher Leistungen geführt haben und nicht auf den Kostenträger der Kriegsopferversorgung übergeleitet sind. Die Anteile einer Versicherungsrente, **die auf einem Versorgungsausgleich beruhen**, leiten sich nicht aus der neuen Ehe oder Lebenspartnerschaft her und sind daher nicht auf die Witwenrente anzurechnen.

17   Bei einmaligen Leistungen, die mit der Auflösung der neuen Ehe oder Lebenspartnerschaft fällig werden, ist der Betrag als Versorgungs- oder Unterhaltsleistung auf die Witwenrente anzurechnen, die sich aus dieser einmaligen Leistung als monatlicher Rentenbetrag ergibt. Hat die Witwe oder der hinterbliebene Lebenspartner **ohne verständigen Grund** auf einen Anspruch verzichtet, so ist der Betrag anzurechnen, den der frühere Ehegatte oder Lebenspartner ohne den Verzicht zu leisten hätte.

Haben die Witwe oder der Lebenspartner einen Anspruch auf Ausgleichsrente, so können die Unterhaltsansprüche aus der neuen Ehe, die auf die Witwenrente anzurechnen sind, nicht gleichzeitig auch als Einkommen bei der Ausgleichsrente berücksichtigt werden (§ 14 Abs. 4 S. 2 AusglV). Dies gilt nicht für entsprechende Ansprüche aus der früheren Ehe (§ 14 Abs. 4 S. 1 AusglV).

Witwenbeihilfe. Allgemeines: Ist der Ehemann oder der einge- **18** tragene Lebenspartner an den Schädigungsfolgen verstorben, wird Rente nach § 38 BVG gezahlt, damit eine finanzielle Absicherung der Hinterbliebenen sichergestellt ist. Es kann aber auch eine Situation eintreten, in der der Beschädigte **durch die Folgen der Schädigung gehindert war, eine entsprechende Erwerbstätigkeit auszuüben** und dadurch die aus der Ehe mit dem Beschädigten hergeleitete Witwenversorgung insgesamt gemindert ist. Für diese Fallgestaltung wird nach § 48 BVG Witwenbeihilfe gezahlt. Nach einem abgestuften System, das sich an einem Zwölftel des Bemessungsbetrags nach § 33 Abs. 1 Buchst. a orientiert, wird festgelegt, bei welcher Rentenhöhe welche **Rentenminderung** vorliegen muss, damit der Beihilfeanspruch besteht. § 48 Abs. 1 BVG bestimmt dazu Folgendes:

Beträgt die Rentenhöhe 36% und mehr des Bemessungsbetrages, muss die Rentenminderung 15% ausmachen. Bei:

34 bis unter	36	14%
32 bis unter	34	13%
30 bis unter	32	12%
28 bis unter	30	11%
Unter 28 Prozent	des Bemessungsbetrages	10%

Der Bemessungsbetrag nach § 33 Abs. 1 Buchst. a BVG ist für **19** Juli 2009 mit 26 887,00 € festgesetzt. Daraus errechnet sich ein monatlicher Betrag von 2241,00 €. Für die Rentenhöhen und für die daraus folgende erforderliche Rentenminderung ergibt sich folgende abgestufte Tabelle:

806,76 €	und	mehr	15%
806,75 €	bis	761,94 €	14%
761,93 €	bis	717,12 €	13%
717,11 €	bis	672,30 €	12%
672,29 €	bis	627,48 €	11%
627,47 €	und	weniger	10%

In die Berechnung der Rentenminderung sind alle Einkünfte einzubeziehen, die der Witwenversorgung dienen. Zusatz- und Betriebsrenten sowie Witwenbezüge aus der gesetzlichen Rentenversicherung sind anzurechnen. Die gesteigerten Leistungen, die im sog. Sterbevierteljahr gezahlt werden, bleiben unberücksichtigt. Für die Berechnung ist der Bemessungsbetrag anzuwenden, der für den **ersten Monat** eines möglichen Hinterbliebenenrentenbezugs gilt. Treten später nachhaltige Änderungen in der Versorgung der Witwe oder des hinterbliebenen Lebenspartners ein, ist zu prüfen, ob Witwenbeihilfe weiterhin zusteht. **Die jährlichen Anpassungen in der gesetzlichen Rentenversicherung gelten nicht als nachhaltige Änderungen.**

20   Ob der Beschädigte gehindert war, eine entsprechende Erwerbstätigkeit auszuüben, bestimmt sich nach den gleichen Grundsätzen wie bei der Anwendung im Rahmen des Berufsschadensausgleichs. Auch hier ist aus dem beruflichen Werdegang des verstorbenen Ehemannes oder Lebenspartners zu schließen, ob der Beschädigte gehindert war, eine günstigere berufliche Stellung zu erreichen und damit höhere Rentenversicherungsbeiträge zu zahlen. Dies lässt sich nicht immer durch einen einfachen Vergleich der Beträge, die der Beschädigte zu Lebzeiten zur Alters- und Hinterbliebenenversicherung erbringen konnte, gegenüber den Beträgen, **die ein im gleichen Beruf tätiger Nichtbeschädigter durchschnittlich erbracht hat**, feststellen. Das BMAS hat in einem Rundschreiben aufgezeigt, wie dann die erhebliche Beeinträchtigung der Hinterbliebenenversorgung zu berechnen ist:

- bei Pflichtversicherung in der gesetzlichen Rentenversicherung wird von den persönlichen Entgeltpunkten ausgegangen, die der Berechnung der aus der gesetzlichen Rentenversicherung gewährten Witwenrente zugrunde liegen. Das Verhältnis der ohne die Schädigung erzielten zu den tatsächlichen Werteinheiten entspricht dem Verhältnis der Witwenrente, die ohne die Schädigung erreicht worden wäre, zur tatsächlich gewährten Rente.
- bei selbstständigen Tätigen kann allgemein unterstellt werden, dass sie einen bestimmten Prozentsatz ihrer Einkünfte für die Sicherstellung ihrer Alters- und Hinterbliebensicherung anlegen. Falls nicht besondere Umstände des Einzelfalls entgegenstehen, genügt es deshalb, die in den einzelnen Jahren tatsächlich erzielten Einkünfte den Einkünften gegenüberzustellen, die der Beschädigte ohne die Schädigung wahrscheinlich erreicht hätte.

Bei dieser Berechnung einer Rentenminderung bleibenden Zusatz- und Betriebsrenten außer Betracht. Verglichen werden nur die tatsächlich gezahlte und die hypothetische Witwenrente.

Rentenberechtigte Beschädigte sind nach § 30 Abs. 1 BVG diejenigen, deren Grad der Schädigung mindestens 25 (= 30) beträgt.

Unwiderlegliche Rechtsvermutung: Für bestimmte Fallge-　21
staltungen wird vermutet, dass der Beschädigte durch die Schädigungsfolgen gehindert war, eine entsprechende Erwerbstätigkeit
auszuüben und dadurch die aus der Ehe mit dem Beschädigten hergeleitete Witwenversorgung insgesamt gemindert ist. Dies ist der
Fall, wenn der Beschädigte im Zeitpunkt seines Todes Anspruch
auf die Grundrente eines Beschädigten mit einem **GdS von 100**
oder wegen **nicht nur vorübergehender Hilflosigkeit** Anspruch
auf eine Pflegezulage hatte; die Voraussetzungen sind auch erfüllt,
wenn der Beschädigte mindestens fünf Jahre Anspruch auf Berufsschadensausgleich hatte.

Aus der Formulierung im Gesetz ergibt sich, dass der Anspruch
nicht mittels Bescheid festgestellt gewesen sein muss. Hatte der Beschädigte noch zu seinen Lebzeiten einen entsprechenden Antrag
gestellt, der rückwirkend positiv entschieden werden kann, liegen
die Voraussetzungen der unwiderleglichen Rechtsvermutung vor.
Der Anspruch auf Berufsschadensausgleich muss nicht zusammen-
hängend fünf Jahre betragen haben, sondern es reicht aus, dass insgesamt **60 Kalendermonate Berufsschadensausgleich** gezahlt
worden ist oder zugestanden hätte. Es zählen auch die Monate mit,
in denen Berufsschadensausgleich nur deshalb nicht zu zahlen war,
weil der Anspruch in Höhe der Grundrentenerhöhung nach § 30
Abs. 2 BVG ruhte.

Ein nicht nur vorübergehender Anspruch auf Pflegezulage wegen
Hilflosigkeit liegt vor, wenn in einem Zeitraum von mehr als sechs
Monaten entsprechende Leistungen zu zahlen gewesen wären.

Leistungshöhe: Die Witwen- und Waisenbeihilfe wird **in Höhe**　22
von zwei Dritteln, bei Witwen, hinterbliebenen Lebenspartnern
und Waisen von Beschädigten mit Anspruch auf die Grundrente eines Beschädigten mit einem GdS von 100 oder auf eine Pflegezulage
in voller Höhe der entsprechenden Witwen- oder Waisenrente gezahlt.

Da die Witwenbeihilfe gezahlt wird, um den Hinterbliebenen
eine wirtschaftliche Absicherung auf einem Niveau deutlich über
dem der Sozialhilfe zu bieten, führen eigene Einkünfte ab einer gewissen Höhe zu einer Kürzung oder gar zu einem Wegfall des Anspruchs auf Witwenbeihilfe. § 48 Abs. 2 S. 2 regelt dazu:

Übersteigt das monatliche Bruttoeinkommen der Hinterbliebenen von Beschädigten, die im Zeitpunkt des Todes einen Anspruch
auf Rente **nach einem GdS von 30 bis 90** hatten, bei der Witwe oder dem hinterbliebenen Lebenspartner ein Zwölftel des in
§ 33 Abs. 1 Buchst. a BVG genannten Bemessungsbetrages, ist die

zu gewährende Beihilfe **um den übersteigenden Betrag** zu kürzen. Errechnet sich kein Zahlbetrag, entfällt der Anspruch auf Versorgung. Ein Zwölftel des Bemessungsbetrages ist für mit 2240,58 € (Stand: Juli 2009) ausgewiesen.

23   **Waisenrente. Allgemeines:** Nicht nur bei der Witwe und dem hinterbliebenen Lebenspartner kann es durch den Tod des Beschädigten zu einer Beeinträchtigung der wirtschaftlichen Situation kommen, sondern er kann auch einen eigenen wirtschaftlichen Ausgleich bei der Waise erforderlich machen. **Die Waisenrente dient im Bereich des OEG ausschließlich dem Ersatz eines Unterhaltsanspruchs** und gilt nicht als Ausgleich für die im Einzelnen nicht abwägbaren Belastungen im menschlichen und persönlichen Bereich. Die Waisenrente wird nach dem Tode des Beschädigten an seine Kinder bis zur Vollendung des 18. Lebensjahres gezahlt. Als Kinder gelten auch:
- Stiefkinder oder Kinder des Lebenspartners, die der Verstorbene in seinen Haushalt aufgenommen hatte,
- Pflegekinder i. S. d. § 2 Abs. 1 S. 1 Nr. 2 des Bundeskindergeldgesetzes.

Besonders geregelt hat der Gesetzgeber die Voraussetzungen für eine Zahlung über das 18. Lebensjahr hinaus. Von den Regelungen in anderen Bereichen des Sozialgesetzbuches für die Zahlung von Waisenrenten unterscheidet sich die Regelung des § 45 BVG dadurch, dass die in Waisenrente nicht nur bis zur Vollendung des 25., sondern **bis zur Vollendung des 27. Lebensjahres** gezahlt werden kann. Die Fallgestaltungen, in denen diese Voraussetzungen vorliegen, beziehen sich auf:
- Schul- oder Berufsausbildung
- eine Übergangszeit zwischen Schule und Berufsausbildung oder Ausbildungsabschnitten
- ein freiwilliges soziales oder ökologisches Jahr oder ähnliche Regelungen
- die Unfähigkeit wegen körperlicher, geistiger oder seelischer Behinderung sich selbst zu unterhalten.

Das Nähere regelt § 45 Abs. 3 BVG.

Durch die **Annahme der Waise als Kind** bleibt ein Anspruch auf Waisenrente, der bis zur Annahme entstanden ist, unberührt.

Waisenrente kann als Halb- oder Vollwaisenrente gezahlt werden. Sie beträgt (Juli 2009) als Halbwaisenrente 110,00 €, als Vollwaisenrente 204,00 €. Vollwaiseneigenschaft liegt dann vor, wenn beide Elternteile verstorben sind, wovon der Tod mindestens eines Elternteils durch Schädigungsfolgen herbeigeführt worden sein muss.

Waisenausgleichsrente: Auch für Waisen wird eine Ausgleichs-   **24**
rente gezahlt, die die wirtschaftliche Situation der Waisen auf einem Niveau deutlich oberhalb der Sozialhilfe stabilisieren soll. Die
volle Ausgleichsrente beträgt für Halbwaisen (Juli 2009) 192,00 €
und für Vollwaisen 266,00 €. Wie bei der Ausgleichsrente für den
Beschädigten und die Witwe wird die volle Waisenausgleichsrente
um das anzurechnende Einkommen gemindert und steht ab einem
bestimmten Einkommen nicht mehr zu. Das Nähere regeln § 33
BVG und die Ausgleichsrenten- und die Anrechnungsverordnung.

Waisenbeihilfe: Ist ein rentenberechtigter Beschädigter nicht an   **25**
den Folgen der Schädigung gestorben, so ist der Witwe, dem Hinterbliebenen Lebenspartner und den Waisen (§ 45 BVG) eine
Witwen- und Waisenbeihilfe zu zahlen, wenn der Beschädigte
durch die Folgen der Schädigung gehindert war, eine entsprechende Erwerbstätigkeit auszuüben und dadurch die aus der Ehe mit
dem Beschädigten hergeleitete Witwenversorgung insgesamt gemindert ist. **Für die Waisenbeihilfe gilt das zur Witwenbeihilfe dargestellte abgestufte System der Minderung der Hinterbliebenenversorgung ebenfalls.** Auch bei der Waise ist Maßstab
für die Beeinträchtigung der Versorgung die Minderung der Witwenrente. Hat sich bei der Feststellung der Witwenbeihilfe die
Minderung um einen entsprechenden Prozentsatz ergeben, so wird
Waisenbeihilfe gezahlt.

Da auch die Waisenbeihilfe nur der Sicherstellung eines be-   **26**
stimmten wirtschaftlichen Niveaus dient, gilt auch hier die Regelung, dass Waisenbeihilfe gekürzt wird, wenn bei der Halbwaise das
eigene Einkommen $1/24$ des Bemessungsbetrages nach § 33 Abs. 1
Buchst. a BVG übersteigt. Bei Vollwaisen gilt $1/18$ des Bemessungsbetrages. Die zu gewährende Beihilfe ist um den übersteigenden
Betrag zu kürzen. Errechnet sich kein Zahlbetrag, entfällt der Anspruch auf Versorgung. Bei der Halbwaise errechnet sich für Juli
2009 ein **Grenzbetrag** von 1120,29 € und für die Vollwaise ein
Betrag von 1493,72 €.

Elternrente: In unserem System der sozialen Sicherung haben   **27**
die Eltern in aller Regel ein eigenes Erwerbseinkommen oder einen
eigenen Anspruch in einem Alterssicherungssystem. Trotzdem kann
der schädigungsbedingte Tod eines Kindes zu wirtschaftlichen Härten für die Eltern führen. **Die Elternrente soll die durch den
schädigungsbedingten Tod des Kindes verminderten Un-
terhaltschancen ausgleichen.** Sie ist ihrem Wesen nach eine auf
die wirtschaftlichen Bedürfnisse und die Sicherung einer angemessenen Lebensstellung ausgerichtete Versorgungsleistung mit Un-

terhaltsersatzcharakter (BSG v. 28. 7. 1969, ZfS 1969, 252). Für Straftaten, die im Ausland erlitten worden sind, gilt nach § 3 a Abs. 3 OEG die Besonderheit, dass Verwandte in aufsteigender Linie (z. B. Eltern) von einer Versorgung nach § 3 a OEG ausgeschlossen sind. Zu weiteren Einzelheiten in diesen Fällen der Hinterbliebenenversorgung vgl. die Ausführungen zu § 3 a Rn. 15.

28   Elternrente wird unter folgenden Voraussetzungen gezahlt:

Ist der Beschädigte an den Folgen einer Schädigung gestorben, so erhalten die Eltern Elternrente, frühestens jedoch von dem Monat, in dem der Beschädigte das 18. Lebensjahr vollendet hätte.

Den Eltern werden **gleichgestellt** Adoptiveltern, wenn sie den Verstorbenen vor der Schädigung als Kind angenommen haben, Stief- und Pflegeeltern, wenn sie den Verstorbenen vor der Schädigung unentgeltlich unterhalten haben, Großeltern, wenn der Verstorbene ihnen Unterhalt geleistet hat oder hätte.

Die volle Elternrente beträgt monatlich 525,00 € (Stand: Juli 2009) für ein Elternpaar und 366,00 € für einen Elternteil. Sind weitere Kinder vorhanden, wird die Elternrente erhöht (vgl. § 51 Abs. 2 u. 3 BVG). Die Elternrente ist nach § 51 Abs. 4 BVG als **einkommensabhängige Leistung** ausgestaltet. Eigene Einkünfte sind wie bei der Ausgleichsrente auf die Elternrente anzurechnen. Nach dem Stand Juli 2009 fällt eine Elternpaarrente bei einem eigenen Einkommen von 1070,00 € weg, bei einer Elternteilrente sind es 783,00 €.

5. Der Antrag auf Versorgung

1   Nach § 1 Abs. 1 S. 1 OEG werden Leistungen nur auf Antrag gewährt. Leistungen nach dem BVG werden frühestens mit dem Antragszeitpunkt gewährt. Von dieser Regel macht jedoch § 60 Abs. 1 S. 2 BVG eine Ausnahme. Danach beginnt die Beschädigtenversorgung mit dem Monat, in dem ihre Voraussetzungen erfüllt sind, frühestens mit dem Antragsmonat. Die Versorgung ist auch für Zeiträume vor der Antragstellung zu leisten, wenn der Antrag **innerhalb eines Jahres nach Eintritt der Schädigung** gestellt wird. Dies ist für den Antragsteller nachdem OEG besonders von Bedeutung, da er nicht unmittelbar nach der Gewalttat einen Antrag stellen muss, um seine Ansprüche zu sichern, sondern ein Jahr Zeit hat, sich zu überlegen, ob er einen Antrag stellen möchte.

2   Der Antrag kann schriftlich oder mündlich zur Aufnahme einer Niederschrift bei der zuständigen Verwaltungsbehörde gestellt werden. Nach § 16 SGB I werden Anträge auch von allen anderen Leistungsträgern, von allen Gemeinden und bei Personen, die sich im Ausland aufhalten, auch von den amtlichen Vertretungen der Bundesrepublik Deutschland im Ausland entgegengenommen.

Der Antrag ist eine bürgerlich-rechtliche Willenserklärung und entsprechend § 133 BGB auszulegen. **Er ist auf alle nach Lage des Falles in Betracht kommenden Leistungen gerichtet,** es sei denn, der Antragsteller beschränkt ihn ausdrücklich auf bestimmte Leistungen (VV Nr. 1 S. 2 zu § 1 BVG). War der Beschädigte ohne sein Verschulden an der Antragstellung gehindert, so verlängert sich diese Frist um den Zeitraum der Verhinderung.

Der Grundsatz, dass Leistungen nur auf Antrag gezahlt werden, **3** gilt auch dann, wenn ein Gewaltopfer nach der Gewalttat bis zu seinem Tode bewusstlos war. In einem solchen Fall steht der Krankenkasse kein Anspruch auf Erstattung von Heilbehandlungskosten gegen die für das OEG zuständige Behörde zu. Von dieser Regel hat das BSG mit Urt. v. 25. 5. 1988 (SozR 3-3100 § 19 Nr. 19) eine **Ausnahme** zugelassen, wenn infolge Bewusstlosigkeit keine Beschädigtenversorgung beantragt werden konnte, die Verwaltung aber die behandelten Gesundheitsstörungen als Schädigungsfolgen beurteilt und der Witwe auf ihren Antrag Hinterbliebenenversorgung zuerkannt hat. Der **Krankenkasse** steht zwar wegen des Schutzes des Selbstbestimmungsrechts und der Privatsphäre des Geschädigten **kein eigenes Antragsrecht** zu, wie dies z.B. für die Träger der Sozialhilfe in § 95 SGB XII, für die Träger der Kriegsopferfürsorge in § 27i BVG und für den Jugendhilfeträger in § 95 SGB VIII geregelt ist. Eine Ausnahme ist jedoch dann gerechtfertigt, wenn die zuständige Behörde durch die Antragstellung auf Witwenversorgung bereits Kenntnisse von den Umständen der Straftat erlangt hat und somit der genannte Schutzzweck nicht mehr verwirklicht werden kann.

Eine besondere Fallgestaltung kann sich im Rahmen der Opfer- **4** entschädigung ergeben, wenn der gesetzliche Vertreter des Antragstellers gleichzeitig der Schädiger ist und es unterlässt, einen Antrag zugunsten des geschädigten Kindes zu stellen. Hat der **Straftäter** alles unterlassen, was der Entdeckung seiner Straftat hätte förderlich sein können, so ist der **Interessenwiderstreit** des gesetzlichen Vertreters dem geschädigten Kind nicht als Verschulden anzulasten. Die verspätete Antragstellung durch das Kind darf sich nicht nachteilig auf seinen Versorgungsschutz auswirken, da es nach dem Schutzzweck des OEG nicht im Belieben des Schädigers liegen kann, die von der Gewalttat Betroffenen, sei es den Geschädigten selbst oder dessen Hinterbliebene, von einer Entschädigung nach dem OEG auszuschließen. In einem solchen Fall sind die Voraussetzungen des § 60 Abs. 1 S. 1 BVG gegeben (BSG v. 23. 10. 1985, BSGE 59, 40).

6. Ruhensregelungen nach § 65 BVG

1   Der Anspruch auf Versorgungsbezüge ruht, wenn beide Ansprüche auf diesselben Ursache zurückgehen,
- in Höhe der Bezüge aus der **gesetzlichen Unfallversicherung**,
- in Höhe des Unterschieds zwischen einer Versorgung nach allgemeinen beamtenrechtlichen Bestimmungen und aus der **beamtenrechtlichen Unfallfürsorge**.

Für den Bereich des OEG bedeutet dies, dass Leistungen aus Arbeitsunfällen und Dienstunfällen auf die Leistungen nach dem OEG angerechnet werden. Ist das Opfer während seiner beruflichen Tätigkeit einer Gewalttat ausgesetzt gewesen, (vgl. insoweit BSG v. 17. 11. 1981, BSGE 52, 281) stehen ihm Leistungen aus der gesetzlichen Unfallversicherung oder nach beamtenrechtlichen Unfallfürsorgebestimmungen zu. In § 4 Abs. 1 Nr. 2 SGB VII ist geregelt, dass nur bei mittelbaren Schädigungsfolgen die Leistungen aus der gesetzlichen Unfallversicherung ausgeschlossen sind. Da die Leistungen nach der gesetzlichen Unfallversicherung höher sind als die Leistungen nach dem OEG, würde dies für die Betroffenen eine **Schlechterstellung** darstellen. In § 3 Abs. 4 OEG ist daher geregelt, dass bei Schäden nach dem OEG § 4 Abs. 1 Nr. 2 SGB VII nicht gilt.

2   Die Ruhensregelungen des § 65 BVG sind immer in die Prüfung der Anspruchsvoraussetzungen mit einzubeziehen. Dabei ist zu beachten, dass auch die „Nothelfer" gegen Arbeitsunfälle versichert sind (§ 2 Abs. 1 Nr. 13 a SGB VII). Dazu gehören insbesondere diejenigen, die einen anderen aus gegenwärtiger Gefahr oder erheblicher gegenwärtiger Gefahr für Körper oder Gesundheit zu retten versuchen und diejenigen, die sich bei Verfolgung oder Festnahme einer Person, die einer rechtswidrigen, den Tatbestand eines Gesetzes verwirklichenden Tat verdächtig ist, oder zum Schutze eines widerrechtlich Angegriffenen persönlich einsetzen. **Ein Ruhen nach § 65 BVG tritt nicht für Mehrleistungen ein**, die dem Nothelfer aufgrund gesetzlicher Ermächtigung aus der gesetzlichen Unfallversicherung gezahlt werden (BSG v. 15. 8. 1996, SozR 3-3100 zu § 65 BVG Nr. 3).

II. Weitere Vorschriften

Übersicht

1. Gesetz über die Versorgung der Opfer des Krieges (Bundesversorgungsgesetz – BVG)

In der Fassung der Bekanntmachung vom 22. Januar 1982[1]
(BGBl. I S. 21)

zuletzt geänd. mWv 5. 8. 2009 durch Art. 5 G zur Regelung des Assistenzpflegebedarfs im Krankenhaus v. 30. 7. 2009 (BGBl. I S. 2495)

Nichtamtliche Inhaltsübersicht

---

[1] Neubekanntmachung des BVG idF der Bek. v. 22. 6. 1976 (BGBl. I S. 1633) in der ab 1. 1. 1982 geltenden Fassung.

Anspruch auf Versorgung

§ 1 [Voraussetzungen des Versorgungsanspruchs]. (1) Wer durch eine militärische oder militärähnliche Dienstverrichtung oder durch einen Unfall während der Ausübung des militärischen oder militärähnlichen Dienstes oder durch die diesem Dienst eigentümlichen Verhältnisse eine gesundheitliche Schädigung erlitten hat, erhält wegen der gesundheitlichen und wirtschaftlichen Folgen der Schädigung auf Antrag Versorgung.

(2) Einer Schädigung im Sinne des Absatzes 1 stehen Schädigungen gleich, die herbeigeführt worden sind durch
a) eine unmittelbare Kriegseinwirkung,
b) eine Kriegsgefangenschaft,
c) eine Internierung im Ausland oder in den nicht unter deutscher Verwaltung stehenden deutschen Gebieten wegen deutscher Staatsangehörigkeit oder deutscher Volkszugehörigkeit,
d) eine mit militärischem oder militärähnlichem Dienst oder mit den allgemeinen Auflösungserscheinungen zusammenhängende Straf- oder Zwangsmaßnahme, wenn sie den Umständen nach als offensichtliches Unrecht anzusehen ist,
e) einen Unfall, den der Beschädigte auf einem Hin- oder Rückweg erleidet, der notwendig ist, um eine Maßnahme der Heilbehandlung, eine Badekur, Versehrtenleibesübungen als Gruppenbehandlung oder Leistungen zur Teilhabe am Arbeitsleben nach § 26 durchzuführen oder um auf Verlangen eines zuständigen Leistungsträgers oder eines Gerichts wegen der Schädigung persönlich zu erscheinen,
f) einen Unfall, den der Beschädigte bei der Durchführung einer der unter Buchstabe e aufgeführten Maßnahmen erleidet.

(3) [1] Zur Anerkennung einer Gesundheitsstörung als Folge einer Schädigung genügt die Wahrscheinlichkeit des ursächlichen Zusammenhangs. [2] Wenn die zur Anerkennung einer Gesundheitsstörung als Folge einer Schädigung erforderliche Wahrscheinlichkeit nur deshalb nicht gegeben ist, weil über die Ursache des festgestellten Leidens in der medizinischen Wissenschaft Ungewißheit besteht, kann mit Zustimmung des Bundesministeriums für Arbeit und Soziales die Gesundheitsstörung als Folge einer Schädigung anerkannt werden; die Zustimmung kann allgemein erteilt werden.

(4) Eine vom Beschädigten absichtlich herbeigeführte Schädigung gilt nicht als Schädigung im Sinne dieses Gesetzes.

(5) [1] Ist der Beschädigte an den Folgen der Schädigung gestorben, so erhalten seine Hinterbliebenen auf Antrag Versorgung. [2] Absatz 3 gilt entsprechend.

§ 1 a [Leistungsausschluss; Entziehung; Minderung]. (1) [1] Leistungen sind zu versagen, wenn der Berechtigte oder derjenige, von dem sich die Berechtigung ableitet, während der Herrschaft des Nationalsozialismus gegen die Grundsätze der Menschlichkeit oder Rechtsstaatlichkeit verstoßen hat und er nach dem 13. November 1997 einen Antrag auf Leistungen gestellt hat. [2] Anhaltspunkte, die eine besonders intensive Überprüfung erforderlich machen, ob ein Berechtigter durch sein individuelles Verhalten gegen Grundsätze der Menschlichkeit oder Rechtsstaatlichkeit verstoßen hat, können sich insbesondere aus einer freiwilligen Mitgliedschaft des Berechtigten in der SS ergeben.

(2) Leistungen sind mit Wirkung für die Zukunft ganz oder teilweise zu entziehen, wenn ein Versagungsgrund im Sinne des Absatzes 1 vorliegt und das Vertrauen des Berechtigten auf eine fortwährende Gewährung der Leistungen im Einzelfall auch angesichts der Schwere der begangenen Verstöße nicht überwiegend schutzbedürftig ist.

(3) Soweit in den Fällen des Absatzes 2 die sofortige Entziehung oder Minderung der Leistungen zu unbilligen Härten führt, soll die Entziehung oder Minderung nach einer angemessenen Übergangsfrist erfolgen.

§ 2 [Militärischer Dienst]. (1) Militärischer Dienst im Sinne des § 1 Abs. 1 ist
a) jeder nach deutschem Wehrrecht geleistete Dienst als Soldat oder Wehrmachtbeamter,
b) der Dienst im Deutschen Volkssturm,
c) der Dienst in der Feldgendarmerie,
d) der Dienst in den Heimatflakbatterien.

(2) [1] Bei Vertriebenen im Sinne des § 1 des Bundesvertriebenengesetzes, die Deutsche oder deutsche Volkszugehörige sind, steht die Erfüllung der gesetzlichen Wehrpflicht nach den Vorschriften des Herkunftslands vor dem 9. Mai 1945 dem Dienst in der deutschen Wehrmacht gleich. [2] Satz 1 gilt auch für Spätaussiedler im Sinne des § 4 des Bundesvertriebenengesetzes.

(3) Bei deutschen Staatsangehörigen steht der Dienst in der Wehrmacht eines dem Deutschen Reich verbündet gewesenen Staates während eines der beiden Weltkriege oder in der tschechoslowakischen oder österreichischen Wehrmacht dem Dienst nach deutschem Wehrrecht gleich, wenn der Berechtigte vor dem 9. Mai 1945 seinen Wohnsitz oder ständigen Aufenthalt im Gebiet des Deutschen Reiches nach dem Stand vom 31. Dezember 1937 hatte.

§ 3 [Militärähnlicher Dienst]. (1) Als militärähnlicher Dienst im Sinne des § 1 Abs. 1 gelten
a) das von einer Dienststelle der Wehrmacht angeordnete Erscheinen zur Feststellung der Wehrtauglichkeit, zur Eignungsprüfung oder Wehrüberwachung,
b) der auf Grund einer Einberufung durch eine militärische Dienststelle oder auf Veranlassung eines militärischen Befehlshabers für Zwecke der Wehrmacht geleistete freiwillige oder unfreiwillige Dienst,
c) eine planmäßige oder außerplanmäßige Einschiffung von Zivilpersonen auf Schiffen oder Hilfsschiffen der Wehrmacht,
d) der Dienst der zur Wehrmacht abgeordneten Reichsbahnbediensteten und der Dienst der Beamten der Zivilverwaltung, die auf Befehl ihrer Vorgesetzten zur Unterstützung militärischer Maßnahmen verwendet

und damit einem militärischen Befehlshaber unterstellt waren, sowie der Dienst der Militärverwaltungsbeamten,

e) der Dienst der Wehrmachthelfer und -helferinnen,

f) der Dienst des Personals der Freiwilligen Krankenpflege bei der Wehrmacht im Kriege,

g) der Dienst der Mitglieder von Pferdebeschaffungskommissionen der Wehrbezirkskommandos,

h) der Dienst der Jungschützen, Jungmatrosen und Unteroffizierschüler der Luftwaffe,

i) der Reichsarbeitsdienst,

k) der Dienst auf Grund der Dritten Verordnung zur Sicherstellung des Kräftebedarfs für Aufgaben von besonderer staatspolitischer Bedeutung (Notdienstverordnung) vom 15. Oktober 1938 (RGBl. I S. 1441),

l) der Dienst in Wehrertüchtigungslagern,

m) der Dienst in der Organisation Todt für Zwecke der Wehrmacht,

n) der Dienst im Baustab Speer/Osteinsatz für Zwecke der Wehrmacht,

o) der Dienst im Luftschutz auf Grund der Ersten Durchführungsverordnung zum Luftschutzgesetz in der seit dem 1. September 1939 im Zeitpunkt der Schädigung jeweils geltenden Fassung nach Aufruf des Luftschutzes.

(2) Als militärähnlicher Dienst gilt nicht der Zivildienst, der auf Grund einer Dienstverpflichtung oder eines Arbeitsvertrags bei der Wehrmacht geleistet worden ist, es sei denn, daß der Einsatz mit besonderen, kriegseigentümlichen Gefahren für die Gesundheit verbunden war.

§ 4 [Heimweg vom Dienst oder aus der Kriegsgefangenschaft].
(1) [1] Zum militärischen oder militärähnlichen Dienst gehören auch

a) der Weg des Einberufenen zum Gestellungsort und der Heimweg nach Beendigung des Dienstverhältnisses,

b) Dienstreisen, Dienstgänge und die dienstliche Tätigkeit am Bestimmungsort,

c) das Zurücklegen des mit dem Dienst zusammenhängenden Weges nach und von der Dienststelle und

d) die Teilnahme an dienstlichen Veranstaltungen. [2] Hatte der Beschädigte wegen der Entfernung seiner ständigen Familienwohnung vom Dienstort an diesem oder in dessen Nähe eine Unterkunft, gilt Satz 1 Buchstabe c auch für den Weg von und nach der Familienwohnung.

(2) Absatz 1 gilt entsprechend für Kriegsgefangene, Internierte und Verschleppte.

(3) Für Entlassene, die innerhalb der jetzigen Grenzen des Bundesgebiets keine Wohnung haben, gilt der Entlassungsweg mit dem Eintreffen an dem vorläufig zugewiesenen Aufenthaltsort als beendet.

§ 5 [Unmittelbare Kriegseinwirkungen]. (1) Als unmittelbare Kriegseinwirkung im Sinne des § 1 Abs. 2 Buchstabe a gelten, wenn sie im Zusammenhang mit einem der beiden Weltkriege stehen,

a) Kampfhandlungen und damit unmittelbar zusammenhängende militärische Maßnahmen, insbesondere die Einwirkung von Kampfmitteln,

b) behördliche Maßnahmen in unmittelbarem Zusammenhang mit Kampfhandlungen oder ihrer Vorbereitung, mit Ausnahme der allgemeinen Verdunkelungsmaßnahmen,

c) Einwirkungen, denen der Beschädigte durch die besonderen Umstände der Flucht vor einer aus kriegerischen Vorgängen unmittelbar drohenden Gefahr für Leib oder Leben ausgesetzt war,

d) schädigende Vorgänge, die infolge einer mit der militärischen Besetzung deutschen oder ehemals deutsch besetzten Gebietes oder mit der zwangsweisen Umsiedlung oder Verschleppung zusammenhängenden besonderen Gefahr eingetreten sind,

e) nachträgliche Auswirkungen kriegerischer Vorgänge, die einen kriegseigentümlichen Gefahrenbereich hinterlassen haben.

(2) Als nachträgliche Auswirkungen kriegerischer Vorgänge (Absatz 1 Buchstabe e) gelten auch Schäden, die in Verbindung

a) mit dem zweiten Weltkrieg durch Angehörige oder sonstige Beschäftigte der Besatzungsmächte oder durch Verkehrsmittel (auch Flugzeuge) der Besatzungsmächte vor dem Tag verursacht worden sind, von dem an Leistungen nach anderen Vorschriften gewährt werden,

b) mit dem ersten Weltkrieg durch die in § 1 Nr. 1 des Gesetzes über den Ersatz der durch die Besetzung deutschen Reichsgebiets verursachten Personenschäden (Besatzungspersonenschädengesetz) in der Fassung der Bekanntmachung vom 12. April 1927 (RGBl. I S. 103) bezeichneten Ereignisse verursacht worden sind und zur Zuerkennung von Leistungen geführt hatten.

§ 6 [Anerkennung von Sonderfällen]. In anderen als den in den §§ 2, 3 und 5 bezeichneten, besonders begründeten Fällen kann mit Zustimmung des Bundesministeriums für Arbeit und Soziales das Vorliegen militärischen oder militärähnlichen Dienstes oder unmittelbarer Kriegseinwirkung anerkannt werden.

§ 7 [Persönlicher Geltungsbereich]. (1) Das Gesetz wird angewendet auf

1. Deutsche und deutsche Volkszugehörige, die ihren Wohnsitz oder gewöhnlichen Aufenthalt im Geltungsbereich dieses Gesetzes haben,

2. Deutsche und deutsche Volkszugehörige, die ihren Wohnsitz oder gewöhnlichen Aufenthalt in den zum Staatsgebiet des Deutschen Reiches nach dem Stande vom 31. Dezember 1937 gehörenden Gebieten östlich der Oder-Neiße-Linie oder im Ausland haben,

3. andere Kriegsopfer, die ihren Wohnsitz oder gewöhnlichen Aufenthalt im Geltungsbereich dieses Gesetzes haben, wenn die Schädigung mit einem Dienst im Rahmen der deutschen Wehrmacht oder militärähnlichem Dienst für eine deutsche Organisation in ursächlichem Zusammenhang steht oder in Deutschland oder in einem zur Zeit der Schädigung von der deutschen Wehrmacht besetzten Gebiet durch unmittelbare Kriegseinwirkung eingetreten ist.

(2) Auf Kriegsopfer, die aus derselben Ursache einen Anspruch auf Versorgung gegen einen anderen Staat besitzen, wird das Gesetz nicht angewendet, es sei denn, daß zwischenstaatliche Vereinbarungen etwas anderes bestimmen.

§ 8 [Sonderfälle]. [1] In anderen als den in § 7 bezeichneten, besonders begründeten Fällen kann mit Zustimmung des Bundesministeriums für Arbeit und Soziales Versorgung gewährt werden, außerhalb des Geltungsbereichs dieses Gesetzes jedoch nach Maßgabe der §§ 64 bis 64 f. [2] Die allgemeine Einbeziehung einer Kriegsopfergruppe in den Anwendungsbereich des Gesetzes bedarf auch der Zustimmung des Bundesministeriums der Finanzen.

§ 8 a [Fiktion der Schädigung]. (1) [1] Einer Schädigung im Sinne des § 1 Abs. 1 steht eine Schädigung gleich, die ein Berechtigter oder Leistungsempfänger nach § 10 Abs. 4 oder 5 durch einen Unfall bei der Durchführung einer stationären Maßnahme nach § 12 Abs. 1 oder 4 oder § 26 oder auf dem notwendigen Hin- und Rückweg erleidet. [2] Dies gilt entsprechend, wenn der Berechtigte oder Leistungsempfänger dem Verlangen eines zuständigen Leistungsträgers oder eines Gerichts, wegen der Versorgung persönlich zu erscheinen, folgt und dabei einen Unfall erleidet.

(2) Absatz 1 gilt entsprechend, wenn eine Pflegeperson bei einer Badekur nach § 12 Abs. 3 einen Unfall erleidet.

(3) [1] Einer Schädigung im Sinne des § 1 Abs. 1 steht eine Schädigung gleich, die eine nicht nach § 2 Abs. 1 Nr. 1 oder 9 des Siebten Buches Sozialgesetzbuch versicherte Begleitperson durch einen Unfall bei einer wegen der Folgen der Schädigung notwendigen Begleitung des Beschädigten auf einem Weg im Sinne des § 1 Abs. 2 Buchstabe e oder bei der notwendigen Begleitung während der Durchführung einer dort aufgeführten Maßnahme erleidet. [2] Dies gilt entsprechend, wenn der Beschädigte dem Verlangen eines Leistungsträgers, einer anderen Behörde oder eines Gerichts folgt, persönlich zu erscheinen.

§ 8 b [Fiktion der gesundheitlichen Schädigung]. Einer gesundheitlichen Schädigung im Sinne des § 1 Abs. 1 steht die Beschädigung eines am Körper getragenen Hilfsmittels, einer Brille, von Kontaktlinsen oder von Zahnersatz gleich.

Umfang der Versorgung

§ 9 [Umfang der Versorgung]. Die Versorgung umfaßt

1. Heilbehandlung, Versehrtenleibesübungen und Krankenbehandlung (§§ 10 bis 24 a),
2. Leistungen der Kriegsopferfürsorge (§§ 25 bis 27 j),
3. Beschädigtenrente (§§ 29 bis 34) und Pflegezulage (§ 35),
4. Bestattungsgeld (§ 36) und Sterbegeld (§ 37),
5. Hinterbliebenenrente (§§ 38 bis 52),
6. Bestattungsgeld beim Tode von Hinterbliebenen (§ 53).

Heilbehandlung, Versehrtenleibesübungen und Krankenbehandlung

§ 10 [Voraussetzungen und Zweck der Heil- oder Krankenbehandlung]. (1) [1] Heilbehandlung wird Beschädigten für Gesundheitsstörungen, die als Folge einer Schädigung anerkannt oder durch eine anerkannte Schädigungsfolge verursacht worden sind, gewährt, um die Gesundheitsstörungen oder die durch sie bewirkte Beeinträchtigung der Berufs- oder Erwerbsfähigkeit zu beseitigen oder zu bessern, eine Zunahme des Leidens zu verhüten, Pflegebedürftigkeit zu vermeiden, zu überwinden, zu mindern oder ihre Verschlimmerung zu verhüten, körperliche Beschwerden zu beheben, die Folgen der Schädigung zu erleichtern oder um den Beschädigten entsprechend den in § 4 Abs. 1 des Neunten Buches Sozialgesetzbuch genannten Zielen eine möglichst umfassende Teilhabe am Leben in der Gesellschaft zu ermöglichen. [2] Ist eine Gesundheitsstörung nur im Sinne der Verschlimmerung als Folge einer Schädigung anerkannt, wird abweichend von Satz 1 Heilbehandlung für die gesamte Gesundheitsstörung gewährt, es sei denn, daß die als Folge einer Schädigung anerkannte Gesundheitsstörung auf den Zustand, der Heilbehandlung erfordert, ohne Einfluß ist.

(2) Heilbehandlung wird Schwerbeschädigten auch für Gesundheitsstörungen gewährt, die nicht als Folge einer Schädigung anerkannt sind.

(3) Versehrtenleibesübungen werden Beschädigten zur Wiedergewinnung und Erhaltung der körperlichen Leistungsfähigkeit gewährt.

(4) [1] Krankenbehandlung wird
a) dem Schwerbeschädigten für den Ehegatten oder Lebenspartner und für die Kinder (§ 33 Abs. 1 bis 4) sowie für sonstige Angehörige, die mit ihm in häuslicher Gemeinschaft leben und von ihm überwiegend unterhalten werden,
b) dem Empfänger einer Pflegezulage für Personen, die seine unentgeltliche Wartung und Pflege nicht nur vorübergehend übernommen haben,
c) den Witwen und hinterbliebenen Lebenspartnern (§§ 38, 42 bis 44 und 48), Waisen (§§ 45 und 48) und versorgungsberechtigten Eltern (§§ 49 bis 51)
gewährt, um Gesundheitsstörungen oder die durch sie bewirkte Beeinträchtigung der Berufs- oder Erwerbsfähigkeit zu beseitigen oder zu bessern, eine Zunahme des Leidens zu verhüten, Pflegebedürftigkeit zu vermeiden, zu überwinden, zu mindern oder ihre Verschlimmerung zu verhüten, körperliche Beschwerden zu beheben oder die Folgen der Behinderung zu erleichtern. [2] Die unter Buchstabe c genannten Berechtigten erhalten Krankenbehandlung auch zu dem Zweck, ihnen entsprechend den in § 4 Abs. 1 des Neunten Buches Sozialgesetzbuch genannten Zielen eine möglichst umfassende Teilhabe am Leben in der Gesellschaft zu ermöglichen. [3] Bisherige Leistungsempfänger (Satz 1 Buchstaben a und b), die nach dem Tode des Schwerbeschädigten nicht zu dem Personenkreis des Satzes 1 Buchstabe c gehören, können weiter Krankenbehandlung erhalten, wenn sie einen wirksamen Krankenversicherungsschutz unter zumutbaren Bedingungen nicht erreichen können.

(5) [1] Krankenbehandlung wird ferner gewährt,

a) Beschädigten mit einem Grad der Schädigungsfolgen von weniger als 50 für sich und für die in Absatz 4 Buchstabe a genannten Angehörigen,

b) Witwen und hinterbliebenen Lebenspartnern (§§ 38, 42 bis 44 und 48) für die in Absatz 4 Buchstabe a genannten Angehörigen,

sofern der Berechtigte an einer Leistung zur Teilhabe am Arbeitsleben teilnimmt. [2] Das Gleiche gilt bei einer vorübergehenden Unterbrechung der Teilnahme aus gesundheitlichen oder sonstigen von dem Berechtigten nicht zu vertretenden Gründen.

(6) [1] Berechtigten, die die Voraussetzungen der Absätze 2, 4 oder 5 erfüllen, werden für sich und die Leistungsempfänger Leistungen und zur Verhütung und Früherkennung von Krankheiten sowie Leistungen bei Schwangerschaft und Mutterschaft gewährt. [2] Außerdem sollen Leistungen zur Gesundheitsförderung, Prävention und Selbsthilfe nach Maßgabe des Fünften Buches Sozialgesetzbuch erbracht werden. [3] Für diese Leistungen gelten die Vorschriften über die Heil- und die Krankenbehandlung mit Ausnahme des Absatzes 1 entsprechend; für Kurleistungen gelten § 11 Abs. 2 und § 12 Abs. 3 und 4.

(7) [1] Die Ansprüche nach den Absätzen 2, 4, 5 und 6 sind ausgeschlossen,

a) wenn der Berechtigte ein Einkommen hat, das die Jahresarbeitsentgeltgrenze der gesetzlichen Krankenversicherung übersteigt, es sei denn, daß der Berechtigte Anspruch auf Pflegezulage hat oder die Heilbehandlung wegen der als Folge einer Schädigung anerkannten Gesundheitsstörung nicht durch eine Krankenversicherung sicherstellen kann, oder

b) wenn der Berechtigte oder derjenige, für den Krankenbehandlung begehrt wird (Leistungsempfänger), nach dem 31. Dezember 1982 von der Versicherungspflicht in der gesetzlichen Krankenversicherung auf Antrag befreit worden ist oder

c) wenn der Leistungsempfänger ein Einkommen hat, das die Jahresarbeitsentgeltgrenze der gesetzlichen Krankenversicherung übersteigt, es sei denn, daß der Berechtigte Anspruch auf Pflegezulage hat, oder

d) wenn ein Sozialversicherungsträger zu einer entsprechenden Leistung verpflichtet ist oder

e) wenn Anspruch auf entsprechende Leistungen aus einem Vertrag, ausgenommen Ansprüche aus einer privaten Kranken- oder Unfallversicherung, besteht oder

f) wenn und soweit die Heil- oder Krankenbehandlung durch ein anderes Gesetz sichergestellt ist.

[2] Entsprechende Leistungen im Sinne dieses Absatzes sind Leistungen, die nach ihrer Zweckbestimmung und der Art der Leistungserbringung übereinstimmen. [3] Sachleistungen anderer Träger, die dem gleichen Zweck dienen wie Kostenübernahmen, Geldleistungen oder Zuschüsse nach diesem Gesetz, gelten im Verhältnis zu diesen Leistungen als entsprechende Leistungen. [4] Die Ansprüche, die ein Berechtigter nach den Absätzen 2, 4, 5 und 6 für sich hat, werden nicht dadurch ausgeschlossen, daß er nach § 10 des Fünften Buches Sozialgesetzbuch versichert ist.

(8) Heil- oder Krankenbehandlung kann auch vor der Anerkennung eines Versorgungsanspruchs gewährt werden.

§ 11 [Umfang der Heilbehandlung]. (1) [1] Die Heilbehandlung umfaßt

1. ambulante ärztliche und zahnärztliche Behandlung,
2. Versorgung mit Arznei- und Verbandmitteln,
3. Versorgung mit Heilmitteln einschließlich Krankengymnastik, Bewegungstherapie, Sprachtherapie und Beschäftigungstherapie sowie mit Brillengläsern und Kontaktlinsen,
4. Versorgung mit Zahnersatz,
5. Behandlung in einem Krankenhaus (Krankenhausbehandlung),
6. Behandlung in einer Rehabilitationseinrichtung,
7. häusliche Krankenpflege,
8. Versorgung mit Hilfsmitteln,
9. Belastungserprobung und Arbeitstherapie,
10. nichtärztliche sozialpädiatrische Leistungen,
11. Psychotherapie als ärztliche und psychotherapeutische Behandlung und Soziotherapie.

[2] Die Vorschriften für die Leistungen, zu denen die Krankenkasse (§ 18 c Abs. 2 Satz 1) ihren Mitgliedern verpflichtet ist, gelten für die Leistungen nach Satz 1 entsprechend, soweit dieses Gesetz nichts anderes bestimmt.

(2) [1] Stationäre Behandlung in einer Kureinrichtung (Badekur) kann Beschädigten unter den Voraussetzungen des § 10 Abs. 1, 2, 7 und 8 gewährt werden, wenn sie notwendig ist, um den Heilerfolg zu sichern oder um einer in absehbarer Zeit zu erwartenden Verschlechterung des Gesundheitszustands, einer Pflegebedürftigkeit oder einer Arbeitsunfähigkeit vorzubeugen. [2] Die Leistung wird abweichend von § 10 Abs. 7 Buchstabe d nicht dadurch ausgeschlossen, daß eine Krankenkasse zu einer entsprechenden Leistung verpflichtet ist. [3] Eine Badekur soll nicht vor Ablauf von drei Jahren nach Durchführung einer solchen Maßnahme oder einer Kurmaßnahme, deren Kosten auf Grund öffentlich-rechtlicher Vorschriften getragen oder bezuschußt worden sind, gewährt werden, es sei denn, daß eine vorzeitige Gewährung aus dringenden gesundheitlichen Gründen erforderlich ist. [4] Wird die Badekur unter den Voraussetzungen des § 10 Abs. 1 gewährt, so sollen Gesundheitsstörungen, die den Erfolg der Badekur beeinträchtigen können, mitbehandelt werden.

(3)[2] [1] Zur Ergänzung der Versorgung mit Hilfsmitteln können Beschädigte unter den Voraussetzungen des § 10 Abs. 1, 2, 7 und 8 als Ersatzleistung Zuschüsse erhalten

1. zur Beschaffung, Instandhaltung und Änderung von Motorfahrzeugen oder Fahrrädern anstelle bestimmter Hilfsmittel und deren Instandsetzung,
2. für Abstellmöglichkeiten für Rollstühle und für Motorfahrzeuge, zu deren Beschaffung der Beschädigte einen Zuschuß erhalten hat oder hätte erhalten können,
3. zur Unterbringung von Blindenführhunden,
4. zur Beschaffung und Änderung bestimmter Geräte sowie
5. zu den Kosten bestimmter Dienst- und Werkleistungen.

---

[2] Siehe hierzu die OrthopädieVO.

[2]Bei einzelnen Leistungen können auch die vollen Kosten übernommen werden. [3]Empfänger einer Pflegezulage mindestens nach Stufe III können einen Zuschuß nach Satz 1 Nr. 1 auch erhalten, wenn er nicht anstelle eines Hilfsmittels beantragt wird.

(4) Beschädigte erhalten unter den Voraussetzungen des § 10 Abs. 1, 2, 7 und 8 Haushaltshilfe sowie einen Zuschuss zu stationärer oder teilstationärer Versorgung in Hospizen in entsprechender Anwendung der Vorschriften, die für die Krankenkasse (§ 18 c Abs. 2 Satz 1) gelten.

(5) Die Heilbehandlung umfaßt auch ergänzende Leistungen zur Rehabilitation, die nicht zu den Leistungen nach den §§ 11 a, 26 und 27 d gehören; für diese ergänzenden Leistungen gelten die Vorschriften für die entsprechenden Leistungen der Krankenkasse (§ 18 c Abs. 2 Satz 1).

(6) [1]Die Heil- und Krankenbehandlung umfasst die Versorgung mit Brillengläsern und Kontaktlinsen; in Fällen des § 10 Abs. 2, 4 und 5 jedoch nur, wenn kein Versicherungsverhältnis zu einer gesetzlichen Krankenversicherung besteht. [2]Der Anspruch auf Brillengläser umfasst auch die Ausstattung mit dem notwendigen Brillengestell, wenn die Brille zur Behandlung einer Gesundheitsstörung nach § 10 Abs. 1 oder wenn bei nichtschädigungsbedingt notwendigen Brillen wegen anerkannter Schädigungsfolgen eine aufwändigere Versorgung erforderlich ist.

§ 11 a[3] [Versehrtenleibesübungen].

(1) Versehrtenleibesübungen werden in Übungsgruppen unter ärztlicher Betreuung und fachkundiger Leitung im Rahmen regelmäßiger örtlicher Übungsveranstaltungen geeigneter Sportgemeinschaften durchgeführt.

(2) Die Eignung einer Sportgemeinschaft setzt voraus, daß Größe, ärztliche Betreuung, sportliche Leitung und Übungsmöglichkeiten Gewähr für einen ordnungsgemäßen Ablauf der Übungsveranstaltungen bieten.

(3) [1]Die Verwaltungsbehörde soll sich bei der Erbringung der Leistungen einer Sportorganisation bedienen, die in der Lage ist, durch geeignete Sportgemeinschaften ein ausreichendes Leistungsangebot im gesamten Landesbereich sicherzustellen. [2]Mehrerer Sportorganisationen soll sie sich nur bedienen, wenn jede Organisation die Sicherstellung in einem bestimmten Gebiet übernimmt und wenn dadurch der gesamte Landesbereich erfaßt wird. [3]Anstelle einer Sportorganisation kann sich die Verwaltungsbehörde geeigneter Sportgemeinschaften unmittelbar bedienen.

(4) Soweit sich die Verwaltungsbehörde bei der Erbringung der Leistungen geeigneter Sportorganisationen oder Sportgemeinschaften bedient, werden den organisatorischen Trägern die dadurch entstehenden Verwaltungskosten in angemessenem Umfang ersetzt.

§ 12 [Umfang der Krankenbehandlung].

(1) [1]Für die Krankenbehandlung gilt § 11 Abs. 1 mit Ausnahme von Satz 1 Nr. 4 entsprechend. [2]Die Krankenbehandlung umfaßt auch Leistungen zur medizinischen Rehabilita-

---

[3] Siehe hierzu die Versehrtenleibesübungen-VO

tion und ergänzende Leistungen; für diese Leistungen gelten die Vorschriften für die entsprechenden Leistungen der Krankenkasse (§ 18 c Abs. 2 Satz 1).

(2) [1] Zuschüsse zu den Kosten der Beschaffung von Zahnersatz können den Berechtigten unter den Voraussetzungen des § 10 Abs. 4, 5, 7 und 8 bis zur Höhe von 80 vom Hundert der notwendigen Kosten gewährt werden. [2] § 10 Abs. 7 ist mit der Maßgabe anzuwenden, daß Leistungen der gesetzlichen Krankenversicherung zur Versorgung mit Zahnersatz die Leistung nach Satz 1 ausschließen; sofern solche Leistungen freiwillig Versicherten gewährt werden, die mehr als die Hälfte der Beiträge aus eigenen Mitteln tragen, sind diese Leistungen mit ihrem Wert oder Betrag auf die Gesamtaufwendungen anzurechnen.

(3) [1] Ehegatten oder Lebenspartnern und Eltern von Pflegezulageempfängern sowie Personen, die die unentgeltliche Wartung und Pflege eines Pflegezulageempfängers übernommen haben, kann eine Badekur gewährt werden, wenn sie den Beschädigten mindestens seit zwei Jahren dauernd pflegen und die Badekur zur Erhaltung ihrer Fähigkeit, den Beschädigten zu pflegen, erforderlich ist. [2] Diesen Personen kann auch während eines Zeitraums von fünf Jahren nach der Beendigung der Pflegetätigkeit eine Badekur gewährt werden, wenn sie notwendig ist, um den Heilerfolg zu sichern oder um einer in absehbarer Zeit zu erwartenden Verschlechterung des Gesundheitszustands, einer Pflegebedürftigkeit oder einer Arbeitsunfähigkeit vorzubeugen. [3] Badekuren können bis zehn Jahre nach Beendigung der Pflegetätigkeit gewährt werden, wenn die Pflegetätigkeit länger als zehn Jahre gedauert hat. [4] § 10 Abs. 7 und § 11 Abs. 2 Satz 2 und 3 gelten entsprechend. [5] Berechtigte nach Satz 1 und 2 erhalten Haushaltshilfe entsprechend § 11 Abs. 4.

(4) Berechtigte und Leistungsempfänger erhalten unter den Voraussetzungen des § 10 Abs. 4, 5, 7 und 8 Leistungen zur Gesundheitsvorsorge in Form einer Kur in entsprechender Anwendung der Vorschriften, die für die Krankenkasse (§ 18 c Abs. 2 Satz 1) gelten.

(5) § 11 Abs. 4 gilt für Berechtigte oder Leistungsempfänger im Sinne des § 10 Abs. 4 und 5 entsprechend.

§ 13[4] **[Orthopädische Versorgung].** (1) Die Versorgung mit Hilfsmitteln umfaßt die Ausstattung mit Körperersatzstücken, orthopädischen und anderen Hilfsmitteln, Blindenführhunden und mit dem Zubehör der Hilfsmittel, die Instandhaltung und den Ersatz der Hilfsmittel und des Zubehörs sowie die Ausbildung im Gebrauch von Hilfsmitteln.

(2) [1] Die Hilfsmittel sind in erforderlicher Zahl auf Grund fachärztlicher Verordnung in technisch-wissenschaftlich anerkannter, dauerhafter Ausführung und Ausstattung zu gewähren; sie müssen den persönlichen und beruflichen Bedürfnissen des Berechtigten oder Leistungsempfängers angepaßt sein und dem allgemein anerkannten Stand der medizinischen Erkenntnisse

---

[4] Siehe hierzu die OrthopädieVO.

und der technischen Entwicklung entsprechen. ²Hilfsmittel, deren Neuwert 300 Euro übersteigt, sind in der Regel nicht zu übereignen.

(3) ¹Die Bewilligung der Hilfsmittel kann davon abhängig gemacht werden, daß der Berechtigte oder Leistungsempfänger sie sich anpassen läßt oder sich, um mit ihrem Gebrauch vertraut zu werden, einer Ausbildung unterzieht. ²Der Ersatz eines unbrauchbar gewordenen Hilfsmittels kann abgelehnt werden, wenn es nicht zurückgegeben wird.

(4) Der Berechtigte hat Anspruch auf Instandsetzung und Ersatz der Hilfsmittel, wenn ihre Unbrauchbarkeit oder ihr Verlust nicht auf Mißbrauch, Vorsatz oder grobe Fahrlässigkeit des Berechtigten oder Leistungsempfängers zurückzuführen ist.

§ 14 [Blindenführhund oder fremde Führung]. Beschädigte, bei denen Blindheit als Folge einer Schädigung anerkannt ist, erhalten monatlich 147 Euro zum Unterhalt eines Führhunds und als Beihilfe zu den Aufwendungen für fremde Führung.

§ 15⁵ [Kleider- und Wäscheverschleiß]. ¹Verursachen die anerkannten Folgen der Schädigung außergewöhnlichen Verschleiß an Kleidung oder Wäsche, so sind die dadurch entstehenden Kosten mit einem monatlichen Pauschbetrag von 18 bis 120 Euro zu ersetzen. ²Der Pauschbetrag ergibt sich aus der Multiplikation von 1,843 Euro mit der auf Grund einer Rechtsverordnung nach § 24a Buchstabe d für den jeweiligen Verschleißtatbestand festgesetzten Bewertungszahl. ³Die sich ergebenden Beträge sind bis 0,49 Euro auf volle Euro abzurunden und von 0,50 Euro an auf volle Euro aufzurunden. ⁴Übersteigen in besonderen Fällen die tatsächlichen Aufwendungen die höchste Stufe des Pauschbetrags, so sind sie erstattungsfähig.

§ 16 [Versorgungskrankengeld]. (1) Versorgungskrankengeld nach Maßgabe der folgenden Vorschriften wird gewährt
a) Beschädigten, wenn sie wegen einer Gesundheitsstörung, die als Folge einer Schädigung anerkannt ist oder durch eine anerkannte Schädigungsfolge verursacht ist, arbeitsunfähig im Sinne der Vorschriften der gesetzlichen Krankenversicherung werden; bei Gesundheitsstörungen, die nur im Sinne der Verschlimmerung als Folge einer Schädigung anerkannt sind, tritt an deren Stelle die gesamte Gesundheitsstörung, es sei denn, daß die als Folge einer Schädigung anerkannte Gesundheitsstörung auf die Arbeitsunfähigkeit ohne Einfluß ist,
b) Beschädigten, wenn sie wegen anderer Gesundheitsstörungen arbeitsunfähig werden, sofern ihnen wegen dieser Gesundheitsstörungen Heil- oder Krankenbehandlung zu gewähren ist (§ 10 Abs. 2, 5 Buchstabe a und Absatz 7),
c) Witwen und hinterbliebenen Lebenspartnern (§§ 38, 42 bis 44 und 48), Waisen (§§ 45 und 48) und versorgungsberechtigten Eltern (§§ 49 bis 51),

---

⁵ Siehe hierzu die BVG-PauschbetragsVO.

wenn sie arbeitsunfähig werden, sofern ihnen Krankenbehandlung zu gewähren ist (§ 10 Abs. 4 Buchstabe c und Absatz 7).

(2) Als arbeitsunfähig im Sinne der §§ 16 bis 16f ist auch der Berechtigte anzusehen, der

a) wegen der Durchführung einer stationären Behandlungsmaßnahme der Heil- oder Krankenbehandlung, einer Badekur oder

b) ohne arbeitsunfähig zu sein, wegen einer anderen Behandlungsmaßnahme der Heil- oder Krankenbehandlung, ausgenommen die Anpassung und die Instandsetzung von Hilfsmitteln

keine ganztägige Erwerbstätigkeit ausüben kann.

(3) [1] Anspruch auf Versorgungskrankengeld besteht auch dann, wenn Heil- oder Krankenbehandlung vor Anerkennung des Versorgungsanspruchs nach § 10 Abs. 8 gewährt oder eine Badekur durchgeführt wird. [2] Einem versorgungsberechtigten Kind steht im Falle einer schädigungsbedingten Erkrankung und dadurch erforderlichen Beaufsichtigung, Betreuung oder Pflege für den betreuenden Elternteil ein Anspruch auf Versorgungskrankengeld in entsprechender Anwendung des § 45 des Fünften Buches Sozialgesetzbuch zu.

(4) [1] Der Anspruch auf Versorgungskrankengeld ruht, solange der Berechtigte Arbeitslosengeld, Unterhaltsgeld, Mutterschaftsgeld oder Kurzarbeitergeld bezieht. [2] Das gilt nicht für die Dauer einer stationären Behandlungsmaßnahme der Heil- oder Krankenbehandlung oder einer Badekur. [3] Es besteht kein Anspruch auf Versorgungskrankengeld, wenn unmittelbar vor der Arbeitsunfähigkeit Arbeitslosengeld II bezogen wurde.

(5) [1] Der Anspruch auf Versorgungskrankengeld ruht während der Elternzeit nach dem Bundeselterngeld- und Elternzeitgesetz. [2] Dies gilt nicht, wenn die Arbeitsunfähigkeit vor Beginn der Elternzeit eingetreten ist oder das Versorgungskrankengeld aus dem Arbeitsentgelt zu berechnen ist, das durch Erwerbstätigkeit während der Elternzeit erzielt wurde.

§ 16a [Höhe des Versorgungskrankengeldes]. (1) [1] Das Versorgungskrankengeld beträgt 80 vom Hundert des erzielten regelmäßigen Entgelts (Regelentgelt) und darf das entgangene regelmäßige Nettoarbeitsentgelt nicht übersteigen. [2] Das Regelentgelt wird nach den Absätzen 2 und 3 berechnet. [3] Das Versorgungskrankengeld wird für Kalendertage gezahlt. [4] Ist es für einen ganzen Kalendermonat zu zahlen, so ist dieser mit 30 Tagen anzusetzen.

(2) [1] Für die Berechnung des Regelentgelts ist bei Berechtigten, die bis zum Beginn der Arbeitsunfähigkeit gegen Entgelt beschäftigt waren, das von dem Berechtigten im letzten vor Beginn der Arbeitsunfähigkeit abgerechneten Entgeltabrechnungszeitraum, mindestens während der letzten abgerechneten vier Wochen (Bemessungszeitraum) erzielte und um einmalig gezahltes Arbeitsentgelt verminderte Entgelt durch die Zahl der Stunden zu teilen, für die es gezahlt wurde. [2] Das Ergebnis ist mit der Zahl der sich aus dem Inhalt des Arbeitsverhältnisses ergebenden regelmäßigen wöchentlichen Arbeitsstunden zu vervielfachen und durch sieben zu teilen. [3] Ist das Entgelt nach Monaten bemessen oder ist eine Berechnung des Regelentgelts nach

den Sätzen 1 und 2 nicht möglich, so gilt der 30. Teil des in dem letzten vor Beginn der Maßnahme abgerechneten Kalendermonat erzielten und um einmalig gezahltes Arbeitsentgelt verminderten Entgelts als Regelentgelt. [4]Wenn mit einer Arbeitsleistung Arbeitsentgelt erzielt wird, das für Zeiten einer Freistellung vor oder nach dieser Arbeitsleistung fällig wird (Wertguthaben nach § 7 b des Vierten Buches Sozialgesetzbuch), ist für die Berechnung des Regelentgelts das im Bemessungszeitraum der Beitragsberechnung zugrundeliegende und um einmalig gezahltes Arbeitsentgelt verminderte Arbeitsentgelt maßgebend; Wertguthaben, die nicht gemäß einer Vereinbarung über flexible Arbeitszeitregelungen verwendet werden (§ 23 b Abs. 2 des Vierten Buches Sozialgesetzbuch), bleiben außer Betracht. [5]Bei der Anwendung des Satzes 1 gilt als regelmäßige wöchentliche Arbeitszeit die Arbeitszeit, die dem gezahlten Arbeitsentgelt entspricht.

(3) [1]Das Regelentgelt wird bis zur Höhe der jeweils geltenden Leistungsbemessungsgrenze berücksichtigt. [2]Leistungsbemessungsgrenze ist der 360. Teil der Beitragsbemessungsgrenze der allgemeinen Rentenversicherung für Jahresbezüge.

(4) Bei der Berechnung des Regelentgelts und des Nettoarbeitsentgelts sind die Besonderheiten der Gleitzone nach § 20 Abs. 2 des Vierten Buches Sozialgesetzbuch nicht zu berücksichtigen.

§ 16 b [Berechnung des Versorgungskrankengeldes]. (1) Hat der Berechtigte unmittelbar vor Eintritt der Arbeitsunfähigkeit Einkünfte aus Land- und Forstwirtschaft (§§ 13 bis 14 des Einkommensteuergesetzes), aus Gewerbebetrieb (§§ 15 bis 17 des Einkommensteuergesetzes) oder aus selbständiger Arbeit (§ 18 des Einkommensteuergesetzes) erzielt, ist § 16 a entsprechend anzuwenden.

(2) [1]Bemessungszeitraum ist das letzte Kalenderjahr, für das ein Einkommensteuerbescheid vorliegt. [2]Das Versorgungskrankengeld ist für Kalendertage zu zahlen. [3]Als Regelentgelt gelten die Gewinne, die der Veranlagung zur Einkommensteuer zugrunde gelegt worden sind. [4]Ein Verlustausgleich zwischen einzelnen Einkunftsarten ist nicht vorzunehmen. [5]Den Gewinnen sind erhöhte Absetzungen nach den §§ 7 b bis 7 d und 7 h bis 7 k des Einkommensteuergesetzes, nach den §§ 82 a, 82 g und 82 i der Einkommensteuer-Durchführungsverordnung, nach den §§ 14 bis 15 des Berlinförderungsgesetzes und nach den §§ 7 und 12 des Schutzbaugesetzes hinzuzurechnen, soweit sie die nach § 7 Abs. 1 oder 4 des Einkommensteuergesetzes zulässigen Absetzungen für Abnutzung übersteigen. [6]Ferner sind Sonderabschreibungen nach den §§ 7 e bis 7 g des Einkommensteuergesetzes, § 3 des Zonenrandförderungsgesetzes, den §§ 76, 81, 82 d und 82 f der Einkommensteuer-Durchführungsverordnung, die Gewinnabzüge nach § 78 der Einkommensteuer-Durchführungsverordnung sowie die nach § 3 des Zonenrandförderungsgesetzes gebildeten Rücklagen hinzuzurechnen. [7]Freibeträge für Veräußerungsgewinne nach den §§ 14, 14 a, 16 Abs. 4, § 17 Abs. 3 und § 18 Abs. 3 des Einkommensteuergesetzes und Freibeträge nach § 13 Abs. 3 des Einkommensteuergesetzes sind nicht zu berücksichtigen.

(3) Findet eine Veranlagung zur Einkommensteuer nicht statt, ist Bemessungszeitraum das letzte vor Beginn der Arbeitsunfähigkeit abgelaufene Kalenderjahr, für das der Berechtigte die Gewinne nachweisen kann; die nachgewiesenen Gewinne gelten als Regelentgelt.

(4) Kann ein Regelentgelt nach Absatz 2 oder 3 nicht festgestellt werden oder ergibt ein nach Absatz 2 oder 3 festgestelltes Regelentgelt wegen wesentlicher Änderungen nach Ende des Bemessungszeitraumes oder aus anderen Gründen keinen angemessenen Maßstab für den Einkommensverlust, so ist das Regelentgelt unter Berücksichtigung der Gesamtverhältnisse festzusetzen.

(5) Als Regelentgelt im Sinne des § 16 a Abs. 1 gelten auch

a) bei Berechtigten, die die Voraussetzungen des § 30 Abs. 12 erfüllen, ein Betrag in Höhe von zehn Achtel der durch die Arbeitsunfähigkeit notwendigen Mehraufwendungen für die Haushaltsführung,

b) bei nicht erwerbstätigen Berechtigten, die durch Arbeitsunfähigkeit gehindert sind, eine bestimmte Erwerbstätigkeit aufzunehmen, das Bruttoeinkommen, das ihnen durchschnittlich entgeht, oder, sofern dieses Einkommen nicht ermittelt werden kann, das Durchschnittseinkommen der Berufs- oder Wirtschaftsgruppe, der der Berechtigte ohne die Arbeitsunfähigkeit angehörte,

c) bei Empfängern von Arbeitslosengeld oder Unterhaltsgeld ein Betrag in Höhe von zehn Achteln dieser Leistungen, sofern die Voraussetzungen von Buchstabe b nicht vorliegen.

(6) Ist Versorgungskrankengeld nach § 16 a und nach den Absätzen 1 bis 5 zu berechnen, so ist ein einheitliches kalendertägliches Versorgungskrankengeld festzusetzen.

§ 16 c *(aufgehoben)*

§ 16 d [Berücksichtigung anderer Kostenträger]. Hat der Berechtigte von einem anderen Rehabilitationsträger Krankengeld, Verletztengeld oder Übergangsgeld bezogen und ist ihm im Anschluß daran Versorgungskrankengeld nach den §§ 16 bis 16 f zu gewähren, so ist bei der Berechnung des Versorgungskrankengelds von dem bisher zugrunde gelegten Entgelt auszugehen.

§ 16 e [Weitergewährung des Versorgungskrankengeldes]. Sind nach Abschluß der Heil- oder Krankenbehandlung oder einer Badekur Leistungen zur Teilhabe am Arbeitsleben erforderlich und können diese aus Gründen, die der Berechtigte nicht zu vertreten hat, nicht unmittelbar anschließend durchgeführt werden, so ist das Versorgungskrankengeld für diese Zeit weiterzugewähren, wenn der Berechtigte arbeitsunfähig ist und ihm ein Anspruch auf Krankengeld nicht zusteht oder wenn ihm eine zumutbare Beschäftigung nicht vermittelt werden kann.

§ 16 f [Kürzung des Versorgungskrankengeldes]. (1) [1] Erhält der Berechtigte während des Bezuges von Versorgungskrankengeld Arbeitsentgelt, so ist das Versorgungskrankengeld um das um die gesetzlichen Abzüge verminderte Arbeitsentgelt zu kürzen; einmalig gezahltes Arbeitsentgelt sowie Leistungen des Arbeitgebers zum Versorgungskrankengeld, soweit sie zusammen mit dem Versorgungskrankengeld das vor der Arbeitsunfähigkeit erzielte, um die gesetzlichen Abzüge verminderte Arbeitsentgelt nicht übersteigen, bleiben außer Ansatz. [2]Erzielt der Berechtigte während des Bezuges von Versorgungskrankengeld Einkünfte aus Land- und Forstwirtschaft, aus Gewerbebetrieb oder aus selbständiger Arbeit, so ist das Versorgungskrankengeld um 80 vom Hundert der als Regelentgelt geltenden Beträge zu kürzen.

(2) Erhält der Berechtigte durch eine Tätigkeit während des Bezuges von Versorgungskrankengeld Arbeitseinkommen, so ist das Versorgungskrankengeld um 80 vom Hundert des erzielten Arbeitseinkommens zu kürzen.

(3) Das Versorgungskrankengeld ist ferner zu kürzen um den um gesetzliche Abzüge verminderten Betrag von

1. Geldleistungen, die eine öffentlich-rechtliche Stelle im Zusammenhang mit der Heil- und Krankenbehandlung oder Badekur gewährt,
2. Renten, wenn dem Versorgungskrankengeld ein vor Beginn der Rentengewährung erzieltes Arbeitsentgelt oder Arbeitseinkommen zugrunde liegt,
3. Renten, die aus demselben Anlaß wie die Maßnahmen zur Rehabilitation gewährt werden, wenn durch die Anrechnung eine unbillige Doppelleistung vermieden wird.

(4) Macht der Berechtigte Ansprüche auf Leistungen einer öffentlich-rechtlichen Stelle nicht geltend, so ist der ihm dadurch entgehende Betrag anzurechnen; das gilt nicht, soweit die Ansprüche nicht zu verwirklichen sind oder aus Unkenntnis oder aus einem verständigen Grund nicht geltend gemacht worden sind oder geltend gemacht werden.

(5) § 71 b findet entsprechende Anwendung.

§ 16 g [Erstattung von Aufwendungen des Arbeitgebers]. (1) [1]Ist ein Arbeitnehmer am Tag nach der Beendigung eines auf einer Dienstpflicht beruhenden Dienstverhältnisses nach dem Wehrpflichtgesetz, dem Zivildienstgesetz oder dem Bundesgrenzschutzgesetz vom 18. August 1972 (BGBl. I S. 1834)[6], das zuletzt durch Artikel 3 des Gesetzes vom 19. Oktober 1994 (BGBl. I S. 2978) geändert worden ist, wegen einer Gesundheitsstörung arbeitsunfähig, so werden dem privaten Arbeitgeber, der auf Grund eines bereits vor dem Beginn des Dienstverhältnisses bestehenden Arbeitsverhältnisses zur Fortzahlung des Arbeitsentgelts im Krankheitsfall verpflichtet ist, das fortgezahlte Arbeitsentgelt, die darauf entfallenden, von dem Arbeitgeber zu tragenden und abgeführten Beiträge zur Sozialversicherung und zur Arbeitsförderung sowie zu Einrichtungen der zusätzlichen Alters- und Hinterbliebenenversorgung erstattet, wenn die Gesundheitsstörung durch eine Schädigung im Sinne der §§ 80 bis 81 a des Soldatenversorgungsgesetzes, der §§ 47, 47 a des Zivildienstgesetzes oder des § 59 des Bundes-

---

[6] Siehe jetzt das BGSG.

grenzschutzgesetzes vom 18. August 1972 (BGBl. I S. 1834)[7], das zuletzt durch Artikel 3 des Gesetzes vom 19. Oktober 1994 (BGBl. I S. 2978) geändert worden ist, verursacht worden ist. [2]Den in Satz 1 bezeichneten Dienstverhältnissen steht ein Dienstverhältnis eines Soldaten auf Zeit gleich, für das die Dienstzeit zunächst auf sechs Monate oder endgültig auf insgesamt nicht mehr als zwei Jahre festgesetzt worden ist.

(2) [1]Die Erstattung nach Absatz 1 ist auf den Zeitraum beschränkt, für den der Arbeitgeber zur Fortzahlung des Arbeitsentgelts im Krankheitsfall verpflichtet ist. [2]Der Erstattungszeitraum endet schon früher, wenn die am Tage nach Beendigung des Dienstverhältnisses bestehende Arbeitsunfähigkeit entfällt oder nicht mehr durch die Folgen der Schädigung verursacht wird.

(3) Ist dem Arbeitnehmer ein Anspruch erwachsen auf Grund gesetzlicher Vorschriften von einem Schädiger Ersatz wegen des Verdienstausfalls, der ihm durch die Arbeitsunfähigkeit entstanden ist, verlangen zu können, so kann der Arbeitgeber Erstattung nach Absatz 1 nur gegen Abtretung dieses Anspruchs im Umfang der nach Absatz 1 begründeten Leistungspflicht verlangen.

(4) [1]Die Aufwendungen der Arbeitgeber werden auf Antrag erstattet. [2]Die Erstattung wird erst nach der Entscheidung über den Versorgungsanspruch geleistet. [3]Der Anspruch auf die Erstattung verjährt mit Ablauf von vier Jahren seit dem Ende des Jahres der Beendigung des Dienstverhältnisses.

§ 16 h [Anspruchsübergang auf Kostenträger]. [1]Erfüllt der Arbeitgeber während der Arbeitsunfähigkeit des Berechtigten den Anspruch auf Fortzahlung des Arbeitsentgelts nicht, so geht der Anspruch des Berechtigten gegen den Arbeitgeber bis zur Höhe des gezahlten Versorgungskrankengelds auf den Kostenträger der Kriegsopferversorgung über. [2]In dem Umfang, in dem der Arbeitgeber Erstattung nach § 16 g Abs. 1 verlangen kann, ist dieser Anspruch nicht geltend zu machen.

§ 17 [Beihilfe bei Heilbehandlung]. [1]Führt eine notwendige Maßnahme der Behandlung einer anerkannten Schädigungsfolge (§ 10 Abs. 1, § 11 Abs. 1 und 2) zu einer erheblichen Beeinträchtigung der Erwerbsgrundlage des Beschädigten, so kann eine Beihilfe in angemessener Höhe gewährt werden; sie soll im allgemeinen 36 Euro täglich nicht übersteigen. [2]Die Beihilfe kann auch gewährt werden, wenn die Einkünfte einschließlich des Versorgungskrankengelds infolge bestehender, unabwendbarer finanzieller Verpflichtungen nicht ausreichen, den notwendigen Lebensunterhalt zu bestreiten. [3]Die Beihilfe ist jedoch nicht zu gewähren, soweit die finanziellen Belastungen auf einer Verpflichtung beruhen, durch die die Grundsätze wirtschaftlicher Lebensführung verletzt worden sind.

§ 18 [Kostenersatz bei selbst durchgeführter Heil- oder Krankenbehandlung]. (1) [1]Die Leistungen nach den §§ 10 bis 24 a werden als Sach-

---

[7] Siehe jetzt das BGSG.

leistungen erbracht, soweit sich aus diesem Gesetz oder dem Neunten Buch Sozialgesetzbuch nichts anderes ergibt. [2]Sachleistungen sind Berechtigten und Leistungsempfängern ohne Beteiligung an den Kosten zu gewähren. [3]Dasselbe gilt für den Ersatz der Fahrkosten im Rahmen der Heil- und Krankenbehandlung durch die Krankenkassen.

(2) [1]Bei der Versorgung mit Zahnersatz (§ 11 Abs. 1 Satz 1 Nr. 4) oder mit Hilfsmitteln (§ 11 Abs. 1 Satz 1 Nr. 8, § 12 Abs. 1 Satz 1) dürfen Sachleistungen auf Antrag in Umfang, Material oder Ausführung über das Maß des Notwendigen hinaus erbracht werden, wenn auch dadurch der Versorgungszweck erreicht wird und der Berechtigte oder Leistungsempfänger die Mehrkosten übernimmt. [2]Das Gleiche gilt für Zahnfüllungen. [3]Führt eine Mehrleistung nach Satz 1 oder 2 bei Folgeleistungen zu Mehrkosten, hat diese der Berechtigte oder Leistungsempfänger zu übernehmen.

(3) [1]Hat der Berechtigte eine Heilbehandlung, Krankenbehandlung oder Badekur vor der Anerkennung selbst durchgeführt, so sind die Kosten für die notwendige Behandlung in angemessenem Umfang zu erstatten. [2]Dies gilt auch, wenn eine Anerkennung nicht möglich ist, weil nach Abschluß der Heilbehandlung keine Gesundheitsstörung zurückgeblieben ist, oder wenn ein Beschädigter die Heilbehandlung vor der Anmeldung des Versorgungsanspruchs in dem Zeitraum durchgeführt hat, für den ihm Beschädigtenversorgung gewährt werden kann oder wenn ein Beschädigter durch Umstände, die außerhalb seines Willens lagen, an der Anmeldung vor Beginn der Behandlung gehindert war.

(4) [1]Hat der Berechtigte eine Heil- oder Krankenbehandlung nach der Anerkennung selbst durchgeführt, so sind die Kosten in angemessenem Umfang zu erstatten, wenn unvermeidbare Umstände die Inanspruchnahme der Krankenkasse (§ 18c Abs. 2 Satz 1) oder der Verwaltungsbehörde (§ 18c Abs. 1 Satz 2) unmöglich machten. [2]Das gilt für Versorgungsberechtigte, die Mitglied einer Krankenkasse sind, jedoch nur, wenn die Kasse nicht zur Leistung verpflichtet ist, sowie hinsichtlich der Leistungen, die nach § 18c Abs. 1 Satz 2 von der Verwaltungsbehörde zu gewähren sind. [3]Hat der Berechtigte oder Leistungsempfänger nach Wegfall des Anspruchs auf Heil- oder Krankenbehandlung eine Krankenversicherung abgeschlossen oder ist er einer Krankenkasse beigetreten, so werden ihm die Aufwendungen für die Versicherung in angemessenem Umfang ersetzt, wenn der Anspruch auf Heil- oder Krankenbehandlung im Vorverfahren oder im gerichtlichen Verfahren rechtsverbindlich rückwirkend wieder zuerkannt wird. [4]Kosten für eine selbst durchgeführte Badekur werden nicht erstattet.

(5) Wird dem Berechtigten Kostenersatz nach Absatz 3 oder 4 gewährt, besteht auch Anspruch auf Versorgungskrankengeld.

(6) [1]Anstelle der Leistung nach § 11 Abs. 1 Satz 1 Nr. 4 kann dem Beschädigten für die Beschaffung eines Zahnersatzes wegen Schädigungsfolgen ein Zuschuß in angemessener Höhe gewährt werden, wenn er wegen des Verlustes weiterer Zähne, für den kein Anspruch auf Heilbehandlung nach diesem Gesetz besteht, einen erweiterten Zahnersatz anfertigen läßt. [2]Die Verwaltungsbehörde kann den Zuschuß unmittelbar an den Zahnarzt zahlen.

(7) In besonderen Fällen können bei der stationären Behandlung eines Beschädigten auch die Kosten für Leistungen übernommen werden, die über die allgemeinen Krankenhausleistungen hinausgehen, wenn es nach den Umständen, insbesondere im Hinblick auf die anerkannten Schädigungsfolgen erforderlich erscheint.

(8) Stirbt der Berechtigte, so können den Erben die Kosten der letzten Krankheit in angemessenem Umfang erstattet werden.

§ 18 a [Beginn, Dauer und Beendigung der Gewährung von Leistungen]. (1) [1]Die Leistungen nach den §§ 10 bis 24 a werden auf Antrag gewährt; sie können auch von Amts wegen gewährt werden. [2]Die Ausstellung eines Ausweises gilt als Antrag. [3]Ist der Berechtigte Mitglied einer Krankenkasse, gelten Anträge auf Leistungen nach diesem Gesetz zugleich als Anträge auf die entsprechenden Leistungen der Krankenkasse, Anträge auf Leistungen der Krankenkasse zugleich als Anträge auf die entsprechenden Leistungen nach diesem Gesetz.

(2) [1]Die Leistungen nach den §§ 10 bis 24 a werden, sofern im folgenden nichts anderes bestimmt ist, vom 15. des zweiten Monats des Kalendervierteljahrs, das der Antragstellung vorausgegangen ist, frühestens jedoch von dem Tage an gewährt, von dem an ihre Voraussetzungen erfüllt sind. [2]Von Amts wegen werden die Leistungen von dem Tage an gewährt, an dem die anspruchsbegründenden Tatsachen der Krankenkasse oder Verwaltungsbehörde bekannt geworden sind.

(3) [1]Versorgungskrankengeld ist von dem Tage an zu gewähren, von dem an seine Voraussetzungen erfüllt sind, wenn es innerhalb von zwei Wochen nach Eintritt der Arbeitsunfähigkeit oder nach dem Beginn der Behandlungsmaßnahme oder nach Wegfall des Anspruchs auf Fortzahlung des Lohnes oder Gehalts beantragt wird, sonst von dem Tage der Antragstellung an. [2]Als Antrag gilt auch die Meldung der Arbeitsunfähigkeit. [3]Ist der Antrag nicht fristgerecht gestellt, so ist das Versorgungskrankengeld für die zurückliegende Zeit zu gewähren, wenn unvermeidbare Umstände die Einhaltung der Frist unmöglich machten. [4]Von Amts wegen wird Versorgungskrankengeld von dem Tage an gewährt, an dem die anspruchsbegründenden Tatsachen der Krankenkasse oder Verwaltungsbehörde bekannt geworden sind. [5]Die Sätze 1 bis 4 gelten auch für die Beihilfe nach § 17.

(4) Für Leistungen nach den §§ 10 bis 24 a, die in Monatsbeträgen zu gewähren sind, gilt § 60 sinngemäß.

(5) [1]Leistungen nach den §§ 10 bis 24 a, die in Jahresbeträgen zu gewähren sind, werden vom ersten Januar des Jahres der Antragstellung an, frühestens vom Ersten des Monats an, in dem die Voraussetzungen erfüllt sind, gewährt. [2]Von Amts wegen werden diese Leistungen vom ersten Januar des Jahres an gewährt, in dem der Krankenkasse oder der Verwaltungsbehörde die anspruchsbegründenden Tatsachen bekannt geworden sind, frühestens vom Ersten des Monats an, in dem die Voraussetzungen erfüllt sind. [3]Auf einmalige Geldleistungen besteht nur Anspruch, wenn sie vor Ablauf von zwölf Monaten nach Entstehen der Aufwendungen beantragt werden.

(6) [1] Die Leistungen nach den §§ 10 bis 24 a werden, sofern im folgenden nichts anderes bestimmt ist, bis zu dem Tage gewährt, an dem ihre Voraussetzungen entfallen. [2] Sie werden bis zum Ablauf des Kalendervierteljahrs, in dem ihre Voraussetzungen entfallen sind, weiter gewährt, wenn die Behandlungsbedürftigkeit oder der regelwidrige Körperzustand fortbesteht. [3] Tritt der Wegfall durch eine Einkommenserhöhung ein, gelten die Voraussetzungen als mit dem Zeitpunkt entfallen, in dem der Berechtigte Kenntnis von der Erhöhung erlangt hat. [4] Beruht der Wegfall auf dem Tode des Schwerbeschädigten oder des Pflegezulageempfängers, enden die Leistungen mit Ablauf des sechsten auf den Sterbemonat folgenden Monats.

(7) [1] Versorgungskrankengeld und Beihilfe nach § 17 enden mit dem Wegfall der Voraussetzungen für ihre Gewährung, dem Eintritt eines Dauerzustandes, der Bewilligung einer Altersrente aus der gesetzlichen Rentenversicherung oder der Zahlung von Vorruhestandsgeld. [2] Ein Dauerzustand ist gegeben, wenn die Arbeitsunfähigkeit in den nächsten 78 Wochen voraussichtlich nicht zu beseitigen ist. [3] Versorgungskrankengeld und Beihilfe werden bei Wegfall der Voraussetzungen für ihre Gewährung bis zu dem Tage gewährt, an dem diese Voraussetzungen entfallen. [4] Bei Eintritt eines Dauerzustandes oder Bewilligung einer Altersrente werden Versorgungskrankengeld und Beihilfe, sofern sie laufend gewährt werden, bis zum Ablauf von zwei Wochen nach Feststellung des Dauerzustandes, bei Altersrentenbewilligung bis zu dem Tage gewährt, an dem der Berechtigte von der Bewilligung Kenntnis erhalten hat. [5] Bei Zahlung von Vorruhestandsgeld enden Versorgungskrankengeld und Beihilfe nach § 17 mit dem Tag, der dem Beginn des Vorruhestandes vorausgeht. [6] Werden die Leistungen nicht laufend gewährt, so werden sie bis zu dem Tage der Feststellung des Dauerzustandes oder des Beginns der Altersrente gewährt. [7] Die Feststellung eines Dauerzustands ist ausgeschlossen, solange dem Berechtigten stationäre Behandlungsmaßnahmen gewährt werden oder solange er nicht seit mindestens 78 Wochen ununterbrochen arbeitsunfähig ist; Zeiten einer voraufgehenden, auf derselben Krankheit beruhenden Arbeitsunfähigkeit sind auf diese Frist anzurechnen, soweit sie in den letzten drei Jahren vor Eintritt der Arbeitsunfähigkeit liegen. [8] Badekuren und stationäre Behandlungen in Rehabilitationseinrichtungen enden mit Ablauf der für die Behandlung vorgesehenen Frist. [9] Leistungen, die in Jahresbeträgen zuerkannt werden, enden mit Ablauf des Kalenderjahrs, in dem die Voraussetzungen für ihre Gewährung entfallen sind.

§ 18 b [Ausweispflicht für Berechtigte und Leistungsempfänger]

[1] Berechtigte und Leistungsempfänger, die Leistungen nur auf Grund dieses Gesetzes erhalten, sowie die Berechtigten, die nach § 10 des Fünften Buches Sozialgesetzbuch versichert sind, haben sich bei Ärzten und anderen Leistungserbringern auszuweisen. [2] § 15 des Fünften Buches Sozialgesetzbuch gilt entsprechend.

§ 18 c [Zuständigkeit der Verwaltungsbehörde oder der Krankenkasse].

(1) [1] Die §§ 10 bis 24 a werden von der Verwaltungsbehörde durchgeführt. [2] Im Rahmen dieser Zuständigkeit erbringen die Verwaltungsbe-

hörden Zahnersatz, Versorgung mit Hilfsmitteln, Bewegungstherapie, Sprachtherapie, Beschäftigungstherapie, Belastungserprobung, Arbeitstherapie, Badekuren nach § 11 Abs. 2 und § 12 Abs. 3, Ersatzleistungen, Versehrtenleibesübungen, Zuschüsse zur Beschaffung von Zahnersatz, Führhundzulage, Beihilfe zu den Aufwendungen für fremde Führung, Pauschbetrag als Ersatz für Kleider- und Wäscheverschleiß, Erstattungen nach § 16 g, Beihilfe nach § 17, Leistungen nach § 18 Abs. 3 bis 8 und § 24, soweit die Verwaltungsbehörde für die Erbringung der Hauptleistung zuständig ist, Kostenerstattungen an Krankenkassen, Beiträge zur gesetzlichen Rentenversicherung für Zeiten des Bezugs von Versorgungskrankengeld, Ersatz der Aufwendungen für die Alterssicherung sowie Beiträge zur Arbeitsförderung. [3] Die übrigen Leistungen werden von den Krankenkassen für die Verwaltungsbehörde erbracht. [4] Insoweit sind die Berechtigten und Leistungsempfänger der Krankenordnung unterworfen.

(2) [1] Sind die Krankenkassen nach Absatz 1 Satz 3 zur Erbringung der Leistungen verpflichtet, so obliegt diese Verpflichtung bei Berechtigten, die Mitglied einer Krankenkasse sind, und bei Berechtigten und Leistungsempfängern, die Familienangehörige eines Kassenmitglieds sind, dieser Krankenkasse, bei der Heilbehandlung der übrigen Beschädigten und der Krankenbehandlung der Berechtigten und der übrigen Leistungsempfänger der Allgemeinen Ortskrankenkasse des Wohnorts. [2] Über Widersprüche gegen Verwaltungsakte, die im Rahmen der Leistungserbringung von Krankenkassen erlassen werden, entscheidet die für die Verwaltungsbehörde zuständige Widerspruchsbehörde.

(3) [1] Anstelle der Krankenkasse kann die Verwaltungsbehörde die Leistungen erbringen. [2] Die Krankenkassen sollen der Verwaltungsbehörde Fälle mitteilen, in denen die Erbringung der Leistungen durch die Verwaltungsbehörde angezeigt erscheint.

(4) [1] Auch wenn die Heil- und Krankenbehandlung nur auf Grund dieses Gesetzes gewährt werden, haben Ärzte, Zahnärzte, Apotheker und andere der Heil- und Krankenbehandlung dienende Personen sowie Krankenanstalten und Einrichtungen nur auf die für Mitglieder der Krankenkasse zu zahlende Vergütung Anspruch. [2] Bei der Beschaffung von Hilfsmitteln im Sinne des § 13 darf die von der Ortskrankenkasse für ihre Mitglieder am Sitz des Lieferers zu zahlende Vergütung nicht überschritten werden. [3] Ausnahmen von dieser Vorschrift können zugelassen werden.

(5) [1] Auf Rechtsvorschriften beruhende Leistungen öffentlich-rechtlicher Leistungsträger, auf die jedoch kein Anspruch besteht, dürfen nicht deshalb versagt oder gekürzt werden, weil nach den §§ 10 bis 24a Leistungen für denselben Zweck vorgesehen sind. [2] Erbringt ein anderer öffentlich-rechtlicher Leistungsträger eine Sachleistung, eine Zuschuß- oder sonstige Geldleistung oder eine mit einer Zuschußleistung für den gleichen Leistungszweck verbundene Sachleistung nicht, weil bereits auf Grund dieses Gesetzes eine Sachleistung gewährt wird, ist er erstattungspflichtig, soweit er sonst Leistungen gewährt hätte. [3] Die Erstattungspflicht besteht nicht, wenn die zu behandelnde Gesundheitsstörung als Folge einer Schädigung anerkannt ist oder durch eine anerkannte Schädigungsfolge verursacht worden ist oder

wenn Leistungen für Berechtigte erbracht wurden, die nach § 10 des Fünften Buches Sozialgesetzbuch versichert sind.

(6) Ärzte, Krankenhäuser und sonstige Leistungserbringer sind verpflichtet, der Verwaltungsbehörde und der Krankenkasse (Absatz 2 Satz 1) die in den §§ 294, 295, 298 und 301 bis 303 des Fünften Buches Sozialgesetzbuch bezeichneten Daten zu übermitteln, soweit dies zur Aufgabenerfüllung der Verwaltungsbehörde oder der Krankenkasse erforderlich ist.

§ 19 [Erstattungsansprüche der Krankenkassen]. [1] Den Krankenkassen werden Aufwendungen für Leistungen erstattet, die sie nach § 18 c erbracht haben. [2] Aufwendungen für ihre Mitglieder werden ihnen nur erstattet, soweit diese Aufwendungen durch Behandlung anerkannter Schädigungsfolgen entstanden sind.

§ 20 [Pauschale Abgeltung der Erstattungsansprüche; Berechnungsgrundlagen]. (1) [1] Die Erstattungsansprüche der Krankenkassen nach § 19 werden pauschal abgegolten. [2] Grundlage für die Festsetzung des Pauschalbetrages eines Kalenderjahres ist die Erstattung des Vorjahres. [3] Sie wird um den Vom-Hundert-Satz verändert, um den sich die Zahl der rentenberechtigten Beschädigten und Hinterbliebenen am 1. Juli des Jahres im Vergleich zum 1. Juli des Vorjahres verändert hat. [4] Dieses Ergebnis wird dann um den Vom-Hundert-Satz verändert, um den sich die Ausgaben der Krankenkassen je Rentner für ärztliche und zahnärztliche Behandlung (ohne Zahnersatz und ohne kieferorthopädische Behandlung), für Arznei- und Verbandmittel, für Heilmittel, für Krankenhausbehandlung und für Fahrkosten jeweils im ersten Halbjahr gegenüber dem ersten Halbjahr des Vorjahres verändert haben. [5] Mit der Zahlung dieses Pauschalbetrages sind die in § 19 genannten Aufwendungen der Krankenkassen abgegolten.

(2) [1] Das Bundesministerium für Arbeit und Soziales zahlt die Pauschalbeträge an den AOK-Bundesverband, der sie für die Krankenkassen in Empfang nimmt. [2] Zum Ende jeden Kalendervierteljahres werden Teilbeträge gezahlt. [3] Solange die in Absatz 1 genannten Vergleichsdaten noch nicht vorliegen, werden Abschlagszahlungen nach der Höhe des Pauschalbetrages des Vorjahres geleistet. [4] Der AOK-Bundesverband verteilt die Beträge auf die Spitzenverbände der Krankenkassen mit deren Einvernehmen; die Verteilung soll sich nach dem Verhältnis der Anteile der einzelnen Krankenkassenarten an den Erstattungen nach den §§ 19 und 20 in der bis zum 31. Dezember 1993 geltenden Fassung zum Erstattungsvolumen aller Krankenkassen des Haushaltsjahres 1993 richten.

(3) [1] Den Krankenkassen werden für die Erbringung von Leistungen nach § 18 c Verwaltungskosten in Höhe von 3,25 vom Hundert des Pauschalbetrages nach Absatz 1 erstattet. [2] Die Aufteilung dieses Betrages auf die einzelnen Länder richtet sich nach der Zahl der rentenberechtigten Beschädigten und Hinterbliebenen jeweils am 1. Juli des Jahres. [3] Das Bundesministerium für Arbeit und Soziales gibt die von den Ländern zu zahlenden Anteile bekannt. [4] Absatz 2 gilt entsprechend.

(4) Für von den Ländern zu tragende Aufwendungen nach Gesetzen, die eine entsprechende Anwendung dieses Gesetzes vorsehen, gelten die Absätze 1, 2 und 3 nur, soweit dies ausdrücklich vorgesehen ist.

§ 21 [Durchführung der Erstattung]. [1] Für die Erstattung nach § 18 c Abs. 5 gelten die §§ 107 bis 114 des Zehnten Buches Sozialgesetzbuch. [2] Die Verjährung beginnt mit Ablauf des Jahres, in dem die Heil- oder Krankenbehandlung durchgeführt worden ist, frühestens jedoch mit der Anerkennung des Versorgungsanspruchs.

§ 22 [Beiträge für Ausfallzeiten und Aufwendungen für Alterssicherung]. (1) Die Verwaltungsbehörde entrichtet für Berechtigte die Beiträge zur gesetzlichen Rentenversicherung für Zeiten des Bezugs von Versorgungskrankengeld sowie den Beitrag zur Arbeitsförderung.

(2) [1] Nicht rentenversicherungspflichtigen Berechtigten, die Versorgungskrankengeld beziehen, werden auf Antrag die Aufwendungen für die Alterssicherung bis zur Höhe der Beiträge erstattet, die zur gesetzlichen Rentenversicherung für Zeiten des Bezugs von Versorgungskrankengeld zu entrichten wären. [2] Aufwendungen für die Alterssicherung im Sinne des Satzes 1 sind freiwillige Beiträge zur gesetzlichen Rentenversicherung, Beiträge zu öffentlich-rechtlichen berufsständischen Versicherungs- und Versorgungseinrichtungen sowie Beiträge zu öffentlichen oder privaten Versicherungsunternehmen auf Grund von Lebensversicherungsverträgen.

(3) Die Krankenkasse benennt der Verwaltungsbehörde vierteljährlich die Bezieher von Versorgungskrankengeld, macht die für die Entrichtung der Beiträge erforderlichen Angaben und legt auf Anfrage der Verwaltungsbehörde entsprechende Unterlagen vor.

§ 23 (weggefallen)

§ 24 [Ersatz persönlicher Unkosten]. (1) [1] Berechtigte haben Anspruch auf Übernahme der Reisekosten, die im Zusammenhang mit einer Leistung der Heil- oder Krankenbehandlung sowie bei einer Badekur entstehen. [2] Den Berechtigten werden für sich, eine notwendige Begleitung sowie für Kinder, deren Mitnahme an den Rehabilitationsort erforderlich ist, weil ihre anderweitige Betreuung nicht sichergestellt ist, die notwendigen Reisekosten einschließlich des erforderlichen Gepäcktransports sowie der Kosten für Verpflegung und Unterkunft in angemessenem Umfang ersetzt. [3] Dauert die Maßnahme länger als acht Wochen, so können auch die notwendigen Reisekosten für Familienheimfahrten oder für Fahrten eines Familienangehörigen zum Aufenthaltsort des Berechtigten oder Leistungsempfängers übernommen werden. [4] Wird eine stationäre Behandlung ohne zwingenden Grund abgebrochen, besteht kein Anspruch auf Ersatz der Reisekosten.

(2) [1] Ersatz für entgangenen Arbeitsverdienst wird in angemessenem Umfang gewährt
a) bei der Anpassung und der Instandsetzung von Hilfsmitteln,
b) bei notwendiger Begleitung, wenn der Berechtigte der Begleitperson zur Erstattung verpflichtet ist.

[2] Satz 1 Buchstabe b gilt auch im Zusammenhang mit Leistungen, die die Krankenkasse zur Behandlung von Schädigungsfolgen erbringt.

(3) Ist ohne behördliche Zustimmung ein Hilfsmittel (§ 13 Abs. 1) angepaßt, geändert oder ausgebessert worden, so werden Ersatz der baren Auslagen und Entschädigung für entgangenen Arbeitsverdienst in angemessenem Umfang gewährt, wenn die Notwendigkeit der Maßnahme anerkannt wird.

§ 24 a [Rechtsverordnungen der Bundesregierung]. Die Bundesregierung wird ermächtigt, durch Rechtsverordnung mit Zustimmung des Bundesrats

a) Art, Umfang und besondere Voraussetzungen der Versorgung mit Hilfsmitteln einschließlich Zubehör sowie der Ersatzleistungen (§ 11 Abs. 3) näher zu bestimmen,[8]

b) näher zu bestimmen, was als Hilfsmittel und als Zubehör im Sinne des § 13 Abs. 1 gilt,

c) für Beschädigte nach dem Bundesversorgungsgesetz und den Gesetzen, die eine entsprechende Anwendung dieses Gesetzes vorsehen, Art, Umfang und besondere Voraussetzungen der Versehrtenleibesübungen sowie die Sportarten, die als Versehrtenleibesübungen gelten, näher zu bestimmen, die Durchführung der Versehrtenleibesübungen, die Grundlagen und die Höchstbeträge der bei Sicherstellung der Versehrtenleibesübungen durch Sportorganisationen zu vereinbarenden pauschalen Vergütung der Aufwendungen festzulegen, sowie die Grundlagen für die mit Sportgemeinschaften zu vereinbarende anteilige Vergütung der Aufwendungen, die durch die Teilnahme der Beschädigten an den Übungsveranstaltungen entstehen, näher zu regeln,[9]

d) die Bemessung des Pauschbetrags für Kleider- und Wäscheverschleiß für einzelne Gruppen von Schädigungsfolgen und die Bestimmung der besonderen Fälle im Sinne des § 15 zu regeln.[10]

Kriegsopferfürsorge

§ 25 [Kriegsopferfürsorge für Beschädigte und Hinterbliebene]

(1) Leistungen der Kriegsopferfürsorge erhalten Beschädigte und Hinterbliebene zur Ergänzung der übrigen Leistungen nach diesem Gesetz als besondere Hilfen im Einzelfall (§ 24 Abs. 1 Nr. 2 des Ersten Buches Sozialgesetzbuch).

(2) Aufgabe der Kriegsopferfürsorge ist es, sich der Beschädigten und ihrer Familienmitglieder sowie der Hinterbliebenen in allen Lebenslagen anzunehmen, um die Folgen der Schädigung oder des Verlustes des Ehegatten oder Lebenspartners, Elternteils, Kindes oder Enkelkinds angemessen auszugleichen oder zu mildern.

(3) [1] Leistungen der Kriegsopferfürsorge erhalten nach Maßgabe der nachstehenden Vorschriften

---

[8] Siehe hierzu die OrthopädieVO.

[9] Siehe hierzu die Versehrtenleibesübungen-VO.

[10] Siehe hierzu die BVG-PauschbetragsVO.

1. Beschädigte, die Grundrente nach § 31 beziehen oder Anspruch auf Heilbehandlung nach § 10 Abs. 1 haben,
2. Hinterbliebene, die Hinterbliebenenrente, Witwen- oder Waisenbeihilfe nach diesem Gesetz beziehen, Eltern auch dann, wenn ihnen wegen der Höhe ihres Einkommens Elternrente nicht zusteht und die Voraussetzungen der §§ 49 und 50 erfüllt sind.

[2] Leistungen der Kriegsopferfürsorge werden auch gewährt, wenn der Anspruch auf Versorgung nach § 65 ruht, der Anspruch auf Zahlung von Grundrente wegen Abfindung erloschen oder übertragen ist oder Witwenversorgung auf Grund der Anrechnung nach § 44 Abs. 5 entfällt.

(4) [1] Beschädigte erhalten Leistungen der Kriegsopferfürsorge auch für Familienmitglieder, soweit diese ihren nach den nachstehenden Vorschriften anzuerkennenden Bedarf nicht aus eigenem Einkommen und Vermögen decken können. [2] Als Familienmitglieder gelten

1. der Ehegatte oder der Lebenspartner des Beschädigten,
2. die Kinder des Beschädigten,
3. die Kinder, die nach § 33 b Abs. 2 als Kinder des Beschädigten gelten, und seine Pflegekinder (Personen, mit denen der Beschädigte durch ein familienähnliches, auf längere Dauer berechnetes Band verbunden ist, sofern er sie in seinen Haushalt aufgenommen hat und ein Obhuts- und Pflegeverhältnis zu den Eltern nicht mehr besteht),
4. sonstige Angehörige, die mit dem Beschädigten in häuslicher Gemeinschaft leben,
5. Personen, deren Ausschluß eine offensichtliche Härte bedeuten würde,

wenn der Beschädigte den Lebensunterhalt des Familienmitglieds überwiegend bestreitet, vor der Schädigung bestritten hat oder ohne die Schädigung wahrscheinlich bestreiten würde. [3] Kinder gelten nach Satz 2 Nr. 2 und 3 über die Vollendung des 18. Lebensjahrs hinaus als Familienmitglieder, wenn sie mit dem Beschädigten in häuslicher Gemeinschaft leben oder die Voraussetzungen des § 33 b Abs. 4 Satz 2 bis 7 erfüllen.

(5) Leistungen der Kriegsopferfürsorge können auch erbracht werden, wenn über Art und Umfang der Versorgung noch nicht rechtskräftig entschieden, mit der Anerkennung eines Versorgungsanspruchs aber zu rechnen ist.

(6) Der Anspruch auf Leistung in einer Einrichtung (§ 25 b Abs. 1 Satz 2) oder auf Pflegegeld (§ 26 c Abs. 8) steht, soweit die Leistung den Leistungsberechtigten erbracht worden wäre, nach ihrem Tode denjenigen zu, die die Hilfe erbracht oder die Pflege geleistet haben.

§ 25 a [Leistungsvoraussetzungen]. (1) Leistungen der Kriegsopferfürsorge werden erbracht, wenn und soweit die Beschädigten infolge der Schädigung und die Hinterbliebenen infolge des Verlustes des Ehegatten oder Lebenspartners, Elternteils, Kindes oder Enkelkinds nicht in der Lage sind, den nach den nachstehenden Vorschriften anzuerkennenden Bedarf aus den übrigen Leistungen nach diesem Gesetz und dem sonstigen Einkommen und Vermögen zu decken.

(2) [1] Ein Zusammenhang zwischen der Schädigung oder dem Verlust des Ehegatten oder Lebenspartners, Elternteils, Kindes oder Enkelkinds und der Notwendigkeit der Leistung wird vermutet, sofern nicht das Gegenteil offenkundig oder nachgewiesen ist. [2] Leistungen der Kriegsopferfürsorge können auch erbracht werden, wenn ein Zusammenhang zwischen der Schädigung oder dem Verlust des Ehegatten oder Lebenspartners, Elternteils, Kindes oder Enkelkinds und der Notwendigkeit der Leistung nicht besteht, die Leistung jedoch im Einzelfall durch besondere Gründe der Billigkeit gerechtfertigt ist. [3] Der Zusammenhang wird stets angenommen

1. bei Beschädigten, die Grundrente mit einem Grad der Schädigungsfolgen von 100 und Berufsschadensausgleich oder die eine Pflegezulage erhalten; § 25 Abs. 3 Satz 2 gilt entsprechend,
2. bei Schwerbeschädigten, die das 60. Lebensjahr vollendet haben,
3. bei Hinterbliebenen, die voll erwerbsgemindert oder erwerbsunfähig im Sinne des Sechsten Buches Sozialgesetzbuch sind oder das 60. Lebensjahr vollendet haben.

§ 25 b [Leistungen]. (1) [1] Leistungen der Kriegsopferfürsorge sind

1. Leistungen zur Teilhabe am Arbeitsleben und ergänzende Leistungen (§§ 26 und 26 a),
2. Krankenhilfe (§ 26 b),
3. Hilfe zur Pflege (§ 26 c),
4. Hilfe zur Weiterführung des Haushalts (§ 26 d),
5. Altenhilfe (§ 26 e),
6. Erziehungsbeihilfe (§ 27),
7. ergänzende Hilfe zum Lebensunterhalt (§ 27 a),
8. Erholungshilfe (§ 27 b),
9. Wohnungshilfe (§ 27 c),
10. Hilfen in besonderen Lebenslagen (§ 27 d).

[2] Wird die Leistung in einer stationären oder teilstationären Einrichtung erbracht, umfasst sie auch den in der Einrichtung geleisteten Lebensunterhalt einschließlich der darüber hinaus erforderlichen einmaligen Leistungen; § 133 a des Zwölften Buches Sozialgesetzbuch gilt entsprechend. [3] Satz 2 findet auch Anwendung, wenn Hilfe zur Pflege nur deshalb nicht gewährt wird, weil entsprechende Leistungen nach dem Elften Buch Sozialgesetzbuch erbracht werden.

(2) Leistungsarten der Kriegsopferfürsorge sind Dienst-, Sach- und Geldleistungen.

(3) Zur Dienstleistung gehören insbesondere die Beratung in Fragen der Kriegsopferfürsorge sowie die Erteilung von Auskünften in sonstigen sozialen Angelegenheiten, soweit sie nicht von anderen Stellen oder Personen wahrzunehmen sind.

(4) [1] Geldleistungen werden als einmalige Beihilfen, laufende Beihilfen oder als Darlehen erbracht. [2] Darlehen können gegeben werden, wenn diese Art der Leistung zur Erreichung des Leistungszwecks ausreichend oder zweckmäßiger ist. [3] Anstelle von Geldleistungen können Sachleistungen erbracht werden, wenn diese Art der Leistung im Einzelfall zweckmäßiger ist.

(5) [1] Art, Ausmaß und Dauer der Leistungen der Kriegsopferfürsorge richten sich nach der Besonderheit des Einzelfalls, der Art des Bedarfs und den örtlichen Verhältnissen. [2] Dabei sind Art und Schwere der Schädigung, Gesundheitszustand und Lebensalter sowie die Lebensstellung vor Eintritt der Schädigung oder vor Auswirkung der Folgen der Schädigung oder vor dem Verlust des Ehegatten oder Lebenspartners, Elternteils, Kindes oder Enkelkinds besonders zu berücksichtigen. [3] Wünschen der Leistungsberechtigten, die sich auf die Gestaltung der Leistung richten, soll entsprochen werden, soweit sie angemessen sind und keine unvertretbaren Mehrkosten erfordern.

§ 25 c [Umfang der Leistungen]. (1) [1] Die Höhe der Geldleistungen bemißt sich nach dem Unterschied zwischen dem anzuerkennenden Bedarf und dem einzusetzenden Einkommen und Vermögen; § 26 Abs. 5 und § 26 a bleiben unberührt. [2] Darüber hinaus können in begründeten Fällen Geldleistungen auch insoweit erbracht werden, als zur Deckung des Bedarfs Einkommen oder Vermögen der Leistungsberechtigten einzusetzen oder zu verwerten ist; in diesem Umfang haben sie dem Träger der Kriegsopferfürsorge die Aufwendungen zu erstatten.

(2) Kommt eine Sachleistung in Betracht, haben Leistungsberechtigte den Aufwand für die Sachleistung in Höhe des einzusetzenden Einkommens und Vermögens zu tragen.

(3) [1] Einkommen ist insoweit nicht einzusetzen, als der Einsatz des Einkommens im Einzelfall bei Berücksichtigung der besonderen Lage der Beschädigten oder Hinterbliebenen vor allem nach Art und Schädigungsnähe des Bedarfs, Dauer und Höhe der erforderlichen Aufwendungen sowie nach der besonderen Belastung der Leistungsberechtigten und ihrer unterhaltsberechtigten Angehörigen unbillig wäre. [2] Bei ausschließlich schädigungsbedingtem Bedarf ist Einkommen nicht einzusetzen. [3] In den Fällen der stationären Eingliederungshilfe gilt Satz 2 nur für die Maßnahmepauschale im Sinne des § 76 Abs. 2 des Zwölften Buches Sozialgesetzbuch. [4] Die Pflegezulage nach § 35 ist bis zur Höhe der Maßnahmepauschale bedarfsmindernd zu berücksichtigen.

§ 25 d [Einkommen]. (1) [1] Einkommen im Sinne der Vorschriften über die Kriegsopferfürsorge sind alle Einkünfte in Geld oder Geldeswert mit Ausnahme der Leistungen der Kriegsopferfürsorge; § 26 a Abs. 4 bleibt unberührt. [2] Als Einkommen gelten nicht die Grundrente und die Schwerstbeschädigtenzulage, ein Betrag in Höhe der Grundrente, soweit nach § 44 Abs. 5 Leistungen auf die Witwengrundrente angerechnet werden oder soweit die Grundrente nach § 65 ruht, sowie der befristete Zuschlag nach § 24 des Zweiten Buches Sozialgesetzbuch. [3] Satz 2 gilt auch für den der Witwen- und Waisenbeihilfe nach § 48 zugrunde liegenden Betrag der Grundrente.

(2) [1] Als Einkommen der Leistungsberechtigten gilt auch das Einkommen der nicht getrennt lebenden Ehegatten oder Lebenspartner, soweit es die für die Leistungsberechtigten maßgebliche Einkommensgrenze des § 25 e Abs. 1

übersteigt. [2]Leistungen anderer auf Grund eines bürgerlich-rechtlichen Unterhaltsanspruchs sind insoweit Einkommen der Leistungsberechtigten, als das Einkommen der Unterhaltspflichtigen die für sie nach § 25 e Abs. 1 zu ermittelnde Einkommensgrenze übersteigt; ist ein Unterhaltsbetrag gerichtlich festgesetzt, sind die darauf beruhenden Leistungen Einkommen der Leistungsberechtigten. [3]§ 25 e Abs. 2 bleibt unberührt.

(3) Von dem Einkommen sind abzusetzen

1. auf das Einkommen zu entrichtende Steuern,
2. Pflichtbeiträge zur Sozialversicherung einschließlich der Beiträge zur Arbeitsförderung,
3. Beiträge zu öffentlichen oder privaten Versicherungen oder ähnlichen Einrichtungen, soweit diese Beiträge gesetzlich vorgeschrieben oder nach Grund und Höhe angemessen sind, sowie geförderte Altersvorsorgebeiträge nach § 82 des Einkommensteuergesetzes, soweit sie den Mindesteigenbeitrag nach § 86 des Einkommensteuergesetzes nicht überschreiten,
4. die mit der Erzielung des Einkommens verbundenen notwendigen Ausgaben,
5. das Arbeitsförderungsgeld und Erhöhungsbeträge des Arbeitsentgelts im Sinne von § 43 Satz 4 des Neunten Buches Sozialgesetzbuch.

(4) [1]Leistungen, die auf Grund öffentlich-rechtlicher Vorschriften zu einem ausdrücklich genannten Zweck erbracht werden, sind nur so weit als Einkommen zu berücksichtigen, als die Kriegsopferfürsorge im Einzelfall demselben Zweck dient. [2]Eine Entschädigung, die wegen eines Schadens, der nicht Vermögensschaden ist, nach § 253 des Bürgerlichen Gesetzbuchs geleistet wird, ist nicht als Einkommen zu berücksichtigen. [3]Zu den nicht als Einkommen zu berücksichtigenden Leistungen im Sinne des Satzes 1 zählen auch der Zuschuss zu den Sozialversicherungsbeiträgen sowie der Kindergeldzuschlag, die nach den vom Bundesministerium für Wirtschaft und Arbeit erlassenen Richtlinien zur Durchführung des Sonderprogramms „Mainzer Modell" an den Arbeitnehmer erbracht werden.

(5) [1]Zuwendungen der Freien Wohlfahrtspflege gelten nicht als Einkommen, soweit sie nicht die Lage der Leistungsberechtigten so günstig beeinflussen, daß daneben Leistungen der Kriegsopferfürsorge ungerechtfertigt wären. [2]Zuwendungen, die ein anderer erbringt, ohne hierzu eine rechtliche oder sittliche Pflicht zu haben, sollen als Einkommen außer Betracht bleiben, soweit ihre Berücksichtigung für die Leistungsberechtigten eine besondere Härte bedeuten würde.

(6) Vermögen im Sinne der Vorschriften über die Kriegsopferfürsorge ist das gesamte verwertbare Vermögen.

§ 25 e [Einsatz von Einkommen]. (1) Einkommen der Leistungsberechtigten ist zur Bedarfsdeckung nur einzusetzen, soweit es im Monat eine Einkommensgrenze übersteigt, die sich ergibt aus

1. einem Grundbetrag in Höhe von 2,65 vom Hundert des Bemessungsbetrags des § 33 Abs. 1 Satz 2 Buchstabe a (Bemessungsbetrag), mindestens jedoch in Höhe des Grundbetrages nach § 85 Abs. 1 Nr. 1 des Zwölften Buches Sozialgesetzbuch,

2. den Kosten der Unterkunft,

3. einem Familienzuschlag in Höhe von 40 vom Hundert des Grundbetrages
   für die von Leistungsberechtigten überwiegend unterhaltenen Ehegatten
   oder Lebenspartner sowie für jede weitere von Leistungsberechtigten allein
   oder zusammen mit den Ehegatten oder Lebenspartnern überwiegend unterhaltene Person,

höchstens jedoch aus einem Betrag in Höhe von einem Zwölftel des Bemessungsbetrags zuzüglich eines Betrages in Höhe von 75 vom Hundert des
jeweiligen Familienzuschlags.

(2) [1] Bei minderjährigen unverheirateten Beschädigten ist zur Deckung
des Bedarfs auch Einkommen der Eltern einzusetzen. [2] Für den Einsatz des
Einkommens gilt Absatz 1 entsprechend mit der Maßgabe, daß ein Familienzuschlag für einen Elternteil, wenn die Eltern zusammenleben, sowie für
den Beschädigten und für jede Person anzusetzen ist, die von den Eltern
oder dem Beschädigten bisher überwiegend unterhalten worden ist oder der
sie nach der Entscheidung über die Gewährung der Kriegsopferfürsorge unterhaltspflichtig werden. [3] Leben die Eltern nicht zusammen, richtet sich die
Einkommensgrenze nach dem Elternteil, bei dem der Beschädigte lebt; leben die Eltern nicht zusammen und lebt der Beschädigte bei keinem Elternteil, bestimmt sich die Einkommensgrenze nach Absatz 1; § 25 d Abs. 2
Satz 2 ist anzuwenden.

(3) Die Absätze 1 und 2 gelten nicht in den Fällen der §§ 26 a, 27 Abs. 2
Satz 4 sowie des § 27 a; § 26 Abs. 5 Satz 2, § 26 b Abs. 4, § 26 c Abs. 11,
§ 27 Abs. 2 letzter Satz und § 27 d Abs. 5 bleiben unberührt.

(4) [1] Bei Aufenthalt in einer stationären oder teilstationären Einrichtung
ist nach Ablauf von zwei Monaten nach Aufnahme in die Einrichtung Einkommen in Höhe der ersparten Aufwendungen für den häuslichen Lebensunterhalt insoweit einzusetzen, als es unter der maßgebenden Einkommensgrenze liegt und es unbillig wäre, vom Einsatz des Einkommens abzusehen.
[2] Darüber hinaus kann von Leistungsberechtigten, die auf voraussichtlich
längere Zeit der Pflege in einer stationären Einrichtung bedürfen, der Einsatz von Einkommen unter der Einkommensgrenze verlangt werden, solange sie keine andere Person überwiegend unterhalten.

(5) [1] Soweit im Einzelfall Einkommen zur Deckung eines bestimmten Bedarfs einzusetzen ist, kann der Einsatz dieses Einkommens zur Deckung eines
anderen, gleichzeitig bestehenden Bedarfs nicht verlangt werden. [2] Sind unterschiedliche Einkommensgrenzen maßgebend, ist zunächst über die Hilfe
zu entscheiden, für welche die niedrigere Einkommensgrenze maßgebend ist.
[3] Sind gleiche Einkommensgrenzen maßgebend und verschiedene Träger der
Kriegsopferfürsorge zuständig, hat die Entscheidung über die Hilfe für den
zuerst eingetretenen Bedarf den Vorrang, treten die Bedarfsfälle gleichzeitig
ein, ist das über der Einkommensgrenze liegende Einkommen zu gleichen
Teilen bei den Bedarfsfällen zu berücksichtigen.

§ 25 f [**Einsatz und Verwertung von Vermögen**]. (1) Für den Einsatz
und für die Verwertung von Vermögen der Leistungsberechtigten gelten § 90

Abs. 2 und 3 und § 91 des Zwölften Buches Sozialgesetzbuch und § 25 c Abs. 3 entsprechend.

(2) Kleinere Barbeträge oder sonstige Geldwerte sind

1. bei der ergänzenden Hilfe zum Lebensunterhalt 10 vom Hundert, jedoch 20 vom Hundert bei Leistungsberechtigten, die das 60. Lebensjahr vollendet haben, sowie bei voll Erwerbsgeminderten oder Erwerbsunfähigen im Sinne des Sechsten Buches Sozialgesetzbuch und den diesem Personenkreis vergleichbaren Invalidenrentnern,

2. bei Leistungsberechtigten, die Leistungen nach § 26 c Abs. 8 Satz 3 oder § 27 d Abs. 1 Nr. 4 beziehen, sowie bei Sonderfürsorgeberechtigten im Sinne des § 27 e 40 vom Hundert und

3. bei den übrigen Leistungen 20 vom Hundert

des Bemessungsbetrages zuzüglich eines Betrages in Höhe von 4 vom Hundert des Bemessungsbetrages für den überwiegend unterhaltenen Ehegatten oder Lebenspartner und in Höhe von 2 vom Hundert für jede weitere vom Leistungsberechtigten allein oder zusammen mit dem Ehegatten oder Lebenspartner überwiegend unterhaltene Person.

(3) Selbst genutztes Wohneigentum im Sinne des § 17 Abs. 2 des Wohnraumförderungsgesetzes, das von Leistungsberechtigten allein oder zusammen mit Angehörigen ganz oder teilweise bewohnt wird, denen es nach dem Tod der Leistungsberechtigten als Wohnung dienen soll, ist nicht zu verwerten.

(4) [1] Bei minderjährigen unverheirateten Beschädigten ist zur Deckung des Bedarfs auch Vermögen der Eltern einzusetzen oder zu verwerten. [2] Für den Einsatz und für die Verwertung von Vermögen gilt Absatz 2 entsprechend mit der Maßgabe, daß ein Betrag in Höhe von vier vom Hundert des Bemessungsbetrags für einen Elternteil, wenn die Eltern zusammenleben, sowie in Höhe von zwei vom Hundert für den Beschädigten und für jede Person, die von den Eltern oder dem Beschädigten überwiegend unterhalten wird, anzusetzen ist. [3] Leben die Eltern nicht zusammen, ist nur Vermögen des Elternteils einzusetzen oder zu verwerten, bei dem der Beschädigte lebt. [4] Leben die Eltern nicht zusammen und lebt der Beschädigte bei keinem Elternteil, gilt für den Einsatz und für die Verwertung von Vermögen Absatz 2.

(5) Ist der Beschädigte und sein Ehegatte oder Lebenspartner oder sind beide Elternteile des minderjährigen unverheirateten Beschädigten blind oder behindert im Sinne des § 1 Abs. 1 Satz 2 der Verordnung zur Durchführung des § 90 Abs. 2 Nr. 9 des Zwölften Buches Sozialgesetzbuch, gelten die Absätze 2 und 4 mit der Maßgabe, daß für den Ehegatten oder Lebenspartner des Beschädigten und für den Elternteil des minderjährigen unverheirateten Beschädigten ein Betrag in Höhe von zwölf vom Hundert des Bemessungsbetrags anzusetzen ist.

§ 26 [Leistungen zur Teilhabe am Arbeitsleben]. (1) Beschädigte erhalten Leistungen zur Teilhabe am Arbeitsleben nach den §§ 33 bis 38 a des Neunten Buches Sozialgesetzbuch sowie im Eingangsverfahren und im Berufsbildungsbereich der Werkstätten für behinderte Menschen nach § 40 des Neunten Buches Sozialgesetzbuch.

(2) Bei Unterbringung des Beschädigten in einer Einrichtung der beruflichen Rehabilitation werden dort entstehende Aufwendungen vom Träger der Kriegsopferfürsorge als Sachleistungen getragen.

(3) Zu den Leistungen zur Teilhabe am Arbeitsleben gehören auch Hilfen zur Gründung und Erhaltung einer selbständigen Existenz; Geldleistungen hierfür sollen in der Regel als Darlehen gewährt werden.

(4) Die Leistungen zur Teilhabe am Arbeitsleben einschließlich der Leistungen im Eingangsverfahren und im Berufsbildungsbereich einer anerkannten Werkstatt für behinderte Menschen werden ergänzt durch:

1. Übergangsgeld und Unterhaltsbeihilfe nach Maßgabe des § 26 a,
2. Entrichtung von Beiträgen zur gesetzlichen Rentenversicherung für Zeiten des Bezuges von Übergangsgeld, Erstattung der Aufwendungen zur Alterssicherung von nicht rentenversicherungspflichtigen Beschädigten für freiwillige Beiträge zur gesetzlichen Rentenversicherung, für Beiträge zu öffentlich-rechtlichen berufsständischen Versicherungs- und Versorgungseinrichtungen und zu öffentlichen oder privaten Versicherungsunternehmen auf Grund von Lebensversicherungsverträgen bis zur Höhe der Beiträge, die zur gesetzlichen Rentenversicherung für Zeiten des Bezuges von Übergangsgeld zu entrichten wären,
3. Haushaltshilfe nach § 54 des Neunten Buches Sozialgesetzbuch,
4. sonstige Hilfen, die unter Berücksichtigung von Art und Schwere der Schädigung erforderlich sind, um das Ziel der Rehabilitation zu erreichen oder zu sichern,
5. Reisekosten nach § 53 des Neunten Buches Sozialgesetzbuch.

(5) [1] Soweit nach Absatz 1 oder Absatz 4 Nr. 4 Hilfen zum Erreichen des Arbeitsplatzes oder des Ortes einer Leistung zur Teilhabe am Arbeitsleben, insbesondere Hilfen zur Beschaffung und Unterhaltung eines Kraftfahrzeugs in Betracht kommen, kann zur Angleichung dieser Leistungen im Rahmen einer Rechtsverordnung nach § 27 f der Einsatz von Einkommen abweichend von § 25 e Abs. 1 und 2 sowie § 27 d Abs. 5 bestimmt und von Einsatz und Verwertung von Vermögen ganz oder teilweise abgesehen werden. [2] Im Übrigen ist bei den Leistungen zur Teilhabe am Arbeitsleben und die sie ergänzenden Leistungen mit Ausnahme der sonstigen Hilfen nach Absatz 4 Nr. 4 Einkommen und Vermögen nicht zu berücksichtigen; § 26 a bleibt unberührt.

(6) Witwen, Witwer oder hinterbliebene Lebenspartner, die zur Erhaltung einer angemessenen Lebensstellung erwerbstätig sein wollen, sind in begründeten Fällen Hilfen in sinngemäßer Anwendung der Absätze 1 bis 5 mit Ausnahme des Absatzes 4 Nr. 4 zu gewähren.

§ 26 a [Übergangsgeld bei Leistungen zur Teilhabe am Arbeitsleben]. (1) Der Anspruch auf Übergangsgeld sowie die Höhe und Berechnung bestimmen sich nach Teil 1 Kapitel 6 des Neunten Buches Sozialgesetzbuch; im Übrigen gelten für die Berechnung des Übergangsgelds die §§ 16 a, 16 b und 16 f entsprechend.

(2) [1] Hat der Beschädigte Einkünfte im Sinne von § 16 b Abs. 1 erzielt und unmittelbar vor Beginn der Leistung zur Teilhabe am Arbeitsleben kein Versorgungskrankengeld, Krankengeld, Verletztengeld oder Übergangsgeld bezogen, so gilt für die Berechnung des Übergangsgelds § 16 b Abs. 2 bis 4 und Abs. 6 entsprechend. [2] Bei Beschädigten, die Versorgung auf Grund einer Wehrdienstbeschädigung oder einer Zivildienstbeschädigung erhalten, sind der Berechnung des Regelentgelts die vor der Beendigung des Wehrdienstes bezogenen Einkünfte (Geld- und Sachbezüge) als Soldat, für Soldaten, die Wehrsold bezogen haben, und für Zivildienstleistende, zehn Achtel der vor der Beendigung des Wehrdienstes oder Zivildienstes bezogenen Einkünfte (Geld- und Sachbezüge) als Soldat oder Zivildienstleistender zugrunde zu legen, wenn

a) der Beschädigte vor Beginn des Wehrdienstes oder Zivildienstes kein Arbeitseinkommen erzielt hat oder

b) das nach § 46 Abs. 1 Satz 1 oder § 47 Abs. 1 des Neunten Buches Sozialgesetzbuch oder nach Absatz 2 Satz 1 zu berücksichtigende Entgelt niedriger ist.

(3) [1] Beschädigte, die vor Beginn der Leistung zur Teilhabe am Arbeitsleben beruflich nicht tätig gewesen sind, erhalten anstelle des Übergangsgelds eine Unterhaltsbeihilfe; das gilt nicht für Beschädigte im Sinne des Absatzes 2 Satz 2. [2] Für die Bemessung der Unterhaltsbeihilfe sind die Vorschriften über Leistungen für den Lebensunterhalt bei Gewährung von Erziehungsbeihilfe entsprechend anzuwenden; § 25 d Abs. 2 gilt nicht bei volljährigen Beschädigten. [3] Bei Unterbringung von Beschädigten in einer Rehabilitationseinrichtung ist der Berechnung der Unterhaltsbeihilfe lediglich ein angemessener Betrag zur Abgeltung zusätzlicher weiterer Bedürfnisse und Aufwendungen aus weiterlaufenden unabweislichen Verpflichtungen zugrunde zu legen.

(4) Kommen neben Leistungen nach § 26 weitere Hilfen der Kriegsopferfürsorge in Betracht, gelten Übergangsgeld und Unterhaltsbeihilfe als Einkommen.

§ 26 b [Krankenhilfe]. (1) [1] Krankenhilfe erhalten Beschädigte und Hinterbliebene in Ergänzung der Leistungen der Heil- und Krankenbehandlung nach diesem Gesetz. [2] Die §§ 10 bis 24 a bleiben unberührt.

(2) [1] Die Krankenhilfe umfaßt ärztliche und zahnärztliche Behandlung, Versorgung mit Arzneimitteln, Verbandmitteln und Zahnersatz, Krankenhausbehandlung sowie sonstige zur Genesung, zur Besserung oder zur Linderung der Krankheitsfolgen erforderliche Leistungen. [2] Die Leistungen sollen in der Regel den Leistungen entsprechen, die nach den Vorschriften über die gesetzliche Krankenversicherung gewährt werden.

(3) [1] Ärzte und Zahnärzte haben für ihre Leistungen Anspruch auf die Vergütung, welche die Ortskrankenkasse, in deren Bereich der Arzt oder der Zahnarzt niedergelassen ist, für ihre Mitglieder zahlt. [2] Der Kranke hat die freie Wahl unter den Ärzten und Zahnärzten, die sich zur ärztlichen oder zahnärztlichen Behandlung im Rahmen der Krankenhilfe zu der in Satz 1 genannten Vergütung bereit erklären.

(4) Nachdem die Krankheit während eines zusammenhängenden Zeitraums von drei Monaten entweder dauerndes Krankenlager oder wegen ihrer besonderen Schwere ständige ärztliche Betreuung erfordert hat, ist bei der Festsetzung der Einkommensgrenze § 27 d Abs. 5 Satz 1 Nr. 1 entsprechend anzuwenden.

§ 26 c [Hilfe zur Pflege]. (1) [1] Beschädigten und Hinterbliebenen, die wegen einer körperlichen, geistigen oder seelischen Krankheit oder Behinderung für die gewöhnlichen und regelmäßig wiederkehrenden Verrichtungen im Ablauf des täglichen Lebens auf Dauer, voraussichtlich für mindestens sechs Monate, in erheblichem oder höherem Maße der Hilfe bedürfen, ist Hilfe zur Pflege zu erbringen. [2] Hilfe zur Pflege ist auch Kranken und behinderten Menschen zu erbringen, die voraussichtlich für weniger als sechs Monate der Pflege bedürfen oder einen geringeren Bedarf als nach Satz 1 haben oder die der Hilfe für andere Verrichtungen als nach Absatz 5 bedürfen; für die Leistungen für eine stationäre oder teilstationäre Einrichtung gilt dies nur, wenn es nach der Besonderheit des Einzelfalles erforderlich ist, insbesondere ambulante oder teilstationäre Hilfen nicht zumutbar sind oder nicht ausreichen. [3] § 35 bleibt unberührt.

(2) [1] Die Hilfe zur Pflege umfaßt häusliche Pflege, Pflegehilfsmittel, teilstationäre Pflege, Kurzzeitpflege und stationäre Pflege. [2] Der Inhalt der Leistungen nach Satz 1 bestimmt sich nach den Regelungen der Sozialen Pflegeversicherung für die in § 28 Abs. 1 Nr. 1, 5 bis 8 des Elften Buches Sozialgesetzbuch aufgeführten Leistungen; § 28 Abs. 4 des Elften Buches Sozialgesetzbuch gilt entsprechend.

(3) Krankheiten oder Behinderungen im Sinne des Absatzes 1 sind:

1. Verluste, Lähmungen oder andere Funktionsstörungen am Stütz- und Bewegungsapparat,
2. Funktionsstörungen der inneren Organe oder der Sinnesorgane,
3. Störungen des Zentralnervensystems wie Antriebs-, Gedächtnis- oder Orientierungsstörungen sowie endogene Psychosen, Neurosen oder geistige Behinderungen,
4. andere Krankheiten oder Behinderungen, infolge derer Personen pflegebedürftig im Sinne des Absatzes 1 sind.

(4) Der Bedarf im Sinne des Absatzes 1 besteht in der Unterstützung, in der teilweisen oder vollständigen Übernahme der Verrichtungen im Ablauf des täglichen Lebens oder in Beaufsichtigung oder Anleitung mit dem Ziel der eigenständigen Übernahme dieser Verrichtungen.

(5) Gewöhnliche und regelmäßig wiederkehrende Verrichtungen im Sinne des Absatzes 1 sind:

1. im Bereich der Körperpflege das Waschen, Duschen, Baden, die Zahnpflege, das Kämmen, Rasieren, die Darm- oder Blasenentleerung,
2. im Bereich der Ernährung das mundgerechte Zubereiten oder die Aufnahme der Nahrung,
3. im Bereich der Mobilität das selbständige Aufstehen und Zu-Bett-Gehen, An- und Auskleiden, Gehen, Stehen, Treppensteigen oder das Verlassen und Wiederaufsuchen der Wohnung,

4. im Bereich der hauswirtschaftlichen Versorgung das Einkaufen, Kochen, Reinigen der Wohnung, Spülen, Wechseln und Waschen der Wäsche und Kleidung oder das Beheizen.

(6) [1] Die Verordnung nach § 16 des Elften Buches Sozialgesetzbuch, die Richtlinien der Pflegekassen nach § 17 des Elften Buches Sozialgesetzbuch, die Verordnung nach § 30 des Elften Buches Sozialgesetzbuch, die Rahmenverträge, Bundesempfehlungen und -vereinbarungen über die pflegerische Versorgung nach § 75 des Elften Buches Sozialgesetzbuch und die Maßstäbe und Grundsätze zur Sicherung und Weiterentwicklung der Pflegequalität nach § 113 des Elften Buches Sozialgesetzbuch finden zur näheren Bestimmung des Begriffs der Pflegebedürftigkeit, des Inhalts der Pflegeleistung, der Unterkunft und Verpflegung und zur Abgrenzung, Höhe und Anpassung der Pflegegelder nach Absatz 8 entsprechende Anwendung. [2] Die Entscheidung der Pflegekasse über das Ausmaß der Pflegebedürftigkeit nach dem Elften Buch Sozialgesetzbuch ist auch der Entscheidung im Rahmen der Hilfe zur Pflege zugrunde zu legen, soweit sie auf Tatsachen beruht, die bei beiden Entscheidungen zu berücksichtigen sind.

(7) [1] Reicht im Falle des Absatzes 1 häusliche Pflege aus, soll der Träger der Kriegsopferfürsorge darauf hinwirken, daß die Pflege einschließlich der hauswirtschaftlichen Versorgung durch Personen, die den Pflegebedürftigen nahestehen, oder im Wege der Nachbarschaftshilfe übernommen werden. [2] Das Nähere regeln die Absätze 8 bis 12. [3] In einer stationären oder teilstationären Einrichtung erhalten Pflegebedürftige keine Leistungen zur häuslichen Pflege.

(8) [1] Pflegebedürftige, die bei der Körperpflege, der Ernährung oder der Mobilität für wenigstens zwei Verrichtungen aus einem oder mehreren Bereichen mindestens einmal täglich der Hilfe bedürfen und zusätzlich mehrfach in der Woche Hilfe bei der hauswirtschaftlichen Versorgung benötigen (erheblich Pflegebedürftige), erhalten ein Pflegegeld nach § 37 Abs. 1 Satz 3 Nr. 1 des Elften Buches Sozialgesetzbuch. [2] Pflegebedürftige, die bei der Körperpflege, der Ernährung oder der Mobilität für mehrere Verrichtungen mindestens dreimal täglich zu verschiedenen Tageszeiten der Hilfe bedürfen und zusätzlich mehrfach in der Woche Hilfe bei der hauswirtschaftlichen Versorgung benötigen (Schwerpflegebedürftige), erhalten ein Pflegegeld nach § 37 Abs. 1 Satz 3 Nr. 2 des Elften Buches Sozialgesetzbuch. [3] Pflegebedürftige, die bei der Körperpflege, der Ernährung oder der Mobilität für mehrere Verrichtungen täglich rund um die Uhr, auch nachts, der Hilfe bedürfen und zusätzlich mehrfach in der Woche Hilfe bei der hauswirtschaftlichen Versorgung benötigen (Schwerstpflegebedürftige), erhalten ein Pflegegeld nach § 37 Abs. 1 Satz 3 Nr. 3 des Elften Buches Sozialgesetzbuch. [4] Bei pflegebedürftigen Kindern ist der infolge Krankheit oder Behinderung gegenüber einem gesunden gleichaltrigen Kind zusätzliche Pflegebedarf maßgebend.

(9) [1] Pflegebedürftigen im Sinne des Absatzes 1 sind die angemessenen Aufwendungen der Pflegeperson zu erstatten; auch können angemessene Beihilfen gewährt sowie Beiträge der Pflegeperson für eine angemessene Alterssicherung übernommen werden, wenn diese nicht anderweitig sicher-

gestellt ist. [2]Ist neben oder anstelle der Pflege nach Absatz 7 Satz 1 die Heranziehung einer besonderen Pflegekraft erforderlich oder eine Beratung oder zeitweilige Entlastung der Pflegeperson geboten, so sind die angemessenen Kosten zu übernehmen. [3]Pflegebedürftigen, die Pflegegeld erhalten, sind zusätzlich die Aufwendungen für die Beiträge einer Pflegeperson oder einer besonderen Pflegekraft für eine angemessene Alterssicherung zu erstatten, wenn diese nicht anderweitig sichergestellt ist.

(10) [1]Leistungen nach den Absätzen 2, 8 und 9 Satz 3 werden nicht erbracht, soweit Pflegebedürftige gleichartige Leistungen nach anderen Vorschriften erhalten. [2]Auf das Pflegegeld sind anzurechnen: Leistungen nach § 27 d Abs. 1 Nr. 4 oder ihnen gleichartige Leistungen nach anderen Vorschriften mit 70 vom Hundert, Pflegegelder nach dem Elften Buch Sozialgesetzbuch jedoch in dem Umfang, in dem sie erbracht werden. [3]Die Leistungen nach Absatz 9 werden neben den Leistungen nach Absatz 8 erbracht. [4]Werden Leistungen nach Absatz 9 Satz 1 und 2 oder gleichartige Leistungen nach anderen Vorschriften erbracht, kann das Pflegegeld um bis zu zwei Drittel gekürzt werden. [5]Bei teilstationärer Betreuung der Pflegebedürftigen kann das Pflegegeld angemessen gekürzt werden. [6]Leistungen nach Absatz 9 Satz 1 und 2 werden insoweit nicht erbracht, als Pflegebedürftige in der Lage sind, entsprechende Leistungen nach anderen Vorschriften in Anspruch zu nehmen. [7]§ 2 des Zwölften Buches Sozialgesetzbuch bleibt unberührt.

(11) Bei der Festsetzung der Einkommensgrenze ist
a) bei Pflege in einer stationären Einrichtung, wenn sie voraussichtlich auf längere Zeit erforderlich ist, sowie bei häuslicher Pflege, wenn der in Absatz 8 Satz 1 oder 2 genannte Schweregrad der Hilflosigkeit besteht, § 27 d Abs. 5 Satz 1 Nr. 1 und Satz 2,
b) bei dem Pflegegeld nach Absatz 8 Satz 3, § 27 d Abs. 5 Satz 1 Nr. 2 sowie § 27 d Abs. 5 Satz 2 und 3
entsprechend anzuwenden.

(12) Beschädigte haben bei der Hilfe zur Pflege für ein volljähriges Kind Einkommen und Vermögen bis zur Höhe des Betrages nach § 27 h Abs. 2 Satz 3 einzusetzen, soweit das Einkommen die für die Leistung maßgebliche Einkommensgrenze nach § 25 e Abs. 1 oder § 26 c Abs. 11 oder das Vermögen die Vermögensgrenze nach § 25 f übersteigt.

§ 26 d [Hilfe zur Weiterführung des Haushalts]. (1) [1]Beschädigte und Hinterbliebene mit eigenem Haushalt sollen Leistungen zur Weiterführung des Haushalts erhalten, wenn keiner der Haushaltsangehörigen den Haushalt führen kann und die Weiterführung des Haushalts geboten ist. [2]Die Leistungen sollen in der Regel nur vorübergehend erbracht werden. [3]Satz 2 gilt nicht, wenn durch die Leistungen die Unterbringung in einer stationären Einrichtung vermieden oder aufgeschoben werden kann.

(2) Die Leistungen umfassen die persönliche Betreuung von Haushaltsangehörigen sowie die sonstige zur Weiterführung des Haushalts erforderliche Tätigkeit.

(3) § 26 c Abs. 7 Satz 1 und Abs. 9 Satz 1 und 2 gilt entsprechend.

(4) Die Leistungen können auch durch Übernahme der angemessenen Kosten für eine vorübergehende anderweitige Unterbringung von Haushaltsangehörigen erbracht werden, wenn diese Unterbringung in besonderen Fällen neben oder statt der Weiterführung des Haushalts geboten ist.

§ 26 e [Altenhilfe]. (1) [1] Altenhilfe soll außer den Leistungen nach den übrigen Bestimmungen dieses Gesetzes Beschädigten und Hinterbliebenen erbracht werden. [2] Sie soll dazu beitragen, Schwierigkeiten, die durch das Alter entstehen, zu verhüten, zu überwinden oder zu mildern und Beschädigten und Hinterbliebenen im Alter die Möglichkeit zu erhalten, am Leben in der Gemeinschaft teilzunehmen.

(2) Als Leistungen der Altenhilfe kommen vor allem in Betracht:

1. Leistungen bei der Beschaffung und zur Erhaltung einer Wohnung, die den Bedürfnissen des alten Menschen entspricht,
2. Beratung und Unterstützung in allen Fragen der Aufnahme in eine Einrichtung, die der Betreuung alter Menschen dient,
3. Leistungen in allen Fragen der Inanspruchnahme altersgerechter Dienste,
4. Leistungen zum Besuch von Veranstaltungen oder Einrichtungen, die der Geselligkeit, der Unterhaltung, der Bildung oder den kulturellen Bedürfnissen alter Menschen dienen,
5. Leistungen, die alten Menschen die Verbindung mit nahestehenden Personen ermöglicht,
6. Leistungen zu einer sonstigen Betätigung und zum gesellschaftlichen Engagement.

(3) Leistungen nach Absatz 1 sollen auch erbracht werden, wenn sie der Vorbereitung auf das Alter dienen.

(4) Altenhilfe soll ohne Rücksicht auf vorhandenes Einkommen oder Vermögen erbracht werden, soweit im Einzelfall Beratung und Unterstützung erforderlich ist.

§ 27 [Erziehungsbeihilfe]. (1) [1] Erziehungsbeihilfe erhalten
a) Waisen, die Rente oder Waisenbeihilfe nach diesem Gesetz beziehen, und
b) Beschädigte, die Grundrente nach § 31 beziehen, für ihre Kinder sowie für Kinder im Sinne von § 25 Abs. 4 Satz 2 Nr. 3.
[2] § 25 Abs. 3 Satz 2 gilt entsprechend. [3] Die Erziehungsbeihilfe soll eine Erziehung zu körperlicher, geistiger und sittlicher Tüchtigkeit sowie eine angemessene, den Anlagen und Fähigkeiten entsprechende allgemeine und berufliche Ausbildung sicherstellen.

(2) [1] Erziehungsbeihilfe wird erbracht, soweit der angemessene Bedarf für Erziehung, Ausbildung und Lebensunterhalt durch das einzusetzende Einkommen und Vermögen der Waisen und ihrer Elternteile oder durch das einzusetzende Einkommen und Vermögen Beschädigter und ihrer Kinder im Sinne von Absatz 1 Satz 1 Buchstabe b nicht gedeckt ist. [2] Bei der Ermittlung des Bedarfs für den Lebensunterhalt bleiben Kosten der Unterkunft in der Familie unberücksichtigt. [3] § 25 e Abs. 1 ist mit der Maßgabe anzuwenden, daß für das Kind oder die Waise, für die Erziehungsbeihilfe

beantragt ist oder erbracht wird, ein Familienzuschlag nicht anzusetzen ist; das gilt auch in den Fällen von Satz 5 erster Halbsatz sowie bei der Feststellung der Einkommensgrenze für den Ehegatten oder Lebenspartner des Beschädigten und den Ehegatten oder Lebenspartner der Waise nach § 25 d Abs. 2 Satz 1. [4]Einkommen der Waise und des Kindes des Beschädigten ist uneingeschränkt einzusetzen mit Ausnahme des während der Ausbildung erzielten Arbeitseinkommens, soweit es nicht Ausbildungsvergütung ist und im Kalenderjahr sieben vom Hundert des Bemessungsbetrags nicht übersteigt. [5]Als Einkommen des Kindes gilt auch das Einkommen seines Ehegatten oder Lebenspartners, soweit es die für ihn nach § 25 e Abs. 1 zu ermittelnde Einkommensgrenze übersteigt; ist ein Unterhaltsbetrag gerichtlich festgesetzt, sind die darauf beruhenden Leistungen Einkommen des Kindes. [6]Beschädigten, die eine Pflegezulage erhalten, ist Erziehungsbeihilfe mindestens in Höhe der Kosten der Erziehung und Ausbildung zu erbringen.

(3) [1]Übersteigt das Einkommen des Elternteils der Waise, das Einkommen des Beschädigten, das Einkommen des Ehegatten oder Lebenspartners der Waise oder das Einkommen des Ehegatten oder Lebenspartners des Kindes des Beschädigten die für sie maßgebende Einkommensgrenze, ist der übersteigende Betrag auf

a) die Waise und die weiteren gegenüber dem Elternteil Unterhaltsberechtigten,

b) das Kind des Beschädigten und die weiteren gegenüber dem Beschädigten Unterhaltsberechtigten,

c) die Waise und die weiteren gegenüber dem Ehegatten oder Lebenspartner der Waise Unterhaltsberechtigten,

d) das Kind des Beschädigten und die weiteren gegenüber dem Ehegatten oder Lebenspartner des Kindes des Beschädigten Unterhaltsberechtigten

gleichmäßig aufzuteilen. [2]Der auf die Waise oder das Kind des Beschädigten entfallende Anteil ist als Einkommen einzusetzen.

(4) [1]Erziehungsbeihilfe ist Beschädigten längstens bis zur Vollendung des 27. Lebensjahrs des Kindes zu erbringen. [2]Im Falle der Unterbrechung oder Verzögerung der Schul- oder Berufsausbildung durch Erfüllung der gesetzlichen Wehr- oder Zivildienstpflicht des Kindes ist die Erziehungsbeihilfe jedoch über das 27. Lebensjahr hinaus für einen der Zeit dieses Dienstes entsprechenden Zeitraum weiterzuerbringen. [3]Satz 2 gilt entsprechend

1. für Angehörige der Bundeswehr und des Polizeivollzugsdienstes, die sich freiwillig für eine Zeit von nicht mehr als drei Jahren verpflichtet haben, sowie

2. für die Tätigkeit im Sinne des § 1 Abs. 1 des Entwicklungshelfer-Gesetzes

für einen der Dauer des Grundwehrdienstes entsprechenden Zeitraum.

(5) Erziehungsbeihilfe kann erbracht werden, wenn anstelle der Beschädigtenrente, Waisenrente oder Waisenbeihilfe ein Ausgleich nach § 89 gezahlt wird.

(6) Kann die übliche Ausbildung aus Gründen, die Beschädigte, ihre Kinder oder Waisen nicht zu vertreten haben, nicht mit Vollendung des 27. Le-

bensjahres abgeschlossen werden, kann Erziehungsbeihilfe auch über diesen Zeitpunkt hinaus weiter erbracht werden.

§ 27 a [Ergänzende Hilfe zum Lebensunterhalt]. [1]Ergänzende Hilfe zum Lebensunterhalt ist Beschädigten und Hinterbliebenen zu erbringen, soweit der Lebensunterhalt nicht aus den übrigen Leistungen nach diesem Gesetz und dem einzusetzenden Einkommen und Vermögen bestritten werden kann. [2]Für die ergänzende Hilfe zum Lebensunterhalt gelten die Bestimmungen des Dritten Kapitels des Zwölften Buches Sozialgesetzbuch unter Berücksichtigung der besonderen Lage der Beschädigten oder Hinterbliebenen entsprechend. [3]Abweichend von § 50 des Zehnten Buches Sozialgesetzbuch sind 56 vom Hundert der bei der Leistung nach Satz 1 berücksichtigten Kosten der Unterkunft, mit Ausnahme der Kosten für Heizungs- und Warmwasserversorgung, nicht zu erstatten. [4]Satz 3 gilt nicht im Fall des § 45 Abs. 2 Satz 3 des Zehnten Buches Sozialgesetzbuch oder wenn neben der Leistung nach Satz 1 gleichzeitig Wohngeld nach dem Wohngeldgesetz geleistet worden ist.

§ 27 b [Erholungshilfe]. (1) Erholungshilfe erhalten Beschädigte für sich und ihren Ehegatten oder Lebenspartner sowie Hinterbliebene als Erholungsaufenthalt, wenn die Erholungsmaßnahme zur Erhaltung der Gesundheit oder Arbeitsfähigkeit notwendig, die beabsichtigte Form des Erholungsaufenthalts zweckmäßig und, soweit es sich um Beschädigte handelt, die Erholungsbedürftigkeit durch die anerkannten Schädigungsfolgen bedingt ist; bei Schwerbeschädigten wird der Zusammenhang zwischen den anerkannten Schädigungsfolgen und der Erholungsbedürftigkeit stets angenommen.

(2) [1]Die Dauer des Erholungsaufenthalts ist so zu bemessen, daß der Erholungserfolg möglichst nachhaltig ist; sie soll drei Wochen betragen, darf jedoch diesen Zeitraum in der Regel nicht übersteigen. [2]Weitere Erholungshilfe soll in der Regel nicht vor Ablauf von zwei Jahren erbracht werden.

(3) [1]Aufwendungen der Erholungsuchenden, die während des Erholungsaufenthaltes für den häuslichen Lebensunterhalt erspart werden, werden bedarfsmindernd berücksichtigt. [2]Zusätzliche kleinere Aufwendungen, die den Erholungsuchenden durch den Erholungsaufenthalt entstehen, sind als besonderer Bedarf zu berücksichtigen und können durch Pauschbeträge abgegolten werden.

(4) Während der Durchführung der Erholungsmaßnahme ist sicherzustellen, daß für Kinder und solche Haushaltsangehörige, die der Pflege bedürfen, hinreichend gesorgt wird.

(5) Bedürfen Erholungsuchende einer ständigen Begleitung, umfaßt der Bedarf für die Erholungshilfe auch den Bedarf aus der Mitnahme der Begleitperson.

§ 27 c [Wohnungshilfe]. [1]Wohnungshilfe erhalten Beschädigte und Hinterbliebene. [2]Die Wohnungshilfe besteht in der Beratung in Wohnungs- und

Siedlungsangelegenheiten sowie in der Mitwirkung bei der Beschaffung und
Erhaltung ausreichenden und gesunden Wohnraums. [3] Geldleistungen werden nur erbracht, wenn die Wohnung eines Schwerbeschädigten mit Rücksicht auf Art und Schwere der Schädigung besonderer Ausgestaltung oder
baulicher Veränderung bedarf oder wenn Schwerbeschädigte, Witwen,
Witwer oder hinterbliebene Lebenspartner innerhalb von fünf Jahren nach
ihrem erstmaligen Eintreffen im Geltungsbereich dieses Gesetzes Wohnungshilfe beantragen und eine Geldleistung durch die Besonderheit des Einzelfalls gerechtfertigt ist.

§ 27 d [Hilfe in besonderen Lebenslagen]. (1) Als Hilfen in besonderen Lebenslagen erhalten Beschädigte und Hinterbliebene

1. Hilfe zum Aufbau oder zur Sicherung der Lebensgrundlage,
2. Hilfen zur Gesundheit,
3. Eingliederungshilfe für behinderte Menschen,
4. Blindenhilfe,
5. Hilfe zur Überwindung besonderer sozialer Schwierigkeiten.

(2) Leistungen können auch in anderen besonderen Lebenslagen erbracht
werden, wenn sie den Einsatz öffentlicher Mittel unter Berücksichtigung
des Zweckes der Kriegsopferfürsorge rechtfertigen.

(3) [1] Für die Hilfen in besonderen Lebenslagen gelten das Fünfte, Sechste
und Achte Kapitel sowie §§ 72, 74, 88 Abs. 2 und § 92 Abs. 2 des Zwölften
Buches Sozialgesetzbuch unter Berücksichtigung der besonderen Lage der
Beschädigten oder Hinterbliebenen entsprechend. [2] Die §§ 10 bis 24 a bleiben
unberührt. [3] Blindenhilfe kommt nur in Betracht, soweit nicht eine Pflegezulage nach § 35 wegen schädigungsbedingter Blindheit erbracht wird. [4] Erhalten blinde Menschen eine Pflegezulage nach § 35 aus anderen Gründen,
wird sie bis zu den in § 72 Abs. 1 Satz 2 des Zwölften Buches Sozialgesetzbuch genannten Beträgen auf die Blindenhilfe angerechnet. [5] Leistungen nach
§ 43 a des Elften Buches Sozialgesetzbuch sowie gleichartige Leistungen nach
anderen Vorschriften gehen den Leistungen der Kriegsopferfürsorge vor.

(4) Die Absätze 1 bis 3 gelten auch für Hinterbliebene, die wegen Behinderung der Hilfe bedürfen.

(5) [1] Bei der Festsetzung der Einkommensgrenze tritt an die Stelle des
Grundbetrages nach § 25 e Abs. 1 Nr. 1 ein Grundbetrag

1. in Höhe von 4,25 vom Hundert des Bemessungsbetrages in den Fällen
   a) der Eingliederungshilfe für behinderte Menschen nach § 53 Abs. 1
      Satz 1 des Zwölften Buches Sozialgesetzbuch in einer stationären oder
      teilstationären Einrichtung,
   b) der Versorgung der in § 53 Abs. 1 Satz 1 des Zwölften Buches Sozial-
      gesetzbuch genannten Personen mit Körperersatzstücken sowie mit
      größeren orthopädischen oder größeren anderen Hilfsmitteln (§ 31 des
      Neunten Buches Sozialgesetzbuch),
   c) der Hilfe zur Pflege in einer stationären oder teilstationären Einrich-
      tung, wenn sie voraussichtlich auf längere Zeit erforderlich ist, sowie
      bei der häuslichen Pflege, wenn der in § 26 c Abs. 8 Satz 1 und 2 ge-
      nannte Schweregrad der Pflegebedürftigkeit besteht,

2. in Höhe von 8,5 vom Hundert des Bemessungsbetrages in den Fällen
   a) der Blindenhilfe nach § 72 des Zwölften Buches Sozialgesetzbuch,
   b) des Pflegegeldes nach § 26 c Abs. 8 Satz 3.

[2]Der Familienzuschlag beträgt 40 vom Hundert des Grundbetrags des § 25 e Abs. 1 Nr. 1. [3]Für den nicht getrennt lebenden Ehegatten oder Lebenspartner beträgt der Familienzuschlag in den Fällen des Satzes 1 Nr. 2 die Hälfte des Grundbetrags des Satzes 1 Nr. 1, wenn beide Ehegatten oder Lebenspartner blind oder behindert im Sinne des § 1 Abs. 1 Satz 2 der Verordnung zur Durchführung des § 90 Abs. 2 Nr. 9 des Zwölften Buches Sozialgesetzbuch sind.

(6) [1]Größere orthopädische oder größere andere Hilfsmittel im Sinne des Absatzes 5 Satz 1 Nr. 1 Buchstabe b sind solche, deren Preis mindestens 180 Euro beträgt. [2]Die Leistungen nach § 8 Abs. 1, § 9 Abs. 2 und § 10 Abs. 6 der Eingliederungshilfe-Verordnung gelten als Hilfe im Sinne des Absatzes 5 Satz 1 Nr. 1 Buchstabe b; das Gleiche gilt für die besondere Hilfe nach § 28 Abs. 1 Nr. 2 der Verordnung zur Kriegsopferfürsorge.

(7) Bei der Eingliederungshilfe für ein behindertes Kind gilt § 26 c Abs. 12 entsprechend.

§ 27 e [Sonderfürsorge für Schwerstbeschädigte]. Für die Empfänger einer Pflegezulage, Hirnbeschädigte und Beschädigte, deren Grad der Schädigungsfolgen allein wegen Tuberkulose oder Gesichtsentstellung wenigstens 50 beträgt, haben die Hauptfürsorgestellen die Leistungen der Kriegsopferfürsorge unter Beachtung einer wirksamen Sonderfürsorge zu erbringen.

§ 27 f [Rechtsverordnung der Bundesregierung]. Die Bundesregierung wird ermächtigt, mit Zustimmung des Bundesrates durch Rechtsverordnung[11] Art, Ausmaß und Dauer der Leistungen der Kriegsopferfürsorge (§§ 25 bis 27 e) sowie das Verfahren zu bestimmen.

§ 27 g [Überleitung von Ansprüchen auf den Träger der Kriegsopferfürsorge]. (1) [1]Haben Beschädigte oder Hinterbliebene für die Zeit, für die Leistungen der Kriegsopferfürsorge erbracht werden, einen Anspruch gegen einen anderen, der kein Leistungsträger im Sinne von § 12 des Ersten Buches Sozialgesetzbuch ist, kann der Träger der Kriegsopferfürsorge durch schriftliche Anzeige an den anderen bewirken, daß dieser Anspruch bis zur Höhe seiner Aufwendungen auf ihn übergeht. [2]Der Übergang des Anspruchs darf nur insoweit bewirkt werden, als die Hilfe bei rechtzeitiger Leistung des anderen nicht erbracht worden wäre oder als die Leistungsberechtigten nach § 25 c Abs. 1 Satz 2 oder Abs. 2 die Aufwendungen zu ersetzen oder zu tragen haben. [3]Der Übergang ist nicht dadurch ausgeschlossen, daß die Ansprüche nicht übertragen, verpfändet oder gepfändet werden können. [4]§ 115 des Zehnten Buches Sozialgesetzbuch geht der Regelung des Absatzes 1 Satz 1 vor.

---

[11] Siehe die Kriegsopferfürsorge-VO.

(2) Die schriftliche Anzeige bewirkt den Übergang der Ansprüche für die Zeit, für die den Beschädigten oder Hinterbliebenen Leistungen der Kriegsopferfürsorge ohne Unterbrechung erbracht werden; als Unterbrechung gilt ein Zeitraum von mehr als zwei Monaten.

§ 27 h [**Überleitung von Unterhaltsansprüchen nach dem Bürgerlichen Gesetzbuch**]. (1) [1]Haben Beschädigte und Hinterbliebene für die Zeit, für die Hilfe erbracht wird, nach bürgerlichem Recht einen Unterhaltsanspruch, geht dieser bis zur Höhe der geleisteten Aufwendungen zusammen mit dem unterhaltsrechtlichen Auskunftsanspruch auf den Träger der Kriegsopferfürsorge über. [2]Der Übergang des Anspruchs ist ausgeschlossen, soweit der Unterhaltsanspruch durch laufende Zahlungen erfüllt wird. [3]Gleiches gilt, wenn Unterhaltspflichtige mit Beschädigten oder Hinterbliebenen im zweiten oder in einem entfernteren Grad verwandt sind, sowie für Unterhaltsansprüche gegen Verwandte ersten Grades einer Beschädigten oder Hinterbliebenen, die schwanger ist oder ihr leibliches Kind bis zur Vollendung des 6. Lebensjahres betreut. [4]§ 115 des Zehnten Buches Sozialgesetzbuch geht der Regelung des Absatzes 1 Satz 1 vor.

(2) [1]Der Anspruch geht nur über, soweit Beschädigte und Hinterbliebene ihr Einkommen und Vermögen nach den Bestimmungen des § 25 e Abs. 1, § 25 f Abs. 1 bis 4, § 26 b Abs. 4, § 26 c Abs. 11 sowie § 27 d Abs. 5 einzusetzen haben. [2]Der Übergang des Anspruchs gegen einen nach bürgerlichem Recht Unterhaltspflichtigen ist ausgeschlossen, wenn dies eine unbillige Härte bedeuten würde. [3]Der Anspruch volljähriger Unterhaltsberechtigter, die Eingliederungshilfe oder Hilfe zur Pflege erhalten, gegenüber ihren Eltern geht wegen Leistungen nach den §§ 26 c und 27 d nur in Höhe von bis zu 26 Euro monatlich, wegen Leistungen nach § 27 a nur in Höhe von bis zu 20 Euro monatlich über. [4]Es wird vermutet, dass der Anspruch in Höhe der genannten Beträge übergeht und mehrere Unterhaltspflichtige zu gleichen Teilen haften; die Vermutung kann widerlegt werden. [5]Die in Satz 3 genannten Beträge verändern sich zum gleichen Zeitpunkt und um denselben Vomhundertsatz, um den sich das Kindergeld verändert.

(3) [1]Für die Vergangenheit kann der Träger der Kriegsopferfürsorge den übergegangenen Unterhalt außer unter den Voraussetzungen des bürgerlichen Rechts nur von der Zeit an fordern, zu welcher er dem Unterhaltspflichtigen die Gewährung der Hilfe schriftlich mitgeteilt hat. [2]Wenn die Hilfe voraussichtlich auf längere Zeit gewährt werden muß, kann der Träger der Kriegsopferfürsorge bis zur Höhe der bisherigen monatlichen Aufwendungen auch auf künftige Leistungen klagen.

(4) [1]Der Träger der Kriegsopferfürsorge kann den auf ihn übergegangenen Unterhaltsanspruch im Einvernehmen mit den Leistungsberechtigten auf diese zur gerichtlichen Geltendmachung rückübertragen und sich den geltend gemachten Unterhaltsanspruch abtreten lassen. [2]Kosten, mit denen Leistungsberechtigte dadurch selbst belastet werden, sind zu übernehmen. [3]Über die Ansprüche nach den Absätzen 1 bis 3 ist im Zivilrechtsweg zu entscheiden.

§ 27 i [Rechte des Trägers der Kriegsopferfürsorge]. [1] Der erstattungsberechtigte Träger der Kriegsopferfürsorge kann die Feststellung einer Sozialleistung betreiben sowie Rechtsmittel einlegen. [2] Der Ablauf der Fristen, die ohne sein Verschulden verstrichen sind, wirkt nicht gegen ihn; dies gilt nicht für die Verfahrensfristen, soweit der Träger der Kriegsopferfürsorge das Verfahren selbst betreibt.

§ 27 j [Fortbezug von Pflegegeld]. [1] Pflegebedürftige, die bis zum 31. März 1995 nach § 26 c Abs. 6 in der bis zum 31. März 1995 geltenden Fassung Pflegegeld bezogen haben, erhalten das Pflegegeld insoweit weiter, als es den Pflegegeldanspruch nach § 37 des Elften Buches Sozialgesetzbuch übersteigt und die geltenden Vorschriften des Bundesversorgungsgesetzes ungeachtet des § 26 c den Leistungsbezug nicht ausschließen; dabei bleibt eine Anrechnung der Geldleistung nach § 57 des Fünften Buches Sozialgesetzbuch in der bis zum 31. März 1995 geltenden Fassung außer Betracht. [2] Gleiches gilt, soweit Pflegebedürftige, die bis zum 31. März 1995 Pflegegeld nach § 26 c Abs. 6 in der bis zum 31. März 1995 geltenden Fassung und daneben Leistungen zur hauswirtschaftlichen Versorgung nach diesem Gesetz bezogen, deshalb geringere Leistungen für hauswirtschaftliche Versorgung nach diesem Gesetz erhalten, weil hierauf der auf die hauswirtschaftliche Versorgung entfallende Teil des Pflegegeldes nach dem Elften Buch Sozialgesetzbuch angerechnet wird.

§ 28 (weggefallen)

Beschädigtenrente

§ 29 [Erfolg versprechende Leistungen zur Rehabilitation]. Sind Leistungen zur medizinischen Rehabilitation oder zur Teilhabe am Arbeitsleben erfolgversprechend und zumutbar, so entsteht ein Anspruch auf Höherbewertung des Grades der Schädigungsfolgen nach § 30 Abs. 2, auf Berufsschadensausgleich sowie auf Ausgleichsrente frühestens in dem Monat, in dem diese Maßnahmen abgeschlossen werden.

§ 30[12] **[Minderung der Erwerbsfähigkeit; Berufsschadensausgleich].**
(1) [1] Der Grad der Schädigungsfolgen ist nach den allgemeinen Auswirkungen der Funktionsbeeinträchtigung, die durch die als Schädigungsfolge anerkannten körperlichen, geistigen oder seelischen Gesundheitsstörungen bedingt sind, in allen Lebensbereichen zu beurteilen. [2] Der Grad der Schädigungsfolgen ist nach Zehnergraden von 10 bis 100 zu bemessen; ein bis zu fünf Grad geringerer Grad der Schädigungsfolgen wird vom höheren Zehnergrad mit umfasst. [3] Vorübergehende Gesundheitsstörungen sind nicht zu berücksichtigen; als vorübergehend gilt ein Zeitraum bis zu sechs Monaten. [4] Bei beschädigten Kindern und Jugendlichen ist der Grad der Schädigungsfolgen nach dem Grad zu bemessen, der sich bei Erwachsenen mit gleicher Gesundheitsstörung ergibt. [5] Für erhebliche äußere Gesundheitsschäden können Mindestgrade festgesetzt werden.

---

[12] Siehe hierzu auch die BerufsschadensausgleichsVO.

(2) [1] Der Grad der Schädigungsfolgen ist höher zu bewerten, wenn Beschädigte durch die Art der Schädigungsfolgen im vor der Schädigung ausgeübten oder begonnenen Beruf, im nachweisbar angestrebten oder in dem Beruf besonders betroffen sind, der nach Eintritt der Schädigung ausgeübt wurde oder noch ausgeübt wird. [2] Das ist insbesondere der Fall, wenn

1. auf Grund der Schädigung weder der bisher ausgeübte, begonnene oder nachweisbar angestrebte noch ein sozial gleichwertiger Beruf ausgeübt werden kann,

2. zwar der vor der Schädigung ausgeübte oder begonnene Beruf weiter ausgeübt wird oder der nachweisbar angestrebte Beruf erreicht wurde, Beschädigte jedoch in diesem Beruf durch die Art der Schädigungsfolgen in einem wesentlich höheren Ausmaß als im allgemeinen Erwerbsleben erwerbsgemindert sind, oder

3. die Schädigung nachweisbar den weiteren Aufstieg im Beruf gehindert hat.

(3) Rentenberechtigte Beschädigte, deren Einkommen aus gegenwärtiger oder früherer Tätigkeit durch die Schädigungsfolgen gemindert ist, erhalten nach Anwendung des Absatzes 2 einen Berufsschadensausgleich in Höhe von 42,5 vom Hundert des auf volle Euro aufgerundeten Einkommensverlustes (Absatz 4) oder, falls dies günstiger ist, einen Berufsschadensausgleich nach Absatz 6.

(4) [1] Einkommensverlust ist der Unterschiedsbetrag zwischen dem derzeitigen Bruttoeinkommen aus gegenwärtiger oder früherer Tätigkeit zuzüglich der Ausgleichsrente (derzeitiges Einkommen) und dem höheren Vergleichseinkommen. [2] Haben Beschädigte Anspruch auf eine in der Höhe vom Einkommen beeinflußte Rente wegen Todes nach den Vorschriften anderer Sozialleistungsbereiche, ist abweichend von Satz 1 der Berechnung des Einkommensverlustes die Ausgleichsrente zugrunde zu legen, die sich ohne Berücksichtigung dieser Rente wegen Todes ergäbe. [3] Ist die Rente aus der gesetzlichen Rentenversicherung gemindert, weil das Erwerbseinkommen in einem in der Vergangenheit liegenden Zeitraum, der nicht mehr als die Hälfte des Erwerbslebens umfaßt, schädigungsbedingt gemindert war, so ist die Rentenminderung abweichend von Satz 1 der Einkommensverlust. [4] Das Ausmaß der Minderung wird ermittelt, indem der Rentenberechnung für Beschädigte Entgeltpunkte zugrunde gelegt werden, die sich ohne Berücksichtigung der Zeiten ergäben, in denen das Erwerbseinkommen der Beschädigten schädigungsbedingt gemindert ist.

(5)[13] [1] Das Vergleichseinkommen errechnet sich nach den Sätzen 2 bis 6 aus dem monatlichen Durchschnittseinkommen der Berufs- oder Wirtschaftsgruppe, der die Beschädigten ohne die Schädigung nach ihren Lebensverhältnissen, Kenntnissen und Fähigkeiten und dem bisher betätigten Arbeits- und Ausbildungswillen wahrscheinlich angehört hätten. [2] Zur Ermittlung des Durchschnittseinkommens sind die jeweils am 31. Dezember des vorletzten Jahres bekannten Werte der amtlichen Erhebungen des Statistischen Bundesamtes für das Bundesgebiet und die beamten- oder tarif-

---

[13] Beachte hierzu § 66a Abs. 4.

rechtlichen Besoldungs-, Vergütungs- oder Lohngruppen des Bundes aus den vorletzten drei der Anpassung vorangegangenen Kalenderjahren heranzuziehen. [3] Bis zur Angleichung der Löhne und Gehälter in dem in Artikel 3 des Einigungsvertrages genannten Gebiet an diejenigen im übrigen Bundesgebiet sind bei der jährlichen Ermittlung des Durchschnittseinkommens die amtlichen Erhebungen des Statistischen Bundesamtes für das Bundesgebiet nach dem Stand vom 2. Oktober 1990 heranzuziehen; entsprechendes gilt für die beamten- oder tarifrechtlichen Besoldungs-, Vergütungs- oder Lohngruppen des Bundes. [4] Soweit Bruttowochenverdienste erhoben und bekanntgegeben werden, sind diese mit 4,345 zu vervielfältigen. [5] Beträge des Durchschnittseinkommens bis 0,49 Euro sind auf volle Euro abzurunden und von 0,50 Euro an auf volle Euro aufzurunden. [6] Der Mittelwert aus den drei Jahren ist um die Summe der Vomhundertsätze, um die sich das Durchschnittsentgelt der gesetzlichen Rentenversicherung in den beiden Kalenderjahren vor der Anpassung verändert hat, zu aktualisieren. [7] Für die Feststellung des Bruttoarbeitsentgelts sind die Daten des Statistischen Bundesamtes zugrunde zu legen, die diesem jeweils zu Beginn des folgenden Jahres vorliegen. [8] Das Vergleichseinkommen ist jeweils vom Zeitpunkt der Rentenanpassung an maßgebend. [9] Es ist durch das Bundesministerium für Arbeit und Soziales zu ermitteln und im Bundesanzeiger bekanntzugeben; die Beträge sind auf volle Euro aufzurunden. [10] Abweichend von den Sätzen 1 bis 8 sind die Vergleichseinkommen der Tabellen 1 bis 4 der Bekanntmachung vom 14. Mai 1996 (BAnz. S. 6419) für die Zeit vom 1. Juli 1997 bis 30. Juni 1998 durch Anpassung der dort veröffentlichten Werte mit dem Vomhundertsatz zu ermitteln, der in § 56 Abs. 1 Satz 1 bestimmt ist; Satz 9 zweiter Halbsatz gilt entsprechend.

(6) [1] Berufsschadensausgleich nach Absatz 3 letzter Satzteil ist der Nettobetrag des Vergleicheinkommens (Absatz 7) abzüglich des Nettoeinkommens aus gegenwärtiger oder früherer Erwerbstätigkeit (Absatz 8), der Ausgleichsrente (§§ 32, 33) und des Ehegattenzuschlages (§ 33a). [2] Absatz 4 Satz 2 gilt entsprechend.

(7) [1] Der Nettobetrag des Vergleichseinkommens wird bei Beschädigten, die nach dem 30. Juni 1927 geboren sind, für die Zeit bis zum Ablauf des Monats, in dem sie auch ohne die Schädigung aus dem Erwerbsleben ausgeschieden wären, längstens jedoch bis zum Ablauf des Monats, in dem der Beschädigte das 65. Lebensjahr vollendet, pauschal ermittelt, indem das Vergleichseinkommen

1. bei Verheirateten Beschädigten um 18 vom Hundert, der 716 Euro übersteigende Teil um 36 vom Hundert und der 1790 Euro übersteigende Teil um 40 vom Hundert,

2. bei nicht verheirateten Beschädigten um 18 vom Hundert, der 460 Euro übersteigende Teil um 40 vom Hundert und der 1380 Euro übersteigende Teil um 49 vom Hundert

gemindert wird. [2] Im übrigen gelten 50 vom Hundert des Vergleichseinkommens als dessen Nettobetrag.

(8) [1] Das Nettoeinkommen aus gegenwärtiger oder früherer Erwerbstätigkeit wird pauschal aus dem derzeitigen Bruttoeinkommen ermittelt, indem

1. das Bruttoeinkommen aus gegenwärtiger Erwerbstätigkeit um die in Absatz 7 Satz 1 Nr. 1 und 2 genannten Vomhundertsätze gemindert wird,

2. Renten aus der gesetzlichen Rentenversicherung sowie Renten wegen Alters, Renten wegen verminderter Erwerbsfähigkeit und Landabgaberenten nach dem Gesetz über die Alterssicherung der Landwirte um den Vomhundertsatz gemindert werden, der für die Bemessung des Beitrags der sozialen Pflegeversicherung (§ 55 des Elften Buches Sozialgesetzbuch) gilt, und um die Hälfte des Vomhundertsatzes des allgemeinen Beitragssatzes der Krankenkassen (§ 245 Abs. 1 Satz 1 des Fünften Buches Sozialgesetzbuch); die zum 1. Januar festgestellten Beitragssätze gelten insoweit jeweils vom 1. Juli des laufenden Kalenderjahres bis zum 30. Juni des folgenden Kalenderjahres,

3. sonstige Geldleistungen von Leistungsträgern (§ 12 des Ersten Buches Sozialgesetzbuch) mit dem Nettobetrag berücksichtigt werden und

4. das übrige Bruttoeinkommen um die in Nummer 2 genannten Vomhundertsätze und zusätzlich um 19 vom Hundert des 562 Euro übersteigenden Betrages gemindert wird; Nummer 2 letzter Halbsatz gilt entsprechend.

[2] In den Fällen des Absatzes 11 tritt an die Stelle des Nettoeinkommens im Sinne des Satzes 1 der nach Absatz 7 ermittelte Nettobetrag des Durchschnittseinkommens.

(9) Berufsschadensausgleich nach Absatz 6 wird in den Fällen einer Rentenminderung im Sinne des Absatzes 4 Satz 3 nur gezahlt, wenn die Zeiten des Erwerbslebens, in denen das Erwerbseinkommen nicht schädigungsbedingt gemindert war, von einem gesetzlichen oder einem gleichwertigen Alterssicherungssystem erfaßt sind.

(10) [1] Der Berufsschadensausgleich wird ausschließlich nach Absatz 6 berechnet, wenn der Antrag erstmalig nach dem 21. Dezember 2007 gestellt wird. [2] Im Übrigen trifft die zuständige Behörde letztmalig zum Stichtag nach Satz 1 die Günstigkeitsfeststellung nach Absatz 3 und legt damit die für die Zukunft anzuwendende Berechnungsart fest.

(11) [1] Wird durch nachträgliche schädigungsunabhängige Einwirkungen oder Ereignisse, insbesondere durch das Hinzutreten einer schädigungsunabhängigen Gesundheitsstörung das Bruttoeinkommen aus gegenwärtiger Tätigkeit voraussichtlich auf Dauer gemindert (Nachschaden), gilt statt dessen als Einkommen das Durchschnittseinkommen der Berufs- oder Wirtschaftsgruppe, der der oder die Beschädigte ohne den Nachschaden angehören würde; Arbeitslosigkeit oder altersbedingtes Ausscheiden aus dem Erwerbsleben gilt grundsätzlich nicht als Nachschaden. [2] Tritt nach dem Nachschaden ein weiterer schädigungsbedingter Einkommensverlust ein, ist dieses Durchschnittseinkommen entsprechend zu mindern. [3] Scheidet dagegen der oder die Beschädigte schädigungsbedingt aus dem Erwerbsleben aus, wird der Berufsschadensausgleich nach den Absätzen 3 bis 8 errechnet.

(12) Rentenberechtigte Beschädigte, die einen gemeinsamen Haushalt mit ihrem Ehegatten oder Lebenspartners, einem Verwandten oder einem Stief- oder Pflegekind führen oder ohne die Schädigung zu führen hätten, erhalten als Berufsschadensausgleich einen Betrag in Höhe der Hälfte der

wegen der Folgen der Schädigung notwendigen Mehraufwendungen bei der Führung des gemeinsamen Haushalts.

(13) [1] Ist die Grundrente wegen besonderen beruflichen Betroffenseins erhöht worden, so ruht der Anspruch auf Berufsschadensausgleich in Höhe des durch die Erhöhung der Grundrente nach § 31 Abs. 1 Satz 1 erzielten Mehrbetrags. [2] Entsprechendes gilt, wenn die Grundrente nach § 31 Abs. 4 Satz 2 erhöht worden ist.

(14) Die Bundesregierung wird ermächtigt, durch Rechtsverordnung mit Zustimmung des Bundesrates zu bestimmen:

a) welche Vergleichsgrundlage und in welcher Weise sie zur Ermittlung des Einkommensverlustes heranzuziehen ist,

b) wie der Einkommensverlust bei einer vor Abschluß der Schulausbildung oder vor Beginn der Berufsausbildung erlittenen Schädigung zu ermitteln ist,

c) wie der Berufsschadensausgleich festzustellen ist, wenn der Beschädigte ohne die Schädigung neben einer beruflichen Tätigkeit weitere berufliche Tätigkeiten ausgeübt oder einen gemeinsamen Haushalt im Sinne des Absatzes 12 geführt hätte,

d) was als derzeitiges Bruttoeinkommen oder als Durchschnittseinkommen im Sinne des Absatzes 11 und des § 64 c Abs. 2 Satz 2 und 3 gilt und welche Einkünfte bei der Ermittlung des Einkommensverlustes nicht berücksichtigt werden,

e) wie in besonderen Fällen das Nettoeinkommen abweichend von Absatz 8 Satz 1 Nr. 3 und 4 zu ermitteln ist.

(15) Ist vor dem 1. Juli 1989 bereits über den Anspruch auf Berufsschadensausgleich für die Zeit nach dem Ausscheiden aus dem Erwerbsleben entschieden worden, so verbleibt es hinsichtlich der Frage, ob Absatz 4 Satz 1 oder 3 anzuwenden ist, bei der getroffenen Entscheidung.

(16) [1] Hatte eine schwerbeschädigte Hausfrau für den Monat Juni 1990 Anspruch auf Berufsschadensausgleich nach Maßgabe des § 30 Abs. 7 Satz 2 in der bis zum 30. Juni 1990 geltenden Fassung, ist diese Vorschrift weiter anzuwenden, solange dies günstiger ist als die Anwendung des Absatzes 12. [2] Ergibt sich außerdem ein Anspruch auf Berufsschadensausgleich nach den Absätzen 3 bis 11, ist nur der höhere Berufsschadensausgleich zu zahlen. [3] Der Berufsschadensausgleich nach Satz 1 wird jährlich mit dem in § 56 Abs. 1 Satz 1, soweit das Jahr 2000 betroffen ist, mit dem in § 56 Abs. 3 bestimmten Vomhundertsatz angepasst; dabei ist § 15 Satz 2 zweiter Halbsatz entsprechend anzuwenden.

(17) Das Bundesministerium für Arbeit und Soziales wird ermächtigt, im Einvernehmen mit dem Bundesministerium der Verteidigung und mit Zustimmung des Bundesrates durch Rechtsverordnung die Grundsätze aufzustellen, die für die medizinische Bewertung von Schädigungsfolgen und die Feststellung des Grades der Schädigungsfolgen im Sinne des Absatzes 1 maßgebend sind, sowie die für die Anerkennung einer Gesundheitsstörung nach § 1 Abs. 3 maßgebenden Grundsätze und die Kriterien für die Bewertung der Hilflosigkeit und der Stufen der Pflegezulage nach § 35 Abs. 1 aufzustellen und das Verfahren für deren Ermittlung und Fortentwicklung zu regeln.

§ 31 [**Höhe der Beschädigten-Grundrente; Schwerstbeschädigten-zulage**]. (1) [1]Beschädigte erhalten eine monatliche Grundrente bei einem Grad der Schädigungsfolgen

von 30	in Höhe von 123 Euro,
von 40	in Höhe von 168 Euro,
von 50	in Höhe von 226 Euro,
von 60	in Höhe von 286 Euro,
von 70	in Höhe von 396 Euro,
von 80	in Höhe von 479 Euro,
von 90	in Höhe von 576 Euro,
von 100	in Höhe von 646 Euro.

[2]Die Grundrente erhöht sich für Schwerbeschädigte, die das 65. Lebensjahr vollendet haben, bei einem Grad der Schädigungsfolgen

von 50 und 60	um 25 Euro,
von 70 und 80	um 31 Euro,
von mindestens 90	um 38 Euro.

(2) Schwerbeschädigung liegt vor, wenn ein Grad der Schädigungsfolgen von mindestens 50 festgestellt ist.

(3) [1]Beschädigte, bei denen Blindheit als Folge einer Schädigung anerkannt ist, erhalten stets die Rente nach einem Grad der Schädigungsfolgen von 100. [2]Beschädigte mit Anspruch auf eine Pflegezulage gelten stets als Schwerbeschädigte. [3]Sie erhalten mindestens eine Versorgung nach einem Grad der Schädigungsfolgen von 50.

(4) [1]Beschädigte mit einem Grad der Schädigungsfolgen von 100, die durch die anerkannten Schädigungsfolgen gesundheitlich außergewöhnlich betroffen sind, erhalten eine monatliche Schwerstbeschädigtenzulage, die in folgenden Stufen gewährt wird:

Stufe I	74 Euro,
Stufe II	154 Euro,
Stufe III	229 Euro,
Stufe IV	306 Euro,
Stufe V	382 Euro,
Stufe VI	460 Euro.

[2]Die Bundesregierung wird ermächtigt, mit Zustimmung des Bundesrates durch Rechtsverordnung den Personenkreis, der durch seine Schädigungsfolgen außergewöhnlich betroffen ist, sowie seine Einordnung in die Stufen I bis VI näher zu bestimmen.

§ 32 [**Ausgleichsrente für Schwerbeschädigte**]. (1) Schwerbeschädigte erhalten eine Ausgleichsrente, wenn sie infolge ihres Gesundheitszustands oder hohen Alters oder aus einem von ihnen nicht zu vertretenden sonstigen Grunde eine ihnen zumutbare Erwerbstätigkeit nicht oder nur in beschränktem Umfang oder nur mit überdurchschnittlichem Kräfteaufwand ausüben können.

(2) Die volle Ausgleichsrente beträgt monatlich bei einem Grad der Schädigungsfolgen

von	50 oder 60	396 Euro,
von	70 oder 80	479 Euro,
von	90	576 Euro,
von	100	646 Euro.

§ 33[14] [Anrechnung von Einkommen auf die Ausgleichsrente].

(1) [1] Die volle Ausgleichsrente ist um das anzurechnende Einkommen zu mindern. [2] Dieses ist, ausgehend vom Bruttoeinkommen, nach der nach Absatz 6 zu erlassenden Rechtsverordnung stufenweise so zu ermitteln, daß

a) bei Einkünften aus gegenwärtiger Erwerbstätigkeit ein Betrag in Höhe von 1,5 vom Hundert sowie bei den übrigen Einkünften ein Betrag in Höhe von 0,65 vom Hundert des Bemessungsbetrags von 26 887 Euro, jeweils auf volle Euro aufgerundet, freibleibt (Freibetrag) und

b) dem Beschädigten mit einem Grad der Schädigungsfolgen von 100 Ausgleichsrente nur zusteht, wenn seine Einkünfte aus gegenwärtiger Erwerbstätigkeit niedriger sind als ein Betrag in Höhe von einem Zwölftel oder seine übrigen Einkünfte niedriger sind als ein Betrag in Höhe von einem Zwanzigstel des in Buchstabe a genannten Bemessungsbetrags, aufgerundet auf volle Euro (Einkommensgrenze); diese Einkommensgrenze schließt auch die Beträge des Bruttoeinkommens ein, die mit den genannten Beträgen die gleiche Stufe gemeinsam haben.

(2) [1] Einkünfte aus gegenwärtiger Erwerbstätigkeit im Sinne des Absatzes 1 sind Einkünfte aus

a) nichtselbständiger Arbeit im Sinne des § 19 Abs. 1 Nr. 1 des Einkommensteuergesetzes,

b) Land- und Forstwirtschaft,

c) Gewerbebetrieb,

d) selbständiger Tätigkeit sowie

Versorgungskrankengeld, Krankengeld und Verletztengeld, sofern diese Leistungen nicht nach einem zuvor bezogenen Arbeitslosengeld oder Unterhaltsgeld nach dem Dritten Buch Sozialgesetzbuch bemessen sind. [2] Bei Versorgungskrankengeld, Krankengeld und Verletztengeld gilt als Einkünfte aus gegenwärtiger Erwerbstätigkeit das Bruttoeinkommen, das der Berechnung dieser Leistung zugrunde liegt, gegebenenfalls vom Zeitpunkt einer Anpassung der Leistung an erhöht um den Vomhundertsatz, um den der Bemessungsbetrag zuletzt gemäß § 56 Abs. 1 Satz 2 angepaßt worden ist.

(3) Läßt sich das Einkommen zahlenmäßig nicht ermitteln, so ist es unter Berücksichtigung der Gesamtverhältnisse festzusetzen.

(4) Empfänger einer Pflegezulage erhalten wenigstens die Hälfte der vollen Ausgleichsrente, Empfänger einer Pflegezulage von mindestens Stufe III die volle Ausgleichsrente, auch wenn die Pflegezulage nach § 35 Abs. 4 nicht gezahlt wird oder nach § 65 Abs. 1 ruht.

(5) Die Bundesregierung wird ermächtigt, mit Zustimmung des Bundesrates durch Rechtsverordnung näher zu bestimmen,

---

[14] Beachte hierzu auch § 66 a Abs. 5.

a) was als Einkommen gilt und welche Einkünfte bei Feststellung der Ausgleichsrente unberücksichtigt bleiben,
b) wie das Bruttoeinkommen zu ermitteln ist.

(6) [1] Das Bundesministerium für Arbeit und Soziales wird ermächtigt, mit Zustimmung des Bundesrates die Rechtsverordnung[15] über das anzurechnende Einkommen nach Absatz 1 zu erlassen. [2] Die anzurechnenden Beträge sind in einer Tabelle anzugeben, die für Beschädigte mit einem Grad der Schädigungsfolgen von 100 in 200 Stufen gegliedert ist; die ermittelten Werte gelten auch für die übrigen Beschädigtengruppen. [3] Der jeweilige Betrag, bis zu dem die einzelne Stufe reicht, ist zu ermitteln, indem die Stufenzahl mit dem zweihundertsten Teil des um den Freibetrag (Absatz 1 Buchstabe a) verminderten Betrages nach Absatz 1 Buchstabe b multipliziert und dem auf volle Euro abgerundeten Produkt der Freibetrag hinzugerechnet wird. [4] Der jeder Stufe zugeordnete Betrag des anzurechnenden Einkommens ist zu ermitteln, indem die jeweilige Stufenzahl mit dem zweihundertsten Teil des Betrages der vollen Ausgleichsrente für Beschädigte mit einem Grad der Schädigungsfolgen von 100 multipliziert und das Produkt auf volle Euro abgerundet wird. [5] In der Rechtsverordnung kann ferner Näheres über die Anwendung der Tabelle bestimmt und können die jeweils zustehenden Beträge der Ausgleichsrente angegeben werden.

§ 33 a [**Zuschlag für Ehegatten**]. (1) [1] Schwerbeschädigte erhalten für den Ehegatten oder Lebenspartner einen Zuschlag von 71 Euro monatlich. [2] Den Zuschlag erhalten auch Schwerbeschädigte, deren Ehe oder Lebenspartnerschaft aufgelöst oder für nichtig erklärt worden ist, wenn sie im eigenen Haushalt für ein Kind im Sinne des § 33 b Abs. 1 Satz 1 und der Absätze 2 bis 4 sorgen. [3] Steht keine Ausgleichsrente zu, so gilt § 33 entsprechend mit folgender Maßgabe:
a) Das anzurechnende Einkommen ist nur insoweit zu berücksichtigen, als es nicht bereits zum Wegfall der Ausgleichsrente geführt hat.
b) § 33 Abs. 1 Satz 2 Buchstabe b ist nicht anzuwenden.

(2) Alle Empfänger einer Pflegezulage erhalten den vollen Zuschlag, auch wenn die Pflegezulage nach § 35 Abs. 4 nicht gezahlt wird oder nach § 65 Abs. 1 ruht.

§ 33 b [**Kinderzuschlag**]. (1) [1] Schwerbeschädigte erhalten für jedes Kind einen Kinderzuschlag. [2] Das gilt nicht, wenn für dasselbe Kind Anspruch auf Kindergeld oder auf Leistungen im Sinne des § 4 Abs. 1 Satz 1 Nr. 1 des Bundeskindergeldgesetzes besteht oder nach dem Einkommensteuergesetz ein Kinderfreibetrag zusteht.

(2) [1] Als Kinder gelten auch die in den Haushalt des Beschädigten aufgenommenen Stiefkinder oder Kinder des Lebenspartners. [2] Kinder, die mit

---

[15] Siehe hierzu die Neununddreißigste VO über das anzurechnende Einkommen nach dem Bundesversorgungsgesetz und die Zwanzigste Verordnung über das anzurechnende Einkommen nach dem Bundesversorgungsgesetz in dem in Artikel 3 des Einigungsvertrages genannten Gebiet.

dem Ziel der Annahme als Kind in die Obhut des Annehmenden aufgenommen sind und für die die zur Annahme erforderliche Einwilligung der Eltern erteilt ist, gelten als Kinder des Annehmenden und nicht mehr als Kinder der leiblichen Eltern.

(3) [1]Erfüllen mehrere Beschädigte für dasselbe Kind die Voraussetzungen der Absätze 1 und 2, ist der Kinderzuschlag nur einmal zu gewähren. [2]Anspruchsberechtigt ist derjenige, der das Kind überwiegend unterhält. [3]Unterhält keiner der Beschädigten das Kind überwiegend, wird § 3 Abs. 2 des Bundeskindergeldgesetzes angewandt.

(4) [1]Der Kinderzuschlag wird bis zur Vollendung des 18. Lebensjahres gewährt. [2]Er ist in gleicher Weise nach Vollendung des 18. Lebensjahres für ein Kind zu gewähren, das

1. noch nicht das 21. Lebensjahr vollendet hat, nicht in einem Beschäftigungsverhältnis steht und bei einer Agentur für Arbeit im Inland als arbeitsuchend gemeldet ist,
2. noch nicht das 27. Lebensjahr vollendet hat und
   a) sich in einer Schul- oder Berufsausbildung befindet, die seine Arbeitskraft überwiegend in Anspruch nimmt und nicht mit der Zahlung von Dienstbezügen, Arbeitsentgelt oder sonstigen Zuwendungen in entsprechender Höhe verbunden ist, oder
   b) sich in einer Übergangszeit von höchstens vier Kalendermonaten befindet, die zwischen zwei Ausbildungsabschnitten oder zwischen einem Ausbildungsabschnitt und der Ableistung des gesetzlichen Wehr- oder Zivildienstes, einem dem Wehr- oder Zivildienst gleichgestellten Dienst oder der Ableistung eines freiwilligen Dienstes im Sinne des Buchstaben d liegt, oder
   c) eine Berufsausbildung mangels Ausbildungsplatzes nicht beginnen oder fortsetzen kann oder
   d) ein freiwilliges soziales Jahr oder ein freiwilliges ökologisches Jahr im Sinne des Jugendfreiwilligendienstegesetzes oder einen Freiwilligendienst im Sinne des Beschlusses Nr. 1031/2000/EG des Europäischen Parlaments und des Rates vom 13. April 2000 zur Einführung des gemeinschaftlichen Aktionsprogramms „Jugend" (ABl. EG Nr. L 117 S. 1) oder einen anderen Dienst im Ausland im Sinne von § 14b des Zivildienstgesetzes leistet oder
3. wegen körperlicher, geistiger oder seelischer Behinderung spätestens bei Vollendung des 27. Lebensjahres außerstande ist, sich selbst zu unterhalten, solange dieser Zustand dauert, über die Vollendung des 27. Lebensjahres hinaus jedoch nur, wenn sein Ehegatte oder Lebenspartner außerstande ist, es zu unterhalten.

[3]Bei der Anwendung des Satzes 1 gilt § 32 Abs. 4 Satz 2 bis 10 des Einkommensteuergesetzes oder § 2 Abs. 2 Satz 2 bis 10 des Bundeskindergeldgesetzes entsprechend. [4]Hatte ein Kind, das bei Vollendung des 27. Lebensjahres körperlich, geistig oder seelisch behindert war, nach diesem Zeitpunkt eine Erwerbstätigkeit ausgeübt, so ist der Kinderzuschlag erneut zu gewähren, wenn und solange es wegen desselben körperlichen oder geistigen Gebrechens erneut außerstande ist, sich selbst zu unterhalten. [5]Im Falle der Un-

terbrechung oder Verzögerung der Schul- oder Berufsausbildung durch Erfüllung der gesetzlichen Wehr- oder Zivildienstpflicht eines Kindes im Sinne des Satzes 2 Buchstabe a ist der Kinderzuschlag für einen der Zeit dieses Dienstes entsprechenden Zeitraum über das 27. Lebensjahr hinaus zu gewähren. [6]Satz 5 gilt entsprechend für den auf den Grundwehrdienst anzurechnenden Wehrdienst, den ein Soldat auf Grund freiwilliger Verpflichtung für eine Dienstzeit von nicht mehr als drei Jahren geleistet hat sowie für die vom Wehr- und Zivildienst befreiende Tätigkeit als Entwicklungshelfer im Sinne des § 1 Abs. 1 des Entwicklungshelfer-Gesetzes für einen der Dauer dieses Dienstes oder der Tätigkeit entsprechenden Zeitraum, höchstens für die Dauer des inländischen gesetzlichen Grundwehrdienstes, bei anerkannten Kriegsdienstverweigerern für die Dauer des inländischen gesetzlichen Zivildienstes über das 21. oder 27. Lebensjahr hinaus berücksichtigt. [7]Wird der gesetzliche Grundwehrdienst oder Zivildienst in einem Mitgliedstaat der Europäischen Union oder einem Staat, auf den das Abkommen über den Europäischen Wirtschaftsraum Anwendung findet, geleistet, so ist die Dauer dieses Dienstes maßgebend. [8]§ 2 Abs. 2 Satz 2 bis 7 des Bundeskindergeldgesetzes gilt entsprechend. [9]Verzögert sich die Schul- oder Berufsausbildung aus einem Grund, den weder der Beschädigte noch das Kind zu vertreten haben, so wird der Kinderzuschlag entsprechend dem Zeitraum der nachgewiesenen Verzögerung länger gewährt.

(5) [1]Der Kinderzuschlag ist in Höhe des gesetzlichen Kindergelds[16] zu gewähren. [2]Der Zuschlag ist um Kinderzuschüsse oder ähnliche Leistungen, die für das Kind gezahlt werden oder zu gewähren sind, zu kürzen. [3]Steht keine Ausgleichsrente und kein Zuschlag nach § 33a zu, so gilt § 33 entsprechend mit folgender Maßgabe:
a) Das anzurechnende Einkommen ist nur insoweit zu berücksichtigen, als es nicht bereits zum Wegfall der Ausgleichsrente und des Zuschlags nach § 33a geführt hat.
b) § 33 Abs. 1 Satz 2 Buchstabe b ist nicht anzuwenden.
[4]Werden Kinderzuschläge für mehrere Kinder gewährt, so ist das nach Satz 3 Buchstabe a anzurechnende Einkommen nach dem Verhältnis aufzuteilen, in dem die Beträge der einzelnen Kinderzuschläge zueinander stehen.

(6) [1]Bei Empfängern einer Pflegezulage ist, auch wenn die Pflegezulage nach § 35 Abs. 4 nicht gezahlt wird oder nach § 65 Abs. 1 ruht, Absatz 5 Satz 2 und 3 nicht anzuwenden. [2]Für jedes Kind, für das ihnen nach Absatz 1 kein Kinderzuschlag zusteht, erhalten sie einen Zuschlag in Höhe des gesetzlichen Kindergelds, das für das erste Kind vorgesehen ist.

(7) [1]Steht die Vertretung in den persönlichen Angelegenheiten des Kindes nicht dem Beschädigten zu, so kann der gesetzliche Vertreter des Kindes die Zahlung des Kinderzuschlags an sich beantragen. [2]Ist das Kind volljährig, so kann es die Zahlung an sich selbst beantragen.

§ 34 [Ausgleichsrente für jugendliche Schwerbeschädigte]. (1) Die Ausgleichsrente beträgt für Schwerbeschädigte vor Vollendung des 14. Le-

---

[16] Siehe § 6 BundeskindergeldG idF der Bek. v. 2. 1. 2002 (BGBl. I S. 6).

bensjahrs bis zu 30 vom Hundert, vor Vollendung des 18. Lebensjahrs bis zu 50 vom Hundert der Sätze des § 32 Abs. 2; sie ist auf den vollen Satz zu erhöhen, wenn der Schwerbeschädigte seinen Lebensunterhalt allein bestreiten muß.

(2) [1] Ausgleichsrente ist nur insoweit zu gewähren, als dies nach den wirtschaftlichen Verhältnissen des Beschädigten und seiner unterhaltspflichtigen Angehörigen gerechtfertigt ist. [2] Lehrlingsvergütung bis zu 77 Euro monatlich bleibt unberücksichtigt.

Pflegezulage

§ 35 [Pflegezulage]. (1) [1] Solange Beschädigte infolge der Schädigung hilflos sind, wird eine Pflegezulage von 272 Euro (Stufe I) monatlich gezahlt. [2] Hilflos im Sinne des Satzes 1 sind Beschädigte, wenn sie für eine Reihe von häufig und regelmäßig wiederkehrenden Verrichtungen zur Sicherung ihrer persönlichen Existenz im Ablauf eines jeden Tages fremder Hilfe dauernd bedürfen. [3] Diese Voraussetzungen sind auch erfüllt, wenn die Hilfe in Form einer Überwachung oder Anleitung zu den in Satz 2 genannten Verrichtungen erforderlich ist oder wenn die Hilfe zwar nicht dauernd geleistet werden muß, jedoch eine ständige Bereitschaft zur Hilfeleistung erforderlich ist. [4] Ist die Gesundheitsstörung so schwer, daß sie dauerndes Krankenlager oder dauernd außergewöhnliche Pflege erfordert, so ist die Pflegezulage je nach Lage des Falles unter Berücksichtigung des Umfangs der notwendigen Pflege auf 466, 661, 849, 1104 oder 1357 (Stufen II, III, IV, V und VI) zu erhöhen. [5] Für die Ermittlung der Hilflosigkeit und der Stufen der Pflegezulage sind die in der Verordnung zu § 30 Abs. 17 aufgestellten Grundsätze maßgebend. [6] Blinde erhalten mindestens die Pflegezulage nach Stufe III. [7] Hirnbeschädigte mit einem Grad der Schädigungsfolgen von 100 erhalten eine Pflegezulage mindestens nach Stufe I.

(2) [1] Wird fremde Hilfe im Sinne des Absatzes 1 von Dritten aufgrund eines Arbeitsvertrages geleistet und übersteigen die dafür aufzuwendenden angemessenen Kosten den Betrag der pauschalen Pflegezulage nach Absatz 1, wird die Pflegezulage um den übersteigenden Betrag erhöht. [2] Leben Beschädigte mit ihren Ehegatten, Lebenspartnern oder einem Elternteil in häuslicher Gemeinschaft, ist die Pflegezulage so zu erhöhen, dass sie nur ein Viertel der von ihnen aufzuwendenden angemessenen Kosten aus der pauschalen Pflegezulage zu zahlen haben und ihnen mindestens die Hälfte der pauschalen Pflegezulage verbleibt. [3] In Ausnahmefällen kann der verbleibende Anteil bis zum vollen Betrag der pauschalen Pflegezulage erhöht werden, wenn Ehegatten, Lebenspartner oder ein Elternteil von Pflegezulageempfängern mindestens der Stufe V neben den Dritten in außergewöhnlichem Umfang zusätzliche Hilfe leisten. [4] Entstehen vorübergehend Kosten für fremde Hilfe, insbesondere infolge Krankheit der Pflegeperson, ist die Pflegezulage für jeweils höchstens sechs Wochen über Satz 2 hinaus so zu erhöhen, dass den Beschädigten die pauschale Pflegezulage in derselben Höhe wie vor der vorübergehenden Entstehung der Kosten verbleibt. [5] Die Sätze 2 und 3 gelten nicht, wenn der Ehegatte, Lebenspartner oder Elternteil

nicht nur vorübergehend keine Pflegeleistungen erbringt; § 40 a Abs. 3 Satz 3 gilt.

(3) Während einer stationären Behandlung wird die Pflegezulage nach den Absätzen 1 und 2 Empfängern von Pflegezulage nach den Stufen I und II bis zum Ende des ersten, den übrigen Empfängern von Pflegezulage bis zum Ablauf des zwölften auf die Aufnahme folgenden Kalendermonats weitergezahlt.

(4) [1] Über den in Absatz 3 bestimmten Zeitpunkt hinaus wird die Pflegezulage während einer stationären Behandlung bis zum Ende des Kalendermonats vor der Entlassung nur weitergezahlt, soweit dies in den folgenden Sätzen bestimmt ist. [2] Beschädigte erhalten ein Viertel der pauschalen Pflegezulage nach Absatz 1, wenn der Ehegatte, Lebenspartner oder der Elternteil bis zum Beginn der stationären Behandlung zumindest einen Teil der Pflege wahrgenommen hat. [3] Daneben wird die Pflegezulage in Höhe der Kosten weitergezahlt, die aufgrund eines Pflegevertrages entstehen, es sei denn, die Kosten hätten durch ein den Beschädigten bei Abwägung aller Umstände zuzumutendes Verhalten, insbesondere durch Kündigung des Pflegevertrages, vermieden werden können. [4] Empfänger einer Pflegezulage mindestens nach Stufe III erhalten, soweit eine stärkere Beteiligung der schon bis zum Beginn der stationären Behandlung unentgeltlich tätigen Pflegeperson medizinisch erforderlich ist, abweichend von Satz 2 ausnahmsweise Pflegezulage bis zur vollen Höhe nach Absatz 1, in Fällen des Satzes 3 jedoch nicht über den nach Absatz 2 Satz 2 aus der pauschalen Pflegezulage verbleibenden Betrag hinaus.

(5) [1] Tritt Hilflosigkeit im Sinne des Absatzes 1 Satz 1 gleichzeitig mit der Notwendigkeit stationärer Behandlung oder während einer stationären Behandlung ein, besteht für die Zeit vor dem Kalendermonat der Entlassung kein Anspruch auf Pflegezulage. [2] Für diese Zeit wird eine Pflegebeihilfe gezahlt, soweit dies in den folgenden Sätzen bestimmt ist. [3] Beschädigte, die mit ihren Ehegatten, Lebenspartnern oder einem Elternteil in häuslicher Gemeinschaft leben, erhalten eine Pflegebeihilfe in Höhe eines Viertels der pauschalen Pflegezulage nach Stufe I. [4] Soweit eine stärkere Beteiligung der Ehegatten, Lebenspartner oder eines Elternteils oder die Beteiligung einer Person, die den Beschädigten nahesteht, an der Pflege medizinisch erforderlich ist, kann in begründeten Ausnahmefällen eine Pflegebeihilfe bis zur Höhe der pauschalen Pflegezulage nach Stufe I gezahlt werden.

(6) [1] Für Beschädigte, die infolge der Schädigung dauernder Pflege im Sinne des Absatzes 1 bedürfen, werden, wenn geeignete Pflege sonst nicht sichergestellt werden kann, die Kosten der nicht nur vorübergehenden Heimpflege, soweit sie Unterkunft, Verpflegung und Betreuung einschließlich notwendiger Pflege umfassen, unter Anrechnung auf die Versorgungsbezüge übernommen. [2] Jedoch ist den Beschädigten von ihren Versorgungsbezügen zur Bestreitung der sonstigen Bedürfnisse ein Betrag in Höhe der Beschädigtengrundrente nach einem Grad der Schädigungsfolgen von 100 und den Angehörigen ein Betrag mindestens in Höhe der Hinterbliebenenbezüge zu belassen, die ihnen zustehen würden, wenn Beschädigte an den Folgen der Schädigung gestorben wären. [3] Bei der Berechnung der Bezüge

der Angehörigen ist auch das Einkommen der Beschädigten zu berücksichtigen, soweit es nicht ausnahmsweise für andere Zwecke, insbesondere die Erfüllung anderer Unterhaltspflichten, einzusetzen ist.

Bestattungsgeld

§ 36 [Bestattungsgeld]. (1) [1]Beim Tode eines rentenberechtigten Beschädigten wird ein Bestattungsgeld gewährt. [2]Es beträgt 1560 Euro, wenn der Tod die Folge einer Schädigung ist, sonst 781 Euro. [3]Der Tod gilt stets dann als Folge einer Schädigung, wenn ein Beschädigter an einem Leiden stirbt, das als Folge einer Schädigung rechtsverbindlich anerkannt und für das ihm im Zeitpunkt des Todes Rente zuerkannt war.

(2) [1]Vom Bestattungsgeld werden zunächst die Kosten der Bestattung bestritten und an den gezahlt, der die Bestattung besorgt hat. [2]Das gilt auch, wenn die Kosten der Bestattung aus öffentlichen Mitteln bestritten worden sind. [3]Bleibt ein Überschuß, so sind nacheinander der Ehegatte, der Lebenspartner, die Kinder, die Eltern, die Stiefeltern, die Pflegeeltern, die Enkel, die Großeltern, die Geschwister und die Geschwisterkinder bezugsberechtigt, wenn sie mit dem Verstorbenen zur Zeit des Todes in häuslicher Gemeinschaft gelebt haben. [4]Fehlen solche Berechtigte, so wird der Überschuß nicht ausgezahlt.

(3) Stirbt ein nichtrentenberechtigter Beschädigter an den Folgen einer Schädigung, so ist ein Bestattungsgeld bis zu 1560 Euro zu zahlen, soweit Kosten der Bestattung entstanden sind.

(4) Eine auf Grund anderer gesetzlicher Vorschriften für denselben Zweck zu gewährende Leistung ist auf das Bestattungsgeld anzurechnen.

(5) [1]Stirbt ein Beschädigter an den Folgen einer Schädigung außerhalb seines ständigen Wohnsitzes, so sind die notwendigen Kosten für die Leichenüberführung dem zu erstatten, der sie getragen hat. [2]Das gilt nicht, wenn der Tod während eines Aufenthalts im Ausland eingetreten ist, jedoch kann eine Beihilfe gewährt werden.

(6) Stirbt ein Beschädigter während einer nach den Vorschriften dieses Gesetzes durchgeführten stationären Heilbehandlung nicht an den Folgen einer Schädigung, so sind die notwendigen Kosten der Leichenüberführung nach dem früheren Wohnsitz des Verstorbenen dem zu erstatten, der sie getragen hat.

Sterbegeld

§ 37 [Sterbegeld]. (1) [1]Beim Tode eines Beschädigten ist ein Sterbegeld in Höhe des Dreifachen der Versorgungsbezüge zu zahlen, die ihm für den Sterbemonat nach den §§ 30 bis 33, 34 und 35 zustanden, Pflegezulage jedoch höchstens nach Stufe II. [2]Minderungen der nach Satz 1 maßgebenden Bezüge, die durch Sonderleistungen im Sinne des § 60a Abs. 4 bedingt sind, sowie Erhöhungen dieser Bezüge, die auf Einkommensminderungen infolge des Todes beruhen, bleiben unberücksichtigt.

(2) ¹ Anspruchsberechtigt sind in nachstehender Rangfolge der Ehegatte, der Lebenspartner, die Kinder, die Eltern, die Stiefeltern, die Pflegeeltern, die Enkel, die Großeltern, die Geschwister und die Geschwisterkinder, wenn sie mit dem Verstorbenen zur Zeit des Todes in häuslicher Gemeinschaft gelebt haben. ² Hat der Verstorbene mit keiner dieser Personen in häuslicher Gemeinschaft gelebt, so ist das Sterbegeld in vorstehender Rangfolge dem zu zahlen, den der Verstorbene unterhalten hat.

(3) Sind Anspruchsberechtigte im Sinne des Absatzes 2 nicht vorhanden, kann das Sterbegeld dem gezahlt werden, der die Kosten der letzten Krankheit oder der Bestattung getragen oder den Verstorbenen bis zu seinem Tode gepflegt hat.

Hinterbliebenenrente

§ 38 [Anspruch auf Hinterbliebenenrente]. (1) ¹ Ist ein Beschädigter an den Folgen einer Schädigung gestorben, so haben die Witwe, der hinterbliebene Lebenspartner, die Waisen und die Verwandten der aufsteigenden Linie Anspruch auf Hinterbliebenenrente. ² Der Tod gilt stets dann als Folge einer Schädigung, wenn ein Beschädigter an einem Leiden stirbt, das als Folge einer Schädigung rechtsverbindlich anerkannt und für das ihm im Zeitpunkt des Todes Rente zuerkannt war.

(2) Die Witwe oder der hinterbliebene Lebenspartner haben keinen Anspruch, wenn die Ehe oder die Lebenspartnerschaft erst nach der Schädigung geschlossen worden ist und nicht mindestens ein Jahr gedauert hat, es sei denn, dass nach den besonderen Umständen des Falles die Annahme nicht gerechtfertigt ist, dass es der alleinige oder überwiegende Zweck der Heirat oder der Begründung der Lebenspartnerschaft war, der Witwe oder dem hinterbliebenen Lebenspartner eine Versorgung zu verschaffen.

(3) Ein hinterbliebener Lebenspartner hat keinen Anspruch auf Versorgung, wenn eine Witwe, die im Zeitpunkt des Todes mit dem Beschädigten verheiratet war, Anspruch auf eine Witwenversorgung hat.

§ 39 *(aufgehoben)*

§ 40¹⁷ **[Witwen-Grundrente].** Die Witwe oder der hinterbliebene Lebenspartner erhält eine Grundrente von 387 Euro monatlich.

---

¹⁷ Gem. Beschluss des BVerfGE vom 9. 11. 2004 – 1 BvR 684/98 – sind § 40, § 40 a Abs. 1 und § 41 Abs. 1 Satz 1 Buchstabe c des BVG idF der Bek. vom 22. 1 1982 (BGBl. I S 21) und in den nachfolgenden Fassungen in Verbindung mit § 1 Abs. 8 Satz 1 des OpferentschädigungsG idF des Zweiten G zur Änd. des Gesetzes über die Entschädigung für Opfer von Gewalttaten vom 21. 7. 1993 (BGBl. I S. 1262) mit Art. 3 Abs. 1 in Verbindung mit Art. 6 Abs. 1 des Grundgesetzes unvereinbar, soweit sie keine Versorgungsleistung für den Partner einer nichtehelichen Lebensgemeinschaft vorsehen, der nach dem gewaltsamen Tod des anderen Lebenspartners unter Verzicht auf eine Erwerbstätigkeit die Betreuung der gemeinsamen Kinder übernimmt.
Der Gesetzgeber ist verpflichtet, bis zum 31. März 2006 eine verfassungsgemäße Neuregelung zu treffen.

§ 40 a [**Schadensausgleich für Witwen**]. (1)[18] [1] Witwen oder hinterbliebene Lebenspartner, deren Einkommen geringer ist als die Hälfte des Einkommens, das der Ehemann oder der verstorbene Lebenspartner ohne die Schädigung erzielt hätte, erhalten einen Schadensausgleich in Höhe von 42,5 vom Hundert des festgestellten, auf volle Euro aufgerundeten Unterschiedsbetrags (Absatz 2) oder, falls dies günstiger ist, einen Schadensausgleich nach Absatz 4. [2] Ein Schadensausgleich ist nur zu gewähren, wenn die Witwe oder der hinterbliebene Lebenspartner die Voraussetzungen des § 41 Abs. 1 Satz 1 erfüllt. [3] § 41 Abs. 1 Satz 2 gilt entsprechend.

(2) Zur Feststellung des Schadensausgleichs ist das von der Witwe oder dem hinterbliebenen Lebenspartner erzielte Bruttoeinkommen zuzüglich der Grundrente (§ 40), des Pflegeausgleichs (§ 40 b) und der Ausgleichsrente (§ 41 oder §§ 32 und 33) der Hälfte des nach § 30 Abs. 5 ermittelten Vergleichseinkommens der Berufs- oder Wirtschaftsgruppe, der der Verstorbene angehört hat oder ohne die Schädigung nach seinen Lebensverhältnissen, Kenntnissen und Fähigkeiten wahrscheinlich angehört hätte, gegenüberzustellen.

(3) [1] Hatte der Verstorbene im Zeitpunkt seines Todes Anspruch auf die Grundrente eines Beschädigten mit einem Grad der Schädigungsfolgen von 100 und auf eine Pflegezulage mindestens nach Stufe III wegen nicht nur vorübergehender Hilflosigkeit (§ 35) oder auf entsprechende Leistungen nach früheren versorgungsrechtlichen Vorschriften, so ist, falls es günstiger ist, abweichend von Absatz 2 die Hälfte des nach § 30 Abs. 5 aus dem Endgrundgehalt der Besoldungsgruppe A 14 zuzüglich des Familienzuschlags nach Stufe 1 des Bundesbesoldungsgesetzes ermittelten Vergleichseinkommens zugrunde zu legen. [2] Das gleiche gilt, wenn der Verstorbene diese Ansprüche nur deshalb nicht geltend machen konnte, weil er vor dem 1. Januar 1991 seinen Wohnsitz oder gewöhnlichen Aufenthalt in dem in Artikel 3 des Einigungsvertrages genannten Gebiet hatte. [3] Als nicht nur vorübergehend gilt ein Zeitraum von mehr als sechs Monaten. [4] Ein nach Satz 1 berechneter Schadensausgleich wird auch gezahlt, wenn die Voraussetzungen nach Absatz 1 Satz 1 nicht erfüllt sind.

(4) [1] Der nach Absatz 1 Satz 1 letzter Satzteil zu zahlende Schadensausgleich beträgt 30 vom Hundert des Vergleichseinkommens nach § 30 Abs. 5 abzüg-

---

[18] Gem. Beschluss des BVerfGE vom 9. 11. 2004 – 1 BvR 684/98 – sind § 40, § 40 a Abs. 1 und § 41 Abs. 1 Satz 1 Buchstabe c des BVG idF der Bek. vom 22. 1 1982 (BGBl. I S 21) und in den nachfolgenden Fassungen in Verbindung mit § 1 Abs. 8 Satz 1 des OpferentschädigungsG idF des Zweiten G zur Änd. des Gesetzes über die Entschädigung für Opfer von Gewalttaten vom 21. 7. 1993 (BGBl. I S. 1262) mit Art. 3 Abs. 1 in Verbindung mit Art. 6 Abs. 1 des Grundgesetzes unvereinbar, soweit sie keine Versorgungsleistung für den Partner einer nichtehelichen Lebensgemeinschaft vorsehen, der nach dem gewaltsamen Tod des anderen Lebenspartners unter Verzicht auf eine Erwerbstätigkeit die Betreuung der gemeinsamen Kinder übernimmt.
Der Gesetzgeber ist verpflichtet, bis zum 31. März 2006 eine verfassungsgemäße Neuregelung zu treffen.

lich des Nettoeinkommens der Witwe oder des hinterbliebenen Lebenspartners sowie der Grundrente (§ 40), des Pflegeausgleichs (§ 40b) und der Ausgleichsrente (§ 41 oder §§ 32 und 33). [2] Dabei wird das Nettoeinkommen in entsprechender Anwendung des § 30 Abs. 8 Satz 1 ermittelt.

(5) [1] Der Schadensausgleich wird ausschließlich nach Absatz 4 berechnet, wenn der Antrag erstmalig nach dem 21. Dezember 2007 gestellt wird. [2] Im Übrigen trifft die zuständige Behörde letztmalig zum Stichtag nach Satz 1 die Günstigkeitsfeststellung nach Absatz 1 Satz 1 und legt damit die zukünftige Berechnungsart fest.

(6) § 30 Abs. 14 gilt entsprechend.

§ 40 b [Pflegeausgleich für Witwen]. (1) [1] Die Witwe oder der hinterbliebene Lebenspartner eines Beschädigten, der hilflos im Sinne des § 35 Abs. 1 war, erhält einen Pflegeausgleich, wenn sie den Beschädigten während ihrer Ehe oder Lebenspartnerschaft länger als 10 Jahre gepflegt hat. [2] Als Pflegezeit zählen die Kalendermonate, in denen der Beschädigte während der Ehe oder der Lebenspartnerschaft infolge der Schädigung mindestens in einem der Stufe II entsprechenden Umfang hilflos im Sinne des § 35 Abs. 1 war oder der Beschädigte infolge der Schädigung blind war. [3] Kalendermonate, in denen die Ehefrau oder der Lebenspartner die Pflege nicht unentgeltlich geleistet hat, werden nicht mitgezählt. [4] Dies gilt auch für Kalendermonate, in denen nur ein mehr als nur geringfügiger Teil der Pflege von Dritten erbracht worden ist, es sei denn, diese Pflegetätigkeit Dritter hat jeweils nicht länger als drei Monate gedauert. [5] Die anzurechnende Gesamtpflegezeit wird auf volle Jahre aufgerundet.

(2) [1] Der Pflegeausgleich beträgt für jedes Jahr der über 10 Jahre hinausgehenden Pflegezeit 0,5 vom Hundert des im Zeitpunkt des Leistungsbeginns geltenden Betrags der Pflegezulagestufe, nach der der Beschädigte jeweils Anspruch auf Pflegezulage hatte oder die dem Umfang seiner Hilflosigkeit nach § 35 Abs. 1 entsprochen hätte. [2] Bei einem Wechsel der Pflegezulagestufe wird für jeden Kalendermonat ein Zwölftel des Betrags nach Satz 1 angesetzt. [3] Der Pflegeausgleich nach Satz 1 und 2 wird jährlich mit dem in § 56 Abs. 1 Satz 1, soweit das Jahr 2000 betroffen ist, mit dem in § 56 Abs. 3 bestimmten Vomhundertsatz angepasst; dabei ist § 15 Satz 2 zweiter Halbsatz entsprechend anzuwenden.

(3) Die Absätze 1 und 2 gelten für den Elternteil im Sinne des § 35 Abs. 2 entsprechend.

(4) Ergibt sich ein Pflegeausgleich von weniger als 10 Euro monatlich, wird er auf diesen Betrag erhöht.

(5) [1] Ab 1. Januar 1991 wird in dem in Artikel 3 des Einigungsvertrages genannten Gebiet der Pflegeausgleich nach den Absätzen 1 bis 3 abweichend von der Regelung des Absatzes 2 Satz 3 nach dem in diesem Gebiet jeweils geltenden Betrag der Pflegezulagestufe errechnet, nach der der Beschädigte jeweils Anspruch auf Pflegezulage hatte oder die dem Umfang seiner Hilflosigkeit nach § 35 Abs. 1 entsprochen hätte; dabei ist § 15 Satz 2 zweiter Halbsatz entsprechend anzuwenden. [2] Sobald in dem in Artikel 3

des Einigungsvertrages genannten Gebiet § 56 anzuwenden ist, ist Satz 1 nicht mehr anzuwenden.

§ 41 [Ausgleichsrente für Witwen]. (1) [1] Ausgleichsrente erhalten Witwen oder hinterbliebene Lebenspartner, die

a) durch Krankheit oder andere Gebrechen nicht nur vorübergehend wenigstens die Hälfte ihrer Erwerbsfähigkeit verloren haben oder

b) die Altersgrenze für die große Witwenrente oder Witwerrente nach dem Sechsten Buch Sozialgesetzbuch erreicht haben oder

c) [19] für mindestens ein Kind des Verstorbenen im Sinne des § 33b Abs. 2 oder ein eigenes Kind sorgen, das eine Waisenrente nach diesem Gesetz oder nach Gesetzen, die eine entsprechende Anwendung dieses Gesetzes vorsehen, bezieht oder bis zur Erreichung der Altersgrenze oder bis zu seiner Verheiratung oder Begründung einer Lebenspartnerschaft Waisenrente nach einem dieser Gesetze oder nach bisherigen versorgungsrechtlichen Vorschriften bezogen hat.

[2] Ausgleichsrente kann auch gewährt werden, wenn einer Witwe oder einem hinterbliebenen Lebenspartner aus anderen zwingenden Gründen die Ausübung einer Erwerbstätigkeit nicht möglich ist. [3] Im Falle des Satzes 1 Buchstabe a gilt § 29 entsprechend.

(2) Die volle Ausgleichsrente der Witwe oder des hinterbliebenen Lebenspartners beträgt monatlich 429 Euro.

(3) [1] Die volle Ausgleichsrente ist um das anzurechnende Einkommen zu mindern. [2] Dieses ist, ausgehend vom Bruttoeinkommen, nach der nach Satz 4 in Verbindung mit § 33 Abs. 6 zu erlassenden Rechtsverordnung stufenweise so zu ermitteln, daß

1. bei Einkünften aus gegenwärtiger Erwerbstätigkeit ein Betrag in Höhe von 1,1583 vom Hundert sowie bei den übrigen Einkünften ein Betrag in Höhe von 0,4325 vom Hundert des Bemessungsbetrags (§ 33 Abs. 1 Buchstabe a), jeweils auf volle Euro aufgerundet, freibleibt (Freibetrag) und

2. bei Einkünften von der Stufe 10 an der Betrag, bis zu dem die einzelne Stufe reicht, und die Einzelabstände zwischen den Beträgen des anzu-

---

[19] Gem. Beschluss des BVerfGE vom 9. 11. 2004 – 1 BvR 684/98 – sind § 40, § 40a Abs. 1 und § 41 Abs. 1 Satz 1 Buchstabe c des BVG idF der Bek. vom 22. 1 1982 (BGBl. I S 21) und in den nachfolgenden Fassungen in Verbindung mit § 1 Abs. 8 Satz 1 des OpferentschädigungsG idF des Zweiten G zur Änd. des Gesetzes über die Entschädigung für Opfer von Gewalttaten vom 21. 7. 1993 (BGBl. I S. 1262) mit Art. 3 Abs. 1 in Verbindung mit Art. 6 Abs. 1 des Grundgesetzes unvereinbar, soweit sie keine Versorgungsleistung für den Partner einer nichtehelichen Lebensgemeinschaft vorsehen, der nach dem gewaltsamen Tod des anderen Lebenspartners unter Verzicht auf eine Erwerbstätigkeit die Betreuung der gemeinsamen Kinder übernimmt.

Der Gesetzgeber ist verpflichtet, bis zum 31. März 2006 eine verfassungsgemäße Neuregelung zu treffen.

rechnenden Einkommens mit den entsprechenden Werten der Rechtsverordnung nach § 33 Abs. 6 von Stufe 0 an übereinstimmen.
[3] Beim Zusammentreffen von Einkünften aus gegenwärtiger Erwerbstätigkeit mit übrigen Einkünften werden die beiden, für jede Einkommensgruppe getrennt ermittelten Stufenzahlen zusammengezählt und die Summe vom 1. April 1990 bis 30. Juni 1990 um 8, vom 1. Juli 1990 bis 30. Juni 1991 um 6 und vom 1. Juli 1991 bis 30. Juni 1992 um 3, höchstens jedoch um die jeweils niedrigere der beiden Stufenzahlen, vermindert. [4] § 33 Abs. 2, 3, 5 und 6 gilt entsprechend.

§ 42 [Witwenrente bei Ehescheidung]. (1) [1] Im Falle der Scheidung, Aufhebung oder Nichtigerklärung der Ehe oder der Aufhebung der Lebenspartnerschaft steht der frühere Ehegatte oder Lebenspartner des Verstorbenen einer Witwe oder einem hinterbliebenen Lebenspartner gleich, wenn der Verstorbene zur Zeit seines Todes Unterhalt nach ehe- oder familienrechtlichen Vorschriften oder aus sonstigen Gründen zu leisten hatte oder im letzten Jahr vor seinem Tode geleistet hat. [2] Eine Versorgung ist nur so lange zu leisten, als der frühere Ehegatte oder Lebenspartner nach den ehe- oder familienrechtlichen Vorschriften unterhaltsberechtigt gewesen wäre oder sonst Unterhaltsleistungen erhalten hätte. [3] Hat eine Unterhaltspflicht aus kriegs- oder wehrdienstbedingten Gründen nicht bestanden, so bleibt dies unberücksichtigt. [4] Ist die Ehe im Zusammenhang mit einer Gesundheitsstörung des Verstorbenen, die Folge einer Schädigung im Sinne des § 1 war, geschieden, aufgehoben oder für nichtig erklärt oder die Lebenspartnerschaft aus dem gleichen Grunde aufgehoben worden, so steht der frühere Ehegatte oder Lebenspartner auch ohne die Voraussetzungen des Satzes 1 einer Witwe oder einem hinterbliebenen Lebenspartner gleich.

(2) Entsprechendes gilt, wenn beim Tode des Beschädigten die eheliche Gemeinschaft aufgehoben war.

§ 43 [Witwerrente]. Der Witwer erhält Versorgung wie eine Witwe.

§ 44 [Wiederverheiratung]. (1) [1] Im Falle der Wiederverheiratung oder Begründung einer Lebenspartnerschaft erhält die Witwe oder im Falle der Verheiratung oder Begründung einer neuen Lebenspartnerschaft erhält der hinterbliebene Lebenspartner anstelle des Anspruchs auf Rente eine Abfindung in Höhe des Fünfzigfachen der monatlichen Grundrente. [2] Die Abfindung ist auch zu zahlen, wenn im Zeitpunkt der Wiederverheiratung oder der Begründung der neuen Lebenspartnerschaft mangels Antrags kein Anspruch auf Rente bestand.

(2) Wird die neue Ehe aufgelöst oder für nichtig erklärt oder die neue Lebenspartnerschaft aufgehoben oder aufgelöst, so lebt der Anspruch auf Witwenversorgung wieder auf.

(3) Ist die Ehe innerhalb von 50 Monaten nach der Wiederverheiratung aufgelöst oder für nichtig erklärt worden oder die Lebenspartnerschaft in dieser Zeit aufgelöst oder aufgehoben worden, so ist bis zum Ablauf dieses

Zeitraums für jeden Monat ein Fünfzigstel der Abfindung (Absatz 1) auf die Witwenrente anzurechnen.

(4) [1] Die Witwenversorgung beginnt mit dem Monat, in dem sie beantragt wird, frühestens jedoch mit dem auf den Tag der Auflösung oder Nichtigerklärung der Ehe oder Aufhebung oder Auflösung der Lebenspartnerschaft folgenden Monat. [2] Bei Scheidung, Aufhebung oder Nichtigerklärung der Ehe oder der Aufhebung der Lebenspartnerschaft ist dies der Tag, an dem das Urteil oder der Verwaltungsakt rechtskräftig geworden ist.

(5) [1] Versorgungs-, Renten- oder Unterhaltsansprüche, die sich aus der neuen Ehe oder Lebenspartnerschaft herleiten, sind auf die Witwenrente (Absatz 2) anzurechnen, soweit sie zu verwirklichen sind, nicht schon zur Kürzung anderer wiederaufgelebter öffentlich-rechtlicher Leistungen geführt haben und nicht auf den Kostenträger der Kriegsopferversorgung übergeleitet sind. [2] Die Anrechnung einer Versorgung nach diesem Gesetz auf eine wiederaufgelebte Leistung, die ebenfalls auf diesem Gesetz beruht, geht einer anderweitigen Anrechnung vor; das gilt auch, wenn die Versorgung oder die wiederaufgelebte Leistung auf einem Gesetz beruhen, das dieses Gesetz für entsprechend anwendbar erklärt. [3] Hat die Witwe oder der hinterbliebene Lebenspartner ohne verständigen Grund auf einen Anspruch im Sinne des Satzes 1 verzichtet, so ist der Betrag anzurechnen, den der frühere Ehegatte oder Lebenspartner ohne den Verzicht zu leisten hätte.

(6) Hat eine Witwe oder der hinterbliebene Lebenspartner keine Witwenrente nach diesem Gesetz bezogen und ist der frühere Ehegatte oder Lebenspartner an den Folgen einer Schädigung (§ 1) gestorben, so finden die Absätze 2, 4 und 5 entsprechend Anwendung, wenn sie ohne die Wiederverheiratung oder Begründung einer neuen Lebenspartnerschaft einen Anspruch auf Versorgung hätte.

§ 45 [Anspruch auf Waisenrente]. (1) Waisenrente erhalten nach dem Tode des Beschädigten seine Kinder bis zur Vollendung des 18. Lebensjahres.

(2) Als Kinder gelten auch

1. Stiefkinder oder Kinder des Lebenspartners, die der Verstorbene in seinen Haushalt aufgenommen hatte,
2. Pflegekinder im Sinne des § 2 Abs. 1 Satz 1 Nr. 2 des Bundeskindergeldgesetzes sowie[20]

(3) [1] Die Waisenrente ist nach Vollendung des 18. Lebensjahres für eine Waise zu gewähren, die

a) sich in einer Schul- oder Berufsausbildung befindet, die ihre Arbeitskraft überwiegend in Anspruch nimmt und nicht mit der Zahlung von Dienstbezügen, Arbeitsentgelt oder sonstigen Zuwendungen in entsprechender Höhe verbunden ist, längstens bis zur Vollendung des 27. Lebensjahres,

---

[20] Fehlende Zeichensetzung nach Aufhebung der Nr. 3 amtlich.

b) sich in einer Übergangszeit von höchstens vier Kalendermonaten befindet, die zwischen zwei Ausbildungsabschnitten oder zwischen einem Ausbildungsabschnitt und der Ableistung des gesetzlichen Wehr- oder Zivildienstes, einem dem Wehr- oder Zivildienst gleichgestellten Dienst oder der Ableistung eines freiwilligen Dienstes im Sinne des Buchstaben c liegt, längstens bis zur Vollendung des 27. Lebensjahres,

c) ein freiwilliges soziales Jahr oder ein freiwilliges ökologisches Jahr im Sinne des Jugendfreiwilligendienstegesetzes oder einen Freiwilligendienst im Sinne des Beschlusses Nr. 1031/2000/EG des Europäischen Parlaments und des Rates vom 13. April 2000 zur Einführung des gemeinschaftlichen Aktionsprogramms „Jugend" (ABl. EG Nr. L 117 S. 1) oder einen anderen Dienst im Ausland im Sinne von § 14 b des Zivildienstgesetzes leistet, längstens bis zur Vollendung des 27. Lebensjahres,

d) infolge körperlicher, geistiger oder seelischer Behinderung spätestens bei Vollendung des 27. Lebensjahres außerstande ist, sich selbst zu unterhalten, solange dieser Zustand dauert, über die Vollendung des 27. Lebensjahres hinaus jedoch nur, wenn ihr Ehegatte oder Lebenspartner außerstande ist, sie zu unterhalten.

[2] Der tatsächliche zeitliche Aufwand der Schulausbildung und Berufsausbildung ist ohne Bedeutung für Zeiten, in denen das Ausbildungsverhältnis trotz Erkrankung fortbesteht und damit gerechnet werden kann, dass die Ausbildung fortgesetzt wird. [3] Das gilt auch für die Dauer der Schutzfristen nach dem Mutterschutzgesetz. [4] Für den Anspruch auf Waisenrente ist es unschädlich, wenn eine Waise, welche die Voraussetzungen des § 1 des Bundeselterngeldgesetzes erfüllt, im zeitlichen Rahmen des § 15 des Bundeselterngeldgesetzes ein Kind betreut und erzieht, solange mit Rücksicht hierauf die Schul- oder Berufsausbildung unterbrochen wird. [5] Hatte eine Waise, die bei Vollendung des 27. Lebensjahres körperlich oder geistig gebrechlich war, nach diesem Zeitpunkt eine Erwerbstätigkeit ausgeübt, so ist die Waisenrente erneut zu erbringen, wenn und solange sie wegen derselben körperlichen, geistigen oder seelischen Behinderung erneut außerstande ist, sich selbst zu unterhalten. [6] Die Waisenrente wird ebenfalls erneut erbracht, wenn bei Waisen, deren Anspruch wegen des Einsatzes von Vermögen entfallen ist, dieses Vermögen bis auf einen Betrag in Höhe des Schonbetrages nach § 25 f Abs. 2 aufgezehrt ist. [7] In Fällen des Satzes 1 Buchstabe a erhöht sich die maßgebende Altersgrenze bei Unterbrechung oder Verzögerung der Schulausbildung oder Berufsausbildung durch den gesetzlichen Wehrdienst, Zivildienst oder einen gleichgestellten Dienst um die Zeit dieser Dienstleistung, höchstens um einen der Dauer des gesetzlichen Grundwehrdienstes oder Zivildienstes entsprechenden Zeitraum. [8] Die Ableistung eines freiwilligen sozialen oder ökologischen Jahres oder eines Freiwilligendienstes im Sinne des Satzes 1 Buchstabe c ist kein gleichgestellter Dienst im Sinne des Satzes 7. [9] Verzögert sich die Schul- oder Berufsausbildung aus einem Grund, den die Waise nicht zu vertreten hat, so wird die Waisenrente entsprechend dem Zeitraum der nachgewiesenen Verzögerung länger gewährt.

(4) Durch die Annahme der Waise als Kind bleibt ein Anspruch auf Waisenrente, der bis zur Annahme entstanden ist, unberührt.

(5) Kommen für dieselbe Waise mehrere Waisenrenten nach diesem Gesetz oder Gesetzen, die eine entsprechende Anwendung dieses Gesetzes vorsehen, in Betracht, so wird nur eine Rente gewährt.

§ 46 [Waisen-Grundrente]. Die Grundrente beträgt monatlich

bei Halbwaisen	110 Euro,
bei Vollwaisen	204 Euro.

§ 47 [Ausgleichsrente für Waisen]. (1) Die volle Ausgleichsrente beträgt monatlich

bei Halbwaisen	192 Euro,
bei Vollwaisen	266 Euro.

(2) § 33 gilt mit Ausnahme von Absatz 1 Satz 2 Buchstabe b und Absatz 4 entsprechend.

§ 48 [Witwen- und Waisenbeihilfe]. (1) [1]Ist ein rentenberechtigter Beschädigter nicht an den Folgen der Schädigung gestorben, so ist der Witwe, dem hinterbliebenen Lebenspartner und den Waisen (§ 45) eine Witwen- und Waisenbeihilfe zu zahlen, wenn der Beschädigte durch die Folgen der Schädigung gehindert war, eine entsprechende Erwerbstätigkeit auszuüben, und dadurch die aus der Ehe mit dem Beschädigten hergeleitete Witwenversorgung insgesamt mindestens um den folgenden Vomhundertsatz gemindert ist:

Höhe der abgeleiteten Witwenversorgung insgesamt in v. H. eines Zwölftels des in § 33 Abs. 1 Buchstabe a genannten Bemessungsbetrags	Minderung um mindestens
36 und mehr	15 v. H.
34 bis unter 36	14 v. H.
32 bis unter 34	13 v. H.
30 bis unter 32	12 v. H.
28 bis unter 30	11 v. H.
unter 28	10 v. H.

[2]Die Höhe der Witwenversorgung und der Betrag der Minderung sind unter Berücksichtigung der rentenversicherungsrechtlichen Vorschriften über die Anrechnung eigenen Einkommens der Witwe oder des hinterbliebenen Lebenspartners festzustellen. [3]Der nach der Tabelle maßgebende Vomhundertsatz der Minderung ist auf die Witwenversorgung zu beziehen, die sich ohne die Minderung im Sinne des Satzes 1 und ohne die Anrechnung eigenen Einkommens der Witwe ergäbe. [4]Wird keine Witwenrente gezahlt, ist eine fiktive Witwenrente zu berechnen und danach das Ausmaß der Minderung festzustellen. [5]Die Voraussetzungen des Satzes 1 gelten als erfüllt, wenn der Beschädigte im Zeitpunkt seines Todes Anspruch auf die Grundrente eines Beschädigten mit einem Grad der Schädigungsfolgen von 100 oder wegen nicht nur vorübergehender Hilflosigkeit Anspruch auf eine Pflegezulage hatte; § 40a Abs. 3 Satz 3 gilt. [6]Die Voraussetzungen des Satzes 1 gelten auch als erfüllt, wenn der Beschädigte mindestens fünf Jahre Anspruch

auf Berufsschadensausgleich wegen eines Einkommensverlustes im Sinne des § 30 Abs. 4 oder auf Berufsschadensausgleich nach § 30 Abs. 6 hatte.

(2) [1] Die Witwen- und Waisenbeihilfen werden in Höhe von zwei Dritteln, bei Witwen, hinterbliebenen Lebenspartnern und Waisen von Beschädigten mit Anspruch auf die Grundrente eines Beschädigten mit einem Grad der Schädigungsfolgen von 100 oder auf eine Pflegezulage in voller Höhe der entsprechenden Witwen- oder Waisenrente (§§ 40, 40a, 41, 46 und 47) gezahlt. [2] Übersteigt das monatliche Bruttoeinkommen der Hinterbliebenen von Beschädigten, die im Zeitpunkt des Todes einen Anspruch auf Rente nach einem Grad der Schädigungsfolgen von 30 bis 90 hatten,

bei der Witwe oder dem hinterbliebenen Lebenspartner	ein Zwölftel,
bei der Halbwaise	ein Vierundzwanzigstel,
bei der Vollwaise	ein Achtzehntel

des in § 33 Abs. 1 Buchstabe a genannten Bemessungsbetrages, ist die zu gewährende Beihilfe um den übersteigenden Betrag zu kürzen; errechnet sich kein Zahlbetrag, entfällt der Anspruch auf Versorgung.

(3) [1] Im Falle der Wiederverheiratung oder Begründung einer Lebenspartnerschaft der Witwe oder im Falle der Verheiratung oder Begründung einer neuen Lebenspartnerschaft des hinterbliebenen Lebenspartners gilt § 44 entsprechend. [2] Als Abfindung wird der fünfzigfache Monatsbetrag der Grundrente einer Witwe gewährt, wenn Witwenbeihilfe in Höhe der vollen Rente bezogen worden ist, sonst werden zwei Drittel dieses Betrages gewährt.

(4) Die Absätze 1 bis 3 finden auf Witwer Anwendung.

(5) Für den Wegfall der Waisenbeihilfe gelten die Vorschriften für die Waisenrente.

(6) Die Absätze 1 bis 5 gelten entsprechend, wenn der Beschädigte die Ansprüche nur deshalb nicht geltend machen konnte, weil er vor dem 1. Januar 1991 seinen Wohnsitz oder gewöhnlichen Aufenthalt in dem in Artikel 3 des Einigungsvertrages genannten Gebiet hatte.

§ 48a [Übergangsvorschriften zu § 42 Abs. 1, § 43 und § 48 Abs. 4].
(1) § 42 Abs. 1, § 43 und § 48 Abs. 4 in der vom 1. Januar 1986 an geltenden Fassung gelten nur, wenn der Beschädigte nach dem 31. Dezember 1985 gestorben ist.

(2) § 42 Abs. 1, § 43 und § 48 Abs. 4 in der bis zum 31. Dezember 1985 geltenden Fassung gelten hinsichtlich der Anspruchsvoraussetzungen für die Hinterbliebenenversorgung weiter, wenn der Beschädigte vor dem 1. Januar 1986 gestorben ist.

§ 49 [Elternrente]. (1) Ist der Beschädigte an den Folgen einer Schädigung gestorben, so erhalten die Eltern Elternrente, frühestens jedoch von dem Monat an, in dem der Beschädigte das 18. Lebensjahr vollendet hätte.

(2) Den Eltern werden gleichgestellt
1. Adoptiveltern, wenn sie den Verstorbenen vor der Schädigung als Kind angenommen haben,

2. Stief- und Pflegeeltern, wenn sie den Verstorbenen vor der Schädigung unentgeltlich unterhalten haben,
3. Großeltern, wenn der Verstorbene ihnen Unterhalt geleistet hat oder hätte.

§ 50 [Voraussetzungen für Elternrente]. Elternrente erhält, wer voll erwerbsgemindert oder erwerbsunfähig im Sinne des Sechsten Buches Sozialgesetzbuch ist oder aus anderen zwingenden Gründen eine zumutbare Erwerbstätigkeit nicht ausüben kann oder das 60. Lebensjahr vollendet hat.

§ 51 [Höhe der Elternrente]. (1) Die volle Elternrente beträgt monatlich

bei einem Elternpaar	525 Euro,
bei einem Elternteil	366 Euro.

(2) ¹Sind mehrere Kinder an den Folgen einer Schädigung gestorben, so erhöhen sich die in Absatz 1 genannten Beträge für jedes weitere Kind monatlich

bei einem Elternpaar um	96 Euro,
bei einem Elternteil um	71 Euro.

²Die Erhöhung wird auch gewährt für Kinder, die

a) infolge einer Schädigung im Sinne von Gesetzen, die eine entsprechende Anwendung dieses Gesetzes vorsehen, gestorben oder
b) infolge einer Schädigung im Sinne dieses Gesetzes oder von Gesetzen, die eine entsprechende Anwendung dieses Gesetzes vorsehen, verschollen sind.

(3) ¹Ist das einzige oder das letzte Kind oder sind alle oder mindestens drei Kinder an den Folgen einer Schädigung gestorben, so erhöhen sich, wenn es günstiger ist, die in Absatz 1 genannten Beträge monatlich

bei einem Elternpaar um	297 Euro,
bei einem Elternteil um	215 Euro.

²Absatz 2 Satz 2 gilt entsprechend.

(4) § 41 Abs. 3 gilt entsprechend mit der Maßgabe, daß das anzurechnende Einkommen stets so zu ermitteln ist, als ob das Einkommen nicht zu den Einkünften aus gegenwärtiger Erwerbstätigkeit (§ 33 Abs. 2) gehörte; es ist auf die Erhöhung nach Absatz 2 oder 3 nur insoweit anzurechnen, als es nicht bereits zum Wegfall der Elternrente geführt hat.

(5) Ist von einem Ehepaar oder einer Lebenspartnerschaft nur ein Partner anspruchsberechtigt, ist die Elternrente für ein Elternpaar um das anzurechnende Einkommen beider Partner zu mindern; die Rente darf jedoch die volle Rente für einen Elternteil einschließlich der Erhöhungen nach den Absätzen 2 und 3 nicht übersteigen.

(6) Ergeben sich Renten von weniger als 3 Euro monatlich, so werden sie auf diesen Betrag erhöht.

(7) ¹Als Kinder im Sinne der Absätze 2 und 3 gelten auch Stief- und Pflegekinder. ²Ob das an den Folgen einer Schädigung gestorbene Kind das einzige oder das letzte Kind ist, richtet sich nach den Verhältnissen im Zeitpunkt des Verlustes des Kindes.

(8) Kommen für ein Elternpaar oder einen Elternteil mehrere Elternrenten nach diesem Gesetz oder Gesetzen, die eine entsprechende Anwendung dieses Gesetzes vorsehen, in Betracht, so wird nur die günstigere Rente gewährt.

(9) [1] Stirbt bei Empfängern von Elternrente für ein Elternpaar ein Ehegatte oder Lebenspartner, ist dem überlebenden Ehegatten oder Lebenspartner die für den Sterbemonat zustehende Elternrente für ein Elternpaar anstelle der Rente für einen Elternteil für die folgenden drei Monate weiterzuzahlen, wenn dies günstiger ist. [2] Minderungen der nach Satz 1 maßgebenden Rente für ein Elternpaar, die durch Sonderleistungen im Sinne des § 60 a Abs. 4 bedingt sind, sowie Erhöhungen dieser Bezüge, die auf Einkommensminderungen infolge des Todes beruhen, bleiben unberücksichtigt.

§ 52 [Verschollenenrente]. (1) [1] Ist eine Person, deren Hinterbliebenen Versorgung zustehen würde, verschollen, so wird diesen Versorgung schon vor der Todeserklärung gewährt, wenn das Ableben des Verschollenen mit hoher Wahrscheinlichkeit anzunehmen ist. [2] Stellt sich heraus, daß der Verschollene noch lebt, so gelten Leistungen nach Satz 1 als auch zur Erfüllung seiner gesetzlichen Unterhaltspflicht gewährt; er ist von dem Zeitpunkt an zum Ersatz nach den Vorschriften über die Geschäftsführung ohne Auftrag verpflichtet, von dem an er seinen gesetzlichen Unterhaltspflichten aus von ihm zu vertretenden Gründen nicht nachgekommen ist. [3] Weitergehende Ansprüche bleiben unberührt.

(2) Ein Kind hat keinen Anspruch auf Rente, wenn der Ehemann der Mutter während der Dauer der Empfängniszeit verschollen war.

Bestattungsgeld beim Tode von Hinterbliebenen

§ 53 [Bestattungsgeld beim Tode von Hinterbliebenen]. [1] Beim Tode von versorgungsberechtigten Hinterbliebenen wird ein Bestattungsgeld nach Maßgabe der Vorschriften des § 36 gewährt. [2] Es beträgt beim Tode einer Witwe oder des hinterbliebenen Lebenspartners, die mindestens ein waisenrenten- oder waisenbeihilfeberechtigtes Kind hinterlassen 1560 Euro, in allen übrigen Fällen 781 Euro.

§ 53 a [Beiträge zur Pflegeversicherung]. (1) Rentenberechtigten Beschädigten und Hinterbliebenen, die einen Anspruch auf Heil- oder Krankenbehandlung haben und die bei einem privaten Versicherungsunternehmen oder bei einer Pflegekasse nach § 20 Abs 3 des Elften Buches Sozialgesetzbuch versichert sind, wird der Beitrag zur Pflegeversicherung erstattet.

(2) Der Erstattungsbetrag nach Absatz 1 darf den Betrag nicht übersteigen, der sich bei Zugrundelegung des Beitragssatzes nach § 55 Abs. 1 des Elften Buches Sozialgesetzbuch bei Beschädigten aus der Ausgleichsrente, dem Ehegattenzuschlag und dem Berufsschadensausgleich, bei Hinterbliebenen aus allen Rentenleistungen nach diesem Gesetz ergibt.

(3) § 61 Abs. 6 und 7 des Elften Buches Sozialgesetzbuch gilt entsprechend.

Zusammentreffen von Ansprüchen

§ 54 [Zusammentreffen mit Ansprüchen aus Unfallversicherung].
(1) [1]Ist eine Schädigung im Sinne des § 1 zugleich ein Unfall im Sinne der gesetzlichen Unfallversicherung, so besteht nur Anspruch nach diesem Gesetz. [2]Das gilt nicht, soweit das schädigende Ereignis vor dem 1. Januar 1942 oder nach dem 8. Mai 1945 eingetreten ist.

(2) [1]Personen, bei denen eine Schädigung im Sinne des § 1 infolge einer Heranziehung zur Zwangsarbeit in der Zeit vom 8. Mai 1945 bis zum 5. Oktober 1955 im Beitrittsgebiet verursacht worden ist, sowie deren Hinterbliebene haben keinen Anspruch nach diesem Gesetz. [2]Sie haben Anspruch auf Leistungen der gesetzlichen Unfallversicherung; die Tätigkeit nach Satz 1 gilt als versicherte Tätigkeit. [3]Die Sätze 1 und 2 gelten nicht für Personen, die ihren gewöhnlichen Aufenthalt vor dem 19. Mai 1990 im damaligen Geltungsbereich dieses Gesetzes genommen haben.

§ 55 [Zusammentreffen von Versorgungsrenten]. (1) [1]Treffen nach diesem Gesetz zusammen

a) eine Beschädigtenrente mit einer Witwen- oder Waisenrente, ist neben den Grundrenten die günstigere Ausgleichsrente zu gewähren,

b) ein Berufsschadensausgleich mit einem Schadensausgleich, ist der Berufsschadensausgleich bei der Festsetzung des Schadensausgleichs als Einkommen zu berücksichtigen,

c) eine Beschädigten- oder Witwenrente mit einem Anspruch auf Elternrente, sind die Ausgleichsrente, der Ehegattenzuschlag, der Berufsschadensausgleich und der Schadensausgleich bei der Festsetzung der Elternrente als Einkommen zu berücksichtigen.

[2]Ist nach Satz 1 Buchstabe a die Witwenausgleichsrente zu gewähren, zählt bei der Feststellung des Berufsschadensausgleichs die Ausgleichsrente nur mit dem Betrag, der ohne das Zusammentreffen als Beschädigtenausgleichsrente zu zahlen wäre, zum derzeitigen Bruttoeinkommen. [3]Das gilt auch, wenn Leistungen nach den Sätzen 1 und 2 mit entsprechenden Leistungen nach anderen Gesetzen zusammentreffen, die eine entsprechende Anwendung dieses Gesetzes vorsehen.

(2) Für Witwen- oder Waisenbeihilfen gilt Absatz 1 entsprechend.

Anpassung der Versorgungsbezüge

§ 56 [Anpassung der Versorgungsbezüge]. (1) [1]Die Leistungen für Blinde (§ 14), der Pauschbetrag als Ersatz für Kleider- und Wäscheverschleiß (§ 15), die Grundrenten und die Schwerstbeschädigtenzulage (§ 31 Absatz 1 und 4, §§ 40 und 46), die Ausgleichs- und Elternrenten (§§ 32, 41, 47 und 51), der Ehegattenzuschlag (§ 33 a), die Pflegezulage (§ 35) und das Bestattungsgeld (§§ 36, 53) werden jeweils entsprechend dem Vomhundertsatz angepaßt, um den sich die Renten der gesetzlichen Rentenversicherung verändern. [2]Gleichzeitig wird der Bemessungsbetrag (§ 33 Abs. 1) entsprechend dem Vomhundertsatz angepaßt, um den sich die Bruttolöhne und -gehälter je Arbeitnehmer im Kalenderjahr vor der Anpassung gegenüber dem Vorjahr verändert hat; dabei sind die für die Bestimmung des aktuellen Rentenwerts in der gesetzlichen Rentenversicherung maßgebenden Daten zugrunde zu legen.

(2) [1]Die Bundesregierung hat durch Rechtsverordnung mit Zustimmung des Bundesrates die in §§ 14, 15, 31 Abs. 1 und 5, 32, 33 Abs. 1, 33 a, 35, 36, 40, 41, 46, 47, 51 und 53 bestimmten Beträge entsprechend Absatz 1 jeweils zum gleichen Zeitpunkt, zu dem die Renten der gesetzlichen Rentenversicherung angepasst werden, zu ändern. [2]Dabei sind in § 15 die dort genannten Pauschbeträge durch Multiplikation der niedrigsten und der höchsten Bewertungszahl mit dem Multiplikator zu ermitteln. [3]Die sich nach Satz 1 und 2 ergebenden Beträge bis 0,49 Euro auf volle Euro abzurunden und ab 0,50 Euro auf volle Euro aufzurunden. [4]Abweichend hiervon ist der Multiplikator in § 15 auf 3 Dezimalstellen nach dem Komma zu runden.

§§ 57–59 (weggefallen)

Beginn, Änderung und Aufhören der Versorgung

§ 60 [Beginn und Änderung der Beschädigtenversorgung]. (1) [1]Die Beschädigtenversorgung beginnt mit dem Monat, in dem ihre Voraussetzungen erfüllt sind, frühestens mit dem Antragsmonat. [2]Die Versorgung ist auch für Zeiträume vor der Antragstellung zu leisten, wenn der Antrag innerhalb eines Jahres nach Eintritt der Schädigung gestellt wird. [3]War der Beschädigte ohne sein Verschulden an der Antragstellung verhindert, so verlängert sich diese Frist um den Zeitraum der Verhinderung. [4]Für Zeiträume vor dem Monat der Entlassung aus der Kriegsgefangenschaft oder aus ausländischem Gewahrsam steht keine Versorgung zu.

(2) [1]Absatz 1 Satz 1 gilt entsprechend, wenn eine höhere Leistung beantragt wird; war der Beschädigte jedoch ohne sein Verschulden an der Antragstellung verhindert, so beginnt die höhere Leistung mit dem Monat, von dem an die Verhinderung nachgewiesen ist, wenn der Antrag innerhalb von sechs Monaten nach Wegfall des Hinderungsgrunds gestellt wird. [2]Die höhere Leistung beginnt jedoch wegen einer Minderung des Einkommens oder wegen einer Erhöhung der schädigungsbedingten Aufwendungen unabhängig vom Antragsmonat mit dem Monat, in dem die Voraussetzungen erfüllt sind, wenn der Antrag innerhalb von sechs Monaten nach Eintritt der Änderung oder nach Zugang der Mitteilung über die Änderung gestellt wird. [3]Der Zeitpunkt des Zugangs ist vom Antragsteller nachzuweisen. [4]Entsteht ein Anspruch auf Berufsschadensausgleich (§ 30 Abs. 3 oder 6) infolge Erhöhung des Vergleichseinkommens im Sinne des § 30 Abs. 5, so gilt Satz 2 entsprechend, wenn der Antrag innerhalb von sechs Monaten gestellt wird.

(3) [1] Wird die höhere Leistung von Amts wegen festgestellt, beginnt sie mit dem Monat, in dem die anspruchsbegründenden Tatsachen einer Dienststelle der Kriegsopferversorgung bekanntgeworden sind. [2] Ist die höhere Leistung durch eine Änderung des Familienstands, der Zahl zu berücksichtigender Kinder oder das Erreichen einer bestimmten Altersgrenze bedingt, so beginnt sie mit dem Monat, in dem das Ereignis eingetreten ist; das gilt auch, wenn ein höherer Berufsschadensausgleich (§ 30 Abs. 3 oder 6) auf einer Änderung des Vergleichseinkommens im Sinne des § 30 Abs. 5 beruht.

(4) [1] Eine Minderung oder Entziehung der Leistungen tritt mit Ablauf des Monats ein, in dem die Voraussetzungen für ihre Gewährung weggefallen sind. [2] Eine durch Besserung des Gesundheitszustands bedingte Minderung oder Entziehung der Leistungen tritt mit Ablauf des Monats ein, der auf die Bekanntgabe des die Änderung aussprechenden Bescheides folgt. [3] Beruht die Minderung oder Entziehung von Leistungen, deren Höhe vom Einkommen beeinflußt wird, auf einer Erhöhung dieses Einkommens, so tritt die Minderung oder Entziehung mit dem Monat ein, in dem das Einkommen sich erhöht hat.

§ 60 a [Feststellung und Änderung der Ausgleichsrente]. (1) [1] Die Ausgleichsrente (§§ 32, 33, 41 und 47) ist bei monatlich feststehenden Einkünften endgültig festzustellen. [2] In den übrigen Fällen ist die Ausgleichsrente entsprechend den im Zeitpunkt der Bescheiderteilung bekannten Einkommensverhältnissen vorläufig festzusetzen und jeweils nachträglich endgültig festzustellen.

(2) Monatlich feststehende Einkünfte sind Einkünfte, bei denen sich ein bestimmter Monatsbetrag aus Gesetz, Tarif-, Arbeits- oder sonstigem Vertrag ergibt.

(3) Ist die vorläufig gezahlte Ausgleichsrente höher als die endgültig festgestellte, gilt nur der 3 Euro monatlich übersteigende Betrag als überzahlt.

(4) Sonderleistungen, wie Weihnachtsgratifikationen, 13. Monatsgehälter und Erfolgsprämien, sind als Einkommen in den Monaten zu berücksichtigen, in denen sie gezahlt werden.

(5) [1] Die Absätze 1 bis 4 gelten entsprechend für die Feststellung aller laufenden Versorgungsbezüge, deren Höhe vom Einkommen beeinflußt wird, soweit durch dieses Gesetz nichts anderes bestimmt ist. [2] Absatz 3 ist beim Zusammentreffen mehrerer vorläufig gezahlter Leistungen so anzuwenden, daß die Gesamtbeträge einander gegenüberzustellen sind.

§ 61 [Beginn und Änderung der Hinterbliebenenrente]. Für die Hinterbliebenenversorgung gilt § 60 mit folgender Maßgabe entsprechend:
a) Wird der Erstantrag vor Ablauf eines Jahres nach dem Tode gestellt, beginnt die Versorgung frühestens mit dem auf den Sterbemonat folgenden Monat.
b) An die Stelle des Berufsschadensausgleichs nach § 30 Abs. 3 oder 6 tritt bei Witwen der Schadensausgleich nach § 40 a.

339

c) Der Änderung des Familienstands steht bei Waisen der Tod des Vaters oder der Mutter gleich.

§ 62 [Neufeststellung der Versorgungsbezüge]. (1) Eine vom Einkommen beeinflußte Leistung ist nicht neu festzustellen, solange sich das Bruttoeinkommen seit der letzten Feststellung dieser Leistung insgesamt um weniger als 5 Euro monatlich erhöht oder das Vergleichseinkommen im Sinne des § 30 Abs. 5 insgesamt um weniger als 5 Euro monatlich gemindert hat, es sei denn, daß eine Neufeststellung einer dieser Leistungen aus anderem Anlaß notwendig wird.

(2) [1]Der Grad der Schädigungsfolgen rentenberechtigter Beschädigter darf nicht vor Ablauf von zwei Jahren nach Bekanntgabe des Feststellungsbescheids niedriger festgesetzt werden. [2]Ist durch Heilbehandlung eine wesentliche und nachhaltige Besserung des schädigungsbedingten Gesundheitszustandes erreicht worden, so ist die niedrigere Festsetzung schon früher zulässig, jedoch frühestens nach Ablauf eines Jahres nach Abschluß dieser Heilbehandlung.

(3) [1]Bei Versorgungsberechtigten, die das 55. Lebensjahr vollendet haben, ist der Grad der Schädigungsfolgen wegen Besserung des schädigungsbedingten Gesundheitszustandes oder einer Änderung der Verordnung nach § 30 Abs. 17 infolge neuer medizinisch-wissenschaftlicher Erkenntnisse nicht niedriger festzusetzen, wenn er in den letzten zehn Jahren seit Feststellung nach diesem Gesetz unverändert geblieben ist. [2]Entsprechendes gilt für die Schwerstbeschädigtenzulage, wenn deren Stufe in den letzten zehn Jahren seit Feststellung unverändert geblieben ist. [3]Veränderungen aus anderen als medizinischen Gründen bleiben bei der Berechnung der Frist unberücksichtigt.

(4) Wird der gemeinsame Haushalt aufgelöst, den eine Schwerbeschädigte oder ein Schwerbeschädigter mit den in § 30 Abs. 12 Satz 1 genannten Personen geführt hat, so sind der Grad der Schädigungsfolgen nach § 30 Abs. 2 und der Berufsschadensausgleich nach § 30 Abs. 16 von Amts wegen nur neu festzustellen, wenn ihr oder ihm ohne die Schädigungsfolgen die Aufnahme eines anderen Berufs zuzumuten wäre oder nach Wegfall des Berufsschadensausgleichs nach § 30 Abs. 16 ein Berufsschadensausgleich nach § 30 Abs. 3 bis 11 zusteht.

§ 63 (weggefallen)

Besondere Vorschriften für Berechtigte außerhalb des Geltungsbereichs dieses Gesetzes

§ 64 [Berechtigter Personenkreis]. (1) [1]Deutsche und deutsche Volkszugehörige, die ihren Wohnsitz oder gewöhnlichen Aufenthalt in Staaten haben, mit denen die Bundesrepublik Deutschland diplomatische Beziehungen unterhält, erhalten Versorgung wie Berechtigte im Geltungsbereich dieses Gesetzes, soweit die §§ 64a bis 64f nichts Abweichendes bestimmen. [2]Die Leistungen können mit Zustimmung des Bundesministeriums für Arbeit und Soziales ganz oder teilweise versagt oder entzogen werden, wenn

1. der Leistungszweck nicht erreicht werden kann, insbesondere der fremde Staat Renten nach diesem Gesetz auf eigene Renten ganz oder teilweise anrechnet, oder

2. in der Person des Berechtigten ein von ihm zu vertretender wichtiger Grund, insbesondere eine gegen die Bundesrepublik Deutschland gerichtete Handlung des Berechtigten, vorliegt.

(2) [1]Der Anspruch auf Versorgung von Kriegsopfern, die ihren Wohnsitz oder gewöhnlichen Aufenthalt nicht im Geltungsbereich dieses Gesetzes haben und nicht unter Absatz 1 fallen, ruht. [2]Ihnen kann mit Zustimmung des Bundesministeriums für Arbeit und Soziales Versorgung in angemessenem Umfang erbracht werden. [3]Wird Versorgung erbracht, so ist sie nach Art, Höhe und Dauer festzulegen. [4]Die Versorgung kann aus besonderen Gründen, insbesondere unter den in Absatz 1 Satz 2 genannten Voraussetzungen, wieder eingeschränkt oder entzogen werden. [5]§ 64 c Abs. 5, § 64 d und § 64 f Abs. 1 und 2 gelten entsprechend.

§ 64 a [Heilbehandlung]. (1) [1]Beschädigte führen die Heilbehandlung wegen der anerkannten Folgen einer Schädigung selbst durch, soweit sie nicht im Geltungsbereich dieses Gesetzes gewährt wird. [2]Sie erhalten die nachgewiesenen notwendigen und angemessenen Kosten bis zur zweifachen Summe der Kosten einer entsprechenden Heilbehandlung im Geltungsbereich dieses Gesetzes erstattet; in besonders begründeten Fällen kann auch der darüber hinausgehende Betrag teilweise oder ganz erstattet werden. [3]Die Kosten für Arznei- und Verbandmittel sowie Heilmittel können in voller Höhe ersetzt werden.

(2) [1]Versorgungskrankengeld und Beihilfe nach § 17 sind ausgeschlossen. [2]Heilbehandlung für Gesundheitsstörungen, die nicht Folge einer Schädigung sind, Krankenbehandlung und Leistungen nach § 10 Abs. 6 Satz 1 und § 11 Abs. 4 sind ausgeschlossen, soweit sie nicht im Geltungsbereich dieses Gesetzes erbracht werden können. [3]Anstelle der nach den Sätzen 1 und 2 ausgeschlossenen Leistungen kann eine Zuwendung bis zur zweifachen Höhe der Leistungen gegeben werden, die der Versorgungsberechtigte im Geltungsbereich dieses Gesetzes erhalten könnte; die Kosten für Arznei- und Verbandmittel sowie Heilmittel können in voller Höhe ersetzt werden. [4]Eine Zuwendung kann auch bei Pflegebedürftigkeit gegeben werden.

(3) [1]Für Kurmaßnahmen werden Kosten nur erstattet und Zuwendungen nur gegeben, wenn die zuständige Verwaltungsbehörde der Maßnahme vorher zugestimmt hat. [2]Leistungen für Versehrtenleibesübungen außerhalb des Geltungsbereiches dieses Gesetzes sind ausgeschlossen.

(4) Ansprüche, die der Berechtigte gegen Träger gesetzlicher oder privater Versicherungen oder ähnlicher Einrichtungen hat, werden auf die Leistungen der Heil- und Krankenbehandlung nach diesem Gesetz angerechnet, soweit sie zu verwirklichen sind.

(5) [1]Für die Erstattung der Reisekosten und den Ersatz entgangenen Arbeitsverdienstes ist § 24 entsprechend anzuwenden. [2]Ersatz für entgangenen Arbeitsverdienst in angemessenem Umfang steht ferner zu

a) bei der Durchführung einer von der Verwaltungsbehörde genehmigten ambulanten Behandlung und

b) bei der Anpassung und bei der Ausbildung im Gebrauch von Hilfsmitteln,

soweit keine Zuwendung nach Absatz 2 anstelle des ausgeschlossenen Versorgungskrankengelds gewährt wird oder gewährt werden könnte.

§ 64 b [Leistungen der Kriegsopferfürsorge]. (1) [1]Deutschen im Sinne des § 64 Abs. 1 sollen Leistungen der Kriegsopferfürsorge nach § 33 Abs. 3 bis 5 und 7, §§ 34 und 40 des Neunten Buches Sozialgesetzbuch, sowie nach § 26 Abs. 3 und 4 zur Teilhabe am Arbeitsleben und nach den §§ 27 und 27 a gewährt werden. [2]Die übrigen Leistungen nach § 26 sowie die Leistungen nach den §§ 26 b bis 26 e und 27 b bis 27 d können ihnen in dringenden Fällen gewährt werden.

(2) Anderen Kriegsopfern im Sinne des § 64 können mit Zustimmung des Bundesministeriums für Arbeit und Soziales die in Absatz 1 aufgeführten Leistungen gewährt werden, wenn sie

a) Deutsche, deutsche Volkszugehörige oder deren Hinterbliebene sind oder

b) während ihres militärischen oder militärähnlichen Dienstes die deutsche Staatsangehörigkeit besessen haben oder Hinterbliebene eines deutschen Staatsangehörigen sind,

oder in angemessenem Umfang, wenn ihnen nach § 64 Abs. 2 Satz 2 Versorgung gewährt wird.

(3) Leistungen der Kriegsopferfürsorge nach den Absätzen 1 und 2 werden nur insoweit gewährt, als der Beschädigte oder Hinterbliebene für denselben Zweck keine Leistungen erhält; das gilt nicht für fürsorgerische und karitative Zuwendungen.

(4) [1]Art, Form und Maß der Leistungen der Kriegsopferfürsorge und der Einsatz des Einkommens und des Vermögens richten sich, wenn es sich um Deutsche handelt, nach den besonderen Verhältnissen des Aufenthaltsstaats unter Berücksichtigung der notwendigen Lebensbedürfnisse eines dort lebenden Deutschen, bei Leistungen für andere Kriegsopfer nach den notwendigen Lebensbedürfnissen unter Berücksichtigung der örtlichen Verhältnisse; dabei ist bei Beschädigten im Sinne des § 27 e auf eine wirksame Gestaltung der Leistungen besonders Bedacht zu nehmen. [2]Soweit das Gesetz oder Durchführungsbestimmungen hierzu bei Bemessung der Leistungen vom Doppelten des Regelsatzes nach dem Zwölften Buch Sozialgesetzbuch ausgehen, tritt an dessen Stelle das Einfache des nach Satz 1 ermittelten Betrages, der in besonders begründeten Fällen angemessen erhöht werden kann. [3]Satz 2 gilt für den Grundbetrag nach § 25 e Abs. 1 Nr. 1 entsprechend.

(5) Bei der Anwendung des § 27 b Abs. 1 ist das Zeugnis eines amtlich bestellten Arztes oder des Vertrauensarztes der zuständigen deutschen Auslandsvertretung beizubringen.

§ 64 c [Anrechnung von Einkünften; Berufsschadensausgleich; Kapitalabfindung]. (1) Bei der Festsetzung der Versorgungsbezüge werden ausländische Einkünfte wie vergleichbare inländische Einkünfte berücksichtigt.

(2) [1]Für die Festsetzung des Berufsschadensausgleichs gilt § 30 Abs. 3 bis 16. [2]Bezieht der Beschädigte überwiegend ausländisches Einkommen, tritt an die Stelle seines tatsächlichen Einkommens aus gegenwärtiger oder früherer Tätigkeit (§ 30 Abs. 4 Satz 1) das Durchschnittseinkommen der Berufs- oder Wirtschaftsgruppe, der der Beschädigte im Inland angehören würde. [3]Ist die Voraussetzung des Satzes 2 nicht gegeben und hat der Beschädigte nach dem 30. Juni 1984 seinen Wohnsitz oder gewöhnlichen Aufenthalt ins Ausland verlegt, tritt an die Stelle seines bisher erzielten Erwerbseinkommens das Durchschnittseinkommen der Berufs- oder Wirtschaftsgruppe, der der Beschädigte vor der Übersiedlung angehört hat. [4]In den Fällen der Sätze 2 und 3 gilt § 30 Abs. 11 Satz 2 entsprechend.

(3) Für die Festsetzung des Schadensausgleichs gilt § 40 a.

(4) [1]Bei Kriegsopfern im Sinne des § 64 Abs. 1, die nicht Deutsche sind, ruht der Anspruch auf Versorgungsbezüge, deren Höhe vom Einkommen beeinflußt wird. [2]Ihnen können solche Versorgungsbezüge im Einvernehmen mit dem Bundesministerium für Arbeit und Soziales jedoch ganz oder teilweise gewährt werden. [3]Die Gewährung soll nur versagt werden, soweit dies nach den Lebensverhältnissen im Aufenthaltsstaat oder aus anderen besonderen Gründen gerechtfertigt ist. [4]Elternrenten sollen, wenn die übrigen Voraussetzungen erfüllt sind, nicht weniger als die Hälfte der vollen Rente betragen.

(5) [1]Die §§ 60 bis 62 und 66 gelten, soweit nicht Besonderheiten der Versorgung von Kriegsopfern außerhalb des Bundesgebiets eine Abweichung bedingen. [2]Eine Abweichung kann nur im Einvernehmen mit dem Bundesministerium für Arbeit und Soziales vorgenommen werden; es kann im Benehmen mit der zuständigen obersten Landesbehörde auch festlegen, wie die Versorgungsbezüge auszuzahlen sind.

(6) Kapitalabfindungen werden nicht gewährt.

§ 64 d [Zahlung der Versorgungsbezüge]. (1) Die Zahlung der Versorgungsbezüge richtet sich nach den devisenrechtlichen Vorschriften.

(2) [1]Können dem Berechtigten die nach diesem Gesetz zustehenden Leistungen nicht zugeführt werden, so können mit Zustimmung des Bundesministeriums für Arbeit und Soziales Ersatzleistungen gewährt werden. [2]Ein Anspruch auf nachträgliche Gewährung des Unterschieds zur vollen Versorgung besteht nicht.

§ 64 e [Teilversorgung]. (1) [1]Kriegsopfer, die ihren Wohnsitz oder gewöhnlichen Aufenthalt in einem durch Rechtsverordnung nach Absatz 5 bestimmten Staat haben, erhalten eine Teilversorgung nach den Absätzen 2 bis 4. [2]Im übrigen ruht der Anspruch auf Versorgung.

(2) [1]Die Teilversorgung umfasst Grundrente einschließlich der Abfindung nach § 44 Abs. 1, Schwerstbeschädigtenzulage, Pflegezulage und Elternrente in Höhe von 60 vom Hundert der Beträge, die sich aus den §§ 31, 35, 40, 46

343

und 51 ergeben und Bestattungsgeld in Höhe von 45 vom Hundert der Beträge, die sich aus den §§ 36 und 53 ergeben sowie Sterbegeld nach § 37. [2] Die Grundrente erhöht sich für Beschädigte um 40 vom Hundert des Betrages der jeweiligen Grundrente nach § 31 Abs. 1 Satz 1. [3] Bei Rentenleistungen werden ausländische Einkünfte nur in den Fällen des § 48 berücksichtigt. [4] Bei der Witwen- und Waisenbeihilfe ist in allen Fällen von der vollen Höhe der entsprechenden Witwen- und Waisenrente auszugehen sowie ein Drittel des in § 33 Abs. 1 Buchstabe a genannten Bemessungsbetrags zugrunde zu legen. [5] Bei der Bemessung des Bestattungsgeldes ist in allen Fällen der in § 36 Abs. 1 Satz 2 und § 53 Satz 2 genannte höhere Betrag zugrunde zu legen.

(3) [1] Die Teilversorgung umfaßt auch Leistungen der Heilbehandlung nach § 64 a Abs. 1. [2] Zuschüsse nach § 11 Abs. 3 werden nicht gezahlt; das Bundesministerium für Arbeit und Soziales kann Ausnahmen zulassen. [3] Während eines vorübergehenden Aufenthalts außerhalb der durch Rechtsverordnung nach Absatz 5 bestimmten Staaten können Leistungen der Heil- und Krankenbehandlung nach § 64 a Abs. 2 erbracht werden, soweit nach ärztlicher Beurteilung eine unverzügliche Behandlung erforderlich ist. [4] Ansprüche nach den Sätzen 1 bis 3 sind ausgeschlossen, soweit gegen Träger gesetzlicher oder privater Versicherungen oder ähnlicher Einrichtungen ein Anspruch auf entsprechende Leistungen verwirklicht werden kann.

(4) [1] Die in § 64 b Abs. 1 genannten Leistungen der Kriegsopferfürsorge können mit Zustimmung des Bundesministeriums für Arbeit und Soziales erbracht werden. [2] § 27 b Abs. 3 Satz 1 findet keine Anwendung.

(5) [1] Die Bundesregierung wird ermächtigt, durch Rechtsverordnung mit Zustimmung des Bundesrates die Staaten zu bestimmen, in die aus besonderen Gründen, insbesondere wegen der im Vergleich zur Bundesrepublik Deutschland geringeren Durchschnittshöhe entsprechender Sozialleistungen sowie wegen der Lage und Entwicklung nach dem Zweiten Weltkrieg, eine Teilversorgung nach Absatz 1 geleistet wird. [2] In der Rechtsverordnung können

a) der in Absatz 2 Satz 1 genannte Ableitungssatz von einem Drittel für einzelne Leistungen anders festgelegt sowie die Leistungsbemessung näher geregelt werden,

b) bei einer wesentlichen Änderung der für die Teilversorgung maßgebenden Verhältnisse (Satz 1) die Ableitungssätze in Absatz 2 Satz 1 und 2 entsprechend geändert werden.

(6) In besonderen Fällen kann die Teilversorgung nach Absatz 2 Satz 1 und 2 sowie Absatz 5 Satz 2 mit Zustimmung des Bundesministeriums für Arbeit und Soziales erweitert werden.

(7) [1] Für die Zeit eines vorübergehenden Aufenthalts von mindestens einer Woche außerhalb der durch Rechtsverordnung nach Absatz 5 bestimmten Staaten können mit Zustimmung des Bundesministeriums für Arbeit und Soziales die in Absatz 2 Satz 1 genannten Rentenleistungen, soweit sie die Beträge nach Absatz 2 Satz 1 und 2 übersteigen, und ein Drittel der Ausgleichsrente geleistet werden; Absatz 2 Satz 3 findet Anwendung. [2] Zeiten einer stationären Behandlung nach diesem Gesetz oder einer Erholungsmaßnahme nach § 27 b werden nur zu einem Drittel berücksichtigt.

§ 64 f [Verfahren]. (1) [1]Die jeweils maßgebenden verfahrensrechtlichen Vorschriften gelten, soweit nicht Besonderheiten der Versorgung von Kriegsopfern außerhalb des Bundesgebiets eine vereinfachte Regelung bedingen. [2]Eine vereinfachte Regelung bedarf der Zulassung durch das Bundesministerium für Arbeit und Soziales. [3]Das gilt insbesondere für die Begründung von Bescheiden und die Zuziehung Dritter zum Verfahren.

(2) [1]Ist ein Bedürfnis vorhanden, kann unbeschadet der §§ 13 bis 15 des Zehnten Buches Sozialgesetzbuch ein besonderer Vertreter bestellt werden, wenn dieser und der Antragsteller oder Versorgungsberechtigte einverstanden sind. [2]Das Einverständnis des Antragstellers oder Versorgungsberechtigten kann beim Vorliegen besonderer Gründe unterstellt werden. [3]§ 15 Abs. 3 des Zehnten Buches Sozialgesetzbuch gilt entsprechend.

(3) [1]In den Fällen des Absatzes 1, des § 64 Abs. 2 Satz 5 und des § 64 c Abs. 4 tritt eine Minderung oder Entziehung der Leistung erst mit Ablauf des dritten Monats nach Ablauf des Monats ein, in dem der Bescheid oder die Mitteilung bekanntgegeben worden ist. [2]Eine Rückforderung ist ausgeschlossen.

Ruhen des Anspruchs auf Versorgung

§ 65 [Ruhen des Anspruchs auf Versorgung]. (1) [1]Der Anspruch auf Versorgungsbezüge ruht, wenn beide Ansprüche auf derselben Ursache beruhen

1. in Höhe der Bezüge aus der gesetzlichen Unfallversicherung,
2. in Höhe des Unterschieds zwischen einer Versorgung nach allgemeinen beamtenrechtlichen Bestimmungen und aus der beamtenrechtlichen Unfallfürsorge.

[2]Kinderzulagen zur Verletztenrente aus der gesetzlichen Unfallversicherung bleiben mit dem Betrag unberücksichtigt, in dessen Höhe ohne die Kinderzulage von anderen Leistungsträgern Kindergeld oder entsprechende Leistungen zu zahlen wären.

(2) Der Anspruch auf die Grundrente (§ 31) ruht in Höhe der neben Dienstbezügen gewährten Leistungen aus der beamtenrechtlichen Unfallfürsorge, wenn beide Ansprüche auf derselben Ursache beruhen.

(3) Der Anspruch auf Heilbehandlung (§ 10 Abs. 1) und auf den Pauschbetrag als Ersatz für Kleider- und Wäscheverschleiß (§ 15) ruht insoweit, als

1. aus derselben Ursache Ansprüche auf entsprechende Leistungen aus der gesetzlichen Unfallversicherung oder nach den beamtenrechtlichen Vorschriften über die Unfallfürsorge bestehen;
2. Ansprüche auf entsprechende Leistungen nach den Vorschriften über die Heilfürsorge für Angehörige der Bundespolizei und für Soldaten (§ 69 Abs. 2, § 70 Abs. 2 Bundesbesoldungsgesetz und § 1 Abs. 1 Wehrsoldgesetz) und nach den landesrechtlichen Vorschriften für Polizeivollzugsbeamte der Länder bestehen.

(4) [1]Das Ruhen wird mit dem Zeitpunkt wirksam, in dem seine Voraussetzungen eingetreten sind. [2]Die Zahlung von Versorgungsbezügen wird mit

Ablauf des Monats eingestellt oder gemindert, in dem das Ruhen wirksam wird, und wieder aufgenommen oder erhöht mit Beginn des Monats, in dem das Ruhen endet.

Zahlung

§ 66 [Monatszahlung; Zahlungsweise]. (1) [1] Die Versorgungsbezüge werden in Monatsbeträgen zuerkannt, auf volle Euro aufgerundet und monatlich im voraus gezahlt. [2] Versorgungskrankengeld und Beihilfe nach § 17 werden tageweise zuerkannt und mit Ablauf jeder Woche gezahlt.

(2) [1] Alle Geldleistungen werden kostenfrei auf ein Konto des Empfangsberechtigten oder eines mit diesem in häuslicher Gemeinschaft lebenden Dritten, das der Empfangsberechtigte angegeben hat, überwiesen. [2] Wenn der Empfangsberechtigte es verlangt, sind sie ihm kostenfrei durch Zahlungsanweisung durch die Deutsche Postbank AG an seinem Wohnsitz oder gewöhnlichen Aufenthaltsort zu zahlen. [3] In besonderen Fällen können sie bei der zuständigen Verwaltungsstelle bar gezahlt werden. [4] § 118 Abs. 3 bis 4 a des Sechsten Buches Sozialgesetzbuch gilt entsprechend.

§§ 66 a–66 c *(aufgehoben)*

§ 66 d Umstellung auf Euro in dem in Artikel 3 des Einigungsvertrages genannten Gebiet. Die in Anlage I Kapitel VIII Sachgebiet K Abschnitt III Nummer 1 bis 21 des Einigungsvertrages vom 31. August 1990 in Verbindung mit Artikel 1 des Gesetzes vom 23. September 1990 (BGBl. 1990 II S. 885, 1067) genannten Maßgaben sind ab 1. Januar 2002 mit der Maßgabe anzuwenden, dass an die Stelle der Wörter „Deutsche Mark" jeweils das Wort „Euro" tritt.

§§ 67–70 a (weggefallen)

Versorgung bei Unterbringung

§ 71 [Unterbringung zum Vollzug einer Strafe oder freiheitsentziehenden Maßregel der Besserung und Sicherung]. [1] Bei Unterbringung des Leistungsberechtigten (§ 49 des Ersten Buches Sozialgesetzbuch) zum Vollzug einer Freiheitsstrafe oder einer freiheitsentziehenden Maßregel der Besserung und Sicherung sind bei der Bemessung der Versorgungsbezüge Einkünfte, die durch die Unterbringung gemindert werden, in der bis zur Unterbringung bezogenen Höhe zugrunde zu legen; sie sind im Zeitpunkt der Anpassung der Versorgungsbezüge (§ 56) um den Vomhundertsatz, um den die laufenden Rentenleistungen angepaßt werden, zu erhöhen. [2] Schließt der Vollzug einer Freiheitsstrafe oder einer freiheitsentziehenden Maßregel der Besserung und Sicherung unmittelbar an eine Untersuchungshaft an, so ist Satz 1 mit der Maßgabe anzuwenden, daß durch die Untersuchungshaft geminderte Einkünfte in der bis zum Beginn der Untersuchungshaft bezogenen Höhe zugrunde zu legen sind.

§ 71 a (weggefallen)

Übertragung kraft Gesetzes

§ 71 b [Übergang von Sozialversicherungsansprüchen]. [1]Hat die zuständige Verwaltungsbehörde Versorgungsbezüge geleistet, gelten, wenn der Versorgungsberechtigte Ansprüche gegen einen Träger der Sozialversicherung oder eine öffentlich-rechtliche Kasse hat, §§ 104 sowie 106 bis 114 des Zehnten Buches Sozialgesetzbuch und, wenn der Versorgungsberechtigte Ansprüche gegen einen öffentlich-rechtlichen Dienstherrn hat, § 115 des Zehnten Buches Sozialgesetzbuch mit der Maßgabe, daß die Ansprüche dem Kostenträger der Kriegsopferversorgung zustehen. [2]Das gilt auch, wenn der Kostenträger der Kriegsopferversorgung auch diese Leistungen zu tragen hat.

Kapitalabfindung

§ 72 [Voraussetzungen und Zweck der Kapitalabfindung]. (1) Beschädigten, die eine Rente erhalten, kann zum Erwerb oder zur wirtschaftlichen Stärkung eigenen Grundbesitzes eine Kapitalabfindung gewährt werden.

(2) Eine Kapitalabfindung kann auch gewährt werden

1. zum Erwerb oder zur wirtschaftlichen Stärkung eines Wohnungseigentums nach dem Wohnungseigentumsgesetz,
2. zur Finanzierung von selbst genutztem Wohneigentum im Sinne des § 17 Abs. 2 des Wohnraumförderungsgesetzes, wenn die baldige Übertragung des Eigentums auf den Beschädigten sichergestellt wird,
3. zum Erwerb eines Dauerwohnrechts nach dem Wohnungseigentumsgesetz, wenn der Dauerwohnberechtigte wirtschaftlich einem Wohnungseigentümer gleichgestellt ist und das Fortbestehen des Dauerwohnrechts im Falle der Zwangsversteigerung nach § 39 des Wohnungseigentumsgesetzes vereinbart wird,
4. zur Finanzierung eines eigenen Bausparvertrags mit einer Bausparkasse oder dem Beamtenheimstättenwerk für die Zwecke des Absatzes 1 und der Nummern 1 bis 3.

(3) Dem Eigentum an einem Grundstück steht das Erbbaurecht, dem Wohnungseigentum das Wohnungserbbaurecht gleich.

§ 73 [Voraussetzungen für die Gewährung]. (1) Eine Kapitalabfindung kann nur gewährt werden, wenn

1. der Beschädigte im Zeitpunkt der Antragstellung das 55. Lebensjahr noch nicht vollendet hat,
2. der Versorgungsanspruch anerkannt ist,
3. nicht zu erwarten ist, daß innerhalb des Abfindungszeitraums die Rente wegfallen wird,
4. für eine nützliche Verwendung des Geldes Gewähr besteht.

(2) Eine Kapitalabfindung kann ausnahmsweise nach dem 55. Lebensjahr gewährt werden, jedoch nicht, wenn der Antrag erst nach Vollendung des 65. Lebensjahrs gestellt wird.

§ 74 [Höhe der Kapitalabfindung]. (1) [1] Die Kapitalabfindung kann einen Betrag bis zur Höhe der Grundrente (§ 31 Abs. 1 Satz 1) umfassen. [2] Ist eine Herabsetzung der Minderung der Erwerbsfähigkeit innerhalb des Abfindungszeitraums zu erwarten, so kann der Kapitalabfindung nur die Rente zugrunde gelegt werden, die dem zu erwartenden Grad der Schädigungsfolgen entspricht.

(2) [1] Die Abfindung ist auf die für einen Zeitraum von zehn Jahren zustehende Grundrente beschränkt. [2] Als Abfindungssumme wird das Neunfache des der Kapitalabfindung zugrunde liegenden Jahresbetrags gezahlt. [3] Der Anspruch auf die Bezüge, an deren Stelle die Abfindung tritt, erlischt für die Dauer von zehn Jahren mit Ablauf des Monats, der auf den Monat der Auszahlung folgt.

(3) [1] Abweichend von Absatz 2 ist die Abfindung auf die für einen Zeitraum von fünf Jahren zustehende Grundrente beschränkt, wenn der Antrag erst nach Vollendung des sechzigsten Lebensjahres gestellt wird. [2] Als Abfindungssumme wird das Siebenundfünfzigfache des der Kapitalabfindung zugrunde liegenden Monatsbetrages gezahlt. [3] Der Anspruch auf die Bezüge, an deren Stelle die Abfindung tritt, erlischt für die Dauer von fünf Jahren mit Ablauf des Monats, der auf den Monat der Auszahlung folgt.

§ 75 [Sicherung des Verwendungszwecks]. (1) [1] Die bestimmungsgemäße Verwendung des Kapitals ist durch die Form der Auszahlung und in der Regel durch Maßnahmen zur Verhinderung alsbaldiger Veräußerung des Grundstücks, Erbbaurechts, Wohnungseigentums, Wohnungserbbaurechts oder Dauerwohnrechts zu sichern. [2] Zu diesem Zweck kann insbesondere angeordnet werden, daß die Veräußerung und Belastung des mit der Kapitalabfindung erworbenen oder wirtschaftlich gestärkten Grundstücks, Erbbaurechts, Wohnungseigentums oder Wohnungserbbaurechts innerhalb einer Frist bis zu fünf Jahren nur mit Genehmigung der zuständigen Verwaltungsbehörde zulässig sind. [3] Diese Anordnung wird mit der Eintragung in das Grundbuch wirksam. [4] Die Eintragung erfolgt auf Ersuchen der zuständigen Verwaltungsbehörde.

(2) Ferner kann die Abfindung davon abhängig gemacht werden, daß die Eintragung einer Sicherungshypothek zur Sicherung der Forderung auf die Rückzahlung der Kapitalabfindung nach den §§ 76 und 77 bewilligt wird.

§ 76 [Rückzahlungspflicht]. (1) Die Abfindung ist auf Erfordern insoweit zurückzuzahlen, als sie nicht innerhalb einer von der zuständigen Verwaltungsbehörde bemessenen Frist bestimmungsgemäß verwendet worden ist.

(2) Die Abfindung kann zurückgefordert werden, wenn der Verwendungszweck innerhalb des Abfindungszeitraums vereitelt worden ist.

(3) Dem Abgefundenen können vor Ablauf des Abfindungszeitraums auf Antrag die durch die Kapitalabfindung erloschenen Bezüge gegen Rückzahlung der Abfindungssumme wieder bewilligt werden, wenn wichtige Gründe vorliegen.

§ 77 [Beschränkung der Rückzahlung]. (1) [1]Die Pflicht zur Rückzahlung (§ 76) beschränkt sich im Falle der Abfindung nach § 74 Abs. 2 nach Ablauf des

ersten Jahres auf	91 vom Hundert der Abfindungssumme,
zweiten Jahres auf	82 vom Hundert der Abfindungssumme,
dritten Jahres auf	72 vom Hundert der Abfindungssumme,
vierten Jahres auf	62 vom Hundert der Abfindungssumme,
fünften Jahres auf	52 vom Hundert der Abfindungssumme,
sechsten Jahres auf	42 vom Hundert der Abfindungssumme,
siebten Jahres auf	32 vom Hundert der Abfindungssumme,
achten Jahres auf	22 vom Hundert der Abfindungssumme,
neunten Jahres auf	11 vom Hundert der Abfindungssumme.

[2]Die Pflicht zur Rückzahlung beschränkt sich im Falle der Abfindung nach § 74 Abs. 3 nach Ablauf des

ersten Jahres auf	81 vom Hundert der Abfindungssumme,
zweiten Jahres auf	62 vom Hundert der Abfindungssumme,
dritten Jahres auf	42 vom Hundert der Abfindungssumme,
vierten Jahres auf	21 vom Hundert der Abfindungssumme.

[3]Die Zeiten rechnen vom Ersten des auf die Auszahlung der Abfindungssumme folgenden zweiten Monats bis zum Ende des Monats, in dem die Abfindungssumme zurückgezahlt worden ist.

(2) [1]Wird die Abfindungssumme nicht zum Schluß eines Jahres zurückgezahlt, so sind neben den Vomhundertsätzen für volle Jahre noch die Vomhundertsätze zu berücksichtigen, die auf die bis zum Rückzahlungszeitpunkt verstrichenen Monate des angefangenen Jahres entfallen. [2]Entsprechendes gilt, wenn die Abfindungssumme vor Ablauf des ersten Jahres zurückgezahlt wird.

(3) Nach Rückzahlung der Abfindungssumme leben die der Abfindung zugrunde liegenden Bezüge mit dem Ersten des auf die Rückzahlung folgenden Monats wieder auf.

§ 78 [Pfändungsverbot]. Innerhalb der in § 76 Abs. 1 vorgesehenen Frist ist ein der ausgezahlten Abfindungssumme gleichkommender Betrag an Geld, Wertpapieren und Forderungen der Pfändung nicht unterworfen.

§ 78 a [Kapitalabfindung für Hinterbliebene]. (1) [1]Eine Kapitalabfindung kann auch Witwen mit Anspruch auf Rente oder Witwenbeihilfe (§ 48) und Ehegatten verschollener (§ 52 Abs. 1) gewährt werden. [2]Die Vorschriften der §§ 72 bis 80 gelten entsprechend.

(2) [1]Schließt eine abgefundene Witwe erneut eine Ehe, so ist nach der Eheschließung die Abfindungssumme insoweit zurückzuzahlen, als sie die Gesamtsumme der bis zu ihrer Wiederverheiratung erloschen gewesenen Versorgungsbezüge übersteigt. [2]Auf den zurückzuzahlenden Betrag ist die Abfindung nach § 44 anzurechnen. [3]Stellt sich heraus, daß der Verschollene noch lebt, so ist die Abfindung insoweit zurückzuzahlen, als sie die Summe der erloschenen Versorgungsbezüge übersteigt, die bis zur Rückkehr des Verschollenen nach diesem Gesetz und dem Gesetz über die Unterhaltsbeihilfe für Angehörige von Kriegsgefangenen zu zahlen wären.

(3) Die Absätze 1 und 2 gelten für hinterbliebene Lebenspartner entsprechend.

§ 79 (weggefallen)

§ 80 [Kapitalabfindungen bis zum 9. 5. 1945]. Kapitalabfindungen, die bis zum 9. Mai 1945 gewährt worden sind, bewirken keine Kürzung der nach diesem Gesetz festgestellten Renten.

Schadenersatz, Erstattung

§ 81 [Ansprüche gegen den Bund]. Erfüllen Personen die Voraussetzungen des § 1 oder entsprechender Vorschriften anderer Gesetze, die eine entsprechende Anwendung dieses Gesetzes vorsehen, so haben sie wegen einer Schädigung gegen den Bund nur die auf diesem Gesetz beruhenden Ansprüche; jedoch finden die Vorschriften der beamtenrechtlichen Unfallfürsorge, das Gesetz über die Erweiterte Zulassung von Schadensersatzansprüchen bei Dienstunfällen in der im Bundesgesetzblatt Teil III, Gliederungsnummer 2030-2-19, bereinigten Fassung, und § 82 des Beamtenversorgungsgesetzes Anwendung.

§ 81 a [Übergang von Ersatzansprüchen]. (1) [1] Soweit den Versorgungsberechtigten ein gesetzlicher Anspruch auf Ersatz des ihnen durch die Schädigung verursachten Schadens gegen Dritte zusteht, geht dieser Anspruch im Umfang der durch dieses Gesetz begründeten Pflicht zur Gewährung von Leistungen auf den Bund über. [2] Das gilt nicht bei Ansprüchen, die aus Schwangerschaft und Niederkunft erwachsen sind. [3] Der Übergang des Anspruchs kann nicht zum Nachteil des Berechtigten geltend gemacht werden.

(2) Absatz 1 gilt entsprechend, soweit es sich um Ansprüche nach diesem Gesetz handelt, die nicht auf einer Schädigung beruhen.

(3) [1] Die Krankenkasse teilt der Verwaltungsbehörde Tatsachen mit, aus denen zu entnehmen ist, daß ein Dritter den Schaden verursacht hat. [2] Auf Anfrage macht sie der Verwaltungsbehörde Angaben darüber, in welcher Höhe sie Heil- oder Krankenbehandlung erbracht hat; dies gilt nicht für nichtstationäre ärztliche Behandlung und Versorgung mit Arznei- und Verbandmitteln.

(4) § 116 Abs. 8 des Zehnten Buches Sozialgesetzbuch gilt entsprechend.

§ 81 b [Erstattung von Leistungen durch verpflichteten Versicherungsträger]. Hat eine Verwaltungsbehörde oder eine andere Einrichtung der Kriegsopferversorgung Leistungen gewährt und stellt sich nachträglich heraus, daß statt ihrer eine andere öffentlich-rechtliche Stelle, die kein Leistungsträger im Sinne von § 12 des Ersten Buches Sozialgesetzbuch ist, zur Leistung verpflichtet gewesen wäre, hat die zur Leistung verpflichtete Stelle die Aufwendungen in dem Umfang zu erstatten, wie sie ihr nach den für sie geltenden Rechtsvorschriften oblagen.

§ 81 c [**Überleitung von Ansprüchen auf den Kostenträger der Kriegsopferversorgung**]. Werden nach diesem Gesetz Leistungen erbracht, deren Höhe vom Umfang eines Anspruchs gegen einen Dritten, der kein Leistungsträger ist, beeinflußt wird, kann die Verwaltungsbehörde den zu berücksichtigenden Anspruch bis zur Höhe ihrer Leistung durch schriftliche Anzeige auf den Kostenträger der Kriegsopferversorgung überleiten.

Ausdehnung des Personenkreises

§ 82 [**Ausdehnung des Personenkreises**]. (1) Dieses Gesetz ist entsprechend anzuwenden auf

1. Personen, denen für Schäden an Leib und Leben Leistungen zuerkannt worden waren

    a) auf Grund des § 18 des Gesetzes über den Ersatz der durch den Krieg verursachten Personenschäden (Kriegspersonenschädengesetz) in der Fassung der Bekanntmachung vom 22. Dezember 1927 (RGBl. I S. 515, 533) oder

    b) auf Grund des § 1 Nr. 2 des Gesetzes über den Ersatz der durch die Besetzung deutschen Reichsgebiets verursachten Personenschäden (Besatzungspersonenschädengesetz) in der Fassung der Bekanntmachung vom 12. April 1927 (RGBl. I S. 103);

2. Deutsche im Sinne des Artikels 116 des Grundgesetzes, die in der Zeit vom 18. Juli 1936 bis 31. März 1939 in Spanien auf republikanischer Seite gekämpft und dabei durch Unfall oder Kampfmitteleinwirkung eine gesundheitliche Schädigung erlitten haben, sowie deren Hinterbliebene.

(2) [1] Versorgung nach diesem Gesetz kann auch an Vertriebene im Sinne des § 1 des Bundesvertriebenengesetzes, die Deutsche oder deutsche Volkszugehörige sind, gewährt werden, wenn sie nach dem 8. Mai 1945 in Erfüllung ihrer gesetzlichen Wehrpflicht nach dem im Vertreibungsgebiet geltenden Vorschriften eine Schädigung im Sinne des § 1 Abs. 1 erlitten haben; das gilt nicht, wenn sie aus derselben Ursache einen Anspruch auf Versorgung gegen das Land, das die Dienstpflicht gefordert hat, haben und diesen Anspruch verwirklichen können. [2] Satz 1 gilt auch für Spätaussiedler im Sinne des § 4 des Bundesvertriebenengesetzes.

Ausschluß der Anrechnung von Versorgungsbezügen auf das Arbeitsentgelt

§ 83 [**Ausschluss der Anrechnung von Versorgungsbezügen auf das Arbeitsentgelt**]. [1] Bei der Bemessung des Arbeitsentgelts von Beschäftigten, die Versorgungsbezüge nach diesem Gesetz erhalten, dürfen diese Bezüge nicht zum Nachteil des Beschäftigten berücksichtigt werden; insbesondere ist es unzulässig, die Versorgungsbezüge ganz oder teilweise auf das Entgelt anzurechnen. [2] Das gilt auch für Leistungen, die mit Rücksicht auf eine frühere Tätigkeit an den ehemals Erwerbstätigen oder seine Hinterbliebenen zur Erfüllung eines Rechtsanspruchs oder freiwillig erbracht werden.

Übergangsvorschriften

§ 84 [Übergangsvorschriften für Berechtigte im Ausland]. (1) Vor dem 1. Juli 1985 bewilligte Witwen- und Waisenbeihilfen bleiben von der am 1. Juli 1985 in Kraft getretenen Änderung des § 48 unberührt.

(2) [1] Haben Berechtigte mit Wohnsitz oder gewöhnlichem Aufenthalt im Ausland im Monat Juni 1988 Anspruch auf Berufsschadensausgleich oder Schadensausgleich unter Zugrundelegung ausländischer Vergleichseinkommen, gilt § 64 c in der bis zum 30. Juni 1988 geltenden Fassung, so lange dies günstiger ist. [2] Dabei ist dem derzeitigen Einkommen das für den Monat Juli 1988 maßgebende ausländische Vergleichseinkommen gegenüberzustellen; dieses Vergleichseinkommen wird in den Folgejahren jeweils zum 1. Juli in dem gleichen Umfang wie der Bemessungsbetrag (§ 33 Abs. 1) verändert.

§ 84 a Leistungshöhe für Berechtigte im Beitrittsgebiet. [1] Berechtigte, die am 18. Mai 1990 ihren Wohnsitz oder gewöhnlichen Aufenthalt in dem in Artikel 3 des Einigungsvertrages genannten Gebiet hatten, erhalten vom 1. Januar 1991 an Versorgung nach dem Bundesversorgungsgesetz mit den für dieses Gebiet nach dem Einigungsvertrag geltenden Maßgaben; dies gilt auch vom Zeitpunkt der Verlegung des Wohnsitzes oder gewöhnlichen Aufenthalts, frühestens vom 1. Januar 1991 an, wenn sie ihren Wohnsitz oder gewöhnlichen Aufenthalt in das Gebiet verlegen, in dem dieses Gesetz schon vor dem Beitritt gegolten hat. [2] Satz 1 gilt entsprechend für Deutsche und deutsche Volkszugehörige aus den in § 1 der Auslandsversorgungsverordnung genannten Staaten, die nach dem 18. Mai 1990 ihren Wohnsitz oder gewöhnlichen Aufenthalt in dem in Artikel 3 des Einigungsvertrages genannten Gebiet begründet haben. [3] Die Sätze 1 und 2 gelten ab dem 1. Januar 1999 nicht für die Beschädigtengrundrente einschließlich des Alterserhöhungsbetrages nach § 31 Abs. 1 und die Schwerstbeschädigtenzulage nach § 31 Abs. 5 von Berechtigten nach § 1 sowie für die Beschädigtengrundrente einschließlich des Alterserhöhungsbetrages und die Schwerstbeschädigtenzulage von Berechtigten nach dem Häftlingshilfegesetz, dem Strafrechtlichen Rehabilitierungsgesetz und nach dem Verwaltungsrechtlichen Rehabilitierungsgesetz, die in entsprechender Anwendung des § 31 Abs. 1 und 5 gezahlt werden.

§ 85 [Rechtsverbindlichkeit früherer Entscheidungen]. Soweit nach vor dem 1. Oktober 1950 geltenden versorgungsrechtlichen Vorschriften über die Frage des ursächlichen Zusammenhangs einer Gesundheitsstörung mit einer Schädigung im Sinne des § 1 entschieden worden ist, ist die Entscheidung auch nach diesem Gesetz rechtsverbindlich.

§ 86 Unterhaltsbeihilfe für Angehörige von Kriegsgefangenen und politischen Häftlingen. Personen, die am 20. Dezember 2007 Anspruch auf Unterhaltsbeihilfe nach dem Gesetz über die Unterhaltshilfe für Angehörige von Kriegsgefangenen in der Fassung der Bekanntmachung vom

18. März 1964 (BGBl. I S. 218) oder nach § 8 des Häftlingshilfegesetzes haben, erhalten die gleichen Leistungen, die Hinterbliebenen nach diesem Gesetz zustehen.

§§ 87, 88 (weggefallen)

Härteausgleich

§ 89 [Härteausgleich]. (1) Sofern sich in einzelnen Fällen aus den Vorschriften dieses Gesetzes besondere Härten ergeben, kann mit Zustimmung des Bundesministeriums für Arbeit und Soziales ein Ausgleich gewährt werden.

(2) Das Bundesministerium für Arbeit und Soziales kann der Gewährung von Härteausgleichen allgemein zustimmen.

(3) Zahlungen für Zeiträume vor dem Monat, in dem die Entscheidung für die Verwaltungsbehörde bindend wird, kommen in der Regel nicht in Betracht, wenn sie überwiegend zur Erfüllung von Erstattungsansprüchen anderer Leistungsträger führten.

Schlußvorschriften

§ 90 [Neufeststellung von Ansprüchen]. (1) [1] Führt eine Änderung des Bundesversorgungsgesetzes, einer Verordnung auf Grund des Bundesversorgungsgesetzes oder einer Rechtsvorschrift, auf die das Bundesversorgungsgesetz verweist, zu einer Änderung laufend gewährter Versorgungsbezüge, Versorgungskrankengelder und Übergangsgelder, sind diese von Amts wegen neu festzustellen. [2] Sind nur die einkommensunabhängigen Leistungen nach den §§ 14, 15, 31 Abs. 1 und 4, § 35 Abs. 1 und den §§ 40 und 46 anzupassen (§ 56), kann von einer förmlichen Bescheiderteilung abgesehen werden.

(2) [1] Im Übrigen werden neue Ansprüche, die sich aus einer solchen Rechtsänderung ergeben, nur auf Antrag festgestellt. [2] Wird der Antrag binnen eines Jahres nach Inkrafttreten der Rechtsänderung gestellt, so beginnt die Zahlung mit dem Wirksamwerden der entsprechenden Änderung, frühestens mit dem Jahr, Monat oder Tag, in demoder an dem die Voraussetzungen erfüllt sind. [3] Sie beginnt mit demselben Zeitpunkt, wenn die neuen Ansprüche erst auf Grund einer noch zu erlassenden Rechtsverordnung festgestellt werden können und der Antrag binnen eines Jahres nach Verkündung der Rechtsverordnung gestellt wird.

(3) Die Absätze 1 und 2 gelten entsprechend, wenn Versorgung als Kannleistung oder im Wege des Härteausgleichs gewährt wird.

§ 91 [Ermächtigung zur Neubekanntmachung des BVG]. [1] Das Bundesministerium für Arbeit und Soziales wird ermächtigt, den Wortlaut des Gesetzes und der zu diesem Gesetz erlassenen Durchführungsverordnungen in der jeweils geltenden Fassung mit neuem Datum und in neuer Paragraphenfolge bekanntzumachen. [2] Es kann dabei Unstimmigkeiten des Wortlauts beseitigen.

§ 92 *(aufgehoben)*

2. Gesetz zu dem Europäischen Übereinkommen vom 24. November 1983 über die Entschädigung für Opfer von Gewalttaten

Vom 17. Juli 1996
(BGBl. II S. 1120)

geänd. mWv 28. 11. 2003 durch Art. 216 Achte ZuständigkeitsanpassungsVO v. 25. 11. 2003 (BGBl. I S. 2304), geänd. mWv 8. 11. 2006 durch Art. 269 Neunte ZuständigkeitsanpassungsVO v. 31. 10. 2006 (BGBl. I S. 2407), Art. 2 aufgeh. mWv 21. 12. 2007 durch Art. 13 G zur Änd. d. BundesversorgungsG u. and. Vorschriften d. Sozialen Entschädigungsrechts v. 13. 12. 2007 (BGBl. I S. 2904)

Der Bundestag hat mit Zustimmung des Bundesrates das folgende Gesetz beschlossen:

Art. 1 [Zustimmung]. ¹Dem in Straßburg am 24. November 1983 von der Bundesrepublik Deutschland unterzeichneten Europäischen Übereinkommen über die Entschädigung für Opfer von Gewalttaten wird zugestimmt. ²Das Übereinkommen wird nachstehend mit einer amtlichen deutschen Übersetzung veröffentlicht.

Art. 2 *(aufgehoben)*

Art. 3 [Änderung des Gesetzes über die Entschädigung von Opfern von Gewalttaten]. *(hier nicht wiedergegeben)*

Art. 4 [Inkrafttreten]. (1) ¹Dieses Gesetz tritt mit Ausnahme der Artikel 2 und 3 am Tage nach seiner Verkündung in Kraft. ²Die Artikel 2 und 3 treten gleichzeitig mit dem Übereinkommen in Kraft.

(2) Der Tag, an dem das Übereinkommen nach seinem Artikel 15 Abs. 2 für die Bundesrepublik Deutschland in Kraft tritt, ist im Bundesgesetzblatt bekanntzugeben.

3. Europäisches Übereinkommen über die Entschädigung für Opfer von Gewalttaten

Vom 24. November 1983

(BGBl. 1996 II S. 1120)

Die Mitgliedstaaten des Europarats, die dieses Übereinkommen unterzeichnen –
von der Erwägung geleitet, daß es das Ziel des Europarats ist, eine engere Verbindung zwischen seinen Mitgliedern herbeizuführen;
in der Erwägung, daß es aus Gründen der Gerechtigkeit und der sozialen Solidarität notwendig ist, sich mit der Lage der Opfer vorsätzlicher Gewalttaten, die eine Körperverletzung oder Gesundheitsschädigung erlitten haben, sowie der unterhaltsberechtigten Hinterbliebenen der infolge solcher Straftaten verstorbenen Opfer zu befassen;
in der Erwägung, daß es notwendig ist, Regelungen einzuführen oder zu entwickeln, wie diese Opfer durch den Staat zu entschädigen sind, in dessen Hoheitsgebiet solche Straftaten begangen wurden, insbesondere, wenn der Täter nicht bekannt oder mittellos ist;
in der Erwägung, daß es notwendig ist, auf diesem Gebiet Mindestvorschriften zu schaffen;
in Hinblick auf die Entschließung (77) 27 des Ministerkomitees des Europarats über die Entschädigung für Opfer von Straftaten –
sind wie folgt übereingekommen:

Teil I
Grundsätze

Art. 1 [Verpflichtungen]. Die Vertragsparteien verpflichten sich, die erforderlichen Maßnahmen zu treffen, um die in Teil I dieses Übereinkommens enthaltenen Grundsätze zu verwirklichen.

Art. 2 [Anwendungsbereich]. (1) Soweit eine Entschädigung nicht in vollem Umfang aus anderen Quellen erhältlich ist, trägt der Staat zur Entschädigung bei
a) für Personen, die eine schwere Körperverletzung oder Gesundheitsschädigung erlitten haben, die unmittelbar auf eine vorsätzliche Gewalttat zurückzuführen ist;
b) für die unterhaltsberechtigten Hinterbliebenen der infolge einer solchen Straftat verstorbenen Personen.

(2) Eine Entschädigung nach Absatz 1 wird auch dann gewährt, wenn der Täter nicht verfolgt oder bestraft werden kann.

Art. 3 [**Entschädigungspflichtiger**]. Die Entschädigung wird von dem Staat gewährt, in dessen Hoheitsgebiet die Straftat begangen worden ist
a) an Staatsangehörige von Vertragsstaaten dieses Übereinkommens;
b) an Staatsangehörige aller Mitgliedstaaten des Europarats, die ihren ständigen Aufenthalt in dem Staat haben, in dessen Hoheitsgebiet die Straftat begangen worden ist.

Art. 4 [**Schadenselemente**]. Die Entschädigung muß je nach Lage des Falles zumindest die folgenden Schadenselemente decken: Verdienstausfall, Heilbehandlungs- und Krankenhauskosten, Bestattungskosten sowie bei Unterhaltsberechtigten Ausfall von Unterhalt.

Art. 5 [**Schadensgrenzen**]. Die Entschädigungsregelung kann, soweit erforderlich, jeden Entschädigungsteil oder die gesamte Entschädigung nach oben begrenzen sowie für beides eine Schadensgrenze festsetzen, unterhalb deren Entschädigung nicht geleistet wird.

Art. 6 [**Antragsfrist**]. Die Entschädigungsregelung kann eine Frist bestimmen, innerhalb derer ein Antrag auf Entschädigung gestellt werden muß.

Art. 7 [**Kürzung der Entschädigung**]. Die Entschädigung kann im Hinblick auf die wirtschaftlichen Verhältnisse des Antragstellers gekürzt oder versagt werden.

Art. 8 [**Opferverhalten**]. (1) Die Entschädigung kann wegen des Verhaltens des Opfers oder des Antragstellers vor, während oder nach der Straftat oder in bezug auf den verursachten Schaden gekürzt oder versagt werden.

(2) Die Entschädigung kann auch gekürzt oder versagt werden, wenn das Opfer oder der Antragsteller in das organisierte Verbrechen verwickelt ist oder einer Organisation angehört, die Gewalttaten begeht.

(3) Die Entschädigung kann auch gekürzt oder versagt werden, wenn eine volle oder teilweise Entschädigung im Widerspruch zum Gerechtigkeitsempfinden oder zur öffentlichen Ordnung (ordre public) stünde.

Art. 9 [**Vermeidung doppelter Entschädigung**]. Um eine doppelte Entschädigung zu vermeiden, kann der Staat oder die zuständige Stelle alle Beträge auf die Entschädigung anrechnen oder von dem Entschädigungsempfänger zurückfordern, die dieser wegen des Schadens von dem Täter, der Sozialversicherung oder einer anderen Versicherung erhalten hat oder die aus einer anderen Quelle stammen.

Art. 10 [**Rechteübergang**]. Der Staat oder die zuständige Stelle kann in Höhe des gezahlten Entschädigungsbetrags in die Rechte des Entschädigungsempfängers eintreten.

Art. 11 [**Publizität**]. Jede Vertragspartei trifft angemessene Maßnahmen, um sicherzustellen, daß den Personen, die als Antragsteller in Betracht kommen, Informationen über die Entschädigungsregelung zur Verfügung stehen.

Teil II
Internationale Zusammenarbeit

Art. 12 [Zwischenstaatliche Unterstützung]. [1]Vorbehaltlich der Anwendung von zwischen Vertragsstaaten geschlossenen zwei- oder mehrseitigen Übereinkünften über Rechtshilfe leisten die zuständigen Behörden jeder Vertragspartei den zuständigen Behörden einer anderen Vertragspartei auf Ersuchen die größtmögliche Unterstützung in Angelegenheiten, die von diesem Übereinkommen erfaßt sind. [2]Zu diesem Zweck bestimmt jeder Vertragsstaat eine zentrale Behörde, welche die Rechtshilfeersuchen entgegennimmt und bearbeitet, und teilt dies dem Generalsekretär des Europarats bei der Hinterlegung seiner Ratifikations-, Annahme-, Genehmigungs- oder Beitrittsurkunde mit.

Art. 13 [Europäischer Ausschuß für Strafrechtsfragen]. (1) Der Europäische Ausschuß für Strafrechtsfragen (CDPC) des Europarats wird über die Anwendung dieses Übereinkommens auf dem laufenden gehalten.

(2) Zu diesem Zweck übermittelt jede Vertragspartei dem Generalsekretär des Europarats alle sachdienlichen Informationen über ihre Gesetze und sonstigen Vorschriften betreffend die von diesem Übereinkommen erfaßten Angelegenheiten.

Teil III
Schlußklauseln

Art. 14 [Unterzeichnung; Ratifikation]. [1]Dieses Übereinkommen liegt für die Mitgliedstaaten des Europarats zur Unterzeichnung auf. [2]Es bedarf der Ratifikation, Annahme oder Genehmigung. [3]Die Ratifikations-, Annahme- oder Genehmigungsurkunden werden beim Generalsekretär des Europarats hinterlegt.

Art. 15 [Inkrafttreten]. (1) Dieses Übereinkommen tritt am ersten Tag des Monats in Kraft[1], der auf einen Zeitabschnitt von drei Monaten nach dem Tag folgt, an dem drei Mitgliedstaaten des Europarats nach Artikel 14 ihre Zustimmung ausgedrückt haben, durch das Übereinkommen gebunden zu sein.

(2) Für jeden Mitgliedstaat, der später seine Zustimmung ausdrückt, durch das Übereinkommen gebunden zu sein, tritt es am ersten Tag des Monats in Kraft, der auf einen Zeitabschnitt von drei Monaten nach Hinterlegung der Ratifikations-, Annahme- oder Genehmigungsurkunde folgt.

Art. 16 [Beitritt]. (1) Nach Inkrafttreten dieses Übereinkommens kann das Ministerkomitee des Europarats durch einen mit der in Artikel 20

---

[1] Inkrafttreten am 1. 3. 1997; siehe Bek. v. 24. 2. 1997 (BGBl. II S. 740).

Buchstabe d der Satzung des Europarats vorgesehenen Mehrheit und mit einhelliger Zustimmung der Vertreter der Vertragsstaaten, die Anspruch auf einen Sitz im Komitee haben, gefaßten Beschluß jeden Nichtmitgliedstaat des Europarats einladen, dem Übereinkommen beizutreten.

(2) Für jeden beitretenden Staat tritt das Übereinkommen am ersten Tag des Monats in Kraft, der auf einen Zeitabschnitt von drei Monaten nach Hinterlegung der Beitrittsurkunde beim Generalsekretär des Europarats folgt.

Art. 17 [Hoheitsgebiete]. (1) Jeder Staat kann bei der Unterzeichnung oder bei der Hinterlegung seiner Ratifikations-, Annahme-, Genehmigungs- oder Beitrittsurkunde einzelne oder mehrere Hoheitsgebiete bezeichnen, auf die dieses Übereinkommen Anwendung findet.

(2) [1] Jeder Staat kann jederzeit danach durch eine an den Generalsekretär des Europarats gerichtete Erklärung die Anwendung dieses Übereinkommens auf jedes weitere in der Erklärung bezeichnete Hoheitsgebiet erstrecken. [2] Das Übereinkommen tritt für dieses Hoheitsgebiet am ersten Tag des Monats in Kraft, der auf einen Zeitabschnitt von drei Monaten nach Eingang der Erklärung beim Generalsekretär folgt.

(3) [1] Jede nach den Absätzen 1 und 2 abgegebene Erklärung kann in Bezug auf jedes darin bezeichnete Hoheitsgebiet durch eine an den Generalsekretär gerichtete Notifikation zurückgenommen werden. [2] Die Rücknahme wird am ersten Tag des Monats wirksam, der auf einen Zeitabschnitt von sechs Monaten nach Eingang der Notifikation beim Generalsekretär folgt.

Art. 18 [Vorbehalte]. (1) Jeder Staat kann bei der Unterzeichnung oder bei der Hinterlegung seiner Ratifikations-, Annahme-, Genehmigungs- oder Beitrittsurkunde erklären, daß er von einem oder mehreren Vorbehalten Gebrauch macht.

(2) [1] Jeder Vertragsstaat, der einen Vorbehalt nach Absatz 1 angebracht hat, kann ihn durch eine an den Generalsekretär des Europarats gerichtete Notifikation ganz oder teilweise zurücknehmen. [2] Die Rücknahme wird mit dem Eingang der Notifikation beim Generalsekretär wirksam.

(3) Eine Vertragspartei, die einen Vorbehalt zu einer Bestimmung dieses Übereinkommens angebracht hat, kann nicht verlangen, daß eine andere Vertragspartei diese Bestimmung anwendet; sie kann jedoch, wenn es sich um einen Teilvorbehalt oder einen bedingten Vorbehalt handelt, die Anwendung der betreffenden Bestimmung insoweit verlangen, als sie selbst sie angenommen hat.

Art. 19 [Kündigung]. (1) Jede Vertragspartei kann dieses Übereinkommen jederzeit durch eine an den Generalsekretär des Europarats gerichtete Notifikation kündigen.

(2) Die Kündigung wird am ersten Tag des Monats wirksam, der auf einen Zeitabschnitt von sechs Monaten nach Eingang der Notifikation beim Generalsekretär folgt.

Art. 20 [Notifizierungen]. Der Generalsekretär des Europarats notifiziert den Mitgliedstaaten des Rates und jedem Staat, der diesem Übereinkommen beigetreten ist,

a) jede Unterzeichnung;

b) jede Hinterlegung einer Ratifikations-, Annahme-, Genehmigungs- oder Beitrittsurkunde;

c) jeden Zeitpunkt des Inkrafttretens dieses Übereinkommens nach den Artikeln 15, 16 und 17;

d) jede andere Handlung, Notifikation oder Mitteilung im Zusammenhang mit diesem Übereinkommen.

Zu Urkund dessen haben die hierzu gehörig befugten Unterzeichneten dieses Übereinkommen unterschrieben.

Geschehen zu Straßburg am 24. November 1983 in englischer und französischer Sprache, wobei jeder Wortlaut gleichermaßen verbindlich ist, in einer Urschrift, die im Archiv des Europarats hinterlegt wird. Der Generalsekretär des Europarats übermittelt allen Mitgliedstaaten des Europarats und allen zum Beitritt zu diesen Übereinkommen eingeladenen Staaten beglaubigte Abschriften.

4. Richtlinie 2004/80/EG des
Rates der Europäischen Union vom 29. April 2004
zur Entschädigung der Opfer von Straftaten

(ABl. Nr. L 261 S. 15)

DER RAT DER EUROPÄISCHEN UNION –
gestützt auf den Vertrag zur Gründung der Europäischen Gemeinschaft,
insbesondere auf Artikel 308,
auf Vorschlag der Kommission[1],
nach Stellungnahme des Europäischen Parlaments[2],
nach Stellungnahme des Europäischen Wirtschafts- und Sozialausschusses[3],
in Erwägung nachstehender Gründe:

(1) Die Beseitigung der Hindernisse für den freien Personen- und Dienstleistungsverkehr zwischen den Mitgliedstaaten gehört zu den Zielen der Europäischen Gemeinschaft.

(2) Nach dem Urteil des Gerichtshofs in der Rechtssache Cowan[4] ist es, wenn das Gemeinschaftsrecht einer natürlichen Person die Freiheit garantiert, sich in einen anderen Mitgliedstaat zu begeben, zwingende Folge dieser Freizügigkeit, dass Leib und Leben dieser Person in dem betreffenden Mitgliedstaat in gleicher Weise geschützt sind, wie dies bei den eigenen Staatsangehörigen und den in diesem Staat wohnhaften Personen der Fall ist. Zur Verwirklichung dieses Ziels sollten unter anderem Maßnahmen ergriffen werden, um die Entschädigung der Opfer von Straftaten zu erleichtern.

(3) Der Europäische Rat hat auf seiner Tagung am 15. und 16. Oktober 1999 in Tampere dazu aufgerufen, Mindeststandards für den Schutz der Opfer von Verbrechen – insbesondere hinsichtlich deren Zugang zum Recht und ihrer Schadensersatzansprüche, einschließlich der Prozesskosten – auszuarbeiten.

(4) Auf seiner Tagung am 25. und 26. März 2004 in Brüssel hat der Europäische Rat in seiner Erklärung zum Kampf gegen den Terrorismus dazu aufgerufen, die vorliegende Richtlinie bis zum 1. Mai 2004 anzunehmen.

(5) Am 15. März 2001 hat der Rat den Rahmenbeschluss 2001/220/JI über die Stellung des Opfers im Strafverfahren[5] angenommen. Nach diesem Beschluss, der sich auf Titel VI des Vertrags über die Europäische Union

---

[1] ABl. C 45 E vom 25. 2. 2003, S. 69.

[2] Stellungnahme vom 23. Oktober 2003 (noch nicht im Amtsblatt veröffentlicht).

[3] ABl. C 95 vom 23. 4. 2003, S. 40.

[4] Rechtssache 186/87, Slg. der Rechtsprechung 1989, S. 195.

[5] ABl. L 82 vom 22. 3. 2001, S. 1.

stützt, haben Opfer von Straftaten das Recht, im Rahmen eines Strafverfahrens eine Entschädigung durch den Täter zu erwirken.

(6) Opfer von Straftaten in der Europäischen Union sollten unabhängig davon, an welchem Ort in der Europäischen Gemeinschaft die Straftat begangen wurde, Anspruch auf eine gerechte und angemessene Entschädigung für die ihnen zugefügte Schädigung haben.

(7) Mit dieser Richtlinie wird ein System der Zusammenarbeit eingeführt, damit Opfer von Straftaten in grenzüberschreitenden Fällen leichter Zugang zur Entschädigung erhalten; dieses System sollte sich auf die Regelungen der Mitgliedstaaten für die Entschädigung der Opfer von in ihrem Hoheitsgebiet vorsätzlich begangenen Gewalttaten stützen. Daher sollte es in allen Mitgliedstaaten eine Entschädigungsregelung geben.

(8) Die meisten Mitgliedstaaten haben bereits solche Entschädigungsregelungen eingeführt, einige von ihnen aufgrund der Verpflichtungen, die sie im Rahmen des Europäischen Übereinkommens vom 24. November 1983 über die Entschädigung für Opfer von Gewalttaten eingegangen sind.

(9) Da die in dieser Richtlinie enthaltenen Maßnahmen erforderlich sind, um Ziele der Gemeinschaft zu erreichen, und der Vertrag Befugnisse für die Annahme dieser Richtlinie nur in Artikel 308 enthält, ist dieser Artikel anzuwenden.

(10) Opfer von Straftaten können oft keine Entschädigung vom Täter erhalten, weil dieser möglicherweise nicht über die erforderlichen Mittel verfügt, um einem Schadensersatzurteil nachzukommen, oder weil der Täter nicht identifiziert oder verfolgt werden kann.

(11) Um in den Fällen, in denen die Straftat in einem anderen Mitgliedstaat als dem Wohnsitz-Mitgliedstaat des Opfers begangen wurde, den Zugang zur Entschädigung zu erleichtern, sollte ein System der Zusammenarbeit zwischen den Behörden der Mitgliedstaaten eingeführt werden.

(12) Dieses System sollte gewährleisten, dass Opfer von Straftaten sich immer an eine Behörde in ihrem Wohnsitz-Mitgliedstaat wenden können, und sollte dazu beitragen, dass die in grenzüberschreitenden Fällen auftretenden praktischen und sprachlichen Probleme leichter bewältigt werden können.

(13) Das System sollte die Bestimmungen umfassen, die erforderlich sind, um Opfer von Straftaten in die Lage zu versetzen, die für die Beantragung der Entschädigung benötigten Informationen einzuholen, und um eine effiziente Zusammenarbeit der zuständigen Behörden zu ermöglichen.

(14) Diese Richtlinie steht im Einklang mit den Grundrechten und Grundsätzen, die insbesondere durch die Charta der Grundrechte der Europäischen Union als allgemeine Grundsätze des Gemeinschaftsrechts bestätigt wurden.

(15) Da das Ziel dieser Richtlinie, nämlich den Opfern von Straftaten in grenzüberschreitenden Fällen leichter Zugang zur Entschädigung zu verschaffen, wegen der grenzüberschreitenden Komponente auf Ebene der Mitgliedstaaten nicht ausreichend erreicht werden kann und daher wegen des Umfangs oder der Wirkungen der Maßnahme besser auf Gemeinschaftsebe-

ne zu erreichen ist, kann die Gemeinschaft im Einklang mit dem in Artikel 5 EG-Vertrag niedergelegten Subsidiaritätsprinzip tätig werden. Entsprechend dem in demselben Artikel genannten Verhältnismäßigkeitsprinzip geht diese Richtlinie nicht über das für die Erreichung dieses Ziels erforderliche Maß hinaus.

(16) Die zur Durchführung dieser Richtlinie erforderlichen Maßnahmen sollten gemäß dem Beschluss 1999/468/EG des Rates vom 28. Juni 1999 zur Festlegung der Modalitäten für die Ausübung der der Kommission übertragenen Durchführungsbefugnisse[6] erlassen werden –

HAT FOLGENDE RICHTLINIE ERLASSEN:

Kapitel I
Zugang zur Entschädigung in Grenzüberschreitenden Fällen

Art. 1 Recht auf Antragstellung im Wohnsitz-Mitgliedstaat. Die Mitgliedstaaten tragen dafür Sorge, dass in den Fällen, in denen eine vorsätzliche Gewalttat in einem anderen als dem Mitgliedstaat begangen wurde, in dem die Entschädigung beantragende Person ihren gewöhnlichen Aufenthalt hat, diese berechtigt ist, den Antrag bei einer Behörde oder einer anderen Stelle in letzterem Mitgliedstaat zu stellen.

Art. 2 Zuständigkeit für die Zahlung der Entschädigung. Die Entschädigung wird von der zuständigen Behörde des Mitgliedstaats gezahlt, in dessen Hoheitsgebiet die Straftat begangen wurde.

Art. 3 Zuständige Behörden und Verwaltungsverfahren. (1) Die Mitgliedstaaten errichten oder benennen eine oder mehrere Behörden oder andere Stellen, nachstehend als „Unterstützungsbehörde" bzw. „Unterstützungsbehörden" bezeichnet, die für die Anwendung von Artikel 1 zuständig sind.

(2) Die Mitgliedstaaten errichten oder benennen eine oder mehrere Behörden oder andere Stellen, nachstehend als „Entscheidungsbehörde" bzw. „Entscheidungsbehörden" bezeichnet, die über Anträge auf Entschädigung zu entscheiden haben.

(3) Die Mitgliedstaaten sind bestrebt, die Förmlichkeiten, die von Entschädigung beantragenden Personen zu erledigen sind, auf ein Mindestmaß zu reduzieren.

Art. 4 Information potenzieller Antragsteller. Die Mitgliedstaaten tragen dafür Sorge, dass potenzielle Antragsteller in einer von den Mitgliedstaaten für angemessen erachteten Weise Zugang zu wichtigen Informationen über die Möglichkeiten der Beantragung einer Entschädigung haben.

---

[6] ABl. L 184 vom 17. 7. 1999, S. 23.

Art. 5 Unterstützung des Antragstellers. (1) Die Unterstützungsbehörde stellt dem Antragsteller auf der Grundlage des gemäß Artikel 13 Absatz 2 erstellten Handbuchs die Informationen nach Artikel 4 und die erforderlichen Antragsformulare zur Verfügung.

(2) Die Unterstützungsbehörde stellt dem Antragsteller auf Anfrage allgemeine Hinweise und Informationen zur Ausfüllung des Antrags und zu den gegebenenfalls benötigten Belegen und Unterlagen zur Verfügung.

(3) Die Unterstützungsbehörde nimmt keine Bewertung des Antrags vor.

Art. 6 Antragsübermittlung. (1) Die Unterstützungsbehörde übermittelt den Antrag sowie etwaige Belege und Unterlagen so schnell wie möglich der Entscheidungsbehörde.

(2) Bei der Übermittlung des Antrags verwendet die Unterstützungsbehörde das Standardformular gemäß Artikel 14.

(3) In welcher Sprache der Antrag sowie etwaige Belege und Unterlagen zu übermitteln sind, wird nach Artikel 11 Absatz 1 festgelegt.

Art. 7 Antragseingang. Nach Eingang eines gemäß Artikel 6 übermittelten Antrags liefert die Entscheidungsbehörde der Unterstützungsbehörde und dem Antragsteller so bald wie möglich folgende Informationen:
a) Angaben zur Kontaktperson oder Abteilung, die für die Bearbeitung des Vorgangs zuständig ist;
b) Bestätigung des Antragseingangs;
c) wenn möglich, Angabe des ungefähren Zeitpunkts, zu dem über den Antrag entschieden wird.

Art. 8 Ersuchen um zusätzliche Informationen. Die Unterstützungsbehörde gibt dem Antragsteller erforderlichenfalls allgemeine Hinweise dazu, wie etwaigen Ersuchen der Entscheidungsbehörde um Zusatzinformationen nachzukommen ist.

Auf Antrag des Antragstellers leitet sie diese Informationen anschließend, gegebenenfalls mit einer Liste der übermittelten Belege und Unterlagen, so bald wie möglich auf direktem Weg an die Entscheidungsbehörde weiter.

Art. 9 Anhörung des Antragstellers. (1) Beschließt die Entscheidungsbehörde gemäß den Rechtsvorschriften ihres Mitgliedstaats, den Antragsteller oder eine andere Person als Zeugen oder Sachverständigen anzuhören, so kann sie sich an die Unterstützungsbehörde wenden, damit dafür gesorgt wird, dass
a) die Anhörung der Person(en) insbesondere mittels einer Telefon- oder Videokonferenz direkt von der Entscheidungsbehörde gemäß den Rechtsvorschriften ihres Mitgliedstaats durchgeführt wird oder
b) die Anhörung der Person(en) von der Unterstützungsbehörde gemäß den Rechtsvorschriften ihres Mitgliedstaats durchgeführt wird, die der Entscheidungsbehörde anschließend eine Niederschrift der Anhörung übermittelt.

(2) Die direkte Anhörung nach Absatz 1 Buchstabe a) darf nur in Zusammenarbeit mit der Unterstützungsbehörde und auf der Grundlage der Frei-

willigkeit erfolgen, was die Anordnung von Zwangsmaßnahmen durch die Entscheidungsbehörde ausschließt.

Art. 10 Mitteilung der Entscheidung. Die Entscheidungsbehörde sendet die Entscheidung über den Antrag auf Entschädigung dem Antragsteller und der Unterstützungsbehörde unter Verwendung des Standardformulars nach Artikel 14 so bald wie möglich gemäß den einzelstaatlichen Rechtsvorschriften nach Erlass der Entscheidung zu.

Art. 11 Sonstige Bestimmungen. (1) Die gemäß den Artikeln 6 bis 10 zwischen den Behörden übermittelten Informationen sind in

a) den Amtssprachen oder einer der Sprachen des Mitgliedstaats der Empfängerbehörde, die auch eine der Sprachen der Gemeinschaftsorgane ist, oder

b) einer anderen Sprache der Gemeinschaftsorgane, die dieser Mitgliedstaat nach eigenen Angaben akzeptiert,

abzufassen; hiervon ausgenommen sind

i) der vollständige Wortlaut von Entscheidungen der Entscheidungsbehörde, für die die Sprachenregelung nach den Rechtsvorschriften des betreffenden Mitgliedstaats gilt;

ii) aufgrund einer Anhörung gemäß Artikel 9 Absatz 1 Buchstabe b) erstellte Niederschriften, für die die Unterstützungsbehörde eine Sprachenregelung festlegt, wobei die gewählte Sprache eine der Sprachen der Gemeinschaftsorgane sein muss.

(2) Die von der Unterstützungsbehörde gemäß den Artikeln 1 bis 10 erbrachten Dienstleistungen begründen keinen Anspruch auf eine Rückerstattung von Gebühren oder Kosten durch den Antragsteller oder die Entscheidungsbehörde.

(3) Gemäß den Artikeln 6 bis 10 übermittelte Antragsformulare und sonstige Unterlagen bedürfen weder einer Beglaubigung noch einer entsprechenden Förmlichkeit.

Kapitel II
Einzelstaatliche Entschädigungsregelungen

Art. 12. (1) Die in dieser Richtlinie festgelegten Vorschriften über den Zugang zur Entschädigung in grenzüberschreitenden Fällen stützen sich auf die Regelungen der Mitgliedstaaten für die Entschädigung der Opfer von in ihrem jeweiligen Hoheitsgebiet vorsätzlich begangenen Gewalttaten.

(2) Alle Mitgliedstaaten tragen dafür Sorge, dass in ihren einzelstaatlichen Rechtsvorschriften eine Regelung für die Entschädigung der Opfer von in ihrem jeweiligen Hoheitsgebiet vorsätzlich begangenen Gewalttaten vorgesehen ist, die eine gerechte und angemessene Entschädigung der Opfer gewährleistet.

Kapitel III
Durchführungsbestimmungen

Art. 13 Der Kommission zu übermittelnde Informationen und Handbuch. (1) Spätestens am 1. Juli 2005 übermitteln die Mitgliedstaaten der Kommission folgende Informationen:

a) die Liste der gemäß Artikel 3 Absätze 1 und 2 errichteten oder benannten Behörden, gegebenenfalls mit Angaben zur besonderen und territorialen Zuständigkeit dieser Behörden;

b) die Sprache(n) im Sinne von Artikel 11 Absatz 1 Buchstabe a), die diese Behörden für die Anwendung der Artikel 6 bis 10 akzeptieren, sowie die Amtssprache(n), die sie gemäß Artikel 11 Absatz 1 Buchstabe b) außer ihrer eigenen oder ihren eigenen für die Antragsübermittlung zulassen;

c) die Informationen nach Artikel 4;

d) die Antragsformulare für die Entschädigung.

Die Mitgliedstaaten setzen die Kommission von späteren Änderungen dieser Informationen in Kenntnis.

(2) [1] Die Kommission erstellt in Zusammenarbeit mit den Mitgliedstaaten ein Handbuch mit den von den Mitgliedstaaten gemäß Absatz 1 bereitgestellten Informationen und veröffentlicht es im Internet. [2] Die Kommission sorgt für die erforderlichen Übersetzungen des Handbuchs.

Art. 14 Standardformular für die Übermittlung von Anträgen und Entscheidungen. Bis spätestens 31. Oktober 2005 werden Standardformulare für die Übermittlung von Anträgen und Entscheidungen gemäß dem Verfahren des Artikels 15 Absatz 2 erstellt.

Art. 15 Ausschuss. (1) Die Kommission wird von einem Ausschuss unterstützt.

(2) Wird auf diesen Absatz Bezug genommen, so gelten die Artikel 3 und 7 des Beschlusses 1999/468/EG.

(3) Der Ausschuss gibt sich eine Geschäftsordnung.

Art. 16 Zentrale Kontaktstellen. Die Mitgliedstaaten benennen eine zentrale Kontaktstelle zum Zweck der

a) Unterstützung bei der Durchführung von Artikel 13 Absatz 2;

b) Förderung einer engen Zusammenarbeit und des Informationsaustauschs zwischen den Unterstützungs- und den Entscheidungsbehörden der Mitgliedstaaten und

c) Unterstützung und Erarbeitung von Lösungen für Probleme, die möglicherweise bei der Anwendung der Artikel 1 bis 10 auftreten.

Die Vertreter der Kontaktstellen kommen regelmäßig zusammen.

Art. 17 Günstigere Bestimmungen. Diese Richtlinie hindert die Mitgliedstaaten nicht daran,

a) günstigere Bestimmungen zugunsten der Opfer von Straftaten oder sonstiger von Straftaten betroffener Personen einzuführen oder beizubehalten;

b) vorbehaltlich der von den Mitgliedstaaten zu diesem Zweck festgelegten Bedingungen Bestimmungen für die Entschädigung der Opfer von außerhalb ihres Hoheitsgebiets begangenen Straftaten oder sonstiger durch eine solche Straftat betroffener Personen einzuführen oder beizubehalten; sofern diese Bestimmungen mit dieser Richtlinie vereinbar sind.

Art. 18 Umsetzung. (1) [1]Die Mitgliedstaaten erlassen die Rechts- und Verwaltungsvorschriften, die erforderlich sind, um dieser Richtlinie spätestens bis zum 1. Januar 2006 nachzukommen; hiervon ausgenommen ist Artikel 12 Absatz 2, dem bis zum 1. Juli 2005 nachzukommen ist. [2]Sie setzen die Kommission unverzüglich davon in Kenntnis.

(2) Die Mitgliedstaaten können vorsehen, dass die Vorschriften, die erforderlich sind, um dieser Richtlinie nachzukommen, nur auf Antragsteller Anwendung finden, deren Schädigung aus Straftaten resultiert, die nach dem 30. Juni 2005 begangen wurden.

(3) [1]Wenn die Mitgliedstaaten diese Vorschriften erlassen, nehmen sie in den Vorschriften selbst oder durch einen Hinweis bei der amtlichen Veröffentlichung auf diese Richtlinie Bezug. [2]Die Mitgliedstaaten regeln die Einzelheiten der Bezugnahme.

(4) Die Mitgliedstaaten teilen der Kommission den Wortlaut der wichtigsten innerstaatlichen Rechtsvorschriften mit, die sie auf dem unter diese Richtlinie fallenden Gebiet erlassen.

Art. 19 Überprüfung. Die Kommission unterbreitet dem Europäischen Parlament, dem Rat und dem Europäischen Wirtschafts- und Sozialausschuss spätestens bis zum 1. Januar 2009 einen Bericht über die Anwendung dieser Richtlinie.

Art. 20 Inkrafttreten. Diese Richtlinie tritt am zwanzigsten Tag nach ihrer Veröffentlichung[7] im Amtsblatt der Europäischen Union in Kraft.

Art. 21 Adressaten. Diese Richtlinie ist an die Mitgliedstaaten gerichtet.

---

[7] Veröffentlicht am 6. 8. 2004.

Stichwortverzeichnis

Die fettgedruckte Zahl gibt den Paragraphen oder die Ziffer des Anhangs an, die mager gedruckte Zahl bezeichnet die Randnummer.

Stichwortverzeichnis

Stichwortverzeichnis

Stichwortverzeichnis